紀念清法戰爭 140 週年

重現清法戰爭台灣戰場
基隆、淡水、澎湖
清法軍戰事記錄比對

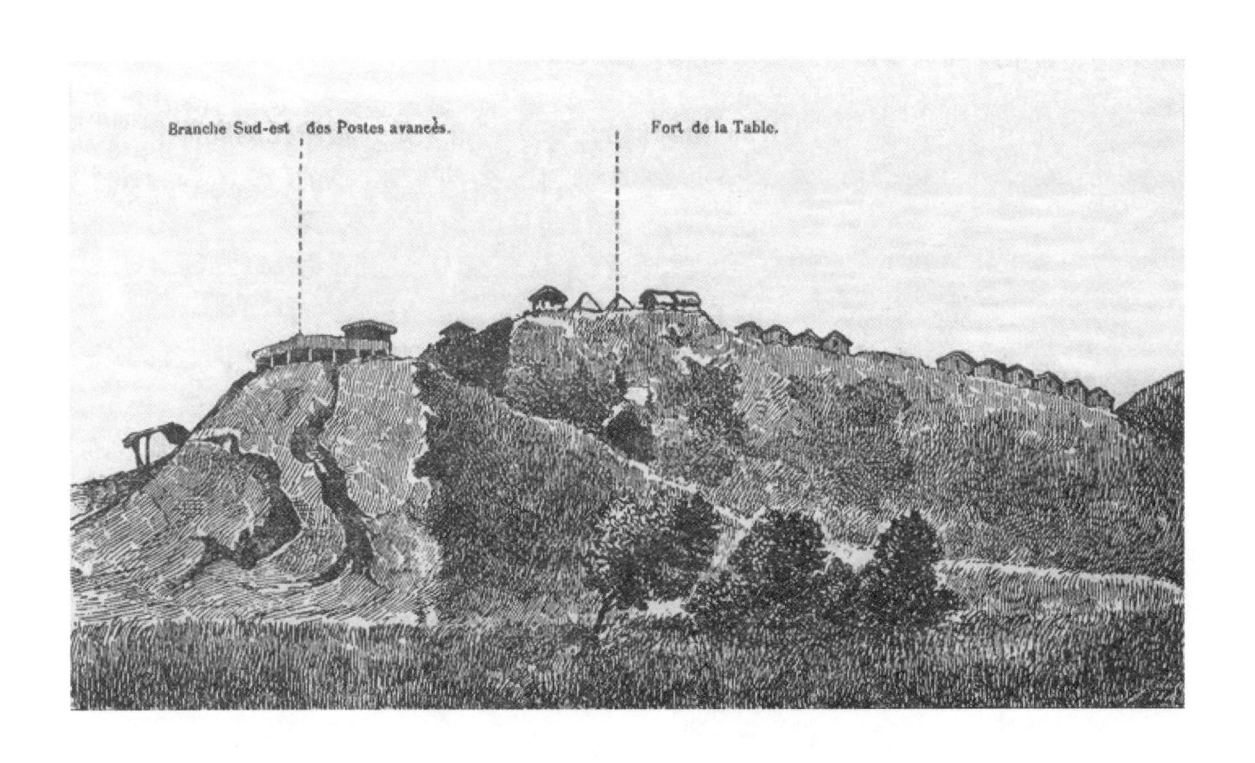

Branche Sud-est des Postes avancés.   Fort de la Table.

陳世一　張蔭昌　改寫、編著

張蔭昌　序

　　這是一本充滿已知與未知的書！目的就是希望以人性及客觀的角度來看這段歷史。

　　《法軍侵臺始末》與《劉壯肅公奏議保臺略》，到圖書館或網路都可以找得到，本書改寫出版的價值是什麼？因為這兩本書其實並不容易閱讀，地名是最大的障礙，若不清楚地名，則一切都是空想。另外要攻防雙方對照才能看到接近真實的面貌。也希望讀者可藉此親身到戰場遺跡，以自己的觀點仔細看清楚在這場戰爭中，當時每個人爭奪的目標以及後續對臺灣的影響意義。

　　《法軍侵臺始末》的資料訊息很多，內容取自作戰報告、參考書籍及親身經歷。以編年敘事方式書寫，其中大量的版畫是以真實照片刻製，附錄的彩色地圖，標示著山形水勢、村落據點。因為法國作者 Garnot 寫作的邏輯是三段式，第一段為計畫，第二段過程，第三段讚頌。行進方向東西南北、前後左右上下。所以重複的句子太多，地圖雖詳實但無法與現代座標結合。只憑閱讀去想像地理位置，往往與實際落差極大。所以必須細究每個位置及字句含意。另外法文作者強調殖民英雄主義，日文版翻譯者強調軍國主義，中文版則是照日文翻譯，所以前面提到的兩種主義都能看到，但字的翻譯又加入中國及臺灣元素，例如山麓、山巔、月杪、轉來。這「轉來」很有趣，法文原文是回來，日文翻成退卻，中文變成臺語。除了文字之外還有科學，地理及氣候問題，法國早在 1779 年實施公制單位，到了 1884 年火砲應該都轉換成公制才對。基隆的地形因板塊擠壓，造成朝向海邊的坡面都比較陡，其實是有利於防守。另外雨都基隆年均降雨 200 日，主要集中在 10 月東北季風開始到端午梅雨季結束，而法軍偏偏選在這時候登陸佔領。

　　那《劉壯肅公奏議保臺略》總該簡單多了吧？其實不然，文言文是第一個障礙，地名又是另一個障礙，法軍的文字有地圖可以對照，但清軍只有文字，而且以前地名的區域範圍很大。所以需要倚賴中央研究院的百年歷史地圖網站中，多種版本的地圖來輔助定位。因為地圖無法畫出實際的地形，最後還是必須靠雙腳實地踏查確認。而且到現場觀察才能體會到實際攻防的情況。另外從文獻中看到許多矛盾不一致的現象，如劉銘傳的奏摺總是提一些緩不濟急的計劃，又刻意貶低湘軍，打仗時又靠湘軍

及土勇打頭陣，打贏時功勞攬在自己身上。李鴻章的電文中袒護暗示意味十足。軍機大臣左宗棠只能使用嚴肅中性的官方語言。在臺外國人平實客觀地記錄與劉銘傳相反的訊息。大部分文人以諷喻的詩詞感嘆這場戰爭，述報就和現在的媒體一樣，內容有真有假，極盡誇大。

拜現代科技之賜如 Google、數位圖書館、翻譯軟體等，可以解決一些文字問題。地名及位置則必須靠雙腳實地訪查，再配合 Google Map、GPS 定位輔助。儘管本書已經盡量把詞句及地名修正，但還是可能會有疏漏，以及未來還會有新史料出現，或許有不一樣的解釋。

臺灣在 1884 年的清法戰爭中所扮演的腳色非常有趣，以法國的眼光來看，是為了取得越南殖民權的擔保品。以清國的眼光呢？或許不只是抵禦外侮這麼簡單。各位可以想像另一個不見血的層面，法國利用戰爭轉移國內政治經濟的壓力、擴大殖民版圖並拓展海外商機。而清廷則是利用戰爭削弱政敵，培養自己的派系人馬，清除黨內異己。這就像是一盤棋局，所有人代表棋子，在棋盤上做圍攻、解救、放棄、吃下的動作。最精采的部分就在這一進一退之間，將得失的時間軸拉長去看對 1894 年、1900 年及 1911 年，甚至現今的影響。唯有進入對弈者雙方的腦袋，才能理解這場遊戲。

在官場中寫下的白紙黑字，對於不能明講的事，能不寫就不寫，若一定要寫就換個拐彎抹角的用詞，盡量委婉含蓄，不露痕跡。若只看字面不深入思考其背後的想法，很容易就會誤解，剛好掉入了作者設下的陷阱中。所以必須考量每個當事人其背後獲得的利益，因為這牽涉到合作、競爭、制肘。以往的許多期刊論文已有提及，但都是輕描淡寫。以至於很多人忽略了這個重點。

以前常常到法國公墓旁的砲台遺址，把自己當作是砲手，看著港中數艘法艦上的火砲，數量是砲台的數倍。長官不准你先開砲，來支援的淮軍躲在砲台後面的壕溝裡，而且你必須要得到外面淮軍的命令才能退守，此時的你會是怎樣的心情？我常會想：「敵人等會兒萬箭齊發，希望不要一發就被命中！我這門砲應該能放個三發砲彈吧！ 放完就準備就義或逃命。」每次想到這裡其實心情激動，那些明知不可為而為之的砲台將士才是真正的勇士。而淮軍在接下來各戰役中扮演什麼腳色呢？我認為劉銘傳的重點是要「活著」才能當巡撫，他若病死或戰死就只能當烈士。想要活著，一

直打仗最好嗎？若想用最省時且軍民傷亡最小的方式取得「巡撫」職位，或許先退兵到竹塹城以及把過錯全部推給湘軍，然後老闆去和法國談判讓清軍退出越南，這才是上策。其實這種政黨互相競爭的手段，直到現今綜觀世界各國還是屢見不鮮。也希望每位讀者在看完全書後，有自己不一樣的看法。

建議讀者有空一定要另外再看《厚黑學》和《官場現形記》這兩本書，從人性及清末官場陋習，會得到一些想像力、邏輯推理能力及觀察力的啟發。簡單地說，Garnot 強調軍隊榮譽，把教民當砲灰，只寫陣亡的人數，戰敗當作偵查，看劉銘傳要用李鴻章及左宗棠的角度。看孫開華要用捻亂的恩怨。法軍長官審視寫的內容有沒有危害國家及軍隊的聲譽，所以傷亡不能太多。李鴻章是盤算要如何罩劉銘傳，如何暗示下一步行動。左宗棠則是看到湘軍一直回報劉銘傳隱藏的消息，最後真的是氣死了。孫開華應已看清楚劉銘傳的底細，就是不讓他得逞。從以上的例子去思考當時每個人的求生手段是什麼？求生，代表生命也代表升官。其實古人會幹的勾當，現代人也會。從每天的時事新聞報導及工作場合的人際互動關係中，會發現正直、狡猾、聰明、老實的人，千年來不斷地循環。例如偵查不是應該以最少的兵力秘密行動，但法軍的偵查戰每次都派出那麼多兵力，這是改變說詞掩蓋戰敗的事實嗎？基隆在守將都保證能打贏的狀態下，劉銘傳還是執意退兵，他是認為手下無能還是故意放水？陶德的日記說孫開華在滬尾勝戰後被解職，他是抗命才打勝嗎？劉銘傳一直說湘軍不行，但對戰的時候淮軍是在前線還是後線？清軍月眉山退守時，是誰把裝備丟了就跑，而且沒有被懲處？法軍帶了許多安南苦力來基隆，他們只會冷都不會死？政客與軍人在戰爭中是扮演什麼腳色？劉銘傳報告法軍以「教民」當先鋒，一上岸就被擊斃多人。但法軍卻隻字未提。以上例子用人性去思考反而比較容易懂。而且在雙方的文字敘述中，會揭露對方想隱藏的資訊。因此不禁感慨，雙方都是用對自己最有利的片面資訊來寫下文字紀錄。另外權與利的鬥爭沒有中外之分，也沒有專制、民主及時代之分，套用到現代還是一樣。白紙黑字不能說謊，但可以改變名詞，沒寫不代表沒有發生。政治上要保有權勢就必須消滅政敵，商人借助政府的力量拓展商機並為戰爭貢獻軍費。軍人只要服從上級命令，就能免責地攻擊他國，而人民一直是受擺佈的最底層。那戰爭呢？應該就是一場鬧劇吧！

全書主要的篇章幾乎都是在敘述基隆，把它當作是自己去找答案的百科全書也

是一個好主意。因為平常逛街，登山其實都是走在遺跡中而不自知，若能藉此多了解先民的艱辛，會對家鄉產生多一些認同感及驕傲。對我而言，開啟這本書想像及推理之門的鑰匙是第一章的「水平之雨」，法軍佔領基隆期間想必是受不了這無盡的雨，才想出了這美麗的形容詞。在沒接觸到這個名詞之前，以往在基隆冬天特有的綿綿細雨中，有時過馬路懶得開傘，直接走過去抖一抖，沾在身上的雨珠還掉不下來，此時只是覺得心情和天空的顏色一樣有點灰色的憂鬱，從沒仔細想這是一個什麼情境。現在下雨天卻成了我觀察的好時機，也變得有趣了。坐在候車亭或站在騎樓下欣賞那微小的雨滴緩緩地降下，因為視覺暫留的關係，風一吹就變成水平的線條。或是看著雲層越積越多，空氣越來越濕，然後轉成比霧還重一點的細雨。到底「水平之雨」是個什麼樣子呢？就讓讀者自行來體會吧！打開興趣之門後，自然就希望出門踏察及搜尋資料去確認書中的每件事物。涉略的範圍就會非常廣泛，如軍事、政治、地理、歷史、氣象、風土民情、語言、新聞、時事、地圖……等。因此看得資料越多就會越覺得學識不足，每重讀一遍或出門踏察都一定有新的體驗與發現，並從中又得到快樂的升級。曾經看過一個印象深刻的車商標語「Fun to Drive」，在此借用並修改一個字，作為分享，讀這本書時是「Fun to Read」。

陳世一　序

　　戰爭從來就是一場複雜的博奕，侵略者總會找一個合理化的藉口以優勢軍隊、武器、戰略、戰術等作爲籌碼，進入被侵略者的領土牌桌，壓迫對手進入賽局。槍戰、砲戰是閃亮而要命的即興煙火秀。然而，無論是強凌弱、小對大或勢均力敵，都沒有絕對的贏家。

　　清法戰爭延伸到台灣的戰事，看似法國內閣完美的佈局，卻將強大的遠東艦隊兵力陷入基隆戰場的泥淖，台灣這個法國談判桌上的抵押品，反而變成清朝牽制海上法軍的籌碼。戰爭常會出現意料之外的弔詭。

　　從國家的角度看，法國沒有輸，越南還是法國的保護國，清朝沒有贏，只守住了不賠款的底線；從指揮官的層級看，法軍遠東艦隊台灣戰場指揮官孤拔，最後在基隆、澎湖都打了勝仗，但對整個戰局沒有影響，孤拔卻在理想的海軍基地澎湖染病過逝，反觀清軍台灣指揮官劉銘傳，雖然棄守基隆最後又打敗仗，但戰後卻升官發財兼鬥爭湘軍，歷史的荒謬經常無情的訕笑這些過眼雲煙的是非勝敗；至於第一線作戰的清法軍官兵們，無論在越南北圻還是台灣基隆、淡水、澎湖，埋骨的代價竟然只是爲了一場回到原點的、白打的戰爭，這麼多犧牲的生命何辜？這筆帳又要算到誰的頭上呢？

　　被侵略者起來抵抗責無旁貸，守護自己的土地就算犧牲也值得，可是，那些遠赴異鄉，爲了政權高層意志而戰鬥，最後埋骨異鄉的亡魂，自然不會有什麼公道可言。因爲，他們只是掌權者的戰爭工具罷了！

　　由此可見，發動戰爭者的責任何其重大，無論爲了任何冠冕堂皇的理由，所有的代價總是人民要承擔的。

探索戰爭現場

　　記得10幾年前和莊耀輝、許文傑兩位大哥和張蔭昌等同好一起探勘、記錄基隆的所有砲台後，轉向清法戰爭遺跡的踏查，2012年11月10日由張蔭昌主導踏勘中，幸運的發現了法軍南方堡壘朝向暖暖的砲座遺跡。這是令人振奮的一刻。

　　後來陸續的踏勘中，由張蔭昌和許美策主導，吳盛宏（大衛）、天婦羅、張台發、盧老師等也陸續加入部份踏勘，桌形高地、齒形高地、八堵砲台……等，甚至延伸到

暖暖、碇內、四腳亭、八堵、七堵、六堵、五堵等基隆河兩岸的清軍防線。蔭昌每次踏勘總會測量、記錄及繪圖，對全貌掌握最完整，他特別擅長解讀法軍地圖，對地形、位置判斷也最精確，走過的現場也最多，總是以嚴謹而力求正確的態度，探索每個找到的遺跡現場；而美策在讀高中時就和我們一起踏勘砲台了，歷經大學、研究所，一直到就業，都持續研究清法戰爭，對相關史料的蒐集觸角既深且廣，也不斷延伸清軍防線現場探勘，對地營及參與戰事台灣各地鄉軍的研究尤多。

追循法軍、清軍和鄉勇的歷史腳蹤，探索這場歷史戰爭的防線與戰鬥現場，是體力、毅力、耐心與學習判讀防線遺跡的考驗。法軍以詳細的文圖述說他們的戰爭故事；而清軍的戰史只能從奏摺、海關稅務司的記錄及少數地方記憶粗略的拼湊推敲。還好，法軍地圖畫出的一條條清軍防線和據點，填補了清軍刻苦堅毅的保壘防線。

然而，基隆經過一百多年來的城市發展，築港、道路、住宅、經濟林木、高架電塔、垃圾場、焚化爐等公共設施佔領丘陵平地，許多戰爭遺跡被早起會、公園、廟宇、墳墓及公共設施覆蓋，但仍留下許多壕溝、胸牆、圓堡和方堡等遺跡。

踏勘現場的歷程，艱辛而美好，總是伴隨著鳳頭蒼鷹、大冠鷲、松雀鷹、樹鵲和台灣藍鵲的叫聲，及在身邊飛舞的美麗蝴蝶，穿山甲的洞、山羌的叫聲偶而會出現，還要面對薯榔、黃藤、雙面刺等藤蔓的威脅及蜂群的騷擾攻擊。剛開始像掉進一個時空迷霧森林般的茫然，在沒有路的樹林中不斷穿梭尋覓，經過一次次的發現、梳理與比對，土地上的戰爭紋理逐漸浮現在層疊錯落的基隆山嶺間。

這場戰爭在基隆打了10個多月，但我們卻花了十幾年在打這場艱難的歷史戰爭，在時空交錯的山嶺戰場尋覓，感受寧靜中的對峙張力。出版是為了結束戰場，讓有興趣的人可以用各種角度共同參與這場多層次的爭鬥，若能親臨現場，更能以各自的觀察、體驗，從多樣的線索參與這場戰爭。不流血，頂多流點汗。

因為史料繁複、戰場多樣，書中內容難免會有錯誤，由於我是此書的主導者，疏漏錯誤的文責當由我負責。另外，要特別感謝羅朝英（天婦羅）為本書繪圖，使讀者能對清法軍主要戰役、戰略路線及防線配置等地理位置，有概括性的理解，也能增添許多臨場的想像；還要感謝雯玲為本書彙整校正耗費心力，也要特別感謝文雄承擔了編輯一次次更改繁鎖錯誤的勞苦。

目　次

張蔭昌序 ... 3
陳世一序 ... 7

前言和導讀
前言 ... 15
　一、本書內容說明 ... 15
　二、重現台灣的清法戰爭場景 ... 15
　三、台灣主體意識與情感凝聚的開啟 ... 16
　四、淡水、基隆兩樣情 ... 17
導讀 ... 20
　一、歷史背景 ... 20
　二、清法戰前的基隆 ... 25
　三、清法戰役與和議過程 ... 28

第一章・法國對台灣的整體觀察 ... 41
　一、法國：台灣的地理人文特色 ... 41
　二、法國：北部的地景特色 ... 47
　三、法國：基隆的地形、街市和煤礦 ... 50

第二章・清法備戰 ... 57
　一、法軍：想拿台灣當談判籌碼 ... 57
　二、清軍：劉銘傳奉命赴台備戰 ... 58

第三章・法軍第一次攻擊基隆 ... 65
　一、法軍：艦砲摧毀所有海岸砲台 ... 65
　◎馬偕見聞──看到法艦被擊破的三個大洞 ... 68
　二、清軍：法軍炸毀大沙灣砲台 ... 69
　三、法軍：第一次登陸作戰 ... 71
　四、清軍：圍攻擊退法軍 ... 74
　五、法軍：砲擊基隆沒達到談判目的 ... 77
　六、法軍：攻擊中國艦隊、福州造船廠及閩江沿岸砲台 ... 78

第四章・是否進攻基隆？法軍陷入長考 ... 79
　一、法軍：孤拔思考是否攻擊基隆？ ... 79
　二、清軍：準備抵抗法軍第二次攻擊 ... 83

第五章・法軍基隆第二次仙洞登陸戰 ... 87
　一、法軍：偵察清軍陣地 ... 87
　二、法軍：仙洞登陸戰 ... 89

三、清軍：兵力不足難以抵抗----------91
　四、清軍：棄守基隆----------92
　五、基隆通判梁純夫對劉銘傳棄守基隆的說法----------94
　六、淡水新關稅務司法來格呈，總稅務司憲----------96
　七、劉璈對劉銘傳棄守基隆的說法----------97

第六章・法軍進攻淡水登陸戰失敗----------101
　一、法軍：偵察、砲擊淡水----------101
　二、清軍：法兵船砲擊淡水----------105
　◎馬偕見聞——法艦砲轟淡水----------108
　三、法軍：淡水登陸戰----------109
　四、清軍：陸上肉搏戰----------114
　五、法軍：檢討敗戰原因----------116
　六、清軍：向朝廷報戰功----------118
　七、在地記憶：〈淡水清法戰爭概況〉筆記摘錄----------120
　八、淡水新關稅務司法來格對戰事的觀察----------123
　九、法來格助清軍防守抗法----------126

第七章・法軍佔領基隆後的對峙攻防----------127
　一、法軍：建立基隆防禦圈----------127
　二、法軍：在基隆紮營建基地----------138
　三、清軍：劉銘傳要求援軍和糧餉----------141
　四、法軍：風土病突襲----------143
　五、法軍：封鎖台灣----------144
　六、清軍：招募土勇和義團----------147
　七、清軍：以台北為中心的防禦戰略----------148

第八章・齒形高地（鳥嘴峰）爭奪戰----------153
　一、清軍：曹志忠夜襲獅球嶺法軍陣地----------153
　二、法軍：清軍攻擊淡水砲台（獅球嶺）----------154
　三、法軍：偵察石硬港谷地----------157
　四、法軍：奪取齒形高地（鳥嘴峰）----------160
　五、清軍：土勇擊退法軍----------163
　六、清軍：劉銘傳要求朝廷調勁旅對抗----------164

第九章・法軍調整戰略方向----------167
　一、法軍：中國將軍懸賞法軍人頭----------167
　二、法軍：陷入基隆戰場泥淖的錯誤戰略----------170
　三、清軍：急需運兵、籌餉、捐資、辦團練、軍餉調度----------173
　四、法軍：決定從台灣撤退----------177
　五、法軍：非洲兵團援軍抵達----------179

六、清軍：法軍夜襲----------182
七、法軍：西風突襲竹堡----------182
八、清軍：法軍四路圍攻----------187
九、法軍：外國人兵團援軍抵達----------189

第十章・第一次月眉山攻防戰----------193
一、法軍：編隊及進攻路線規劃----------193
二、法軍：向桌形高地(月眉山)進攻----------195
三、清軍：在月眉山、大水窟、圓窗嶺對抗法軍----------201
四、法軍：改變作戰計畫----------202
五、清軍：曹志忠阻擋法軍攻勢----------205
六、法軍：建立前進根據地和清軍對峙----------206

第十一章・決戰前的準備----------211
一、清軍：築十幾里長牆防線----------211
二、法軍：敵人的防線不斷延伸----------212
三、法軍：清軍的武器種類----------214
四、法軍：準備決戰----------216
五、法軍：杜奇尼上校的作戰計畫----------220

第十二章・第二次月眉山攻防戰----------223
一、法軍：清軍大砲、我軍艦砲互擊----------223
二、清軍：戲台山（五坑山）攔截戰----------228
三、法軍：佔領桌形高地----------229
四、清軍：月眉山失守----------235
五、法軍：盤整、休息和向西偵察----------236
六、清軍：調兵防基隆攻台北通路----------237
七、法軍：攻佔圓形劇場高地（紅淡山）至基隆河以北地區----------238
八、清軍：敗戰退至基隆河南岸----------247
九、法軍：戰後的活動----------249
十、清軍：敗戰的原因----------251

第十三章・重新調配堡壘防線----------253
一、法軍：重新配置堡壘及防線----------253
二、法軍：享受戰後快樂生活----------259
三、清軍：防法軍攻打台北府城----------262

第十四章・法軍攻佔澎湖----------265
一、法軍：澎湖是重要的軍事基地----------265
二、清軍：澎湖的軍事地位----------268
三、法軍：登陸作戰前的砲擊----------269

四、清軍：法軍攻擊馬公各砲台--------274
　　五、法軍：登陸作戰--------275
　　六、清軍：抵抗法軍入侵失敗--------281
　　七、清軍：戰敗責任檢討--------283
　　八、法軍：控制澎湖群島--------285
　　九、法軍：成為補給中心--------287

第十五章・停戰後的局勢發展--------289
　　一、法軍：孤拔調兵--------289
　　二、法軍：以議定書結束敵對行為--------291
　　三、法軍：海上的作為--------293
　　四、法軍：逮捕海上中立國及違禁品船舶--------294
　　五、法軍：有趣的基隆市集--------296
　　六、法軍：領取戰勝的光榮--------299
　　七、法軍：放棄澎湖--------300
　　八、法軍：孤拔驟逝--------301

第十六章・法軍從台灣撤退--------305
　　一、法軍：和平條約--------305
　　二、法軍：只留下回憶與墳墓--------306
　　◎馬偕見聞――賠款建尖塔教堂--------309

附錄--------310
　　一、一場西方與東方的邊緣戰爭--------310
　　（1）戰略與戰術--------310
　　（2）清軍概況--------312
　　（3）法軍概況--------315
　　（4）全台官民動員參與戰爭--------316
　　二、傳說、紀念與墳墓--------319
　　（1）清法戰爭的傳說--------319
　　（2）歌謠、詩文、匾額紀念--------326
　　（3）墳墓和紀念碑--------330
　　三、清法戰後的名人--------341
　　（1）劉永福--------341
　　（2）林朝棟--------342
　　（3）東鄉平八郎--------345
　　（4）霞飛（Joffre）--------346
　　（5）J.Viaud（冰島漁夫作者）--------346
　　四、閱讀本書的技巧--------349
　　五、清法軍地名比對--------351
　　（1）基隆--------351

（2）淡水----------354
（3）澎湖----------355
六、清法戰爭年表----------357
本書各章史料來源說明----------364
圖片來源----------367
參考書目----------368

前言與導讀

前言

一、本書內容說明

本書主要內容以黎烈文翻譯的《法軍侵臺始末》改寫和劉銘傳在清法戰爭時的奏摺改寫成白話文而來。由於法軍和清軍對基隆、淡水及澎湖的相關地名，都有自己的用語，有些地名如淡水，可能因法軍當時的誤解，另有譯者將八斗誤植為八堵等，劉銘傳奏摺中有些是當時基隆的老地名，也有清軍自己取的地名，還有由音轉文字誤植的地名，這些地名有些延用至今，有些早已流失，因此，本書的重要任務是指認清法戰事的相關地點，都能對應到今天的地名。

另外，為了容易閱讀，內文以大小標導引。農曆的日期和子、丑、寅、卯…的時間以國曆日期和現代時間比對，以方便閱讀。

比對雙方對戰的敘述，法軍對一些小攻擊失敗事件常沒有記述，清法雙方對戰爭勝敗傷亡的說法也常有大出入。為了增加觀察這場戰爭的在地多元觀點，對劉銘傳棄守基隆後的各方看法，透過基隆通判梁純夫、淡水新關稅務司法來格及台灣道劉璈等看法來作比對；法軍淡水登陸戰部份則加入馬偕、在地居民及淡水新關稅務司法來格對戰事的觀察；澎湖之役澎湖副將周善初及通判鄭膺杰回報和楊岳斌派探員調查結果的比對，都是有趣的歷史辯證，但考慮到字數，並沒有加入複雜的討論。這些都是有興趣的讀者或研究者可以延伸的。

二、重現台灣的清法戰爭場景

戰爭是人類群體間衝突最嚴重的形式，常以土地、物產、利益、宗教信仰、民族情感、文化認同差異……為標的。清法戰爭是由法國政府藉故挑起的索賠戰爭，清廷被迫應對，主戰場在越南，台灣戰場主要在產煤的基隆，是法國政府認為可以向清朝索賠的擔保品籌碼，且取得最方便，保有成本最低的地方。

法國政府的誤判，使孤拔率領的遠東艦隊陷入基隆戰場的泥淖。基隆崎嶇多變的山嶺和傳染病盛行的瘴癘環境，使入侵的法軍陷入困頓。

重現140年前清法戰爭的各戰役場景，特別是基隆戰場，是本書想呈現的重點。

這場戰爭在基隆打了 10 個多月，在淡水打了 7 天（登陸戰一個上午），在澎湖打了將近 4 個月，從 1884 年 8 月 5 日法艦砲轟基隆海岸砲台及登陸開始，至 1885 年 7 月 25 日法軍自澎湖全數撤軍為止，在基隆有將近一年的時間。

重現首先要突破的是法軍、清軍、在地地名的比對，及地名對應的空間現場指認，《法軍侵臺始末》附圖有明確的地名及位置，但清軍沒有地圖，有些地名只能從雙方對戰的敘述空間脈絡中推測；法軍的附圖標示出兩軍的防線、據點、堡壘及陣地等，還有攻月眉山、紅淡山的路線等，使這場戰爭的攻防有明確的脈絡。

也因為多山的基隆，保留了許多清法戰爭的遺跡，使我們得以在步道縱橫的山嶺間，重現清法戰爭的場景。

大多數人對清法戰爭的印象是模糊的。清法戰爭在昔日的台灣史中，不是被忽視就是被大量民族情緒淹沒，因而，重現也包括梳理清法戰爭在台灣史中的面貌；戰爭中東西方戰略、戰術、思想、社會及文化的對比，國家戰略和現場指揮官間戰略判斷的歧異，及湘淮鬥爭的深層影響等，重現可以觀察東西方對戰中的戰場文化顯影。

從一般大眾的功能性使用看，走讀戰爭現場、來場清、法軍戰爭模擬的角色扮演實境秀，才是最有趣的真體驗吧！至於誰勝誰負、誰是誰非？就留給歷史學者們去傷腦筋吧！

重現並非寫真還原當年真實的戰爭現場。歷經 100 多年的風雨、人為摧殘，場景的改變，使我們只能從相關記錄留下的蛛絲馬跡，比對、推演戰爭發展的時空脈絡，以進入考古現場般的專注精神，像羅生門般編綴一幅幅屬於戰場的歷史圖象。

重現是一種再詮釋、再參與的過程，重新面對荒謬的、殘酷的戰爭現場，以文明的、溫柔的方式，模擬、想像戰爭、戰場生活和內外形勢干擾下的戰爭故事。

重現也只是想連結喜歡在土地上走動的人們，可以與這段破碎迷濛的時空戰場辨證對話，也能隨意指認、貼近基隆、淡水、澎湖諸多獨特的地貌山海美景罷了。

三、台灣主體意識與情感凝聚的開啟

對參與這場戰爭的清軍、鄉軍及法軍，奮戰的勇氣和精神都值得尊敬；對清法軍指揮官的戰略戰術，在不同體制、上級命令與溝通、現場應變和各方資訊交錯影響下，常使判斷陷入複雜矛盾的弔詭情境，這是有趣的辯證過程；在 19 世紀歐洲強權

民族主義高漲的時代,對外殖民擴張蔚為潮流,但發動戰爭的法國內閣仍應為此戰雙方的死難者負全責,清朝派兵應戰守土責無旁貸。

這場戰爭使清廷看到台灣海防的重要性,進而在戰後建省、築砲台,加強建設。然而,對台灣人民的意義呢?

台灣從1683年到1870年代,歷經了大小反亂、閩客、漳泉械鬥、頂下郊拼等各式分類械鬥的內部衝突,清咸豐年間(1850年代)的械鬥尤其激烈。當台灣島內人民為了同鄉、同族、同姓、同郊的小利小害打個不停時,法國的鐵甲艦隊浩浩蕩蕩的開到了基隆、淡水、台南外海,一下子就將台灣人的目光全都吸引過來。

長達近一年的清法戰爭,凝聚了台灣人民共同抗法的意志,也使民間的防衛力量組織起來,是台灣邁向一個島嶼生命共同體的初體驗,透過各地鄉勇、團練的組織與防守,部份鄉勇支援前線,戰事相關訊息擾動了台灣人的在地情感,也加深了台灣人的團結意識,使台灣凝聚成一個對抗外來入侵的整體。

當時,有「西仔來拍咱台灣,百姓合齊欲征番」的俗語流傳,為當時鼓勵全民同仇敵愾的民族向心力。(伊能嘉矩,《台灣文化志》:124)

清法戰爭使台灣內部的小衝突淡化,在共同對抗外來的強權大敵時,迫使台灣人開始反思主體意識,也凝聚了大家的情感。

四、淡水、基隆兩樣情

基隆從1884年8月5日法艦砲轟海岸砲台開始,一直到1885年6月21日法軍撤離為止,歷經了10個多月321天的戰爭洗禮,面對滿目瘡痍的鄉土,內心自然格外沉痛。對內港街市的居民而言,痛的不止是家破,而是沒有光榮的戰爭故事可以抒懷,心中難免苦悶。

淡水在1884年10月2日被法艦砲轟,10月8日上午法軍登陸作戰,清軍只用了半天的時間就打敗了法軍,不僅有可歌可泣的英勇戰史傳頌,重要的寺廟都還有清光緒皇帝賜頒的匾額,簡直就是羨煞了基隆人。

然而,日本殖民台灣以後,淡水港因淤積造成水深不足,進出口貿易日趨沒落;日本人銳意建設,基隆港市歷經築港、市區改正、都市計畫而大展鴻圖,很快變成台灣第一大港,港務、漁業及煤礦吸引了大量人口進入。淡水和基隆的命運就此翻轉,

這似乎是清法之役後命運對這兩個港口開的玩笑，用時間還給基隆另類的光榮補償。

基隆：內港街市和暖暖的不同際遇

暖暖在頭人周玉謙假借神意的號召下，打了幾次精彩的勝仗，即便最後在第二次月眉山攻防戰後，在鳥嘴、牛灶、馬鞍格也擋不住法軍攻勢，退到基隆河南岸，還是有拼死抵抗法軍的故事傳頌；至於基隆港市，歷經乙未之役、日本殖民、太平洋戰爭、國民政府接收、228事件等衝擊，在一波波政權、產業及人口結構的淘洗下，戰爭殘存的記憶幾已飛灰煙滅。

即便在基隆，內港市街和暖暖在日本殖民後的命運也大不同。暖暖因傳統水運被鐵路及公路取代，區域貿易集散功能不再而沒落，變成了煤礦的生產地；內港街市不僅成了新的區域貿易中心，更成為重要的國際貿易商港。

內港街市是個種族人群多元交會、大家忙著做生意賺錢的地方，政權、敵人和朋友都如同船來船去，不能有太多情感的包袱，也不能讓心中的仇恨停留太久，一切的恩仇都會化為骨骸與塵土，最後，在中元祭的那個月份，不分國籍、族群或階級，所有鬼魂都來享用大餐，共同和解，也使生者都得到身心的抒解。

以盛大的中元普度化解歷史苦難

清法戰爭的殘酷血淚記憶，對人群不斷揉和、流動的基隆人而言，早已煙消雲散，雖然敵對很久，但1885年3月戰後到6月撤退期間，市民陸續重返家園後，大家仍在農地、海邊和市集中討生活，也和駐守基隆的法軍官兵有交易互動等，儘管歷經無情戰火與敵對情勢，和平草約簽訂後，法軍和在地居民在市集買賣間仍能發展出一些趣味和友好的關係，畢竟，敵對的雙方並沒有深仇大恨，當戰事回歸和平後，不同種族、文化的踫撞互動，也都回復到人性的善意了。

到了今天，一到農曆七月，行禮如儀的、一視同仁的中元祭儀展開，主普壇七月十五日普度現場的西洋連桌、法國菜、法國麵包、蛋糕和紅酒……，同樣要好好款待一百多年前不幸命喪基隆的異鄉亡魂，即便是西洋亡靈也都已經成為基隆文化的一部份，至於誰是侵略者？誰打了勝仗？誰的傷亡人數較多？一切都不重要。因為他們早已留在這片土地上，成為我們歷史的共同存在了。

每年在法軍首次登陸基隆的大沙灣砲台旁的法國公墓,總有莊嚴隆重的祭儀,也會邀請法方代表出席,正砂里長俞明發曾舉辦幾年的「大沙灣文化祭」,歷史人物、服飾、道具和物換星移的場景,在遊街時訴說著100多年前真實上演過的戰爭故事,最後的祭儀同樣撫慰了亡者和生者的心靈。

一場血、汗、病之戰

這場戰爭,槍聲和砲彈在空中碎裂的嘶吼中,血大量從人體噴濺,在痛苦與呻吟中,鮮紅的血有如死神的召喚般令人窒息,隨著戰事的推進,不斷灑在這片美好的大地。

另一種伴隨著黑夜而來的鮮紅驚恐,在「割頭換賞銀」的利誘下,使法國兵陷入了紅與黑交錯的顫慄中,鮮紅與暗紅變成了死亡交易籌碼的識別特徵,是否也代表著勇氣和機會價值不等重的天平籌碼?雖然法軍很痛恨這種行為,但清朝官員以這步棋對付號稱文明的侵略者,讓兵民投入這椿賺錢的砍頭生意,還真是野蠻的高招。

相對於清軍、鄉軍日以繼夜的流汗築長長的肩牆、壕溝及堡壘,對在航行中忍受了長時間禁錮的援軍非洲兵團士兵而言,肉體充滿了對流汗甚至流血的衝動渴望,才引發了伍長莫瑞爾帶兵對竹堡的突襲。然而,第一次月眉山對戰後,法軍對抗清軍的前進根據地構築,又使非洲兵團陷入汗和雨難分、日與夜顛倒的苦勞境地。

面對所有進入台灣的異鄉人,病菌是最堅強的守護者,無論是森林熱、霍亂、瘧疾……,也不管是侵略者、防守者、戰勝者、戰敗者,傳染病都一視同仁,不分種族、膚色、國籍,一律平等對待。病菌總是守護著台灣的大地,直到你進入停留的時間夠久,血液中的抗體產生,才能和它們和平共存。

基隆在台灣近代的歷史上,無疑曾經是戰爭之都、血汗病之城。

導讀

一、歷史背景

〈1860 — 1877〉

法國侵佔越南南圻領土——法越第一次《西貢條約》

1857 年英法聯軍打敗清朝後，法國想在東南亞建立貿易據點（如英國的香港、新加坡），1858 年法國和西班牙藉口兩國傳教士被殺出兵越南，1859 年法國海軍佔領西貢，1860 年法軍佔領越南的嘉定、邊和、定祥、永隆 4 省。

1862 年越南和法國簽訂第一次《西貢條約》，割讓南圻 3 省及崑崙島，賠款、開放通商口岸及可自由傳教等。

1863 年法國成為越南西邊柬埔寨的保護國。

普法戰爭法國戰敗

在歐洲大陸，1852 年拿破崙三世成為法國皇帝，1862 年俾斯麥成為普魯士首相，1867 年北德意志聯邦成立，1870 年普法戰爭爆發，法國戰敗，拿破崙三世被俘，普魯士包圍巴黎。1871 年兩國簽訂《法蘭克福和約》，普法戰爭結束，德意志第二帝國在同年成立。

普法戰爭法國戰敗後，經濟困頓，法國想擴展在越南的商貿和殖民勢力，如果佔領北圻，甚至可以經由北邊的中越邊界，直接以陸路貿易和清朝做生意。

黑旗軍

黑旗軍的領導人是劉永福。他在 1857 年參與三合會的太平天國軍起義，當太平天國逐漸戰敗後，劉永福於 1863 年隨著吳亞終退到廣西歸順州時，又被廣西提督馮子材打敗，只好退到中越邊界的興化省保勝附近，向越南王國阮朝投降，經嗣德帝同意後，軍士們就在保勝屯田立寨，這時，劉永福號召 300 多名部將組成軍隊，以北斗七星為戰旗，成為黑旗軍的前身。

吳亞終後來反叛阮朝，攻打高平、北寧等地，阮朝出兵征討，1871 年吳亞終在北寧戰死，潰散的餘眾分成三隊，劉永福的黑旗軍在保勝；黃崇英的黃旗軍在宣光省

河楊；梁文利、盤文二的白旗軍在宣光省陸安州。

後來黑旗軍打敗、兼併白旗軍，而黑旗軍與黃旗軍又不合，互相攻打，嗣德帝命段壽出兵前往鎮壓，卻在對戰中被殺，阮朝再派黃繼炎前去鎮壓，1871年他勸劉永福投降阮朝，條件是可留在保勝，和阮朝一起對抗河楊的黃旗軍。

黑旗軍打敗法軍——法越第二次《西貢條約》

1873年10月法商因在往返北圻和雲南的紅河航行貿易，引起法越衝突，法軍由海軍上尉安鄴率領佔領河內，越南黃繼炎在山西奉命抵禦，同時請劉永福率黑旗軍幫忙對抗法軍，黑旗軍在紙橋擊敗法軍，擊殺安鄴。

戰敗的法國在1874年卻以外交手段，和越南簽訂和平同盟條約，即第二次《西貢條約》（甲戌條約）22款，表面上承認越南的獨立主權、法國總統又贈送越南軍艦、大砲、槍枝等，如有匪徒、海匪或外國勢力入侵，法國會隨時協助剿滅侵略者，法國同時換得更大的越南領土，還要求越南同意外國傳教士傳教、開放港口、河流通商等。但紅河流域上游仍被黑旗軍控制，法國仍無法自由通商。

法國在條約中條列的越南獨立主權，就是意指清朝不是越南的宗主國；而幫助越南剿匪和抵擋外國入侵，就等於越南是法國的保護國。法國利用條約中的文字包裝，將越南的藩屬國地位和誰是保護國作了巧妙的轉換。只是，把條約真正的精神藏在文字背後罷了。

〈1878 — 1881〉
清、法宗主國與保護國角力戰

1878年廣西潯州副將李揚才竄入北圻作亂，越南向清朝求援，要求派兵平定北圻亂事，光緒帝派兩廣總督劉坤一、廣西提督馮子材到北圻剿匪，清軍到北圻後發現，法軍也在北圻幫助越南剿匪。

1879年越南仍向清朝進貢。

1880年法國新任總理熱衷殖民政策，命其駐中國公使告知清廷，不承認清朝對越南的宗主國關係後，籌備出兵。越南這時也派使節向清朝求援，以抵抗法軍入侵。

1881年，清廷派人入越偵察，防堵法軍勢力進入廣西、雲南，9月駐法公使曾

紀澤對法外交部抗議第二次《西貢條約》（甲戌條約），重申清朝對越南的宗主權，提議清法應協商解決越南問題。但清廷內部對戰和並無一致看法，而《甲戌條約》簽訂後，法國駐北京公使羅淑亞照會過總理衙門，當時清廷並未提出抗議，因而，對法全權大使李鴻章也沒有推翻《甲戌條約》。

越南北、中、南圻示意圖

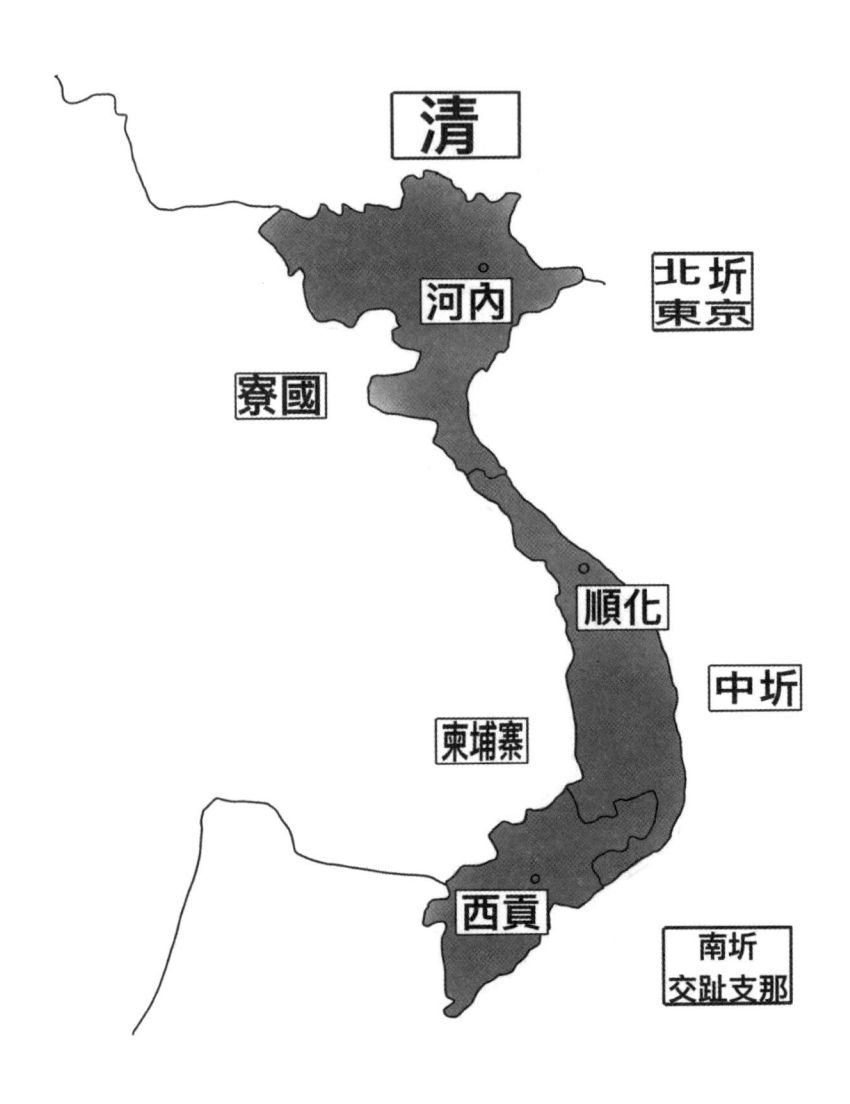

〈1882 － 1883〉
清法展開越南主權談判

　　1881 年底因法國商人前往雲南通商，受到山賊阻撓，1882 年 4 月法國派海軍上校李威利（維業）率軍攻佔河內，立傀儡政權管理河內，阮朝要求李威利交還河內遭拒，反而要求河內成為法國保護地，阮朝一方面求助黑旗軍，一方面派使節向清廷求援，清廷派謝敬彪、唐景崧出兵北寧、山西，再派廣西布政使徐延旭接應。

　　1883 年 2 月法國援軍到達東京，3 月李威利攻佔南定，法國援軍在河內打敗黃繼炎率領的越軍，5 月劉永福率黑旗軍駐守懷德府，李威利朝懷德府進攻時，在紙橋被黑旗軍擊斃，法國政府組成東京遠征隊，由波滑少將率領，準備對付黑旗軍。

　　法指揮官波滑率領大軍從南圻北上攻打黑旗軍，迫使黑旗軍退到馬屯，但法軍也無力追擊，只能向法國政府要求援軍。

　　法軍和清軍在北圻發生衝突，法國認為清朝雖是越南宗主國，但過去清廷並未介入或抗議法越交涉，因此，法國認為可以佔領越南，就如同日本佔領琉球，英國佔領緬甸時，清朝都沒有抗議，因此，法國佔領越南也理所當然。

　　清廷在歷經兩次鴉片戰爭後，體驗到西方列強船堅砲利的威力，而在 1860 年代展開自強運動，然而，清廷內部的高官大臣中，有保守封閉的大臣，也有洋務派改革開放的大臣，在面對外交挑戰時，常會有不同意見的爭辯，面對越南問題，當時掌握大權的李鴻章主張退讓，但也有人主張要迎戰法國，保護越南藩屬國。

〈1883 － 1884・5〉
法國成為越南保護國

　　1883 年 1 月李鴻章與法國駐華公使寶海達成 3 點初步草約：
（1）清朝自越南撤兵，法國聲明沒有侵佔土地，也沒有損害越南主權。
（2）法國得自紅河通航貿易，中國在保勝立關。
（3）中法在雲南、廣西與江河間之地劃界，北界由中國管轄，南界由法國巡查保護，共同抵拒外力侵入北圻。

　　但此約引起清廷清議派不滿，法國也因此約違反「甲戌條約」而召回寶海，改派巴德諾為駐華全權公使，1883 年 3 月法國國會通過增援北圻議案。

1883 年 3 月法軍與劉永福的黑旗軍在懷德府紙橋交戰，法軍戰敗後，以海軍入侵閩粵沿海，越南向清朝請求援軍，清廷派彭玉麟到廣東和廣西佈防。

　　法軍計畫攻佔順化府，下令由布耶及孤拔為陸海軍指揮官，8 月法將孤拔率軍攻佔順化，因阮朝嗣德帝去逝，由協和帝即位後，協和帝為除去掌權的阮文祥等人，8 月 25 日與法國在越南首都順化訂第一次《順化條約》27 款，承認法國為保護國。

　　為了讓黑旗軍離開保勝，法國開出 1 百萬兩白銀給劉永福的條件，由阮朝轉告劉永福，卻遭到拒絕，並聲明法軍只能用武力奪取土地。

　　同年 12 月法將孤拔率 6000 名官兵在山西（Sontay）攻擊駐防廣西的清軍及黑旗軍獲勝，摧毀清朝的北圻防線。

　　1884 年 2 月米勒率 1 萬 6 千名兵力攻北寧 40 營清軍，3 月清軍敗退到諒山，黑旗軍退到太原，法軍佔領河內，3 月法軍一路攻佔北寧、太原、興化與河內，4 月清法軍在中越邊界引發多次衝突，清軍多次突襲法軍，引爆清法激戰。

清法訂定《天津簡約》

　　1884 年 4 月因清軍在越南戰敗，清廷撤換總理衙門領班大臣及首席軍機大臣恭親王奕訢，改由禮視王世鐸和鹿親王奕劻接任，再派直隸總督李鴻章與法國代表議和。5 月 11 日李鴻章與法國代表福祿諾艦長簽訂《天津簡約》（李福簡約）。內容為：

1. 清朝同意法國與越南之間「所有已定與未定各條約」一概不加過問，亦即承認法國對越南的保護權。
2. 法國約明「應保全助護」清朝與越南毗連的邊界，清朝約明「將所駐北圻各防營即行調回邊界」。
3. 清朝同意清越邊界開放通商，並約明將來與法國議定有關的商約稅則時，應使之「於法國商務極為有利」。
4. 本約簽訂後三個月內雙方派代表會議詳細條款。（中文版為三個月後。註明以法文本為正式版本。）

　　這個簡約即為清朝全面放棄越南宗主權且促進法國方便與清朝通商的條約。

　　《天津簡約》簽訂後，法使巴德諾要求限期撤軍，李鴻章則答應儘速撤軍。

二、清法戰前的基隆

開辦雞籠官煤

福州船政局於 1867 年提議設置官煤廠開採煤礦，1868 年福州船政局派官員隨同英國礦業技師來雞籠調查煤礦。由於外國船艦到雞籠購煤頻繁，私採者眾，防不勝防，且福州船政局自製或購自外國的兵船，也急需用煤，清朝於是在 1870 年開放台灣煤禁，派官員調查雞籠煤礦，定開採章程，准許人民開採既有的 70 洞。

1872 年，李鴻章上奏，建請購買機器開採台灣煤礦。同年，福州船政局訂購台煤 5 萬噸。1876 年 4 月英國煤礦技師來台調查雞籠煤礦，鑽探煤層後在八斗子茗寮坑開礦坑，並從礦坑口架設通往八斗子港的輕便車道 2346 碼。同年 8 月開始鑿直井，1877 年 3 月 12 日著炭開始生產，每日產量 30－40 噸。

1878 年年產煤 1 萬 6 千多噸，1879 年日產量增至 200 噸，年產量 3 萬餘噸，1880 年年產量增至 4 萬 1 千多噸。原計畫築八斗子至基隆港輕便鐵路未成。從八斗子港以駁船運煤，冬季東北季風常造成運輸不便。1881 年產煤 5 萬 3 千餘噸，但管理不善，又遇到市場煤炭滯銷，1882 年台灣道劉璈接手整頓煤務。

1884 年清法戰爭戰場延伸到台灣，8 月 5 日法艦摧毀基隆所有海岸砲台後，以 200 名陸戰隊登陸，試圖佔領基隆及官煤，但因兵力不足，次日法軍被清軍以優勢兵力圍攻，退回艦中。劉銘傳下令澆洋油焚毀貯煤場 1 萬 5 千餘噸煤炭，派擢勝營官楊洪彪將八斗煤礦採煤機器移往後山大水窟，灌水進入煤坑中，使法軍無法開採利用。

閩浙總督何璟建大沙灣砲台

牡丹社事件後，清朝以在各海口、河口重點設防的概念佈置海防，同時以水師、砲台、水雷和設置水中障礙物來加強重點海口的防務。重要砲台配備英、德等國進口的大口徑後膛鋼砲，同時以厚鋼板防護。

1877 年西班牙大使因 1863 年船舶在台灣發生船難遭劫，清廷並未積極查辦，威脅要以駐菲律賓艦隊攻台。福建巡撫丁日昌在 1877 年 4 月派漳州鎮總兵孫開華率擢勝營 3 營從漳州渡海來台，駐滬尾、基隆兩地港口防守北路。

1879 年 3 月清朝與俄國因邊界糾紛，怕俄國勾結日本，必須作好防務，因而，

軍機大臣要求閩浙總督何璟及福建巡撫勒方錡好好佈置防務。這時日本又併吞琉球。

1880年代清朝在北方重要的海口門戶威海、旅順建海軍要塞。1880年（光緒6年）5月，謠傳日本將聯合俄國滋事。閩浙總督何璟深感警覺，「光緒六年四月十三日奉上諭：何璟等奏，遵議籌辦海防，及節省台灣開山經費一摺。」（國立台灣大學，台灣歷史數位圖書館，檔名：thm-YWG0601-0009900100.txt）何璟在籌足款項後，在大沙灣建砲台，1881年砲台就竣工了。

大沙灣砲台在沙灣溪西側，挖U型護城河引沙灣溪水，安置5尊德製克魯伯砲，前方以鋼板防護，只有中央一個砲眼伸出砲管，另有彈藥庫、城牆及塹壕等。大沙灣砲台於1884年8月5日法艦砲擊基隆海岸砲台時被摧毀。

清法戰前

1881年（光緒7年），清法兩國在越南起手端，清廷詔令各省籌設防務。1882年提督曹志忠向台灣道劉璈提報修造營房，「基隆原有大營盤四座，一在二重橋，一在仙洞，二座在沙灣。現仙洞營房倒塌，沙灣之兩營，一已作砲台，一經黔軍拆去石塊用作 臺圍牆，現存者只有二重橋一座，並無一方一圓兩座，是以兩營不敷棲止。」（國立台灣大學，台灣歷史數位圖書館，檔名：ntu-0699193-0012800135.txt）

由此可知，清法戰前沙灣區原有兩座大營房，一座已改建成大沙灣砲台，另一座營房石塊被拆除作大沙灣砲台的圍牆。這兩座大營房位置應該就在沙灣溪西側的沙灘至東海街之間南側。

1884年6月26日清廷以巡撫任命劉銘傳督辦台灣軍務。劉銘傳視察基隆、滬尾砲台時，卻發現許多砲台都不合式。傳統砲台以青麻條石築砌長牆高台，後面沒有避彈壕及隔堆等阻擋砲彈炸裂碎片飛散的防護設施，無法承受敵軍火砲攻擊。因此，必須加以改造。

傳統海口防禦戰術：以砲台火砲攻擊、以攔江木排及鐵鍊阻擋船艦進入。滬尾除了在海岸有油車口小砲台，在山上趕建新砲台外，在1884年10月2日法艦砲擊後，以兩艘舊帆船載石沉江，在淡水河航路入口有效阻擋法艦進入淡水河。

清法越南主權攻防戰對應表

時間	法國	越南	清朝
1860	佔領嘉定、邊和、定祥、永隆4省		
1862	得到嘉定、邊和、定祥3省及崑崙島	◎第一次《西貢條約》	
1873	法國佔河內、寧平、南定、海陽4省 ★意圖切斷越南和中國藩屬關係	越南請黑旗軍助陣，打敗法軍收復失土	
1874	得到南圻六省	◎第二次《西貢條約》 ★法國承認越南獨立主權	
1878		越南請清朝派兵在北圻勘亂	廣西潯州副將李揚才入越南作亂
1879		越南向清朝朝貢	
1880	法國透過中國駐法公使告訴清朝，不承認清朝是越南宗主國，準備出兵越南	越南派使節向清朝求援，防範法國入侵	
1881	清朝駐法公使曾紀澤抗議甲戌《西貢條約》	清朝和法國對越南問題談判，清廷沒有一致看法，李鴻章主張退讓	清廷派兵入越偵察，防法軍勢力進入廣西、雲南 ★清朝重申對越南宗主權，提議清法協商解決
1882	★法國認為清朝雖是越南宗主國，但法越交涉時清朝並未介入或抗議，因此法國有權佔領越南	法國因通商問題攻下河內 越南請黑旗軍助陣，再向清朝求援 清、法軍在越南發生衝突	清軍進入越南支援作戰
1883	法國因此約違反《甲戌條約》而召回寶海改派巴德諾為駐華公使 國會通過增援北圻550萬法郎軍費 法海軍侵擾閩粵沿海 8月法將孤拔攻下順化	◎李鴻章與駐華公使寶海達成3項對越南的初步草約 法軍與黑旗軍在紙橋交戰 法軍戰敗增兵，越南向清朝求援 ◎訂第一次《順化條約》 ★越南承認法國為保護國 孤拔攻擊黑旗軍及駐防廣西清軍獲勝，摧毀北圻防線	清廷命兵部尚書彭玉麟到廣東和廣西佈防

| 1884 | 1月法將孤拔攻擊駐防廣西的清軍及黑旗軍，摧毀北圻防線
2月法軍攻入北寧、太原，佔領河內，清軍及黑旗軍敗退 | 5月清朝代表李鴻章與法國代表福祿諾簽訂《天津簡約》，承認法國是越南的保護國 | |

〈1884・5 —— 1885・7〉

三、清法戰役與和議過程

(1) 法國要求清朝賠款（1884・5 — 1884・8）
為索取軍費賠償法國找抵押品

　　1884年1月法國的報紙即有催促法軍佔領瓊州、台灣及舟山三島，以作為要求清廷賠款時的抵押。

　　同年3月21日中國駐英國倫敦辦事處主任金登干致函清朝海關總稅務司赫德，要求英國格蘭維爾勳爵出面調停中法爭端，格蘭維爾勳爵說，法國會向清朝要求賠款，如果中國拒付，法國將會佔領海南、廈門及台灣。

　　因此，法國早就認為清朝必須為法國出兵越南的軍費支出，負賠償的責任。法國除了在越南本土戰場上積極向北推進外，也試圖佔領清朝東南沿海的半島或島嶼，以作為談判賠償法國出兵軍費等損失的抵押籌碼。

　　同年4月13日法國巡洋艦Volta進入基隆港藉口查岸購煤，勘查地形，想進入砲台察看被拒。此舉為法軍企圖佔領基隆的先行探察動作。清廷也趕緊以巡撫任命劉銘傳，督辦台灣軍務。

　　台灣基隆因為產煤，且有開採中的清朝官煤，因此被法國設定為要求賠償的抵押品。

法國要求清朝賠款

　　《天津簡約》簽訂後，法軍急於進駐諒山，但清朝軍隊尚未接到撤退的命令，雙方再爆發衝突，法國藉口清朝違反簡約，要求賠款不成而擴大清法戰線。

5月下旬法國總理茹費理指責李鴻章違反《天津簡約》和議條款，要求所有清軍7日內從越南撤軍，且須賠償軍費1億5千萬法郎（約2500萬兩白銀）。清廷答應撤軍，但不願賠款。

6月為確保對越南的殖民權力，法國與越南簽訂第二次《順化條約》18款（又稱巴德諾和約），越南成為法國保護國，不承認清朝為越南宗主國，法國是越南對外關係的代表，且關稅改革後由法國管理，法軍可佔領中圻和北圻等。

撤軍引爆「觀音橋衝突」（北黎衝突）

《天津簡約》後，法軍急於接防北圻清軍陣地，但清軍還未接到命令，而引起11次清軍攻擊法國駐軍的事件。

6月23日法軍到諒山附近北黎接防，要求清軍3日內退回中國境內。但清軍廣州提督王德榜以未收到正式命令而拒絕退出，要求法軍向北京發電報，等命令下來才能撤軍。法軍強行進入、佔領清軍陣地，此事件稱為「北黎衝突」（中國稱北黎為觀音橋，因而也稱觀音橋衝突）。

清廷為有效增加越南境內兵力，光緒帝在7月7日下詔收編黑旗軍，劉永福以提督記名簡放。

7月12日法國對清廷發出最後通牒，要求清軍立即退出北圻，賠償金增為2億5千萬法郎（約3800萬兩白銀）。

7月下旬清廷派兩江總督曾國荃到上海與法國代表巴德諾談判，但沒有結果。總理衙門則對英美等國說明，這件事不是清朝的錯誤。

砲擊基隆海岸砲台脅迫賠款

8月2日清法雙方談判破裂，法將孤拔奉命佔領基隆煤礦。

8月5日法國海軍砲擊摧毀基隆海岸砲台，陸戰隊登陸後兵力不足，6日被清軍擊退回艦中。8月8日法使巴德諾已照會曾國荃，法國已取得基隆為質押，暫時不會攻擊福州。8月12日清廷大臣會議討論對法和戰全局，主張拒絕賠款，請美國調解處理。

當法艦砲轟摧毀基隆所有海岸砲台後，基隆的外國僑民先是躲在德國船卓安卡

號（Johann Carl）船上，後來跑到淡水躲在英國情報船金龜子號（Cockshafer）船上。到了8月底基隆已經沒有外國僑民了。

8月16日法國總理茹費理舉行內閣對清廷軍事行動的信任投票，結果下院信任內閣要使清朝重視《天津簡約》的決心。

8月19日法使巴德諾向清廷下達最後通牒，賠款8000萬法郎，限48小時回應。清廷拒絕後，20日總理衙門命李鴻章電告南洋大臣曾國荃及閩省、台灣備戰。21日法國駐北京公使謝滿祿下旗出京。

馬江海戰——法國報復清朝不願賠款

同年8月23日法將孤拔率領13艘法艦擊潰福建水師揚武號旗艦、振威號、飛雲號、濟安號、福勝號、建勝號、福星號、永保號、藝新號、琛航號及伏波號等，摧毀福州造船廠。清廷聞訊後，光緒帝於同月27日下詔對法宣戰，但忘了通知總理衙門各國代表。28日法艦砲擊摧毀閩江口羅星塔及金牌砲台等。

8月31日赫德致金登干的電報，意思為法國以武力威脅，中國只要有堅忍的毅力和進行持久戰就會成功。法國想在《天津簡約》的基礎上草擬一份條約。中國認為會導致戰爭，且有拒付賠款的決心。法國則已沒有耐心，而以威脅和戰爭為手段。

9月7日清廷授左宗棠為欽差大臣，督辦福建軍務。

（2）法軍佔領基隆作為抵押品（1884・9 — 1885・3）
以取得基隆煤礦代替賠款

既然清朝不願賠款，法國政府就應取得有煤礦的基隆，但孤拔在探勘基隆港以後，卻認為基隆不方便作戰，威脅清朝最好的方法是直攻北方接近京城的港口，才能擴大對清朝談判的利益；清廷則想全力阻擋法軍可能的侵略，儘量減少談判可能的損失。

於是，越南以外的戰場就此展開，清朝沿海重要的煤礦能源產地就被當成有利談判的抵押品籌碼，基隆成為法國遠東艦隊的標的，戰場也延伸到了台灣，基隆就成為法軍刻意佔有、用來談判的擔保品。

凱旋號（Triomphante）艦上的海軍上尉摩理斯・羅瓦（Maurice Loir）解釋：「除

了懲罰，我們還要別的……我們要求賠償，為此我們要求議會允許我們尋求一項保證，不是想要他們立刻投降，而是光靠時間的幫助和等待，我們確信很難會有結果。這項保證就是福爾摩沙。」（白尙德著，鄭順德譯，十九世紀歐洲人在台灣：109）

中國駐英代表希望英國出面調解

1884年9月中旬，中國駐倫敦辦事處主任金登干請清朝總稅務司赫德協助，赫德透過斯圖爾特・倫道爾找格蘭維爾勛爵，協助調解中法問題。

法國內閣、總理及海軍部等對和談想法並不明確，當時法國內閣會議尙未作出和戰決議。中國駐奧公使李鳳苞提議賠款4千萬法朗，分4年給付，但清廷並不同意。法國總理茹費理放話如果不快解決，賠償金額還會增加，且法國海軍中將孤拔也準備好，要催毀中國的要塞及船艦。

中國駐英代表金登干強調法國海軍很強大，英國海軍似已衰弱，金登干告訴赫德，希望他利用在英國的關係，使英國可以出面調解中法越南爭議。

9月21日美國公使楊約翰（John Young）告知清朝總理衙門，法國公使巴德諾要求清廷賠償，或在雲南建鐵路通商，或將基隆煤礦交由法國經營，才能解決問題。同月27日李鴻章請美使楊約翰轉告法方，清廷不接受法國賠款、建鐵路或管理基隆煤礦等要求。

於是，法國政府命令孤拔中將攻打基隆、取得煤礦，以作為擔保品。

法軍佔領基隆

1884年10月1日孤拔率法軍從基隆港西岸仙洞登陸後，佔領火號山清軍陣地，沒想到清軍主帥劉銘傳當晚就率軍從基隆退到台北，只留少數兵力守在獅球嶺，讓法軍輕易佔領基隆，也使基隆成為法國談判賠償的擔保品。

然而，法國政府把基隆和其煤礦當成抵押的想法，顯然是誤判清朝會買單，畢竟，基隆只是清朝帝國邊緣小島的一個港口，雖然有煤礦，但離清廷權力中心太遠，因此，對清朝的權力核心不會有影響。

孤拔倒是深知此點，而認為應該要攻打清朝北方的港口，而且要宣戰，才能真正威脅到清朝的中央政權。

當然，法國政府還另有計算，也就是想透過軍事的壓力及談判，來獲得由法國負責基隆煤礦及關稅管理的利益。雖然最後並沒有成功。

清廷要求「克復基隆」

自從劉銘傳在 10 月 1 日晚上接到李彤恩的三封滬尾告急信後，不聽曹志忠、章高元等人的勸說，連夜將軍隊撤離基隆，當基隆淪陷的消息傳回清廷後，如何調兵遣將赴台馳援以「克復基隆」，能否奪回基隆一度成為清廷關注台灣戰事的焦點。

法軍佔領基隆港市後，清廷在同年 11 月 12 日發佈命令，聽說法軍在基隆修築拉砲的車路，要求劉銘傳命令兵勇日夜分批攻擊，並命令在地壯勇，設法挖掘阻斷車路，使法軍感到驚擾。南北洋兵輪很快就會啓程支援，希望很快就能克復基隆。同年 11 月 19 日清廷聽說在台灣的法兵多患病，還缺乏煤炭、糧食和軍火，基隆在地民間的壯勇要多用，只要官方加以連絡調度，趁這個時機劉銘傳可以出兵克復基隆。

從 1884 年 10 月基隆被法軍佔領後，清廷和基隆間的電報不通，但仍想方設法，要求主帥、將領及援軍「克復基隆」，持續到 1885 年 3 月，然而，由這些諭令和奏摺來看，清廷對基隆實際的戰情似乎並沒有整體的理解，只是以遙遠的隔空命令和增加援軍不斷要求「克復基隆」罷了！但劉銘傳仍然不予理會。

（3）清法互擬和議條款及請英、美調解（1884・9 － 1884・12）

英國的中間人傳話，只要中國接受賠款原則，賠款的數目不會有困難，但中國沒有一個可全權代表和談的人，因此，在執行約定前，法國必須佔領基隆作為抵押品。

因為法國不接受英國調停，英國因此可能建議中國接受賠款原則，至於數額或性質留給兩國友好解決。但中國覺得它是正義的，不會接受這原則。英國要當中國的朋友，也不會要求中國接受法國要求。

赫德爵士認為，現在的戰爭和第二次鴉片戰爭英法聯軍要求貿易的的狀況不同，當時有些商人和苦力支持貿易，現在則是中國所有階級都反對法國人。

10 月底至 11 月期間，中法雙方互擬和議條款，由英國、美國居中調解，轉給法國。後來駐法公使曾紀澤以法方拒絕中國條件，發電報通知總署。

（4）清法直接談判與越南戰局變化（1885‧1 － 1885‧4）
金登干奉命到巴黎探詢和議可能性
　　1885 年 1 月 6 日清朝總稅務司赫德電令駐英代表金登干，到巴黎協商安平關在 10 月 30 日被法艦扣留的緝私船飛虎號歸還事宜，同時探尋法國外交部清法議和的可能性。因爲，透過清朝駐法公使曾紀澤及英國格蘭維爾勛爵的談判失敗後，金登干開始直接和法國外交部多次協商，努力推動雙方和議的可能性。法國總理茹費理已不願意和曾紀澤談判，而希望直接和總理衙門連繫。

石浦海戰
　　1885 年 1 月 12 日因法國援軍到基隆，清廷命令左宗棠、張之洞要趕緊找船運兵潛渡到台灣。同月 18 日吳安康率領南洋水師開濟、澄慶、馭遠、南琛、南瑞號等 5 艘兵輪到福建支援對抗法艦，2 月 1 日南洋水師的 5 艘兵輪以煤炭用完爲理由，從福建外海回頭開到浙江外海，2 月 7 日法國遠東艦隊 6 艘戰艦由馬祖澳向北航行，想要攔截、擊沉南洋水師 5 艘兵輪。

以「米穀禁運」脅迫清廷
　　法國政府計畫截斷春季例行從中國南方運往北方的大宗米穀，以迫使北京陷入饑餓狀態。
　　1885 年 2 月 20 日法國政府要求孤拔，要破壞清朝商務、截斷北方各省補給，儘可能讓清朝受到一切痛苦。孤拔組織一支游擊艦隊追擊清朝巡洋艦及查緝運米船。同年 2 月 26 日法軍實施「米穀禁運」，將米穀視爲戰時違禁品，以遊擊戰艦在吳淞江口攔阻上海運往清朝北方的米穀。但運往廣東及南方的米穀船仍可自由進出。這項禁運使許多英國船主只能放棄與清朝政府已簽訂的運米契約。
　　同年 3 月 4 日英國反制法國米穀禁運，宣告法軍不准查扣運往中國北方的載運米穀船；同月 21 日英國向法國抗議米穀禁運，並宣示將以武力護航載運米穀的商船。

金登干與茹費理談判

在1885年3月6日金登干致赫德的電報中，金登干於3月1日拿赫德的兩封電報到法國外交部見總理茹費理，3日再去見一次面，茹費理認為赫德的電報太籠統、太含糊，且程序不正規，是否發佈詔書，皇帝批准是諭旨還是口頭？是否由總理衙門接到皇帝諭旨後批准？法國要求具有商業利益的東西，以作為未來和平和繁榮的保證，草約中必須提出詳細條約的基礎，且要給法國實質商業利益，以補償法國付出的巨大犧牲。

茹費理強調，我們不能在東京（北圻）停戰，因為除了老街外的所有地方都將落入我們手中，他還說，任何草約中必須明確提出詳細條約的基礎是什麼；且這條約要給法國實質商業利益，否則法國不會滿意。

茹費理問：中國能給什麼實質利益？金登干回說：我的地位不能回答這一問題，俄國擁有一些邊境優惠，可能也給法國同樣待遇。茹費理暗示：李鴻章提的條件之一是拿中國鐵路鐵軌權給法國。金登干則說：我擔心任何這樣的壟斷會引起國際的嫉妒和困難。

3月12日總署以法國同意所擬草約辦法奏聞。

赫德警告，要根據形勢行事。如小心法國好戰派利用各種消息製造形勢，法國議會是否會對越南戰爭撥款，茹費理內閣是否繼續執政等，因此，草約要在法國議會投票後再簽訂才不會矛盾。

越南北圻（東京）攻防點示意圖

（圖：老街、宣光、太原、鎮南關、諒山、山西、河內、海防）

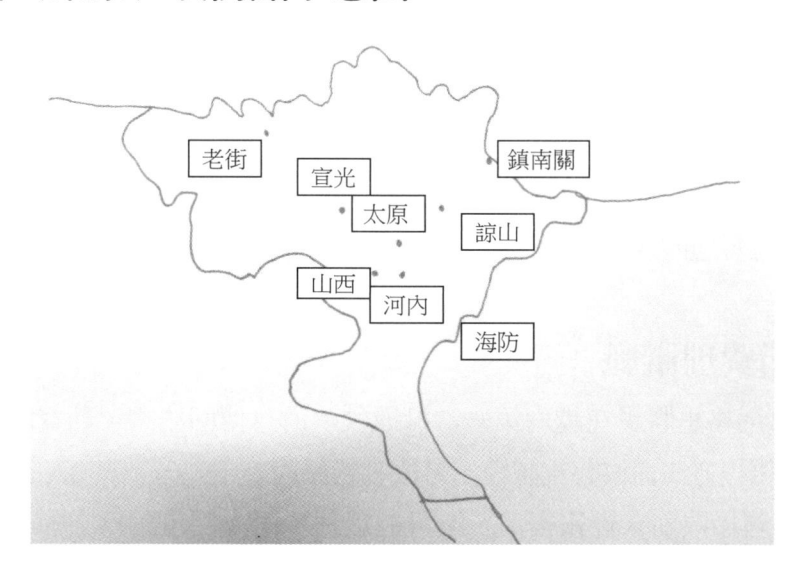

扭轉戰局的「鎮南關大捷」

馮子材原為廣西提督，1882 年因年老多病回鄉休養，但在 1883 年 12 月法軍在北圻不斷獲勝，勢力逼近廣西邊境時，兩廣總督張樹聲請馮子材督辦廣東的地方團練，以支援對法戰爭。1885 年初督辦廣東軍務的彭玉麟及兩廣總督張之洞推薦他幫辦廣西關外軍務，任前敵統帥。面對火力強大的法軍，能否守住鎮南關就是馮子材最大的挑戰，而鎮南關為兩邊聳立高山的狹長通道，地勢險要，馮子材在通道上建兩道高大長牆，前面挖深溝塹壕阻敵前進，兩邊山嶺則設置據點防禦，除招募的壯勇外，同時聯合黑旗軍和恪靖定邊軍等邊防部隊，共 64 營 3 萬人共同抵抗法軍入侵。馮子材任正面防禦指揮，兩邊分別由王孝祺、王德榜、蘇元春等將領防守。

1885 年 2 月 13 日法軍由統帥波里也（Briere）指揮，率領 2 個旅團約 1 萬餘人進攻諒山，廣西巡撫不戰而退，法軍佔領諒山。23 日法軍進攻文淵州，清守將楊玉科戰死，法軍想乘勝佔領中越邊界的鎮南關。

3 月 23 日法軍第 2 旅 2,500 餘人從諒山出發，分三路進攻鎮南關，攻破東邊山嶺的 3 個據點後，掌控制高點，用火砲轟長石牆，再向長石牆推進，這時，馮子材率領兩個兒子和大刀隊從牆後衝出來和法軍奮力肉搏戰，終於將法軍擊退。此役即為扭轉清法在越南北圻戰局的「鎮南關大捷」。

法軍將領尼格里（Negrier）率法軍以少擊多，攻擊清軍的防禦陣地失敗。尼格里指揮官受重傷，被迫退出諒山，向 Chu（楚）地撤退。波里也將軍也在紅河被優勢

清軍攻擊，要求法國政府即時增援兵力。

3月31日清軍攻下屯梅、觀音橋，4月2日清軍攻下谷松，馮子材率3萬餘清軍準備攻入河內。法軍棄守諒山，黑旗軍與越南軍隊立即攻下興化、臨洮，扭轉了北圻被法軍佔領的局勢。

雖然遠東艦隊司令孤拔在4月3日從基隆派1450人及山砲到河內支援，但也無法改變法軍在北圻連敗的局勢了。

法國總理茹費理辭職

3月28日尼格里將軍在越南第一次打敗仗。消息傳回法國，茹費理受到猛烈轟擊，說他採用報復方法而沒有宣戰等，是敗戰的原因。

因為在法國慘敗而未經報復前，不可能談判，而人們也認為中國在勝利後也不可能談判。

30日茹費理到議會要求2億法郎撥款或更多，議會以306票對149票否決撥款，且要求對茹費理內閣進行不信任投票。茹費理只得到46票支持，因此，茹費理辭職，議會通過5千萬法郎暫先撥款。法國議會因諒山戰敗而完全推翻茹費理內閣，且指責他沒有遠見、沒有深謀遠慮及扭曲事實等。

和平草約簽訂、締約和撤軍

法國外交部政務處長全權代表畢樂（Billot）希望在新內閣組成前，由總統授權批准簽字的重要性。茹費理也認為雖然內閣轉移，但和平草約簽訂很重要，必須持續推動。

1885年4月4日金登干和畢樂簽署和平草約3條。

4月9日赫德的電報說，台灣已發出15日停止敵對行動的命令；在河內，總理衙門希望撤退不受干擾；商務條約要避免談細節問題，只解決原則問題。

同月24日法國政府通知孤拔中將，也許在短期內會簽和平條約，可是我們不會保留澎湖群島。

同年6月9日清朝代表李鴻章與法國公使巴德諾在天津締結《越南條約》（又稱《中法新約》或《李巴條約》）。

同年6月21日法軍從基隆撤軍。

同年7月22－25日法軍從澎湖撤軍。

同年7月29日法國遠東艦隊解散

清法越南、台灣攻防戰與雙方和議的對應表

時間	越南戰場	清、法、越政府	台灣、福州、石浦、澎湖等戰場
1884年			
1月		法國報紙促法軍佔據瓊州、台灣、舟山三島，作為將來索賠軍費抵押	
3月		法國向清朝要求賠款，如中國拒付，法軍將佔領海南、廈門及台灣	
		通商鐵路或管基隆煤礦 27日李鴻章拒絕法方要求 法國命孤拔攻基隆	
10月	清軍攻越南北寧、太原用以牽制攻台法軍	清朝軍援台灣 法艦封鎖台灣 29日嘎馬西函馬格里提議和談四要	孤拔率軍登陸仙洞佔領基隆 劉銘傳棄守基隆 李士卑斯率法軍攻淡水失敗
11月		10日清廷預擬與法議和八款 13日清總署以中法款議意見八條電曾紀澤轉致英外交部，並請英使巴夏禮電告倫敦，作為英國出面調停之基礎 15日美國寄來中法和議意見四款 26日英國承認清法為交戰國	清軍曹志忠攻法軍南方陣線失敗 法軍攻暖暖失敗 清法爭奪齒形高地陣地 台灣海關決定關閉沿海各地燈塔以防法艦劫船
12月	法援台軍4000名被越南攔截，孤拔赴越南調兵	法國議會通過年度越南經費1千萬法郎 清朝駐法公使曾紀澤通知總署法國拒絕中國和條件	清法以獅球嶺、石硬港、田寮河形成對峙局勢 清援軍運兵至卑南
1885年			
1月		6日清朝總稅務司赫德電令駐英代表金登干到巴黎協商安平關被捕緝私船飛虎號歸還事宜及探查法議和可能性 清廷要求各部軍援台灣及南洋水師5兵船赴福建牽制	7日法軍宣布封鎖範圍延伸到台東卑南一帶 法國援軍抵基隆 西風伍長率兵突襲月眉山，引發法軍救援偵查行動 法軍攻月眉山，因雨形成在山前與清軍對峙局勢 18日吳安康率南洋兵輪開濟、澄慶、馭遠、南琛、南瑞等5船赴閩援剿

2月	法軍攻陷諒山 法軍攻陷鎮南關	法軍組游擊艦隊捕捉清艦及載米船 26日法軍實施米穀禁運（上海米穀禁止運往北方）	基隆下雨，法軍等待晴天 1日南洋水師援台5兵船畏戰以煤盡退回浙江石浦 7日法艦7艘從馬祖北上追擊南洋水師兵船 15日澄慶、馭遠兩兵輪在三門灣被法艦水雷擊沉
4月			法艦入基隆港要煤水、探勘地形及砲台
5月		清法簽訂《天津簡約》 法使要求清朝限期撤軍 李鴻章答以儘快撤軍 法總理茹費理指責李鴻章違反《天津簡約》，要求清軍7日內撤軍 ★賠償1億5千萬法郎 清廷回應願撤軍不願賠款	
6月	法軍強佔諒山清軍陣地 法軍強行接收清軍陣地不成，爆發北黎（觀音橋）事件	法越第二次《順化條約》不承認清朝為越南宗主國 清廷賞劉銘傳巡撫銜督辦台灣軍務 孤拔任臨時遠東艦隊司令	
7月		法國對清廷發出最後通牒 ★賠款增至2億5千萬法郎，清軍退出北圻 下旬清廷派兩江總督曾國荃到上海與巴德諾談判	劉銘傳抵達基隆備戰
8月		2日談判破裂 16日法國議會同意對清朝用兵 19日巴德諾下達最後通牒，賠款8000萬法郎，限48小時回應 清大臣會議拒絕對法償款請美國調停處理 曾紀澤告訴英國法攻基隆，請英國公評或排解 21日法國駐中國公使謝滿祿下旗出京 26日因馬尾海戰清廷下詔對法宣戰，但未照會各國（等於沒有宣戰）	遠東艦隊司令孤拔命副將李士卑斯攻基隆佔煤礦 法艦摧毀基隆所有海岸砲台 法軍登陸後佔領戰失敗退回 法艦封鎖基隆港 20日李鴻章電告南洋大臣曾國荃、閩省及台灣備戰 ◎23日馬江海戰法艦毀南洋水師22船、福州造船廠及閩江口砲台

9月		孤拔建議法國攻擊中國北方；法國命孤拔以佔領基隆為起點 21日美使楊約翰轉告法國要求清廷賠款、建雲南通商鐵路或管基隆煤礦 27日李鴻章拒絕法方要求 法國命孤拔攻基隆	清軍在環港第一線山頭建構防禦工事備戰
10月	清軍攻越南北寧、太原用以牽制攻台法軍	清朝軍援台灣 法艦封鎖台灣	孤拔率軍登陸仙洞佔領基隆 劉銘傳棄守基隆 李士卑斯率法軍攻淡水失敗
11月		10日清廷預擬與法議和八款 13日清總署以中法款議意見八條電曾紀澤轉致英外交部，並請英使巴夏禮電告倫敦，作為英國出面調停之基礎 15日美國寄來中法和議意見四款 26日英國承認清法為交戰國	清軍曹志忠攻法軍南方陣線失敗 法軍攻暖暖失敗 清法爭奪齒形高地陣地 台灣海關決定關閉沿海各地燈塔以防法艦劫船
12月	法援台軍4000名被越南攔截，孤拔赴越南調兵	法國議會通過年度越南經費1千萬法郎 清朝駐法公使曾紀澤通知總署法國拒絕中國議和條件	清法以獅球嶺、石硬港、田寮河形成對峙局勢 清援軍運兵至卑南
1885年			
1月		6日清朝總稅務司赫德電令駐英代表金登干到巴黎協商安平關被捕緝私船飛虎號歸還事宜及探查法議和可能性 清廷要求各部軍援台灣及南洋水師5兵船赴福建牽制	7日法軍宣布封鎖範圍延伸到台東卑南一帶 法國援軍抵基隆 西風伍長率兵突襲紅淡山，法軍佔領紅淡山計畫失敗 法軍攻月眉山，因雨形成在山前與清軍對峙局勢 18日吳安康率南洋兵輪開濟、澄慶、馭遠、南琛、南瑞等5船赴閩援剿
2月	法軍攻陷諒山 法軍攻陷鎮南關	法軍組游擊艦隊捕捉清艦及載米船 26日法軍實施米穀禁運（上海米穀禁止運往北方）	基隆下雨，法軍等待晴天 1日南洋水師援台5兵船畏戰以煤盡退回浙江石浦 7日法艦7艘從馬祖北上追擊南洋水師兵船 15日澄慶、馭遠兩兵輪在三門灣被法艦水雷擊沉

第一章・法國對台灣的整體觀察

說明：本章為《法軍侵臺始末》作者整理出對台灣地質、地形、氣候、港口、風土病、族群、淡水和基隆地景特色、基隆的溪流、谷地、市街、面海廟宇、房屋特色、煤礦及品質等介紹。

一、法國：台灣的地理人文特色

美麗島

以前的地理學者稱福爾摩沙為「大琉球」，清朝將這個島以台南府城安平舊地名台窩灣而改稱為「台灣」。17世紀初期，西方歐洲航海者最早發現這個島的是葡萄牙人。葡萄牙人看到綿延的高聳山嶺、火山成為天然燈塔導引夜間船舶塔方向及被濃密森林覆蓋的溪谷美景，葡萄牙人因為讚嘆欣賞，而將此島稱為「福爾摩沙」，就是美麗島的意思。

Ei1see Rec1us 曾說：「在廣大的海洋中，再也沒有別的島嶼，比它更符合這個稱呼了。」這個稱呼比較可以適用在東海岸，因為西部的海岸，以淡水附近來說，山嶺延伸到海岸處常出現有點紅色的斷崖或沙丘，和對岸福建沿海的山嶺形態很像。

地形與地質

台灣島是從北邊堪察加半島綿延到南邊 La Sande 群島，為在海上延伸很長的火山稜脈露出島嶼之一。台灣島在北緯22度至25度，東經118度至120度之間（當時的法國地圖以巴黎為本初子午線），南北長約100法里、東西最寬處約34法里的面積。從富貴角到鵝鑾鼻，長橢圓形的島被一條很長的山脈分割，這山脈由北部延展到南部，山稜線由西北向東南向傾斜。

人們從台灣島的東西兩岸都能看見大山（縱貫台灣南北山脈的總稱）山脈呈現出鋸齒形稜線的輪廓。南部的山峰不會超過2400公尺；在中部被英國人稱為 Mont-Morrisson 的山峰，海拔高達3600公尺；再稍微往北部，Sylvia 雪山及其它山峰更

高達 3900 公尺以上。

從地質上看，大山主要由含有炭酸鈣的石灰岩構成，但山上有一些火山岩，還有人粗略的提到一座燃燒的山，就是在山脈中央突起的 Kiai-chan。在北部特別有許多活火山、溫泉、間歇性噴泉或噴氣孔等，證明了火山地底蘊的強烈地熱活動。

氣候特色

台灣島的氣候受到兩種季風規律的影響。夏季的風從馬來群島吹來，冬季的東北季風則從日本群島吹來。台灣因為四面環海，雨量豐沛是一大的特色。從極地吹來的季風遇到由赤道來的黑潮洋流後，變成較溫暖而帶著水氣的季風，如同熱帶的季風般，因此，台灣雖然有寒風和暖風交互吹拂，但一年之中卻每個月都有雨水，不像中國內陸因寒風不含水氣而造成乾旱。在熱帶地區，夏季是雨水比較豐沛的時期，而在台灣則剛好相反，在北部冬季有較大的雨量，因為太平洋上方來的雲層，會受到島上高山的阻擋，抬升時會凝結成雨水。基隆最大的年雨量可達到 3000 毫米。

法軍的雨體驗——水平之雨

法國遠征軍 1884 年到 1885 年間，在基隆度過的冬季，天空始終是灰濛濛的，出太陽的日子還不到 10 天。厚厚的雲層就蓋在地面上，凝結成像霧氣般的細微雨絲，因為很容易滲透，衣物非常容易被沾濕。這雨由雲層慢慢降下時（受到東北風吹拂）形成一層層平行的雨降落到地上，人們就稱它為「水平之雨」，所有物品都不能躲避這種潮濕滲透，即便是仔細收在行李箱內的衣服，幾小時內真正的黴就一層層的長出來了。

從 1 月 26 日到 3 月 3 日這 37 天內，太陽完全沒有出現，在這期間，令人絕望的雨仍然是永不休止的下著。雨水浸爛了道路，讓人無法行走，而且，完全阻斷了預期的軍事行動。

颱風

這種季節性的雨通常在 5 月初停止。緊接著就到了炎熱的季節，就由西南季風帶來的強烈颱風取代。

夏季的尾聲常在 9 月間，這時海水的溫度最高，使蒸散的飽和水氣瀰漫在空氣中，一旦氣壓失去平衡，強力旋轉的暴風雨就會形成。這種風暴幾乎總是在黑潮經過的上空發展出來，特別會侵襲島上的東部和北部。1885 年 6 月，颱風造成的一陣強風在幾分鐘內，竟將基隆南砲台駐守兵營舍的堅固竹堡全部摧毀。

北部的河流航運

在台灣島的北部，豐沛的雨水對水資源具有特別的重要性。北部有為數眾多的瀑布和湍急的溪流，山間細小的溪流更是到處都能看到。另外，在這高地落差變化如此劇烈的土地上，是不會有長而深廣的河流，幾乎所有的河流都只能在潮水可以到達的河口通航，可是，戎克船卻可上溯淡水河抵達艋舺，而小型的舢舨卻可上溯淡水河再轉入基隆河，可到達基隆鄰近的暖暖，而且，小船常被無法通行的淺灘和湍急奔流所阻擋，但船伕們不怕辛苦，遇到淺灘急流等無法通過，就將貨物卸下，先將舢舨拖到河水較深處，再將貨物裝上船。

多變的氣候

「在台灣可以有各種差異最大的氣候和溫度，一方面有經常積雪的大山山頂，另一方面又有夏季淡熱如火爐的台南府城平原，另外還有打狗（高雄），可以稱為中國海的 Madere 島（大西洋中葡萄牙屬的島嶼，以產酒聞名），以氣候良好而知名，人們經常將肺結核患者和重病後需要療養的人送到那裡。因此，在如此複雜多變的地區，我們不能對這裡的衛生狀況，提出一套普遍適用的看法。可是，北部的一些港口名聲確實不太好，但在南部，歐洲僑民的健康是令人滿意的。」

風土病

在基隆、淡水地區，霍亂是一種風土病。森林熱，就是和傷寒虐疾一樣的畏寒熱病，也很盛行。這種熱病的來源，主要是飲用被分解的植物污染的水源引起的。

法國遠征軍來到基隆以前的幾年，曾有 1500 人的中國軍隊，2 月在基隆登陸，他們駐紮在一座正在建造的堡壘中，到了同年 9 月，已有 300 人死於各種疾病，主要是死於一種使人衰弱的熱病。況且他們還是中國人呢！

中國在台灣的勢力範圍和移民歷史

　　台灣名義上雖然屬於大清帝國，行政區劃上屬於福建省的附屬地區，但事實上中國人的勢力只及於島上已有他們移民拓墾所及的範圍而已。許多獨立的原住民族群，都已逃往高山地帶，他們是半野蠻狀態下殘存的原住民族社，逃到高山的他們，在那裡有相當的勢力可以抵抗入侵者。

　　有可靠的歷史年鑑記載，中國人曾於 1430 年左右第一次登陸台灣。因為和中國大陸相距很近，台灣島的確應該在這時期之前的幾個世紀，就已經被中國人知道了。而當時的中國人也許因為島上原住民排斥外人而心懷恐懼，不曾前去。可是，經過長久的歲月後，中國人就大量渡海來台，建立一些殖民地，並且，與其說是靠戰爭，不如說是靠一些外交手段，他們就漸漸從那些不太聰明卻又信任他們的原住民手中，取得大量肥沃的土地，接著，市鎮被建立起來了，而島上的原住民最後只能逃避到他們狩獵的森林地區。

　　現在中國人佔有最好的土地，即那些綿延全島的西部平原，他們在這裡建立了許多市鎮，除了擁有政治和軍事權力外，還掌控了當地的財富。而東部沿岸地區還是處於近乎獨立的狀態。中國人在東部只有一些彼此相距很遠的殖民地，且通常都設有防禦堡壘，他們在那邊始終處於警戒狀態，只有東北部是例外（在蘇澳灣的那些殖民地），因為幾十年來，他們在那裡的統治權已經十分穩固了。

客家人和原住民

　　勇敢而強壯的客家人也來自福建省，但他們說的話卻和福建話不同，有些專家學者將他們看成與福建人不同的種族。這些人佔有的地區和原住民的領域相鄰，他們是平原上耕種者面對原住民族的前哨，且和住在山中的原住民有非常頻繁的衝突，因此，他們耕種時還要手持武器，他們的村庄也要有防禦設施，他們是住在城市的中國人和住在山上的原住民之間的媒介者，他們提供原住民火藥、鴉片和燒酒，以換取樟腦、獸角、獸皮等。

　　原住民們雖然分成不同的部落，說著不同族的話，但他們似乎有相同的來源──馬來族，住在北部的原住民被稱為熟番，他們已經是半開化狀態，接受中國人的管理，學會中國人的耕作方法和語言；住在南部的原住民被稱為平埔族，雖然說著廈

門話,卻仍保有馬來民族的特徵。

最後,在深山最偏遠的地區,有一些完全獨立的部落,他們對中國人懷有很深的怨恨,使居住在附近的居民都很害怕他們。這些部落在北部最有名的就是 Tango 泰雅社,在南部森林地帶為牡丹社。

台灣的港口

台灣海岸約有 400 公里,但船舶停靠卻只能找到一些不太安全的港灣,在西南季風盛行的時期,泊船的問題會特別明顯。有幾個港灣已經開港讓外國人可以通商。南部台灣首府台灣府的安平,在天津條約訂定後已經對外國開放,這裡是一個有 70,000 人口的中國城市,位於地勢較低的平原上,一到夏季就變得非常熱,船舶不能進入安平港(水深不足),而必須停泊在沙洲外的海域(鹿耳門北邊的國賽港),只有戎克船可以駛入一條經常擠著舢舨和竹筏的竹筏港水道,進入府城外的五條港。

距離台南府城南邊 48 公里的打狗,為府城安平的副港,設有電報設施可以與台南府城聯絡。打狗為許多歐洲人在南部聚居的核心區,台灣南部的貿易幾乎全部集中在這裡,打狗在 1863 年開港後成為歐洲人通商的重要港口,就同一年,打狗的貿易總額就已高達 20,000,000。

北部兩個重要的商港就是基隆和淡水。

中國人在東海岸的蘇澳灣有他們主要的殖民地,他們在那裡建立許多村莊,並且和當地原住民和睦相處。蘇澳灣是台灣最好的港口。

歷來進入台灣的政權

在世界通史上,台灣島的地位很小。葡萄牙人發現這個島,曾試圖在這裡移民,但卻沒有成功。

西班牙人也想要統治台灣,但也沒有成功。17 世紀初,荷蘭人曾在這裡設置殖民地,在他們統治的時期曾經一度繁榮過,他們曾在台南府城及安平建立城堡,現在的人們還可以看到普羅民遮城及熱蘭遮城的遺跡。1661 年中國的海商首領國姓爺鄭成,功率領他的艦隊前來圍攻荷蘭城堡,包圍了 9 個月後,逼迫荷蘭人開城投降,有一些移民遭到屠殺。國姓爺鄭成功在台灣建立了一個不受清朝統治的獨立政權,但他的後代卻將他所征服的土地獻給了大清帝國。

日本因牡丹社事件出兵台灣

自此以後一直到1874年，台灣的歷史就沒有什麼大事好記錄的，一直到1874年，有一些遇到暴風雨的琉球漁民，漂流到台灣南部海岸瑯嶠灣，被牡丹社原住民殺害。

日本要求北京朝廷嚴懲這些殺漁民的人，但清廷卻回答，因為事發地點在台灣南部，清廷並沒有管轄權逮捕及懲處這些原住民殺人者。這是一個清廷不接受訴訟要求的理由。

這期間日本國內正好遇到一些政治上的動盪，潛藏著發生革命的危機，江戶朝廷認為，透過這次海外遠征，可以轉移軍隊與貴族間陷入激情的的對立狀態，就決定派遣軍隊從台灣南部登陸。

1874年3月，日本遠征軍從長崎出發，船艦包含載運軍隊的3艘汽船、1艘砲艇及1艘雙桅輕型帆船，準備登陸的兵士實額為3,500人。

日本軍隊在瑯嶠灣登陸後，沒有遭到任何抵抗就攻佔附近的高地，5月22日經過幾次小偵察後，日本遠征軍司令西鄉將軍就把他的軍營移到牡丹社的領域石門谷中，同時指揮一支由200名士兵組成的縱隊，向牡丹社的3個部落進攻，並將房舍焚毀，接著又佔領一個防禦陣地，在這次肉搏戰中日軍人有14名士兵陣亡。

最後，7月1日3支由300人組成的縱隊，由不同的地點出發，朝牡丹社殘存的陣地發動總攻擊，原住民以粗劣的火繩槍猛烈的迎戰日本軍，但還是無法阻擋敵人的攻勢，他們就逃入敵人無法進入的深山叢林中，不再出來。

這是最後的戰鬥。日本軍獲勝後，原住民各獨立部落不久後就出來投降。原本認為不適合出面干涉這件事的清廷，這時決定出來宣示對台灣的主權，同時派了兩名高級官員前去和西鄉將軍談判，有關日軍隊撤退的問題。

這次日本軍隊的遠征，被認為只是一種單純的懲罰手段，但清廷卻自願負擔日本遠征軍的費用，而日本軍隊則在秋季就從台灣撤退了。

法國遠征軍對台作戰

1884年至1885年法國遠征軍的行動，曾引起全世界對台灣的注意。在台灣展開並持續了快一年的激烈戰事，和日本遠征軍相比，是一場完全不同的戰爭。可是，這次的戰爭只和台灣最北部有關，即戰爭地區只限於基隆一帶，偶而也延伸到淡水及淡

水盆地（八堵）。

二、法國：北部的地景特色

基隆的地貌和植物特色

從遠眺基隆的一些山嶺上，我們可以看到層疊錯落，像牙齒、針、鶴嘴般的山峰造型，還有一些傾斜的地面被一串斷崖切斷（單面山），如此變化萬千的地形一直延伸到海岸和岬角。難以計數的急流在溪溝窪地的陰影中閃著亮光，穿越生機盎然的茂密植物群後奔流到低處溪谷。樹木、灌木、藤蔓、禾本科植物等種類繁多的植物群落，從斜坡一路蔓延到崎嶇嶮峻的山頂，很少看到裸露的土地。

這裡主要的樹木雖和日本南部及福建省所產的相同，但本地植物最大的特色，在於樹木旺盛的生命力和優美的造形姿態。聳立的森林中滿佈著灌木和攀爬的藤本等，薔薇、杜鵑、紫藤等開花植物則裝點著樹林與圍籬，這些野花因為茂盛的枝葉、鮮豔的花朵及芳香的氣味而引人注目。岩石的縫隙中長出像樹木般的大型蕨類，芭蕉、葛藤等攀爬在陡峭的岩壁上，彷彿被一片綠色的桌布蓋住。

竹子

竹子是這裡的優勢植物，因為綿密交錯的生長，形成了複雜的森林，台灣好像已經成為它們的祖國了。在遠東其他任何地方，我們都看不到比這裡更高大的竹子，它們直立的高度可達 30 公尺，但其竹莖胸圍長度卻不到 60 公分。竹子一叢叢的生長在田園裡和山峰上，竹子向上伸展的綠色枝葉，隨著微風吹拂而起伏波動，強風一來，濃密的竹林間，竹幹間因為複雜交疊而摩擦後，到處都充滿了一種厚實而神秘的聲音。

對原住民而言，竹子是最好用的植物，竹子可以建造房屋，也可以用來製作傢俱、造紙和作所有的日常家庭用品。而且剛長出來的竹筍，是一種大家都很喜歡的食材。

檳榔樹、椰子樹、橘子樹、芭蕉等，都是台灣很常見的果樹。

茶樹

在那些向南邊微微傾斜的山坡上,種著一層層像梯田般的茶樹,且品質優良,茶葉非常細緻,可以和四川、福建那些最好茶園種出來的茶葉相提並論。野生的茶樹可以長高到超過2公尺,但經過栽植的茶樹,卻很少超過80公分高的。經過細心修剪後的茶樹,枝葉就會從地面往上伸展出扇形,分散生長出許多嫩綠色的枝葉,用來摘取製作茶葉。

台灣這20年來茶樹的栽植不斷的發展,淡水港是茶葉的主要輸出港,尤其運銷到美洲更為重要。茶的出口量1868年為29萬2,500公斤,到了1880年數量就達到585萬公斤。

長期以來樟樹一直是台灣北部重要的出口產品,現在卻只能在深山的森林中發現。採樟腦的集團必須越過清朝政府有效統治的界線,進入高山和溪谷才能找到樟樹採伐,因此,經常和獨立的原住民部落發生衝突。

淡水至基隆間的地景特色

基隆附近的地勢險要、森林濃密,但居民卻很稀少;淡水地區的狀況則和基隆大不同。朝海邊傾斜的紅色砂丘上,滿佈著荊棘,後面高大山嶺向海邊延伸出分叉的支脈,圍繞著被許多溪河灌溉的廣大平原,這些深寬的溪河成為其間人口眾多城鎮的往來航道,溪河中有許多船隻來來往往。這些地方都是肥沃的稻田和可以製糖的甘蔗園。

在淡水、富貴角和基隆之間的高山峻嶺,都鮮明的被淡水河、基隆河分界般的隔開。基隆河發源於基隆東邊的三貂嶺附近,三貂嶺地區還開發不久,很少人知道。

圖 1-1 從 Bertin(八堵)砲台看基隆河中游村莊

後火山活動——溫泉、地震及硫磺

台灣島的這個地區，地熱活動最為激烈。在金包里和淡水之間，由東北朝西南向發展的層疊稜脈，為火山噴發後形成的山脈，到現在都還有幾座活火山，其中大屯山和七星山兩座山峰高達 1100 公尺以上。

這個地方有許多硫磺泉和間歇性溫泉，其中有 5 處在 Chow Soan 草山山腳，噴氣泉（大磺嘴、大油坑等）噴發時製造的聲響，可以傳到幾里外。八芝蘭和關渡之間，有一處溫泉流入基隆河，在一些地方，這溫泉的溫度可接近 100 度。

這裡也常發生地震，1867 年 12 月 18 日發生地震時，海水從基隆港中退去，金包里和八芝蘭有一些地方受到強震破壞，淡水也受到強震的傷害，有幾百個居民遇難。1881 年 9 月 25 日的地震也很強烈，震動持續 1 分鐘以上。

在瑪鍊和金包里附近，硫磺已經常態化的開採了。大山深處，人口很少，居民大多集中在由溪谷沖積成為平原的低地，中國農民就在這些地方進行大規模的耕種。

淡水河支流

有 3 條重要的支流流入淡水河中，來自三貂角且經過基隆附近的基隆河，是東邊的主流。從上游到暖暖為水流湍急的河道，從暖暖起河道可行駛舢舨，往下經過嶺腳（在八堵基隆河北岸）、六堵、水返腳、錫口等地。在八芝蘭下游一哩處，基隆河匯入了大嵙崁溪（大漢溪）與新店溪合流、且水量相當的淡水河中。大型的戎克船可上溯淡水河到達艋舺，此地為有 40,000 人口的商貿中心。新店溪經過的新店是最近新興的市鎮，位在艋舺上游幾哩，往上就不能行船了。

從 3 條支流匯流處開始，就展開了一片沖積平原，且人口密度也迅速增加，從八芝蘭過去就是大稻埕，位在大嵙崁溪和新店溪匯流處下游，這裡是外國僑民聚居處，也是最重要的茶葉市場。再往上游不遠處，有台北府的行政中心位在兩河之間。大嵙崁因大嵙崁溪而得名，距離較遠，已進入山區。關渡位在兩河合流處下游，已經是附近最大的商業中心，為淡水的相鄰地區。

淡水港

淡水港其實只是淡水河中的一個大沙洲，這裡是艋舺所有出產貨物的輸出港，

人口有70,000人。港口被一條沙帶淤積，帆船駛到這裡就會發現，水深不超過2公尺，但潮水可以漲到2公尺10公分至2公尺60公分，中等吃水量的帆船每天都可以通行。沙洲的入口有高達500公尺至700公尺的山嶺圍繞，沙洲後面的岩礁上建有燈塔。

阿里磅、阿里咾、金包里、瑪鍊等漁村都藏身在北部海岸的小山谷中。這些漁村和基隆河谷之間的聯繫，是靠著一些幾乎看不出來的、必須有當地人指點才能發現的山間小路，而且，這些小路都很難行走。

三、法國：基隆的地形、街市和煤礦

基隆港市

基隆是沿海附近幾公里內一些小盆地的中心，溪河的分水嶺和海岸距離很近。若以法國佔領前就有的一些相當精確的地圖來看，基隆的南邊可經由一條小運河與基隆河聯繫。實際上，最低的分水線在暖暖高地的最低處，這裡海拔也超過100公尺。

因此，基隆這個地方形成了一個明顯圍繞港灣的連續山嶺，從這道連續山嶺發源的溪流都注入中心點，也就是基隆港各處。圍繞的連續山嶺高達200公尺左右，乍看之下為一片難以辨識的窪地、小山丘及溪谷等，而且都長滿了茂密的植物。遠方是一些高大的山峰，但被很深的溪谷和基隆附近的連續山嶺隔開，東邊是三貂角和基隆山，天氣晴朗時可從基隆看到這些山嶺的圓頂。東南方是人煙稀少的基隆河發源地高山，西方是大屯山和七星山長長的山稜線。

圖 1-2 從西岸的 Clement（火號山）朝南看基隆港市

圖 1-3：從火號山頂看基隆港市

地勢走向

這裡山峰的走向和台灣島上群山的走向一致，都是東北、西南走向。

山嶺高地在北邊或西邊形成斷崖，有陡直下降的斜面。因為地形非常複雜，法國遠征軍測繪地圖的人員，在觀察判斷上常受到種種考驗。

向北邊展開的基隆港，像一彎新月般深深的嵌入陸地中。地勢起伏不平又長滿荊棘的社寮島和桶盤嶼，難以阻擋從北方洶湧而來、令海灣內船舶劇烈搖晃的巨浪。海灣中可以容納 20 艘左右的船舶，因港灣不深，且底部多淤泥和石塊。而商港本身則受到沖積的泥沙而變淺，只有吃水淺的戎克船可以進入。港內有兩座樹木濃密的島嶼，一為 Port 嶼（鱟公島），一為 Turton 嶼（鱟母島），從港灣看過去，這兩座小島遮蓋了一部份市街。

和基隆港灣銜接的 5 個谷地

有 5 個谷地與基隆街市銜接，第 1 谷地源起於基隆西北邊 3 公里處，而在火號山腳終止；第 2、第 3 及第 4 谷地則在港口底部集結成一個共通的河口，由於這些谷地的溪流和灘地受漲退潮的影響，形成了一個泥質的三角洲，而中國街市的一部份就建在這三角洲上。原本非常傾斜的這些谷地，因為谷底的泥沙逐漸被漲潮堆積成高灘地，後來就變成完全平坦了。這些地方使人覺得好像離潮水很遠，但輕型的小艇卻能上溯到這些谷地。

最後一個谷地位在東邊的港灣，和火號山的谷地相對，這谷地朝向北面海岸伸展到新砲台（大沙灣砲台）。這谷地是匯聚溪流的一條小水道，完全不能航行。所有這些谷地上都滿佈稻田，稻田間散佈著竹叢和檳榔樹。谷地的山坡上有茶園和甘薯田，其他地方都長滿了茂密而雜亂的植物。

（編註：西北邊為牛稠港，東北邊為沙灣溪，內港為蚵殼港、石硬港及田寮港形成的谷地）

港灣邊的市街

　　基隆街市沿著港灣有幾個地區。在東岸北邊，歐洲人的建築物沿著海灣排列，後面緊鄰 Ber 防線（東方防線）末端的斷崖，除了海關兩棟典雅的房屋外，其它的建築物都沒什麼特色，都是在廈門與香港的英、德等國的商行及倉庫。

　　往南邊有中國人的三沙灣市鎮，由一條沿著海濱的狹窄石板路和南邊的衙門（官府）和街市相連。路旁有一座本地人的墓園，墳墓由三合土構築，沿著這條石板路往上排列，路的尾端連接一條階梯通向門廊，由此可通往衙門。

　　衙門有一道圍牆，用大塊沙岩砌成，外表看起來不太整齊，裡面大約有 15 間左右的房屋，用木材和土牆築成，上面覆蓋著瓦片，平時作為守備兵的營舍。這些房屋環繞著遠征軍軍官的官舍。衙門營舍南邊圍牆有一扇木門，由這扇門可以通往街市。而街市被河流（田寮港）分隔開，河上有一座石橋，法國遠征軍剛到這裡時，石橋還沒有築成。

圖 1-4 推測可能是林家大宅前的石獅子

街屋特色

基隆是一座約有 10,000 人的大鎮，被海灣與山嶺包圍在中間，和所有的中國城市類同，由一些木造、磚築或土建的房屋組成，這些房屋門面都很狹窄，上面有各種彩色繪畫非列成的裝飾，這些房屋就排列在鋪有石板的陰暗街道巷弄旁，房屋的上面樓層突出門面，超出一樓房屋的範圍，有些地方甚至和隔壁房屋相接，因而阻塞空氣的流通。由河口分隔出的小島上建有不同的街區，彼此由木橋相互聯繫。

面海的廟宇

在基隆街市附近，有幾座孤獨的廟宇，有百年的古樹圍繞，進到這裡會使人們對中國街市的骯髒的厭惡感，立刻得到舒解。基隆街市有一座令人注目的廟宇，位在北邊，且面對海灣（慶安宮媽祖廟），入口的每一邊都有兩隻非常奇特的花崗岩雕巨龍，在隔幾步遠的地方，有一些雕刻精緻、青銅製的古老短砲，上面鑄有 Charles Quint 朝（16 世紀西班牙國王查理五世，哈布斯堡王朝時代）的文字，已經在泥沙中沉睡悠久的時光了。

散村的房屋特色

除了暖暖這個重要的集村聚落外，基隆市街以外的住宅都散佈在山腳的竹林、芭蕉林和檳榔樹林中。大部份的小屋都能維持整潔，使用竹製屋架上面覆蓋稻草築成，堅固插入地下的柱子，從附近的森林採伐來，成為架構房屋邊角的支柱，牆壁由竹子編成，所有建材都用竹繩和竹栓連結起來，房屋四周都有寬大的屋簷，可以遮陽，又可擋雨。這些小屋通常沒有窗戶，但有活動式的門，大家晚上就將活動的門卸下來，地上常鋪著三合土，由石灰和砂子混合而成。

用生長中的竹子當成圍籬，住宅附近就是果園和菜園，我們在裡面可以發現芭蕉、濱榔樹，及橘子、檸檬、荔枝和芒果樹等，甘薯和沿著水田生長的芋頭等。

圖 1-5 社寮（和平島）的一個漢人家庭　　圖 1-6 八斗子村莊的居民

沒有可稱為「道路」的道路（只有步行道，沒有車行道路）

基隆附近並沒有可以稱為「道路」的車道，只有一些狹窄的人行小路，這些小路有些舖有石板，而且，有時會以幾百級的階梯跨越丘陵和山谷。

機械沒有任何用處，在這個地方也從來沒有見過車輛，所有的貨物幾乎全靠人的肩膀揹負運送。

在這種環境中，基隆對外開闢 3 條步道，可以和東邊的八斗子（煤港）、西邊的馬鍊和南邊的八堵（淡水谷地）保持聯絡。在眾多的山嶺間，還有許多險峻的狹窄小路到處蜿蜒伸展，可是，這些小路隨時都有消失的可能，也沒有人維護，冬天雨水浸透使這些泥土山路變泥濘，而使人們無法通行。

基隆──因煤礦而變得重要

基隆因附近的煤礦而變得重要，這裡和東邊幾公里外的煤港，都是煤炭的輸出港。

這些煤礦位於基隆街市東邊 4 公里，Gia-Kow（崎腳）村和八斗子南邊 2 公里處，這裡是圍繞著基隆盆地的眾多山丘邊緣。

大片平整的高地幾乎全部含有煤炭，煤層與地面幾乎平行，有些地方只要把植物層挖開，就可以發現煤炭。

挖掘、產量及價格

煤炭的挖掘，到今天仍然使用最原始的方法。

「歐洲的開採方法曾在這裡使用過，可是，因為公司早已倒閉，以致於停止開採。有一位曾主持過早期開採煤炭的歐洲人，曾估計這個炭坑每天可以出產煤炭200或300噸，但後來在中國人的手中，基隆所有礦坑的產量，總共也只能生產300噸。」

中國人的採掘法，通常只能在山壁側面，向裡面的礦脈開一個平行坑道，在裡面挖掘煤炭時，還要到處用木柱來支撐坑道上方，以免土石崩落。

挖掘煤炭並不困難，勞動力在這裡很便宜，因此，最大的支出是運往輸出港口的費用，也是唯一的開採費用。煤炭由苦力揹負，前往礦坑谷地的小溪邊（調和溪），然後用小船載運煤炭再運到輪船，但運費很浮濫，因此，在船邊交貨時，每噸的價格竟高達30法朗。

煤的品質

這種燃料的品質通常都很差，煤炭太碎，燃燒時迅速發出長長的火燄，容易造成鍋爐損壞。法國海軍艦隊曾經試用過，但一定要放棄不可，因此，這種煤炭只能用在特殊的狀況時，例如爐水必須快速蒸發的時候。儘管如此，基隆卻因為煤炭而獲得商業上的重要地位。

基隆煤炭的出口量，每年約為50,000噸，一部份由艋舺、淡水和汕頭的製糖工廠使用。

第二章・清法備戰

說明： 法國為了要脅清朝在談判桌上賠款，組成遠東艦隊，想拿台灣當擔保品籌碼；清朝派劉銘傳到台灣備戰、在基隆建砲台。

一、法軍：想拿台灣當談判籌碼

法國海軍組成遠東艦隊

1884年6月26日法國政府下令，暫時聯合東京（北圻）艦隊和中國海艦隊，並將指揮權交給孤拔中將。孤拔中將為法國在越南順安（Thuan-An）和山西（Sontay）兩戰役中打勝仗的英雄，而原來擔任中國海艦隊司令的李士卑斯少將則成為新艦隊指揮官孤拔的副指揮官。

孤拔中將長期以來就認為，有必要對中國沿海採取強硬的軍事行動，依照他的想法，對中國的交涉，要解決問題的唯一方法就是明確的宣戰。他這種主張，並不是受到法軍在越南北黎受到清軍攻擊後才有的。因此，他一取得指揮權，就立即向法國政府建議，必須對中國沿海各地同時採取行動，北直隸（河北省）的旅順港口、芝罘（山東煙台）及威海衛，江蘇的吳淞及福建的福州，在適當的時候都將由他派遣艦隊前去攻擊。

他想靠法國艦隊和素質優越的官兵們來獲得勝利。另一方面，他也想利用中國兵船軍備不良，加上法國長期以來沒有攻擊行動，使中國兵船自以為戰力強而志得意滿，在缺乏防備的狀況下，對法國快速的行動和突然的攻擊無法防備，利用這種情勢來取得勝利。

法國政府想拿台灣當擔保品

這時期的法國政府可能因為害怕對中國全力作戰，或因為對和平解決還存有一點希望，意見因此和孤拔中將不同。法國政府注意到台灣島北部的基隆和它的煤礦已經有一段時間了，且有各種刊物的討論。國務總理茹費禮（J.Ferry）將基隆和它附

近的煤礦，視為所有擔保品中最好的一處，而且是最容易取得和可以用最少的費用保有它。

就因為這個想法，8月2日孤拔中將接獲對基隆攻擊的命令。他必須破壞基隆港邊的防禦設施，而且要佔領街市及根據推測在附近的煤礦。孤拔中將指派海軍少將李士卑斯執行這項作戰任務。

「李士卑斯少將當時人在停泊於閩江口的Dugnay-Trouin艦上。近午夜時分，一艘汽艇駛來接他到Volta艦，1小時後他從那艘軍艦回來，在清晨6點將他的將旗移到Lutin砲艇，而且立即向下游行駛。儘管官兵們早已習慣突發的事件和意外的狀況，但各艦的人員對李士卑斯少將匆忙出發，大家仍然議論紛紛。官兵們立即預測即將要對基隆攻擊的佔領行動，並且以隱諱的語言談論這件事。」

二、清軍：劉銘傳奉命赴台備戰

奉命籌辦台灣防務

我（劉銘傳）在6月26日（閏5月4日）奉命督辦台灣的防衛事務，7月4日（閏5月12日）請訓（欽差或三品以上的官員出京上任前要向皇帝叩辭），依賴聖上的計謀顧慮到海疆的險要，解釋告知周詳。向皇帝告辭後，整理裝備啟程上路。7月6日（閏5月14日），到達天津。現在正當法國軍事行動日漸急迫，應該要儘快趕赴台灣。

當前是京城附近地區軍事嚴峻的時候，舊有的部屬銘軍必定難以分撥讓我使用。江南唐定奎8營，也接到曾國荃電報信函，不能夠遠離。廣東吳宏洛5營，現在的情勢也很難分調。聽說台灣駐防的兵員，數量雖然有1萬人，但操練不夠嚴格，對槍械使用也不夠精熟，一定要等待選出的將領經過嚴格操練，才能夠防禦敵人。情勢非常急迫，必定很難一下子就獲得功績。

選派兵將、調撥槍砲

連日以來和北洋大臣李鴻章會面商討，深切憂慮我（劉銘傳）在困難的關頭要到台灣，一個人沒有其他的協助，既不能妥善籌備防務，而且恐怕難以控制台灣的

軍隊,商議命令記名提督劉盛休的部屬10營內,選派教陸操的100人、教砲隊的30人、教水雷的4人,總計134人,並且派銘軍的舊將提督王貴揚等10餘人,給他們攜帶毛瑟後門鎗3千桿,配齊子彈,並請南洋大臣曾國荃由上海機器局籌劃撥給前門砲10尊,另外命令道員龔照瑗由上海製造局籌劃撥給後門小砲20尊、水雷幾十具,結合這些戰備資源,勉強組成目前基隆港口的戰備防務。此外,仍然由我儘速購買砲鎗,用來分配防務。

現在,將各種槍砲子彈全部配齊,決定在7月10日(閏5月18日)乘輪船南下。到台灣以後應該如何布置防務,再向皇帝彙報布防情事。

刻關防保信用

再者我奉命督辦台灣事務,上奏條陳的文書,應該要蓋印章關防,才能確保信用。謹刻木質關防一顆,上面的文字為:「巡撫銜督辦台灣事務前直隸提督關防」,立即於7月8日(閏5月16日)在天津開始使用,理由已經適當的說明。而且我更要請求的是,現在法軍勢力猖狂,我到台灣,必然要以設防練軍為最急務。

籌款準備購砲築台

澎湖、基隆各個砲臺,聽說都不太適用,急迫需要陸續改築。槍砲尤其必須及早辦理妥當。雖然臨渴掘井,終究還勝過亡羊補牢。這次路經上海,打算挑選實在的砲廠,訂購口徑1尺內外的火砲數十尊、後門槍數千桿。合併計算改修築砲臺的費用,總共需要白銀40萬兩。

現在正逢海岸防務急迫的時候,固然應當迅速籌措辦理,即便海疆平定,也不能當作慢慢計議的事情。應該懇切命令下屬閩浙總督臣何璟、撫臣張兆棟,在應運送到台灣的軍餉以外,由藩庫、關局、道庫迅速撥發白銀40萬兩,由我迅速辦理,以救濟急切的需要。

至於槍砲需要多少白銀、修築砲臺的經費等,等事情結束後再據實報理核銷。事關台灣情勢的安危,請求聖上明鑒。

1884 年 7 月 10 日◎閏五月十八日奉上諭：

奉皇上的告曉

　　劉銘傳上奏說，現在正值海防緊張的時候，這次路經上海，打算訂購槍砲；澎湖等地的砲臺必須順序改造修築，請命令撥銀兩等話，差使何璟、張兆棟立即籌措撥發銀 40 萬兩，運送交給劉銘傳，使他可以運用。

　　至於砲臺應不應改築，必須詳細查勘；差使劉銘傳在到台灣後查明確實情形，與何璟等會商後妥善謹慎籌劃辦理。將討論的結果由每日五百里的驛站傳信速度各別下令告知。謹此。

1884 年 7 月 25 日☆恭報到臺日期並籌辦台北防務摺

（光緒十年六月四日）台北府發

劉銘傳到基隆、台北

　　臣（劉銘傳）前次到達天津，會將從天津啓程日期報給朝廷在案。拜讀奏摺後，就搭乘輪船南下，7 月 16 日（24 日）抵達基隆，就立即登岸查勘砲臺形勢。經過幾天，於 7 月 20 日（28 日）再前往駐紮台北府城。打算再到滬尾（淡水）察看形勢，看情況再加以配置兵力。

南北洋關鍵地位台灣的兵防狀況

　　我（劉銘傳）認為台灣孤懸海外，位在南北洋之間的關鍵地位，煤礦產量很多，外國列強因而對台灣充滿了野心。

　　總體計算全臺的防務，台南以澎湖為鎖鑰，台北以基隆為咽喉。也就是要攻打台南，必須先取得澎湖；要攻打台北，必須先佔領基隆。

　　澎湖群島，單獨位在台灣海峽中間，沒有兵船不能防守。以前福建省曾經派輪船四艘：永保、琛航兩艘船專門往返台北，裝煤載貨；萬年青、伏波兩艘船，專門往返台南，是可以調派往來的船隻。現在四艘船都到福建、上海，還沒有回來防守，不只是和福建省音訊不通，和台灣南北也沒有聯繫。

　　最近剛好吹南風潮水上漲，台南輪船不能靠岸，防務暫時可以稍微放鬆一下。

若海上一發生戰爭,香港、日本都以公法規定,不能供應敵船煤炭,只有基隆煤礦長久以來就被法國覬覦,因此放話要攻取基隆。

在基隆港門兩側建砲台

且基隆港門外面狹窄,可安全停泊船艦,不怕風浪侵襲,好像煙臺一樣。其地的舊砲臺,位置低下,而且在基隆港門以內,不能射擊較遠的敵船。現在已經詳細勘察地勢,在外港扼守對峙港門的岸鱗墩、社寮兩座山丘處,各築砲臺一座,另外建護營一座,以防守敵船進入港門的航路。經商議後命令統領慶祥等營福寧鎮總兵曹志忠當面指導砲台的大小和形制,撥發款項後,於 7 月 20 日(閏 5 月 28 日)就下令督率兵勇興建。

只是砲台的材料,都要向廈門購買,現在沒有輪船往來,只能看著大海束手無策,非常難迅速建成。

滬尾(淡水)海口距離台北府 30 里,本國及外國的通商船隻眾多,輪船很容易進入。

其次蘇澳等港口,船也很容易通達。

一等到購買的火砲到達台灣,都必須陸續設防,也才能嚴密防禦。這就是臣(劉銘傳)現在到達台北急迫籌備防守的情形。

增加地方稅收以養防軍

至於全台灣的物產,也是兵士糧餉的重要資源,以茶、鹽、樟腦為大宗。鹽釐(稅)各局,台北比較多。要到台南,陸路被幾條大溪所阻擋,走水路則必須經過大海,公文往返,經常要超過 10 天,自然是鞭長莫及。

臣(劉銘傳)打算等佈防稍具規模後,就將煤礦、鹽釐,詳細調查整體考核,以便增加地方的稅收,來養全台灣防守的兵勇。每個營的月餉,也必須總體考核查明,全力去除浪費的情形。

防軍佈置南北懸殊

經過清查全台灣的防軍共有 40 營。台北只有署福建陸路提督孫開華所部 3 營及

曹志忠所部6營而已。台南現在沒有大的外患，部署兵力卻多達31營。南北的情勢緩急懸殊，兵力配置的多少尤其必須妥善分配。

臣（劉銘傳）舊部屬章高元武毅兩營，現在已經接洽調到北部來，作為護隊，其他的還必須審慎的選擇將領，要整頓軍事規範，並不是一時就能馬上辦到的。

孫開華與曹志忠

台北統將孫開華，器宇軒昂，精明強幹；曹志忠性情樸實，穩慎過人。這些提鎮等雖然較少要求器械操練，但都是長久留在霆軍，實戰的經驗非常豐富，臣（劉銘傳）一連好幾天和他們談論簡易兵器和練兵的方法，他們都很振奮而歡喜。如果能不畏懼艱難險阻，在用兵作戰上切實講求，在軍防上才能不負國家的挑選。

臣（劉銘傳）為魯鈍無能的人，承蒙皇上的恩澤，以重任委託，既不敢因循粉飾，也不敢急切貪圖功勞，只有竭盡心力和忠誠，希望能有一點報恩，仰望執行皇上確保瀕危國土的深意。

☆請飭南洋遣回四輪片

台防急需調撥兵船

台灣孤懸海外，一舉一動，都一定要使用兵艦。而澎湖群島，位在航路要衝之地，尤其一定要兵船才能設防守備。

往來台灣南北的船隻：永保、琛航在台北專門裝運煤貨；萬年清、伏波兩艘兵輪專門駐在台南，船齡已老，航行遲緩，很難應付敵艦。經查船政局原有澄慶、登瀛洲、靖遠、開濟等4艘船，都已經撥發前往兩江。

目前台灣防務所需的兵船，較其他地方加倍急迫。兩江設防守備，應用兵船，祇有江陰、吳淞兩個地方，其他的地方都不需要兵船。各艘船的往來，只不過是提供信差之用而已。而駕駛、機械技手、水手，長期都住在上海舒適的陸地上，而沒有住在船內，害怕強風巨浪，遊玩懶惰已成習慣。不只是浪費軍餉，而且會成為外人的笑柄。

現在南洋新購買的鋼快兩艘船已到，與舊有兵輪加起來，已經夠用。如能將澄慶等四艘船派遣回到台灣，臣（劉銘傳）與張佩綸隨時監督訓練，觀察管駕是否適任，

命令兵船長期巡視海面，嘗試風浪波濤，不只對防務有幫助，而且切實講求兵船訓練，才能擴張海軍管轄的範圍。

應該請求命令下署兩江督臣曾國荃，迅速命令該兵輪立即行駛回台灣，以後所需的餉需經費，應當由福建、台灣籌措給與。福建的防務一旦堅固，南洋也可以稍微減少海防所需的經費。請求聖上明鑒。

暫緩調撥兵船（陳澹然記）

按張佩綸當時以翰林學士署（任）副都御史會辦閩防，因此在篇內提及。不到一個月的時間，福建省的防禦大敗，20艘兵船沒有一艘逃過這次戰役！陳澹然記。

軍機大臣奉旨：

依據曾國荃、陳寶琛的電報，這時撥船到福建，剛好成為敵人的目標；而且江南防務也很吃緊，已經准許其暫緩調撥兵船。謹此。
按曾公時任南洋，陳則為會辦也。陳澹然記。

1884年8月6日

☆劉銘傳奏「敵陷基隆 臺我軍復破敵營獲勝摺」（六月十六日台北府發）

劉銘傳在基隆備戰

7月17日（閏5/25），有一艘法國兵船停泊在基隆，問他們為什麼來這裡？他們回答巡航海口。我（劉銘傳）立即祕密命令各個部隊嚴加戒備，同時督促社寮砲台（和平島西側海岸）日夜趕工修築。

然而，砲台所需的軍備材料，因沒有船可運，只能束手無策。於是立即以快速信件寄到福建省，請求將永保、琛航兩艘官船撥給台灣，以應付急用，無奈這裡和閩省對口的音信，隔絕了20天（兼旬），由上海運砲到台灣的輪船又遲遲沒有來。

和戰未定

從7月22日（6/1）開始，經常有法國兵船巡航到基隆，停留個一天半載就離開，

但上次到達的一艘法國兵船，卻一直沒有離開。當時兩國之間是和是戰還沒有確定，也不便由我方先行挑起戰事。剛好那時伏波號從台南載運新調來提督章高元的部隊，500名毅軍兵勇到基隆，福建省再調伏波號到澎湖，裝載兩營兵勇回去，台灣的兵勇人數就更少了，也沒有兵船或輪船了。

當時即命令章高元將軍營駐紮在靠近基隆砲台的地方，以方便輔助防守，提督蘇得勝再加以協防。

從上海運砲到淡水

準備由上海運砲來台的委員游學詩，因中國的各輪船都害怕南下，一直等到7月30日（6/9）才僱用德國商船萬利輪，8月2日到達滬尾（淡水）。

那時我（劉銘傳）正前往滬尾下令督促孫開華的部隊趕工築造砲台，看到軍事裝備運到，立即下令將水雷火砲運到基隆。等火砲運到基隆以後，法國兵船的長官堅持不能在基隆卸砲，德籍輪船不能等候太久，於是將輪船駛回滬尾。

◎鮑郎樂暗助基隆清軍

☆1885年12月22日（10/26）**劉銘傳抄片**

還有基隆海關幫辦洋人鮑郎樂，在去年8月（6月）法船開始侵犯基隆時，經過總兵曹志忠邀請，他曾經和法軍少將李士卑士辯論好幾次，看到情勢無法挽回，密告曹志忠準備戰事，後來基隆退守，海關門前堆積10餘萬擔的煤炭，鮑郎樂設法保護，絲毫沒有丟失，等回到滬尾再和法來格一起協助防務，判斷適合的地形，安置砲位，都非常出力，仍有一點功勞可以記錄。

第三章・法軍第一次攻擊基隆

說明： 1884年5月法軍藉口清軍在越南撤軍太慢，引爆「觀音橋衝突」後，要求清朝賠款不成，於同年8月5日砲擊基隆3座海岸砲台，脅迫賠款。大沙灣砲台首波還擊，有3發砲彈打中法艦穿透3個洞，馬偕後來有去看。法艦摧毀3座海岸砲台後，以艦砲掩護登陸，佔領東岸大、二沙灣砲台及A點（無線電山頂），但8月6日被清軍兵力趕回艦中。

一、法軍：艦砲摧毀所有海岸砲台

8月4日——李士卑斯準備佔領基隆

　　海軍少將李士卑斯為了執行他接到的命令，搭乘Lutin砲艇於8月3日離開閩江泊地，駛向馬祖。孤拔中將的旗艦八野號早已停泊在這裡了，而且對Lutin砲艇補給煤炭，並將載運的陸戰隊移到Galissonniere艦上，李士卑斯少將也移駐這艘戰艦。下午5時30分Galissonniere艦率領Lutin砲艇出發，4日上午11點在基隆港下錨。巡洋艦Villars早在兩個星期前就已停泊在這裡了。

　　自從巡洋艦Volta於4月訪問基隆以來，清廷早就聽說法國政府有佔領台灣的意圖了。為防範法國艦隊發動突襲，清朝的許多軍隊已經登陸島的北部，並構築了一些大型的防禦工事。

圖 3-1 孤拔中將的旗艦 Bayard（八野）艦

禁止清朝軍用品入港

　　這些清朝的增援部隊和軍需用品，由中立國的船舶載運，陸續集中在基隆。因此，李士卑斯少將到達基隆港的前一天，有一艘名為 Wille 的德國籍貨輪運送 19 門 17cm 大砲和一些水雷抵達基隆港，但法國巡洋艦 Villars 的指揮官下達命令，禁止清軍卸下這些軍用品，德國貨輪船長則提出異議，他認為法國並沒有正式宣布進入戰爭狀態和封鎖，若沒有書面命令他無法服從。由於當時淡水港並沒有受到法國軍艦監視，於是，德國貨輪船長就安心的駛往淡水卸下大砲和水雷，這些大砲和水雷剛好成為淡水用來抵抗法軍攻擊的武器。」

　　從這些情勢看，就可預知李士卑斯少將抵達基隆時，基隆港已經作好防禦準備了。3 座低砲台監控著港門入口。其中這 3 座砲台中，只有一座被稱為「新砲台」的砲台，是唯一最重要的砲台，監控介於桶盤嶼（Bush 島）和萬人堆鼻（Image 角）之間的基隆港門水道。這是一座有三合土厚牆，裝備 20 公分鋼板，鋼板上有 5 個砲眼，17 公分克魯伯砲管可以伸出砲眼的平射式砲台。

圖 3-2 基隆港口西側的萬人堆鼻(蘭伯特，2002，《風中之葉》：96)

圖 3-3 萬人頭（岸麟墩）即光華塔西側岬角上的蕈狀岩群

法艦在港內佈陣

　　Galissonniere 艦因為吃水較深，不能駛入內港，只能在港外找尋適合停泊的地點。李士卑斯少將大膽的將戰艦停泊在距離新砲台900公尺處，並將右舷對著新砲台，他想憑藉著砲手的技巧與鎮定來補強處於危險位置的劣勢。Galissonniere 艦左舷面對著西岸在火號山腳，配備4門18公分滑膛砲的（岸麟墩）砲台，西側這個方向可以不用顧慮，因為戰艦砲塔上的大砲可以轟擊它。最後，在戰艦艦尾可以側擊到一座位在港口西角、配備3門18公分滑膛砲的 Lutin（仙洞鼻）砲台，而巡洋艦 Villars 也能以左舷的砲位控制這座砲台。

　　位在新砲台砲火射程外的巡洋艦 Villars 號，它的右舷面對著東岸距離只有120公尺二沙灣砲台砲火射程內。這座二沙灣砲台有3門18公分滑膛砲。

　　Lutin 砲艇因為吃水淺，可以進入港灣裡面，它在港灣內冒著被清軍所有砲台砲火攻擊的風險，但可以向東西兩岸的所有砲台側擊或背後攻擊。

　　當所有戰艦的任務都分配完成後，李士卑斯少將就派一位副官上岸，向清朝方面的要塞司令官發出撤除防禦的最後通牒。他同時也將這項最後通牒通知外國僑民及停在港灣內的船舶。

8月5日——法艦砲擊摧毀所有海岸砲台

　　8月5日清晨，法國海軍在前一天對清軍發出的最後通牒，並沒有獲得回覆。7點30分，李士卑斯少將對所有的艦艇發出戰鬥準備的命令，8點整法軍的艦砲對清軍砲台發出猛烈又準確的砲火，清軍的砲台也以同樣猛烈的砲火還擊。新砲台的第一排砲就擊中了目標，5顆砲彈中有3顆擊穿了 Galissonniere 艦的鐵甲，其中有一顆甚至伴隨著吼聲鑽入砲床，但爆炸時竟然沒有傷到任何一個人，只讓一門24公分的砲床受損而已。

　　Galissonniere 旗艦則進行了側舷齊射，並非常準確的命中，使清朝砲台的砲座在受到第一波砲擊後，就已經被摧毀了一半。李士卑斯少將立即降低射擊的頻率，以提高準確度。自此以後對敵人砲台的破壞就達到驚人的程度。24公分的砲彈洞穿砲眼、粉碎砲架、毀壞砲墩、炸死砲手，最後在8點45分引起一個彈藥庫爆炸，接著發生猛烈的火災，且延燒到附近的村莊（大沙灣）。

除了新砲台以外,其它的砲台是毫無抵抗能力的。Villars 艦和 Lutin 砲艇發了幾砲,就使這些砲台陷入沉寂,以致於戰鬥 1 小時以後,所有砲台的防軍都不見了,我們現在唯一的任務就是前去佔領那些被放棄的防禦工事。

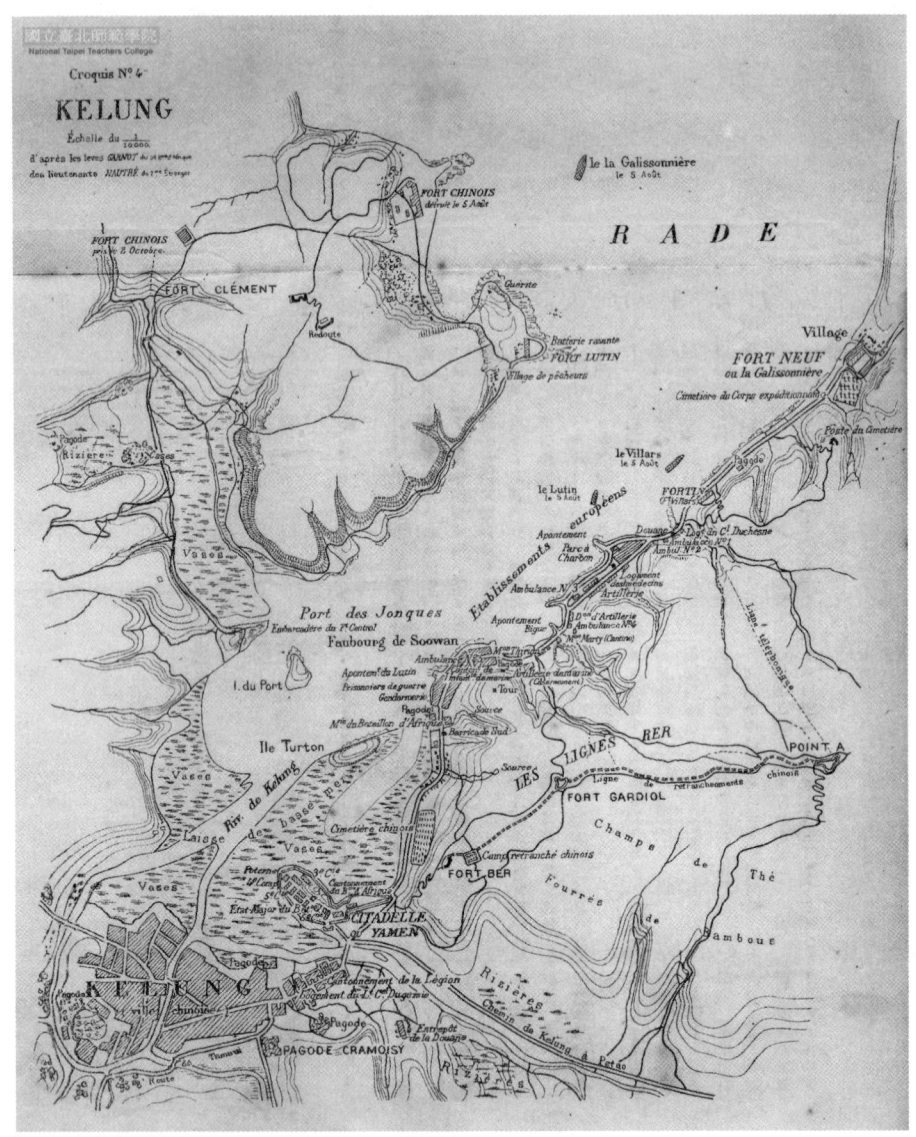

圖 3-4 法艦在 1884 年 8 月 5 日砲擊基隆港海岸砲台圖
資料來源:國立公共資訊圖書館數位典藏服務網 All Rights Reserved_N04

◎馬偕見聞——看到法艦被擊破的三個大洞

8 月 5 日法艦砲擊並摧毀大沙灣砲台,砲擊後第 4 天馬偕和一位英國人搭汽艇到

大沙灣砲台察看，發現「士兵們面仆向地，身體都被炸開了，看起來他們是逃離的時候被爆開的彈片擊斃的……有一座火藥庫爆炸並把水泥塊炸到難以相信的遠處…」（馬偕博士原著，林晚生漢譯；2007，《福爾摩沙紀事》馬偕台灣回憶錄：180）

後來馬偕受邀到法軍旗艦加里蘇尼爾號（La Galissonniere），看了船的每個部位，「當我們到下層去的時候，都立刻注意到在剛過水面的地方，有三個直徑約一呎大的洞，是被中國砲台那邊的砲射中的。」（馬偕博士原著，林晚生漢譯；2007，《福爾摩沙紀事》馬偕台灣回憶錄：180）

第1戰：法艦砲擊摧毀基隆港海岸砲台示意圖

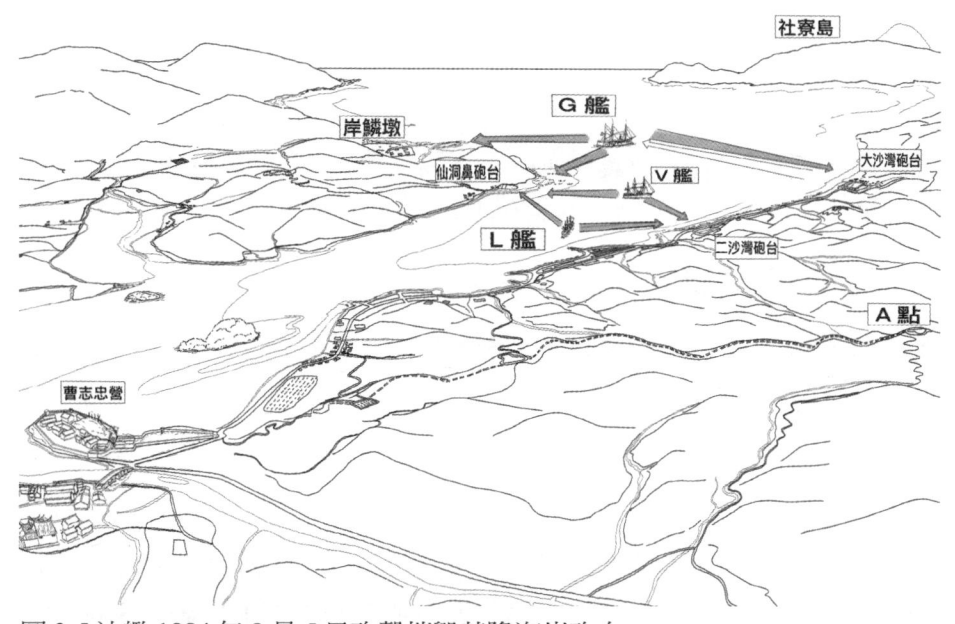

圖3-5 法艦1884年8月5日砲擊摧毀基隆海岸砲台

二、清軍：法軍炸毀大沙灣砲台

法軍兵船砲轟基隆砲台

我（劉銘傳）也剛回到淡水城，正打算改船裝運火砲，8月4日（6/14）基隆突然又來了4艘法國兵船，他們的長官李士卑斯告訴蘇得勝、曹志忠，據說是和議沒有達成，期限已經到了，隨即帶戰書宣示，第二天將攻擊基隆砲台。我軍營官們一邊加強防守，一邊命令傳訊兵飛書通報我。

我在 8 月 5 日（6/15）清晨接到基隆營官來信，原本我就認為基隆的砲台無法抵禦法軍攻勢，立即趕往基隆督戰。走到半途，就聽到隆隆的砲聲震動地面，緊急快步趕到基隆，法軍已經在辰時（7—9時）發砲攻擊砲台。

圖 3-6 法國軍人沙灘墓地後方為大沙灣砲台的城牆和彈藥庫等

炸毀大沙灣砲台（新砲台）

營官姜鴻勝下令砲手對法國兵船還擊。這時，大沙灣砲台（新砲台）只剩 5 尊克魯伯洋砲，砲台的火砲都對著基隆港口這一面，敵軍兵船駛到旁邊側擊，我清軍的火砲無法轉移方向朝旁邊的法軍兵船轟擊。

章高元、蘇得勝各帶 100 多人躲在砲台牆外的壕溝中。敵軍的砲火從辰時（早上 7—9 時）至午時（中午 11—1 時）一直不停的猛烈攻擊，將砲台前面的胸牆、火藥庫等全部炸毀。章高元、蘇得勝密令姜鴻志率領部隊退出砲台，傷亡的兵勇共 60 餘人。

大沙灣砲台被炸毀後，我軍已無法防衛，法軍也沒有前來佔領。

圖 3-7 大沙灣砲台彈藥庫被炸毀後 　　圖 3-8 大沙灣砲台被炸毀的一個砲座

圖 3-9 大沙灣砲台留下彈藥庫夯土側牆，還被誤認為雞籠石圍遺跡

三、法軍：第一次登陸作戰

第一次東岸登陸

　　李士卑斯發佈命令，派遣 Galissonniere 艦副艦長海軍中校馬丁（Martin）率領陸戰隊登陸，過沒多久，法國國旗就在東岸新（大沙灣）砲台和二沙灣砲台上飄揚著，但不久後新砲台受到砲彈攻擊產生的大火，大火已漫延成為火災，使我們不得不放棄佔領新砲台。這時，被我們的砲火驚嚇到的清朝軍隊已稍微平靜下來，開始重新佔領東岸後方可以監控港口的高地。我們一定要儘快驅逐這些佔領制高點的清軍不可。

　　陸戰隊指揮官中校馬丁（Martin）將 Villars 艦的陸戰隊員留在東岸二沙灣砲台內，命令八野（Bayard）艦的陸戰隊向東岸的制高點（A點；即小基隆山，今無線電山山頂）前進，而港中的法艦則以幾發砲火掩護這些攻堅的陸戰隊員，使他們很輕鬆的到達 A 點。據守山頂的八野（Bayard）艦陸戰隊員們說，看到約有 2000 名清軍正迅速往後撤退，長長的隊伍往獅球嶺方向撤退的過程中，走到狹窄的隘路時，甚至會遭到 Villars 艦的砲擊。

當天下午,魚雷艦小組以硝化棉火藥摧毀砲台中所有的設備,使基隆港內東西兩岸的3座砲台防禦功能全部喪失。

全部消滅清軍港邊的防禦陣地後,我們法軍陸戰隊便在各個佔領據點附近就地紮營,晚上突然下起豪雨,使那些紮營的陸戰隊員們整夜不得安寧。幸好,第二天早上出了大太陽。

李士卑斯少將接著準備進行佔領基隆市街和附近煤礦的任務,近兩個月來在法國巴黎新聞話題中,基隆的著名礦山是一個最熱門的話題,但這些礦山的明確位置卻沒有什麼人知道。

第2戰:1884年8月6日清軍擊退東岸法軍示意圖(西向東看)
法軍8月5日從東岸登陸後攻佔A點,8月6日被逐回艦中示意圖

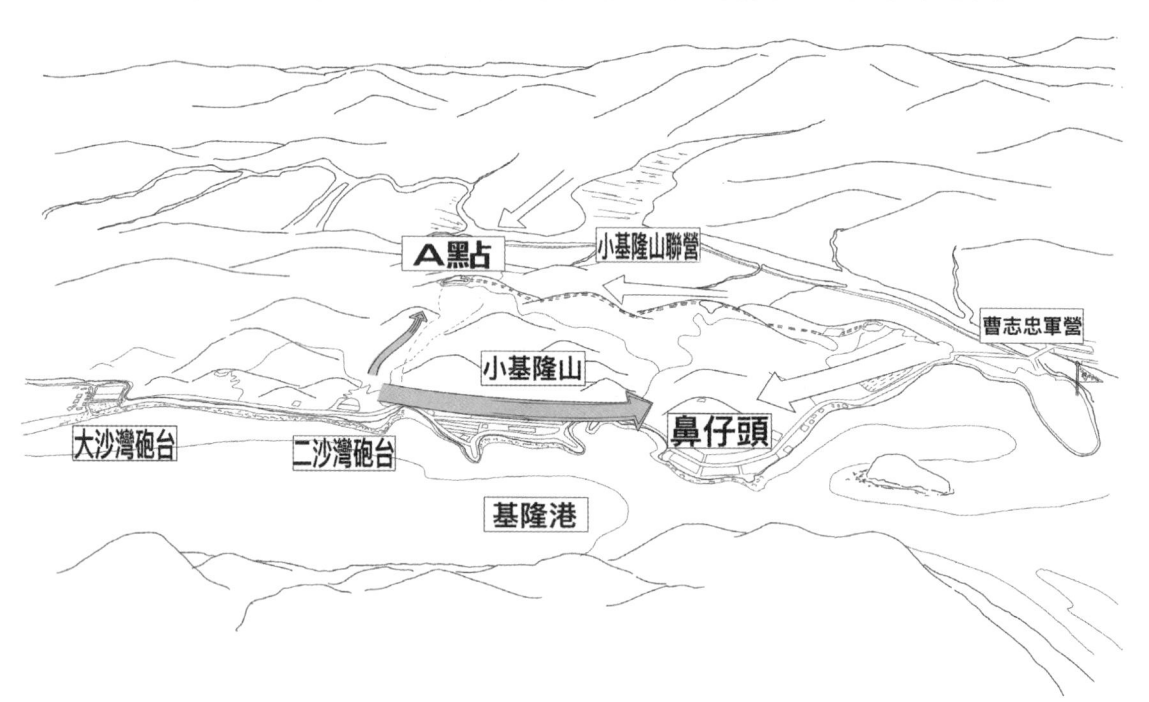

圖 3-10 法軍往基隆市區偵查遭清軍擊退及 A 點法軍被圍攻退回艦中

圖 3-11 八野艦陸戰隊佔領 A 點

圖 3-12 法軍的 A 點為今無線電山山頂

法軍寡不敵眾撤回艦中

6日下午2時,李士卑斯少將派他的副官海軍上尉Jacquemier率領Villars艦的陸戰隊員往南邊偵察中國街市和衙門的狀況,同時要偵查可以俯瞰市街的Ber築堡陣地(中正公園主譜壇附近)。

法軍陸戰隊組成的偵察隊往南邊前進不久後,就遇到數量眾多的清兵,雙方展開槍戰,經過一陣激戰後,法軍偵察隊不敵清軍攻勢而向後撤退。在同一時間,留守在A點的Bayard艦陸戰隊員發現,清兵已悄悄從東、南邊的敞開面,穿越荊棘和樹叢,一步步往法軍陸戰隊佔領的高地方向包圍過來,旋即爆發槍戰,且很快擴展成為全線的槍戰。

圖3-13 從A點東北邊山頭看基隆港口

法軍指揮官馬丁(Martin)面對約2500名以上清兵的圍攻,但他只有掌握200個陸戰隊員的步槍,兵力懸殊,在寡不敵眾的對峙情勢下,最好的選擇就是趕快離開此地,他們立即進行逆向撤退,但撤退非常緩慢,因為一方面還要抵抗敵人的攻擊,Bayard艦的陸戰隊員們花了一個半小時才從A點撤退到港邊的軍艦上,撤退走了約1200公尺的距離,和清兵作戰則長達4個小時之久。法軍盤點後發現,有2名陸戰隊員戰死,11人受傷。

以陸戰隊不足的兵力想要執行佔領的任務,結果終於失敗了。這是一次殘酷的經驗,也證明了李士卑斯少將無法執行人家強迫要他接受的第二部份作戰計畫。

為了達到在8月5日能佔領基隆及其附近礦山的目的,就非得要有2000名的登陸部隊不可。清朝部隊利用我們遲疑的時間,在每個受到攻擊的地方都加強防禦,增派援軍。而在7月間可能成功的襲擊行動,在8月已經不可能了。

四、清軍：圍攻擊退法軍

引誘法軍陸戰

我（劉銘傳）非常憤恨法國人輕視我們，一定要引誘他們上到陸地作戰，才能挫挫他們高漲的氣燄。於是下令趕快將難以防守的海濱各營，遷移到山後，以躲避法國兵船砲火轟擊。曹志忠駐防的營房（今基隆市政府、台灣銀行處）雖然靠近海邊，但中間有一座小丘（已夷平）阻隔，因此，仍然命令他在原地嚴加防守。另一方面也激勵各軍堅持抵抗，以扼阻敵軍銳利的攻勢。

8月6日卯時（清晨5—7時），有4、500名法軍，一半在曹志忠駐紮地的北邊山上紮營，其餘200人就往曹志忠駐紮營房前面的堡壘（哨船頭）前進，仍然用港中兵船的火砲助攻。從清晨6時到中午12點，雙方對戰的槍砲聲不絕於耳。

三面圍攻法軍

曹志忠一面命令兵勇加強防守本營，一面親自帶領王三星等人，率領200名兵勇迎戰法軍。

我（劉銘傳）立即命令章高元、蘇得勝率軍100多人從東邊突襲，再派已接任游擊職的鄧長安率領親軍小隊60餘人從西邊突襲。

曹志忠看到我軍由東、西兩路夾攻，士氣大振，法軍看到我軍夾攻，就從兵船發射大口徑的火砲助戰，槍戰超過一個小時。

清軍擊退法軍

我軍拿的後膛槍都能命中敵軍，射倒山頂背著背包的法軍軍官2人，及山下法軍軍官一人，敵軍潰敗，我軍一鼓作氣登上山頂，直接攻破敵營，奪得幾十桿的洋槍、10餘架營帳，也獲得兩個背包，同時砍殺一個法軍人頭。

有探子回報，法軍傷亡100多人，我軍一直追趕法軍到船邊才回來。我軍傷亡才幾個人而已。兩個背包上都有國徽，尤其各國軍旅都會認為是個大恥辱。

這是法軍攻擊基隆陸戰，我軍獲勝的情形。

沒有兵輪失去夾攻法軍機會

因為想到基隆的砲台不夠堅固，砲位也太少，法軍早已經過長久的商議，今天突然以5艘兵船攻擊基隆，實在是看到我軍沒兵船又沒火砲，趁著我軍的危機，妄想佔領。

幸好仰賴天威，將士用命，經過激烈的作戰後，壓制一下敵軍的凶狠氣燄，實在足以抒發我軍激憤的心情。

只是當追逐敵人到達北邊的兵船時，海口若有我軍兵輪，頭尾夾擊，敵人的兵船都會被我們捕獲。失去了這個機會，感慨惋惜又能如何！

劉銘傳報戰功
經過8月6日對法軍的陸戰後，劉銘傳上奏
☆「台北基隆砲台為敵攻陷我軍復踏毀敵營獲勝情形摺」

這次戰役最為賣力奮戰的統領霆慶等軍記名提督福建福寧鎮總兵曹志忠，在海邊親自駐防，孤軍奮戰，在砲台被炸毀後，鼓勵將士迎戰法軍，摧毀敵營，特別有戰功，請求賞穿黃馬褂；統領武毅軍記名提督章高元、記名提督蘇得勝，平日認真操練，遇到敵人尤其能奮不顧身，助守砲臺，保護防守台灣兵勇全部退出，沒有受到什麼傷害，請求遇有海疆總兵出缺，即可升任，並請賞換清字勇號；總兵銜儘先副將王三星，請求以總兵記名簡放（經過朝廷銓敘後派任道府以上的外官），並請賞給清字勇號；已革遊擊職的鄧長安，打算請求恢復原來的官位，以表示鼓勵之意。其他文武立功將士，是否可以請求選擇優秀者獎勵。

1884年8月22日◎內閣奉上諭：（農曆7/2）
朝廷獎賞有功將士員弁

劉銘傳奏台北基隆砲臺為敵攻陷我軍復踏毀敵營獲勝情形一摺，此次戰役，劉銘傳調度有方，值得嘉獎，交由部裡從優議敘。
◎特別有功的記名提督福建福寧鎮總兵曹志忠，賞穿黃馬褂。
◎提督章高元、蘇得勝，均著遇有海疆總兵出缺，即可接任，

章高元並賞換年昌阿巴圖魯名號，

蘇得勝並賞換西林巴圖魯名號。

◎副將王三星，以總兵記名簡放（派任），並賞給額騰依巴圖魯名號。

◎已革遊擊職的鄧長安恢復原官。

◎其餘立功將士及出力文武員弁，准許他們擇優一起獎勵。

慈禧太后撥 3000 兩賞給

　　欽奉慈禧端佑康頤昭豫莊誠皇太后懿旨，著於內帑節省項下發出銀三千兩，賞給此次出力兵勇；著劉銘傳查明尤為奮勇者，傳旨賞給。

砲台防兵不用追究

　　依據劉銘傳所奏，基隆的砲臺修築並不適合使用，本來就無法靠它們防守，這次被炸毀砲台的防衛兵勇，就不用追究他們的責任。以後若有守備鬆散，導致被敵軍攻陷的情形，一定要依照軍法從嚴懲處置，絕不寬貸。

　　所有傷亡兵勇，立即查明請求撫卹。

協助戰備委員獎賞

　　另外，對於解運軍械、辦糧轉餉的各委員，

◎基隆通判梁純夫，賞換花翎。

◎縣丞遊學詩，以知縣補用。

◎鹽大使錢壽益，免補本班，以知縣仍留原省歸候補班。

◎前補用遊擊孫安邦，以參將補用，並且賞加副將銜。

◎已革道員裕庚，准其留營效力。

◎記名道朱守謨、郎中羅廷玉，都准他們留營效力。

五、法軍：砲擊基隆沒達到談判目的

封鎖基隆港

　　李士卑斯少將在基隆已經沒什麼事可以做了。因為港灣邊的海岸砲台已被摧毀殆盡，想要佔領的範圍也無法實現。現在只能進行封鎖，再等待援軍到來。

　　於是Lutin砲艇就駛往上海，以便將砲擊基隆的結果以電報告知政府，而Villars艦則駛向馬祖，向孤拔中將通報此次作戰的結果。只留下Galissonniere艦停泊在基隆港外，進行長期封鎖。這項封鎖一直到兩個月以後的10月2日才解除。

　　因為8月5日和6日的戰鬥，各方面都將注意力集中在基隆，過一陣子注意力勢必會轉向他處。在中國砲台砲火的監控下，大膽停泊在閩江中的法國戰艦，這時成了所有人憂慮的目標。

李士卑斯對佔領基隆的看法
(《法軍侵台始末》第二章註13)

　　海軍少將李士卑斯8月5日破壞3座基隆海岸砲台後，8月7日在致孤拔中將的信中說，「我認為我們在基隆已經沒事可做。砲台都完全破壞，以我們現有的有限兵力想佔領內港街市或八斗礦山，是很愚蠢的舉動。基隆多山且地形變化很大，如果真的要佔領，就一定要調來大軍才可行；而且，這種荊棘叢生的地方非常不容易進入，如果真要執行嚴格的軍事行動，在我看來是幾乎不可能的。」

砲擊基隆和外交談判

　　法國政府原先希望，基隆的砲擊會使清廷讓步，但這次砲擊並沒有達到預期的效果。這場戰役並沒有使總理衙門受到任何影響，總理衙門還先發制人，在8月12日的照會中，向法國駐華外交代表Patrnotre先生表示：「對於基隆港被佔領的驚詫，並沒有任何事情可以引起這樣的意外行動。」法國政府的計畫變成了沒有任何效益的舉動。8月1日最後通牒似乎可以解決的問題，仍然停留在原來的狀態。反而法國政

府在基隆將會有多一層的障礙,因為如果要放棄基隆的佔領,就得承認自己的失敗。在第一次失敗後就將這據點完全放棄,會被人家看作是一種缺乏決斷力的徵兆或沒有戰力的明示,而這件事是一定要盡全力避免的。

談判仍在繼續進行中,法國政府進行威脅,而中國政府展示了最佳的意志,但卻不讓這種意志達成任何明確或具體的結果。

研究砲擊基隆以後舉行的外交談判,導致破壞福州兵工廠的結果,不在本書範圍內,因此省略不談。

六、法軍:攻擊中國艦隊、福州造船廠及閩江沿岸砲台

★8月23—29日法軍攻擊南洋艦隊、福州造船廠及閩江沿岸砲台

8月16日,法國政府的茹費禮(J Ferry)內閣獲得恢復對中國軍事行動的信任投票,下院在議事日程上宣稱,對於政府使清廷尊重《天津簡約》的決心表示信任。

獲得這次投票的支持,海軍部長就在22日對孤拔中將下令,對中國艦隊進行攻擊,並破壞福州兵工廠及閩江沿岸砲台。

軍事行動在23日以砲轟福州兵工廠及攻擊中國艦隊開始。29日艦隊將閩江沿岸的砲台破壞後,駛出閩江;孤拔中將於是向旗下各艦發出訓令:

「各位軍官、海軍軍官、士官與水兵們,你們已經達成了海軍引以為傲的一件戰績。中國軍艦、軍用戎克船、水雷船及火船等,這些可能對我們停泊的艦隊造成威脅的所有船舶,都已經消失了。你們曾轟擊兵工廠,你們曾破壞閩江沿岸所有的砲台。你們的勇氣與能力,不論在何處都能突破任何的困難。全法蘭西都在讚揚你們的功勳和辛勞,你們已獲得國家的感謝與信任,請相信國家也會使你們獲得新的成功。」

在同一天(8月30日),中國海艦隊和東京(北圻)艦隊正式合併,由孤拔海軍中將率領,使用「遠東艦隊」這名稱。不久後,他們就讓這個名號變得非常響亮。

第四章・是否進攻基隆？法軍陷入長考

說明：孤拔認爲不宜佔領基隆，但法國內閣爲了得到基隆的煤礦，要求孤拔佔領基隆。孤拔決定佔領基隆後，砲擊基隆山上，窺探滬尾，劉銘傳則預測法軍必攻基隆，將八斗官煤採煤機器移往後山，同時在基隆港邊第一線高地備戰，反擊法艦。

一、法軍：孤拔思考是否攻擊基隆？

猶豫的 9 月

對峙的軍事行動已重新展開，但必須攻擊的地點卻還沒有決定。法國政府的意見爲堅持佔領台灣島北部，以取得必須的擔保品，但孤拔中將卻反對在這裡進行任何陸上行動。他認爲若要壓制中國，就必須攻擊中國北部的首都直隸（河北省）附近。

整個 9 月幾乎都在猶豫中渡過。這是個無所作爲的時期。這期間，艦隊中的大部份艦艇都停泊在馬祖，只有偶而輪流派到基隆的封鎖行動，或送一封電報到 Pic-Agu（川實島，在閩江口北邊）。而且，不論法國政府的主見爲何，都必須派一個登陸部隊給孤拔中將，而這支登陸部隊是需要時間組織起來的。

9 月 2 日──孤拔中將視察基隆港

9 月 2 日，孤拔中將想要親自視察基隆，他搭乘著 Triomphante 戰艦到達基隆港，在港灣中看到 Bayard 艦和 Lutin 砲艇。

這兩艘戰艦都還不知道福州戰役的結果，雖然他們對總司令的勇敢和好運有強烈的信任，但對戰情仍然會有擔憂。當他們看到 Triomphante 艦前桅杆上飄揚著那面已經馳名四方的孤拔中將將旗時，他們的恐懼就完全消失了。八野艦的船員們爬上帆索，在吹奏國歌時發出歡呼聲。中將離開 Triomphante 艦時，將船員集合起來，作了一次他很擅長的訓話，並以自己的熱忱來激勵大家的士氣。後來，他登上了八野艦，不久就換乘汽艇，在港灣內巡視一周，市街十分平靜。8 月 5 日摧毀的砲台並沒有恢復，而大家已使用摧毀那些砲台的戰艦名稱，來稱呼那些砲台了。Galissonniere 砲

台（大沙灣砲台）、Villars 砲台（二沙灣砲台）、Lutin 砲台（仙洞鼻砲台）等等，砲台附近及海濱都已成了荒涼的地方，而且被敵人完全放棄了。敵人只佔據山頭，沿著一條最近築成的陣地防線就可以看到。中國人很擅長構築陣地，他們不停的進行這項工作，他們以一種驚人的速度 各地構築陣地。

孤拔要求攻擊中國北方

孤拔中將視察基隆得到的印象，是和一切主張佔領的意見絕對不同的。到達馬祖以後，他立刻向巴黎發出電報：

9月4日發於馬祖。本人剛從基隆回來，中國人為了防備我們登陸，已在當地四周構築大規模的防禦工事。他們的部隊人數很多，我軍在步兵團到達之前是絕對不能嘗試佔領的。而且，即使在步兵團到達以後，出兵攻佔也是非常困難的事，因為該地多山且樹林濃密。因為出產煤炭，佔領基隆也許是件有利的事，但這仍然是一個無法進行大規模軍事行動的基地，可停泊大型軍艦的水域非常狹窄，而且經常有波浪，當東北季風吹拂時，會有危險的大波浪。

另外，這個東部據點和福州一樣，遠離北京，我們在這裡所作的一切，對北京不會有太大的影響。如果政府有意攻佔台灣島，澎湖島的港灣會是一個比較好的基地。

但為了征服台灣全島，我們必須要有比現在多3倍的兵力。如果政府沒有這個意圖，對中國北部採取行動比較有利。我們可以佔領芝罘（山東煙台）作為軍事基地，我們的部隊也可以登陸並駐紮在該地，緊接著我們就可以佔領威海衛和旅順。

9月6日，孤拔中將再向政府提出立即對中國北方採取軍事行動的建議，但他同時也承認，我們在基隆既然沒有成功，隨意放棄就會被認為失敗。他提議對基隆繼續封鎖，並破壞淡水的防禦設施。

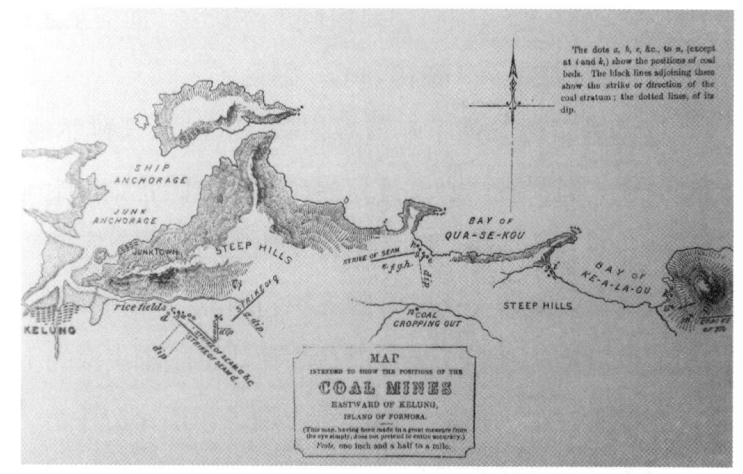

圖 4-1 福爾摩沙雞籠東方煤礦分佈圖（《北圻回憶錄》：125）

孤拔中將的軍事計畫

最後，9月13日，他再一次確定他的軍事計畫：

9月13日發於馬祖。我的作戰計畫是以現有的兵力向芝罘（山東煙台）出發，等軍用品的補充和增援部隊到達，就在芝罘建立軍事基地和補給中心。由芝罘就可追擊中國海軍，從海上進攻威海衛和旅順。如果有可能，就以現有的兵力佔領這兩個港口；如果不可能，我們就佔領廟島群島（長山列島，位於黃海和渤海交界處）的最佳據點，以封鎖直隸（河北省）。我不敢假定本月26日以前可以從這裡出發，而在29日以前到達芝罘（山東煙台），並在9月30日以前開始進行軍事行動。

法國政府雖然承認孤拔中將這種軍事行動的效果，但卻使他重新注意到，政府方面認為，為了要恢復談判，就非要握有一項擔保品不可。佔領旅順只是暫時的行動，不能成為一項擔保品。若是從基隆這據點撤退，會有被中國人認為是我們打敗仗的可能，因此，無論如何非回到基隆不可。政府再度指定基隆這個據點給中將，認為基隆是法國使用兩千兵力可以持久佔領的唯一據點，而基隆這據點以後可能成為和中國談判時的交換品。

增援部隊編成

在這期間，以前答應要給孤拔中將的增援部隊，開始從駐越南東京（北圻）和交趾支那（南圻）的部隊中抽調編成，這個增援部隊包含3個步兵營和2個砲兵隊，其中一隊配備12公斤的口裝砲。

孤拔中將認為，這12公斤的口裝砲重量太重，操作時不方便，特性並不符合即將到來的軍事行動需求。中將期望有一個配備80mm口徑山砲的砲兵連，可是，或許交趾支那（南圻）沒有這種裝備，或因為東京（北圻）部隊不能缺少這種裝備，而使援軍的軍備並沒有符合中將的要求。因此，12公斤口裝砲的砲兵連被派到台灣，成為基隆砲台陣地中砲兵使用的火砲。遠征軍並沒有在開戰前獲得中將要求的80mm口徑山砲，因而，直到戰爭後期也都只能使用不適合的火砲作戰。

行動的時刻快到了，交趾支那（南圻）的援軍已在西貢集合，等待運輸艦前來載走他們。孤拔中將仍然不能決定是否要佔領基隆。他在9月17日再向法國政府作最後一次要求。

是否佔領基隆的攻防

　　法國政府和孤拔中將各持不同的意見，很值得我們注意。這種分歧已顯現出，中將其實是違背自己的意志在基隆採取軍事行動的。因為他確信，法軍會在基隆遭遇到來自各方面的無數困難。等到法國政府自己承認錯誤時，可能為時已晚了。因為佔領已經完成，在這種情況下撤退，將成為法國所能採取的最壞決定。因此，不管你是否願意，佔領行動非進行不可。

　　這問題非常的嚴重。將我們未完成的佔領基隆計畫完全放棄，對敵人而言將會是一種沒有能力的表示，而這樣的表示就會使清朝政府自大起來；另一方面，在9月底東北季風和冰雪快要來時，在直隸（河北省）各港口採取軍事行動，是一件迫切重要的事。這可能引導法國和中國進行一場大規模的陸戰，這時法國就一定要派遣龐大的兵力前去不可。況且，法國政府不惜任何代價避免戰爭，仍在繼續談判，法國想取得一些保證品，而台灣似乎是最容易獲得的保證品。

9月18日法國政府要求孤拔佔領基隆

　　因此，法國政府在9月18日以電報回答孤拔中將，同時命令他以佔領基隆為起點，隨後他可以率領他的艦隊在中國北部採取軍事行動。政府給中將的軍事目標是台灣島的北部。命令寫得十分清楚。

　　孤拔中將於是決定以一部份艦隊進攻淡水，他則同時親自指揮陸戰隊佔領基隆。

　　陸戰隊的編成為：

海軍步兵：1個團（由3個營編成），1800名。
海軍砲兵：1個連隊（第23連），配備4磅山砲6門。
旋迴機關砲：2個排（砲手由水兵擔任）。
砲兵：1個排（第12團），由陸軍擔任，80mm口徑山砲2門。
各團營連隊最高指揮官：海軍步兵中校 Bertaux Levillain。

　　9月17日，海軍第二、第三步兵團的6個連（指揮官 Ber 少校及 Lange 少校）、砲兵第23連（指揮官 Champgien 上尉）、一些工人和12名執行監察任務的憲兵，在西貢灣登上 Nive 運輸艦。這些部隊由屬於交趾支那（南圻）的 Bertaux Levillain 中校率領。

幾乎在同一時間，運輸艦 Drac 和 Tarn 在 Along（下龍灣）載運其他部隊，即海軍步兵第二團 6 個連（指揮官 Lacroix 少校）及砲兵第 12 團第 11 連的 20 人。

此外，運輸艦還載運陸戰隊僅有搬運物資的 200 名苦力，以及孤拔中將很不情願有的裝備 12 公斤口裝砲的砲兵排。旋迴機關砲 2 個排的砲手，在狀況需要時由艦隊的兵員編成。

全部的隊伍都穿著殖民地的服裝，他們都穿著適應熱帶地區的粗絨衣褲，帽子由軟木製製成，附有一塊用來遮擋烈陽的黑布。這種強光在東京（北圻）曾多次被人證明是不好的。

各隊的全部實額為 2250 人。

二、清軍：準備抵抗法軍第二次攻擊

推測法軍必將再次攻擊

法國人自從進入中國以來，沒有經歷過此次的敗仗，他們怎麼可能甘心？一定會增兵、增加兵船，一雪這次的恥辱。

我清軍兵力單薄、武器缺乏，要用什麼去防禦敵人？只能仰賴天恩，體念海外孤軍，軍情萬分的急迫，急速命令南北洋大臣及福建省督撫，快速撥給能打仗的兵輪 10 艘，選擇將領來台助戰，不要讓他們只是各守自己的疆土，坐看我（劉銘傳）獨自陷入危機之中，懷著急切的心情待命！

☆請將曹志忠移紮山後並拆移煤礦機器片

台灣兵勇無紀律

我（劉銘傳）從上海來台的日子，正值時機緊迫，隨身帶有親兵 100 餘人，文武官兵 10 餘人，突然遇到強敵，和內地之間又音信不通，台灣的兵勇向來沒有紀律，恩威和信任都不能使他們臣服，因此，很多事務都無法插手，只有宣示朝廷的威望和道德，而且要激勵將士，拼命苦戰才能保衛這個被敵人入侵的危險地方。

拆官煤機器藏後山

然而，敵人船堅砲利，若敵軍再增加兵勇、兵船，曹志忠所防守的正營、中營離海太近，無法抵擋敵軍砲火攻擊，我（劉銘傳）計畫將他們移往後山駐紮，以維護這些精銳部隊的安全。

至於八斗煤礦，已經派擢勝營官楊洪彪督導拆卸機器，再移至山後（月眉山下），同時燒毀挖煤礦的廠房屋舍等，以斷絕敵人想佔有利用的念頭。

法將孤拔約劉銘傳見面

我（劉銘傳）正在抄寫整理奏摺時，接到基隆稅務司幫辦英人鮑琅榮的信件，說法軍司令官非常殷勤的邀請我到他的船上當面商量事情。我以體制不宜，不方便前去。只是，他們既然以禮相邀，於是就約基隆稅務司於 8 月 8 日（6/18）巳刻（上午 9 — 11 時）在基隆見面，詢問法軍司令官要商量什麼事情，再迅速上報朝廷。在這裡就抄錄基隆稅務司的原來信件，恭請朝廷閱覽。

法國兵船砲轟基隆山上

1884 年 9 月 17 日☆法擬調陸兵來攻台北片（農曆 7/28）

自從 8 月 29 日（7/9）法國兵船離開福建以後，3 艘駛到基隆港停泊，非常猖狂，連續好幾天，兵船懸掛旗幟企圖引發戰事。8 月 30、31 兩天（7/10、11），法國兵船開砲猛攻，我清軍兵勇以山勢掩護，也開砲還擊，好幾次都打中法國兵船。

法軍發射的火砲反而對我軍沒有什麼威脅。我軍在山上以逸待勞，造成敵軍一些傷亡，法國兵船於是撤退到基隆港口外面停泊。

法國兵船窺探滬尾

滬尾海口離基隆 80 里（20 幾公里），那裡只有孫開華的 3 營部隊，後來由李彤恩召募土勇一營，駐防的兵勇單薄，十分危急。法軍攻基隆無法得逞，8 月 3 日（6/14）、9 日（6/20），法國兵船駛到滬尾偷偷窺探。

經過孫開華、李彤恩在滬尾淡水河口，以裝滿石頭的船擊沉後，堵住淡水河口

船舶進出的航道。法國兵船幾次到達，探視淡水河口門後，就立即開走。我在8月8日（6/19）親自到滬尾一躺，增派砲兵營勇100人，對砲台稍微作一些配置，當日就回到基隆。

等待援軍

現在，基隆口門仍停泊3艘法國兵船沒有移動。從福建閩江口駛出的法國兵船，不知道要開往何處。法軍聲稱要調陸軍4千人來攻打基隆。

已接獲命令，有撥調江陰援兵劉朝祜等4營。隨即接到曾國荃電報回復，說要設法雇船，可以載1營兵勇先到。北洋撥調的3營，還在等待載運的船舶。

10月（農曆8月）以後，台南外海的海浪逐漸平緩，情勢更為緊張。

台灣海岸超過千里，許多地方都很令人憂慮。只能就現有的防衛兵力，全力防守，以便等待援軍到達。

基隆、滬尾的大概情勢都已發電報通知總理衙門，在這裡將最近的軍情，附在奏摺密陳。

第五章・法軍基隆第二次仙洞登陸戰

說明： 法將孤拔選擇西岸仙洞為第二次登陸基隆點，預先偵察清軍在基隆港的東、南、西方防線，10月1日法艦砲火掩護下發動登陸戰，佔領火號山，逼迫清軍退到虎仔山，形成對峙形勢。同日晚上，劉銘傳連續接到淡水營務處李彤恩三封飛書後，連夜率軍棄守基隆，退到台北府。棄守基隆及到台北後的遭遇，從基隆通判梁純夫的親身見聞和淡水新關稅務司法來格的市井傳言記錄，可了解一二。台灣道劉璈也發表自己的看法。

一、法軍：偵察清軍陣地

軍艦駛向台灣

為了展開對台灣北部的軍事行動，孤拔中將以馬祖灣作為軍艦及載運部隊集合的地點。9月29日下午4點，3艘運輸艦 Nive、Tarn、Drac 載運法軍的部隊，由八野（Bayard）艦及 Lutin 砲艇護送，在孤拔中將指揮下出發前往台灣北部基隆港。

第二天下午同一時間，又有3艘軍艦 Galissonniere、Triomphante、Esteing 等出發朝向淡水行駛。

穿越台灣海峽只需要幾個小時的時間。遠征軍才剛離開亞洲大陸荒涼的海岸，9月30日早上醒來，就已可欣賞到基隆雄偉的懸崖峭壁，長滿熱帶植物的各式峰嶺圍繞著海港，這裡就是在隨後漫長的時間中，要耗盡許多努力、勇氣與犧牲奉獻給這塊神祕而奇異的土地，而且，這塊土地最後還會成為許多勇士的墳場。

9月30日——偵察清軍陣地

上午9時，孤拔中將的旗艦在基隆港內下錨了。他發現情報艦 Saone、巡洋艦 Chateaurenault、Duguay-Trouin，情報艦 Parseval 和砲艇 Aspic 等5艦都已經在港內會合了。

今天所有的時間都要用來偵察清軍的陣地，並決定攻擊地和選定登陸地點。

自孤拔中將從9月2日進行偵察以來，中國人集中力量興建的防禦工事，都在那些能俯瞰市街及港灣的高地，在東、南、西岸三個方向的山稜線上，有一條幾乎連

續不斷的肩牆，上面還鋪著淺草，牆上飄揚著許多清朝正規軍的雜色旗幟。每隔一段距離就有一個洞穿的砲眼，也看到了一些山砲。

東方防禦工事

我們法軍很容易就分辨出3組防禦工事，以後會用Ber線命名的東方防線，佔有這些高地就可直接監控歐洲人聚居區。這些工事由一道鋪著淺草的肩牆構成，肩牆從A點（無線電山頂）東邊標高102公尺處開始，經過A點後沿著一個緩和的斜坡，直接在衙門東邊上方標高65公尺的高地結束。這道肩牆的路線幾乎不曾中斷，準確的沿著各高地的稜線延伸。

肩牆側面的寬度約2至3公尺不等，高度約1至2公尺，沿著肩牆有兩處堡壘陣地，第一處在A點後面，第二處在距離標高65公尺高地約100公尺處，在一條山坡鞍部後方，築造相當簡陋，兩個陣地後方都有清朝防軍的營房，屋頂為茅草棚頂。

南方防禦工事

南方防線也是一道連續的肩牆構成，高度和寬度與東方防線肩牆相同，這防禦陣地將由可直接監控中國人街市的幾個高地串接起來。依據中國工程師的想法，這條防線的目的是用來截斷我們法軍通往淡水（八堵）的步道。有一座沒什麼作用的陣地，被構築在標高155公尺高地（鷹巢，今獅球嶺東砲台）的山麓，在防線右翼的支撐點有一座小型的堡壘，以後會以Fort Tamsui（淡水砲台，在獅球嶺）的名稱而聞名。朝西北邊延伸的防線，在標高97公尺的山稜線，切斷了通往淡水（八堵）的小路，再沿著標高125、140、148公尺等起伏不定的稜線高地，從兩座碉樓下方經過，到達標高133公尺的山頂。在這標高133公尺的山頂，有一座掩堡（以後稱為Thirion砲台，蚵殼港山），成為清軍防線左翼的支點。

西方防禦工事

西方防線的設施為：

(1) 標高132公尺的高地（火號山）有一座掩堡，這掩堡和西邊山坡下面鞍部中的堡壘陣地之間，以一道鋪著淺草的肩牆串聯起來。
(2) 在火號山西北側鞍部後面，有一座堡壘陣地，它的護牆有砲眼，可監控海灣。

中國人把陣地設在這個位置，並沒有考量攻擊的敵人只要佔領火號山頂，就可逼迫這堡壘陣地的守軍立即撤退。

圖 5-1 從石梯嶺看火號山及基隆港市　　圖 5-2 從紅淡山看火號山及基隆港市

以 Clement 山（火號山）為佔領目標

　　一個很深的谷地分隔著火號山和中央砲台（虎仔山），被山上砲台監控著基隆海灣與港口，火號山和東南邊的高地隔離。孤拔中將選擇火號山作為第一天要攻佔的目標，右邊斜坡上去鞍部的堡壘陣地，通往陣地的步道，使陣地和海隔離的那些丘陵地，比較容易受到港灣停泊艦隊的砲擊。在火號山附近，有一個受海上和陸上砲火掩護的登陸地點。最後，由高地分出去的幾個支脈，給進攻者形成了好幾道掩護屏障層。

　　由於山峰高度的關係，在火號山上遠比在海面上容易判定那些防禦工事的性質和重要性，且可控制好幾個據點陣地。

　　這所有的理由都使孤拔中將決心佔領火號山。

　　軍艦八野、Duguay-Trouin、Chateaurenault 及 Lutin 等艦艇，停泊在可以砲擊鞍部堡壘堡陣地和西邊防禦陣地（中央砲台）的位置。其它各艦則停泊在必要時可以對抗東方防禦陣地砲火的適當位置。

二、法軍：仙洞登陸戰

10月1日──發動登陸作戰

　　登陸行動決定在第二天（10月1日）進行。

　　10月1日，各戰艦以平常就有的準確性開始進行射擊，登陸行動由 Ber 海軍步

兵營開始，步兵營在火號山東面及8月5日被摧毀後敵人放棄的小砲台（岸麟墩砲台）南邊海濱登陸。

第3步兵團第26連（連長Marty上尉）立即準備佔領火號山（推測從東邊陡坡），準備從山頂進攻敵人在鞍部堡壘。在這同時，第25連（連長Casse上尉）及第27連（連長Carre上尉）在山腰佔據一個適合防禦的位置，並在距離150公尺處與敵軍交火，不久後第28連就前來增援（連長Me1ve上尉）。

Marty連在火號山頂射擊敵人，使他們不久就倉惶放棄鞍部的堡壘陣地。上午9點，敵人已全部撤離，我們已在登陸戰中獲勝。中國人穿越谷地朝向中央砲台（虎仔山）撤退時，又遭到我們排槍的射擊，而有許多人被擊斃。敵人的損失超過400人；我們則有5人陣亡，12人受傷。

將近11點，登陸的Lacroix營和Lange營佔領了敵人放棄的小堡，為了要在山上過夜，部隊就佔領了火號山的一些高地。砲兵（第23連）直到下午4點才到達陣地。險峻的地形和沒有可運砲的道路，使砲兵花了4小時的時間才前進幾百公尺而已。

夜晚，中國人從第二防線撤退，這就是以後稱為中央砲台（虎仔山）的防禦陣地。

第3戰：10月1日法軍基隆仙洞登陸戰示意圖（東向西看）

法軍1884年10月1日仙洞登陸戰示意圖

圖5-3 法軍1884年10月1日仙洞登陸戰

10月2日——佔領西岸第二防線

10月2日，法軍沒有浪費一顆子彈就佔領了虎仔山頂的陣地（中央砲台），由於沒有道路及險峻的地勢，加上異常炎熱的天氣，使得這次佔領歷經了一道道困難的考驗。

西邊的各個高地全部由海軍步兵團佔領，孤拔中將指定陸戰隊佔領東方防[禦工事。

10月4日清晨，Gourdon海軍上尉指揮執行佔領東方防線地的任務，過程中並沒有遭遇任何抵抗，敵人已在1日半夜往淡水方面撤退。南方的防線陣地也被海軍步兵營輕鬆的佔領了。

基隆及鄰近地區已在清軍勢力的掌控下，中將於是立即展開佔領工作。

10月3日曾將兩門12公斤口裝砲卸下陸地，這兩門砲突破了重重的困難後才拉上火號山，放入陣地。在東方陣地的海軍陸戰隊，由Ber營接防後，海軍陸戰隊就回到各自的軍艦上。

圖 5-4 火號山、虎仔山及牛稠港深切的谷地　　圖 5-5 法軍西岸登陸點

三、清軍：兵力不足難以抵抗

基隆口門法兵船集結

3艘法國兵船在基隆港灣停泊，每天都以大口徑的火砲轟擊。10月1日（8/13），又有8艘兵船突然到達，和之前停泊的3艘兵船，共計有11艘，使他們兵船的陣容更加壯盛。

10月1日——法軍從西岸仙洞登陸作戰

10月1日（8/13）清晨，法軍1000人從外港仙洞北邊登岸。恪靖營營官畢長和帶領100多人前去應戰，不斷來回攻擊，戰鬥持續兩個小時，敵人由山頂從背後攻擊，章高元、陳永隆等部隊退出山谷路口，持續和敵軍拼戰，直到酉刻（傍晚5—7時）。

敵人一直衝向清軍，後來由陳永隆等率兵擊退，對陣時砍了一名法國軍官。清軍兵勇傷亡超過百人。

兵力不足仍誓死抵抗

從8月5日（6/15）以來，清軍將士已持續拼戰兩個月了，每天都在炎熱又潮濕的瘴厲之氣中度日，10人中，生病的就佔了8、9人。雖然號稱有8營這麼多的人數，能作戰的人也不過才1000人而已。

曹志忠、章高元、蘇得勝等親身參與戰事，誓死不願屈服。

四、清軍：棄守基隆

劉銘傳棄守基隆——以台北府城為根本

他們快速傳遞消息通報基隆，滬尾情況緊急。我（劉銘傳）認為基隆的情勢萬分危險，滬尾又被法軍兵船急攻，基隆已沒有部隊可以分守。滬尾又是基隆的後路，距離台北府城只有30里，只依靠這個海口，經由往來的商船才可以對外互通消息。

然而，軍事裝備和糧餉，都在台北府城，淡水河口除了沉船外，砲台脆弱且兵力單薄，連一點依靠的實力都沒有。假若台北府城這個根本失守，基隆和滬尾等前軍不用對戰就會自動潰散，必定會造成抵抗法軍的局勢全面瓦解，導致無法挽回的後果。

全力防守滬尾

因此，我（劉銘傳）不得不作出緊急決斷，先將軍隊移到後路，要確保台北府城的安全。於是就連夜率領曹志忠、章高元各營，從基隆趕往淡水，且立即派曹志忠、

章高元、蘇得勝一起率領最具戰力的兵勇幾百人，趕去救援滬尾。軍事裝備和隊伍，都全數搬運而沒有遺漏。

劉朝祜的部隊 100 餘人，原來協助孫開華防守滬尾，敵兵船連攻兩天，孫開華、劉朝祜的部隊在海岸邊埋伏，有好幾次都阻擋敵軍的攻擊。曹志忠現在已經到達滬尾的營盤。敵兵船並沒有增加，或許可以暫時應付這次的危險局勢。

棄守基隆的理由

我（劉銘傳）只能勉強拖著傷病的身體，全力守衛危險的台灣海疆。

我率領的軍隊中，有許多疲勞病痛的兵勇，抵擋打敗福建的法國水師，作戰兩個月以來，一直處於孤獨危險的境地，兵力單薄，又沒有援軍，就被困在此處。

敵人自從擊敗南洋艦隊、福州兵工廠及閩江兩岸的砲台後，已經放話說一定會攻打台北。敵人知道我們的軍隊陣容較差，策劃全力環攻。我們的兵力單薄，能想的智謀和可以激勵的勇氣都已快要用盡。

上奏請罪

我（劉銘傳）可憐許多兵勇都受盡病痛之苦，考慮如何不要讓全軍走向覆滅之路，唯一能作的就是將軍隊拉出險境，先顧好台北府城的根本，所以無法全力保衛基隆，我怎麼能逃脫這個罪責呢？立即請旨，將我（劉銘傳）從重治罪，以彰顯大清的國威。只是法國既然計畫全力攻打台灣，淡水新砲城還沒有完工，沒有什麼防守的依靠。台灣陷入危機，什麼時候會如何都不知道。懇求朝廷聖明迅速提出方略，以拯救迫在眼前的危機。

要求劉銘傳發揮謀略盡全力防守
軍機大臣奉旨：

台灣防務危急，朝廷也感到深深的焦慮！昨天又命令南北洋大臣撥調兵輪支援接應。

劉銘傳向來很有謀略，一定要用盡所有的心力籌備防務，聯絡台灣各地紳民，出奇制勝，壓制敵軍高漲的氣勢，以確保台灣安全。請求治罪的事，就加以恩恕免除。

五、基隆通判梁純夫對劉銘傳棄守基隆的說法

（清季外交史料 v.2，光緒 10 年 8 月 18 日，1884 年 10 月 6 日）

諸將在基隆大營商討抗法大計

13日（10月1日）已經打勝仗，法國人都被驅逐到山嶺下，那天晚上，我到大營與爵帥劉銘傳談到軍事，表示明天一定會有一場惡戰。仙洞旁的高山是法軍一定要爭奪的目標，幸好我方兩門 40 磅大砲已經移動，可以攻擊對面山頂處，而且今天苦戰已經獲勝，士兵軍心已穩定，如果再加以犒賞，就可以殲滅法軍。

正在談論時，剛好章高元、曹志忠及蘇得勝等三位軍門到大營，所談論的也是明天要如何進攻法軍，彼此的部隊要如何接應，奮力有功的兵勇要如何獎賞等。

李彤恩兩度飛書傳信──法軍必攻滬尾

那時前敵營務處李彤恩就已經兩次飛書傳信，表示法軍一定會攻打滬尾，兵力單薄，孫開華軍門的營勇萬萬不能依靠，若不派兵救援，滬尾必定失守。況且，領事費里德及稅務司法來格也說，法軍 14 日（10 月 2 日）10 點一定會攻打滬尾，攻破後法軍就長驅直入台北，而台北沒有防軍，推測很難抵禦，若台北淪陷，則全台灣的大局就不用說了。

以洋人的觀點，基隆比滬尾重要，以中國的觀點看則台北比基隆更重要，務必要率領軍隊來救滬尾，才可以固守台北的根本。

再引用李傅相（李鴻章）的電報說，基隆兵力單薄，能守則守，不必強要爭取，孤注一擲很難成功。一連兩封信說的大概是這樣。

爵師劉銘傳應當親自寫信給孫開華軍門和李守（李彤恩），表示基隆防衛的兵力數量已經不夠了，不能派軍隊前去救援，現已飛快調撥已經到新竹的武毅右軍左營到滬尾、基隆，今天才剛打了勝仗，基隆的各位將領都不肯移動軍隊，要分基隆的兵力馳援滬尾非常困難，請你們要堅忍防守一、兩天，以守護威名而成全大局。那時還沒有要各營部隊移動的意思。

劉銘傳命令各營拔隊退到台北

到了三更（11－1時），又接到李彤恩以八百里排單來基隆大營告急，信中說什麼已無法得知，這時爵帥劉銘傳已經亂了方寸，漏夜以密令傳交章高元、曹志忠及蘇得勝三位軍門，要求他們拔隊帶營兵到艋舺，各個軍門都極力要求留在基隆，但爵帥劉銘傳不肯，仍命令他們拔隊，各統領無可奈何，不得不勉強遵守爵帥的命令，三更後傳我（梁純夫）吩咐各隊都回營準備到台北，隨即收拾行李。

我當時覺得十分驚嚇奇怪，於是當場就力求劉銘傳暫時不要拔隊，等兩、三天以後看滬尾傳來的訊息如何再作打算，並且回應劉銘傳說孫開華是久經戰陣很有勇氣的人，而且還有劉統領新來的營勇及柳春和一營，李彤恩有300人，難道不能守住一天嗎？沒有幾天新兵勇又來幾百人，因此我們是可以放心的。若放棄基隆而不防守，則基隆可以到達宜蘭、蘇澳，就沒有辦法拿回國家的土地了。況且，守基隆就等於是守艋舺，如果不守基隆，敵人就有立足的地方，不只是可以直下艋舺，而且可以到處侵擾，因關係到大局而不是淺薄的立論，雖然聲淚俱下，但爵帥的心意已決，總是以顧全台北為理由，而且表示各統領已經拔隊，我軍隊的行李也已裝好，不用再多說了，趕快加速啟程吧！

坐困台北府城

我（梁純夫）很無奈的在暗夜中趕往台北，14日上午到郡商量，陳守（陳星聚）知道滬尾已經開始打仗，孫開華軍門很有勇氣，停泊在河口的法國軍艦不敢登陸，我立即將和陳守（陳星聚）會面的訊息飛快告訴爵帥劉銘傳，請他下令傳達各隊伍仍然回到基隆，但營早已出發而來不及了。

這件事的錯誤，都是由於李彤恩對孫開華軍門的不滿，專門講他的壞話，甚至挑撥軍門三營的兵勇還不到500人，而且絕對不能作戰，以致於動搖爵帥劉銘傳的心意，使幾個月苦守苦戰的功勞毀於一旦，就如把九州（華夏九州）所有的鐵拿來也不能鑄造如此大的一個錯誤。大勢已去，再說也沒有用，可是不能不作亡羊補牢的計劃，各統領到台北以後，爵帥劉銘傳就命令他們趕到滬尾，而水返腳（汐止）直通基隆這條路線一點都沒有提及，我婉轉的懇求，現在才命令曹志忠軍門返回水返腳上

基隆淪陷引發眾怒

　　基隆的營盤法軍已經豎立旗幟，並派兵駐守，但駐軍數量不多，還可以攻取，有在地人竟然奮勇請求要攻打基隆，但爵帥並不同意，這樣也沒有辦法了。現在兵勇和頭人、居民怨聲載道，一切都是李彤恩太惶恐而誇大臆測提報，若不斬李彤恩真的沒辦法對台北及基隆的百姓交待。

　　我（梁純夫）對軍旅並不熟悉，昨天由陳守（陳星聚）報上去准募土勇兩營，由我督導帶領防禦進剿，我一向不習慣聽講在地方言，且倉促招募土勇而沒有經過訓練，這樣的土勇營能不能用還不知道，也只有盡心盡力整頓，期望能報效趕赴戰場而己。

　　　　　　　　　　　　　　　　　　只請勛安，梁純夫呈報（八月十八日申）
（王彥威，清季台灣外交史料 v.2）（台北市，文海，1964 年，392、393）

六、淡水新關稅務司法來格呈，總稅務司憲

　　1884 年 10 月 3 日（農曆 8 月 15 日）由淡水新關員淡水新關稅務司法來格呈總稅務司憲。（中法越南交涉檔 v.4，光緒 10 年 9 月 13 日，1884 年 10 月 31 日）

隨法軍入基隆的中國天主教民施暴被驅趕

　　前些時候法軍還沒有登陸，也還沒有佔領基隆，戰事的發展令人感到奇怪，法軍攻基隆時，派有一隊中國天主教民首先登陸，為中國曹志忠總鎮擊敗，而劉銘傳爵帥命令曹總鎮退兵，跟隨法軍的中國天主教民趁機攻佔基隆，散居在居民的房舍中，行為像野獸般。10 月 5 日時有一個教民捉到當地一個 15 歲的少女，強行姦污，引起當地人的憤怒，群起同仇敵愾要追殺這些天主教民，使跟隨法軍來的兩、三百名天主教民都逃回法國軍艦中。

劉銘傳在艋舺被居民圍毆

劉銘傳爵帥從基隆退到板加（艋舺）那裡，該地的居民憤怒的包圍他，拉著他的頭髮將他從轎中拖出搞打，還罵他是漢奸、是懦夫，劉銘傳爵帥只好說，好、好，你們要我打戰嗎？我現在立刻回到基隆，但你們誰願意跟我去？話才剛說完，挺身出來願意跟隨劉銘傳去的人總計約有1500人，劉銘傳就將火槍及銀錢分給這些人，他們就跟著劉銘傳而走，聽說沿途加入樂意跟從的人民約有7000人之多。

孫開華堅守滬尾防區

劉銘傳爵帥先命令孫開華總鎮從滬尾防衛的地方撤退，但孫開華不願遵命，回答說我今天誓死也要堅守在我的防衛地，按孫開華總鎮的部隊兵勇3000人，軍械很精良，而且軍容也很整齊，操演的步伐都訓練有素，而且，他的兵又久經訓練，部隊的錢糧都按月支領，並沒有虧空，兵力強盛，而且都很愛戴孫開華總鎮，而且孫總鎮紮營的地方又是高低起伏不平，很有地利的優勢，要打退登陸的2000名法軍似乎沒有很困難。

劉銘傳坐困愁城

我（劉銘傳）也很想見到這場戰役到底誰勝誰負。今天法軍戰艦在淡水有7艘，在基隆有8艘，法軍在基隆登陸時告訴海關，開門進去察看裡面的器物完畢後，仍把鑰匙還給海關人員才出來，但還是將海關的船借去，以便讓孤拔乘坐之用。今天在淡水的法軍水師副司令李士卑斯，所有商船上下貨物都沒有禁止……再者近幾天以來有一些傳聞，很少不符合的，傳聞劉銘傳爵帥沒有回到基隆，仍駐守在板加（艋舺）那裡，整天都呆在衙署內不出去，身心都沒有什麼使用，只有曹志忠總鎮在基隆盡力防衛法軍。

七、劉璈對劉銘傳棄守基隆的說法

《巡臺退思錄》中的〈基隆失守營拔回台北府城緣由〉

1884年10月4日根據基隆通判梁純夫在10月1日晚上9至11點間通報，法國

船艦陸續到基隆港，連前一陣子來的共有 11 艘，10 月 1 日黎明法軍由仙洞登陸，我們駐防在仙洞的恪靖巡緝營和霆慶中營及署鎮章高元率領武毅營 200 多人前去應戰，奮勇抵抗敵人。法國鬼子直接爬到仙洞旁火號山頂，劉銘傳命令將 40 磅大砲安置好後，連發 11 砲，有 7 發砲彈命中；法國鬼子站立不住，紛紛逃走，總計擊斃法兵 40 幾人，受傷的有 60 幾人，割一名法兵人頭，我軍兵勇傷亡 20 幾人。

聽到消息，正在慶幸，10 月 7 日又根據陳守（陳星聚）、梁純夫及周令等 10 月 3 日的會報，說 10 月 1 日中午有 5 艘法船從基隆開到淡水，放話 10 月 2 日要攻擊砲台。前敵營務處李彤恩密報劉銘傳說，淡水守將很弱，兵力單薄，非常不可靠的話。當時已是半夜三更（11 至 1 時），劉銘傳命令所有部隊拔隊趕回台北府城，搶救淡水，以全力顧守後路。

我（梁純夫）和曹志忠統領等全力勸阻，但劉銘傳依然不聽，2 日天一亮，只在獅球嶺留下曹志忠的兵勇 300 名，其他都隨行退到台北府城。現在我們台灣府等已相繼報告，哭著要求劉銘傳，迅速派重兵搶在法軍佔領前紮營獅球嶺，以保基隆郡城。

只是聽 2 日我們的軍隊撤退後，仙洞旁、二重橋的法軍已駐紮兩營，約 1000 多人。當 2 日淡水開始打仗，互相對抗一天，小砲台（白砲台）被炸毀，新砲台稍微損壞，炸壞一尊大砲，我軍傷亡 2、30 人，3 日淡水沒有砲聲很安靜。依據基隆坐探委員的報告，也大略相同。這是 10 月 1 日至 3 日基隆、淡水的情況。

據查基隆為進入台北重要的港口，獅球嶺尤其是基隆到台北府城通道上隔絕且險要的山嶺，萬一基隆港口很難防守，就一定要扼守獅球嶺。我（梁純夫）現在已飛書通報劉銘傳，並以信函通告行營營務處朱道，極力要求劉銘傳要趁法軍兵力配置還沒有周全，仍然要以曹志忠的六營專門扼守獅球嶺，以為亡羊補牢的重要對策。

淡水有孫開華、劉朝祐兩位軍門，及柳鎮（柳泰和）、李守（李彤恩）各大營，可以期待能夠扼守門戶。仍然要請劉銘傳隨身帶著章高元鎮的各營，在其間調度，才能夠首尾兼顧。

8 日又根據探子來報，獅球嶺的各營盤都已經被法軍佔據，將我們的大砲旋轉朝向我軍後安置。法國鬼子在街市擄掠搶劫，姦淫婦女，無惡不作。台北人心浮動混亂，現在經由朱道及紳士等力請劉銘傳已經准許曹志忠統領調往七堵駐紮，希望能進一步克復基隆，另外命令梁純夫，趕快招募土勇千名，前去接應曹統領等。

只是,基隆已經被敵人盤踞,台北的門戶也已經失去了,淡水及台北府城自然會驚慌了。

台南安平,海上的風浪逐漸平息,旗后港口勉強填塞起來。然而,海岸往南延伸 400 多里都可以登陸,地廣防守兵力卻很單薄,防不勝防,而戰事就在當前,沒有什麼其他的指望,只有激勵各將領,拼命抵禦,以盡防守之職。除了將給行營營務處朱道回復的信函抄錄呈給憲鑑外,也將基隆被佔,營拔回台北府城的原因,飛書報請大人查核。

第六章・法軍進攻淡水登陸戰失敗

說明： 10月2日法艦砲擊淡水，清軍火砲反擊斷頭桅，孫開華佈陣以待。10月8日法軍從沙崙海岸登陸作戰，計畫向東攻佔、破壞新砲台，再往南破壞水雷點火哨及爆破淡水河封鎖線的10顆水雷，但法軍縱隊越過沙丘後進入海岸林，在中崙圳和清軍近距離駁火，無法統一指揮，清軍從法軍右、左兩翼截擊肉搏包圍，逼迫法軍敗退回艦中。這場戰役除了清法軍之外，還有許多淡水在地居民及外國人睜大眼睛在看，馬偕的孫子淡水史學家柯設偕整理其恩師雷俊臣口述的清法戰爭在地見聞，於1933年寫下〈淡水清法戰爭概況〉一文記錄，有在地獨到的見解，淡水新開稅務司法來格也蒐集、記錄許多在地見聞，為這場清軍獲勝的重要戰役增加在地多元觀點的視界。

一、法軍：偵察、砲擊淡水

偵察淡水

9月3日，砲艇 Lutin 曾在淡水作過一次短暫的偵察。當戰艦到達淡水港時，前桅掛有召喚領港人的旗幟，但沒有一個領港人前來應召，然而，砲艇卻發現，淡水河口已被封鎖，由載著石塊沉入水中的戎克船形成出入水道的障礙，而且，有一艘英國情報艦 Cockshafer（金龜子號）也因此被封鎖在港內，無法駛出。Lutin 砲艇想用萬國信號和這艘金龜子號情報艦通話，但英國艦長表示，他不能回答任何問題，以免違反中立。

9月26日，砲艇 Vipere 曾阻止一艘由上海載運150名中國人的英國汽船在淡水上岸，但實際上並沒有任何封鎖。只有實施幾天的監視。因此，有強大防禦能力的敵人，已經準備好最堅實的抵抗了。

海軍少將李士卑斯指揮 Galissonniere 和 Triomphante 等兩艘戰艦，及 Esteing 巡洋艦，另外，還應該在淡水港外發現砲艇 Vipere。他接到的命令是10月1日凌晨要到達淡水港外。

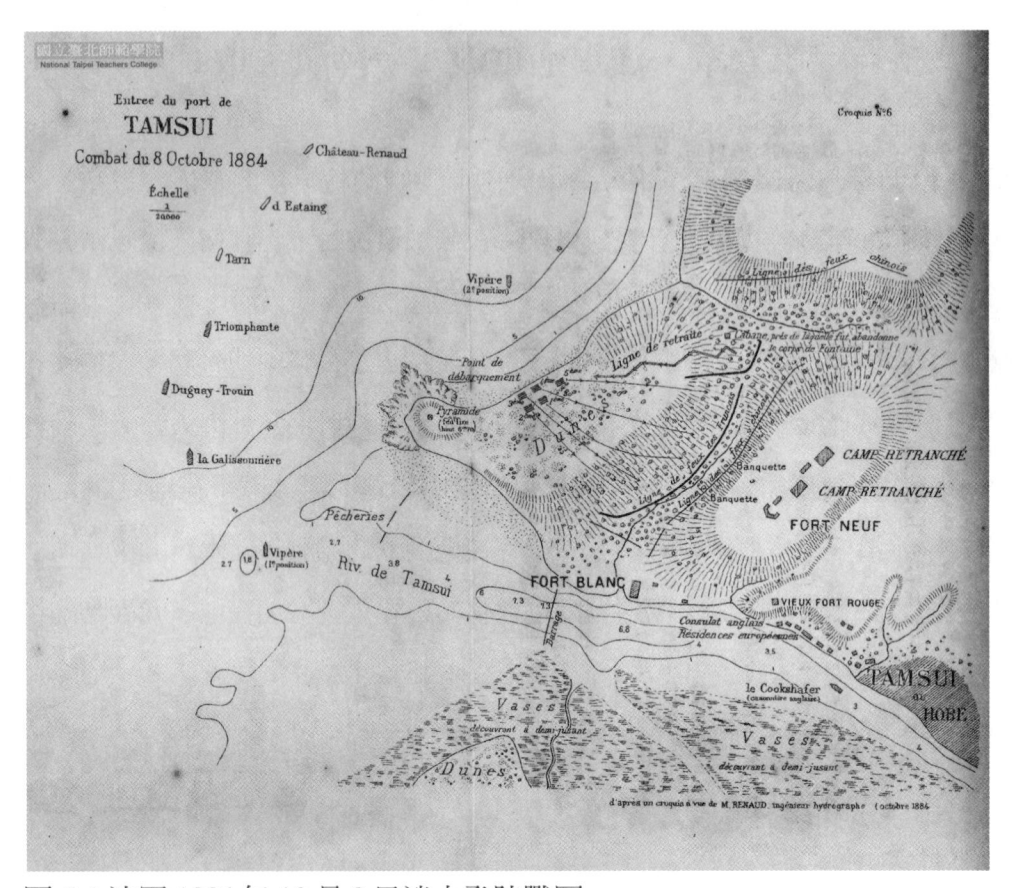

圖 6-1 法軍 1884 年 10 月 8 日淡水登陸戰圖
資料來源：國立公共資訊圖書館數位典藏服務網 All Rights Reserved_N06

孤拔中將對李士卑斯少將的指示

孤拔中將寫信給李士卑斯少將：

「我希望您破壞淡水內港及外港的防禦工事，另外，您也要掃除由沉入水中戎克船形成的一道障礙。為了使水路可以完全開放，還要清除埋在這條水路中的水雷。有一張領港人畫的略圖，可以為您指出砲台、障礙物及水雷相近的位置。」

英國淡水領港人間諜

（《法軍侵台始末》第三章註 12）

「這個人是淡水唯一的領港人，自願協助孤拔中將，在 9 月初通知孤拔中將，說他已離開台灣，將會到香港的法國領事館。法軍立刻以每年 5 萬法郎重金僱用他。他提供的情報非常正確，確信他真的協助清軍阻塞淡水河的工作，尤其是（沉船）障

礙物前面封鎖線的水雷，是由他指揮放置的。他為中國人工作後，又來向我們出賣他掌握的資訊……這些水雷有 10 枚，都有炸藥和電線裝置，有操控爆破水雷的功能。水雷點火哨為監視哨所，設在白砲台後面。

有關敵人水雷的處理，最妥當和迅速的方法就是先佔領敵人的點火哨，一旦到達哨內，就立即使水雷爆炸。領港人會為您指出點火哨的位置。可是，點火哨的佔領和敵軍火砲的破壞工作，都必須派兵登陸才能達成任務，讓您自行判斷您所屬 3 艦的陸戰隊，由一些軍用小艇掩護不知是否足夠？如果不足，您可要求增援，或試著在登陸地點將水雷點火線挖出。……以小艦艇很安全的佔領淡水港，並予以封鎖，這就是您要達到的目的。……」

李士卑斯少將率領的艦隊，於 10 月 1 日清晨 6 點停泊在淡水港外。始終被封鎖的英國情報艦 Cockshafer（金龜子號）停泊在歐洲人住宅區前面。少將以信號通知這艘金龜子號情報艦，他將於 24 小時後砲擊要塞防禦設施，這也使歐洲人有避難的緩衝時間。

10 月 1 日一整天，約有 1000 名中國人明顯而忙碌的構築一座防禦設施，這是一座正在構築的新砲台，我們沒從砲台的胸牆內看見大砲，但因為有看到起重機，我們可以判斷他們正在架設大砲。另外還有一座兼具燈塔功能、以白砲台名稱聞名的舊砲台，已被一些砂包掩蔽住，在砲眼內我們至少可以看到一門大砲的砲口。

我們艦隊的停泊處儘可能接近淺灘，和新砲台保持 3400 公尺的距離，和白砲台保持 2500 公尺的距離。

10 月 2 日法艦砲擊淡水

第二天（10 月 2 日）當早晨的陽光照到山頂時，一層濃霧覆蓋在低處，圍繞著市街和砲台，使艦隊無法看見這些景象，而且，艦隊砲手的視線已被從東方正面射來的陽光所影響。另外，還有一種從整個海岸昇起的折光現象，也改變了目標外形呈現出的高度。

敵人前一晚在新砲台趕緊將 3 門大砲裝上砲座，現在也立刻以砲火射擊。

法國砲兵只能利用敵人發砲時的閃光，測量他們大砲所在的位置。這樣不準確的發射一直持續到早上 7 點半，霧已散去，光線也比較清楚時，才能修正射擊的

距離和方位，新砲台不久後就受到有如冰雹一般的砲彈重壓，可是，中國砲兵們卻一直支撐到他們的大砲完全被摧毀才走。我們並沒有任何損失，中國人發射的砲彈都在艦隊前面的岩石爆炸，只有 Esteing 艦的桅檣受到砲彈裂片波及。英國情報艦 Cockshafer（金龜子號）原來停泊的地點阻礙了我艦對白砲台的射擊，後來金龜子號情報艦改變停泊地點，駛到上游去了。我們艦隊於是集中火力向白砲台開砲，不久就摧毀了白砲台的砲眼。這個時候，李士卑斯少將就每間隔一段時間再向這兩座砲台發射幾砲。

圖 6-2 法軍 10 月 8 日放小艇登陸沙崙海岸

偵察封鎖線和點火哨

夜晚很快的降臨，水路技師 Renaud 前去偵察封鎖港口的障礙物，看能否在封鎖線的最好位置開出一個缺口。他在下游 100 公尺處被一道連續的浮標線阻擋，他認為如果不將這些浮標的作用調查清楚就冒然越過這條線，是不謹慎的舉動。

他於是回到了軍艦。第二天，我們的小艇就去打撈這些浮標，綁住巨石而沉在水中的浮標，從外表上看起來，除了妨礙我軍艦艇的螺旋槳外，並沒有其它目的。

但不久後我們就發現了相反的證據，在我們一艘小艇前面隨即發生了猛烈的爆炸，但沒有炸中小艇，因為水雷被引爆得太早了。由此推斷，在陸地上必然有一個點

圖 6-3 封鎖線從油車口到八里挖仔尾　　圖 6-4 昔日的點火哨位置推測

火哨，無論如何我們一定要佔領這個點火哨。

請求增援步兵營

　　海軍少將李士卑斯認為，他沒有足夠的兵力執行這次登陸作戰。他派出 Esteing 巡洋艦到基隆向孤拔中將要求增援一些步兵營，到了 10 月 5 日傍晚，只有 Tarn、Chateaurenault、Duguay-Trouin 等 3 艦載來了他們的陸戰隊增援。這是孤拔中將認為可以派出的僅有兵力。這項增援使 600 名海軍兵力加入這次登陸作戰，所有的兵力編成了一個分為 5 個連的營，由 Martin 海軍中校指揮，他就是 8 月 5 日法軍在基隆東岸登陸的指揮官。

　　登陸的行動決定在第二天（10 月 6 日）進行，然而，原本非常晴朗的天氣，到了 10 月 6 日及 7 日突然轉變了，海上強烈的波浪迫使艦隊改變停泊地點。

　　一切登陸的行動已變成不可能了。

二、清軍：法兵船砲擊淡水

1884 年 10 月 3 日☆法船併犯台北基滬俱危移保後路摺

（光緒十年八月十五台北府發）

法國兵船封鎖滬尾

　　我（劉銘傳）前次 9 月 16 日（7/28）上奏已將法軍計畫調動陸軍攻擊台北的情

形告知。後來，敵人每天以一、兩艘兵船在滬尾河口附近看守，遇到有船經過立即盤查搜索，目的在斷絕我們的援軍、器械和糧餉。商船最害怕被阻擋，也因此無法對外通信息，上奏摺也無法傳遞，萬分著急。

運兵入台危機重重

9月20日（8/2）風強雨大，在上海僱用的匯利、萬利兩艘輪船，載著江陰劉朝祜的兵勇600人駛到。趕快用駁船前去接應，卸下100多人後，因陣陣強風吹襲，兩艘船都因為要避風而駛入海洋。匯利輪仍然載運原來的兵勇回到上海。萬利輪只有載運50人，在第二天回到台灣，將兵勇卸下船後，就遇到敵軍兵船到船上搜查，沒有看到軍事裝備後才離開。

9月27日（8/9），龔照瑗僱用的華安輪船，載運兵勇300人，才剛來滬尾的海口，就被敵人兵船脅迫而駛回。9月28日（8/10）在新竹靠岸，到現在這些兵勇還沒有到達基隆。當前的情勢是如此危險急迫。

法兵船砲轟滬尾

正在拼全力對抗法軍時，忽然有消息傳來，說滬尾發現敵船5艘，直接進到淡水河口門。滬尾砲臺最近才新築造，還沒有完工，只能放三門火砲，用來保護堵住河口的沈船。

從敵人兵船發射的砲彈像雨滴般落下，孫開華、劉朝祜命令張邦才等以火砲還擊。砲臺新堆積的泥沙，鬆散而不夠堅實，遇到砲彈立即被炸毀，有10餘名砲兵陣亡，張邦才也受了重傷。

1884年10月12日☆敵攻滬尾血戰獲勝摺
（十年八月二十四日台北府發）

法兵船砲轟滬尾

自從法軍攻臺以來，我清軍嚴密防守滬尾。不料十六日（10/4）法軍又有3艘兵船駛到，現總計有8艘。法國兵船白天用巨砲轟擊滬尾，使砲臺的守兵沒有辦法駐守。孫開華、章高元、劉朝祜等率領兵勇，不分白天和晚上，都分散潛伏在海濱的樹

清軍的佈陣

10月8日（8/20））清晨，敵船突然散開。孫開華從敵軍佈陣的形勢判斷，他們一定會登陸，於是親自督率右營官龔占鰲埋伏在假港，中營官李定明埋伏在油車，再命令後營官范惠意在後面接應。章高元、劉朝祜分別率領營官朱煥明等埋伏在北砲臺山後，以防法軍偷襲我們的砲臺。李彤恩招募的土勇張李成一營，埋伏在北路山間。

◎法軍準備砲擊淡水
☆淡水新關稅務司法來格呈總稅務司赫德文

10月1日（8/13）早上7點時，本關看到有法國大戰艦3艘駛來，停泊在滬尾鐵板沙外1艘（Galissonniere 加利孫），為法國副水師副司令李士卑斯的戰艦，一艘（Trionphante 德倫凡得彼），另一艘（Duguay-Trouin 杜蓋都音），水師副司令李士卑斯升旗傳達信息，說明隔天上午10點要向滬尾港口的砲台開砲。

我（法來格）隨即預備，將重要文件收拾裝袋封起來，放入快船裡面，同時將銀錢財物等放在戈戈乍佛船內後，立即雇一艘駁船，告訴在本關任職的所有中國人，可在第二天早上8點在本海關集合，在這裡乘船，心想這樣的處置是非常妥當的。到了晚上我就在床上睡得很好，整夜都沒事，直到明天10點前不致於有其他的變化。

法艦提前砲擊淡水

沒想到第二天早上6點3刻（45分），聽到一次砲聲，沒多久又連續砲響一次，立即聽到一些砲聲，好像從各艘法艦發射過來的，我（法來格）現在已經整理好衣帽，正想吃早餐，並沒有想到有任何危險，但砲聲過度激烈，幾乎會讓人耳聾，快步走到街上，看到人們都躲避到可保護身體安全的地方，當時耳朵聽到空中有許多砲彈掠過的聲響，就拿著一把來福槍走到領事官的紅色砲台（推測在紅毛城高點）處，在這裡可以詳細觀察戰事，其他地方是無法相比的。

清軍砲擊法艦斷頭桅

經過訪查後，知道這一役是中國朝法艦射了兩、三砲，法艦立即開砲還擊。不到10點，這時中國海灘旁的砲台（白砲台）已經設計由許多沙袋圍繞保護，備有新式克魯伯砲5尊，並在這砲台（新砲台）上方高處有座還沒有整修完畢的砲台（新砲台的高處），備有1尊從前膛裝藥的火砲，砲聲中間間斷的時間較長，砲擊直到上午10點才停止。

砲台發出的砲彈可以擊中法艦，將法國維伯戰艦頭桅打成兩截，又在其船的旁邊擊破一個大洞，這是艘維伯戰船，為幾天前開來滬尾的船。

而法國軍艦發出的砲彈很沒有準度，都擊中一些不相干的地方，就是不能打中砲台，那時這砲台的完整程度，與沒有開戰的狀況差不多。

法艦砲擊的聲響一直延續到下午兩點才停止，經過一段時間後，再繼續發砲，直到晚上9點砲聲才停止。

砲擊的傷亡

中國人死傷者約50人，居住在滬尾口岸的外國人沒有一個人受傷，只有居住的房屋受到不小的傷害，我住的房間被一顆炸彈擊中使物品斷裂，砲彈由屋頂瓦片穿透進入，服役人的房間射進一顆炸彈，爆炸後燒燬不少東西，公所中也遭受炸彈毀壞傷害，鈐字手（Tidewaiter，即稽查員）查驗外班人等的房間，也遭到砲彈擊壞。

今天法國戰艦每隔15分鐘多，仍然發射艦砲一次，我們在這裡守候並不安全，因為射向砲台的砲彈都過高，每一顆砲彈都由我們的頭上飛過去，今天早上有塞非勒船駛來與戈戈乍佛船互相升旗傳信，後來就開出口岸往基隆駛去了。
（中法越南交涉檔（v.4））

◎馬偕見聞──法艦砲轟淡水

10月初的淡水，法艦已在淡水港外備戰，有一艘英國軍艦叫馬偕帶著家眷及貴重物品上船，馬偕認為的貴重之物就是學堂裡的孩子們，但他們都無法上船。當砲

火開始炸後，馬偕把孩子放到地下室，「當他們在岸上時，我絕不上船，如果他們將會受苦，那麼我們要一同受苦……有一顆炸彈擊中了學堂的一處，還有一顆射中女校的一角，另一顆射在我們前面的一顆石頭上，把石頭噴到空中並碎成數千微粒。有一顆射到稍微偏我們西邊的地上，挖了一個大洞，並噴出一大片砂石……砲火停息後，我們在屋子四周約一百呎內找到了六個未爆炸的砲彈，每顆都有四十磅重。我們小心翼翼的把這些搬到河邊，放到一條船上，然後讓這些沉到河底。」（馬偕博士原著，林晚生漢譯；2007，《福爾摩沙紀事－馬偕台灣回憶錄》：183、184）

　　在英國領事要求下，馬偕一家在10月21日上了福建號汽輪，到香港繞了一圈後回來，但因淡水已被法艦封鎖無法回來，後來改搭海龍號回淡水被法艦阻擋，到澎湖見法軍艦隊司令後，折回廈門隔天再回到淡水。（馬偕博士原著，林晚生漢譯；2007，《福爾摩沙紀事－馬偕台灣回憶錄》：185）

三、法軍：淡水登陸戰

10月8日從沙崙沙灘登陸淡水作戰

　　到了8日天候好轉，海面恢復平靜，李士卑斯少將在上午9點命令陸戰隊登陸，馬丁（Martin）指揮官因嚴重的風濕病發作，不得不將指揮權交給 Chateaurenault 艦艦長 Boulineau，他挑選了 Trionphante 艦的海軍上尉 Duval 為營副官。

　　陸戰隊有5個連的兵力，外加兩個水雷排，每人攜帶1日口糧、16包彈藥和預備彈夾。

　　陸戰隊的作戰目標是朝向新砲台進攻，毀壞砲台內的大砲，再向白砲台進攻，並佔領位在途中的水雷點火哨，將裝設的水雷引爆，然後回到艦中。所有的路程約為6公里。陸戰隊在陸上行走時，由艦上的砲火掩護，但在到達新砲台正面的斜坡前，必須穿越一片濃密的海岸林低地。

　　登陸的行動沒有遇到太多困難，但兵士們必須將腿浸入水中涉水上岸，當艦隊的砲火籠罩在敵人新砲台附近陣地時，各連就在海濱集結，上午10點，開始登陸行動。

第4戰：10月8日法軍淡水登陸戰戰敗示意圖

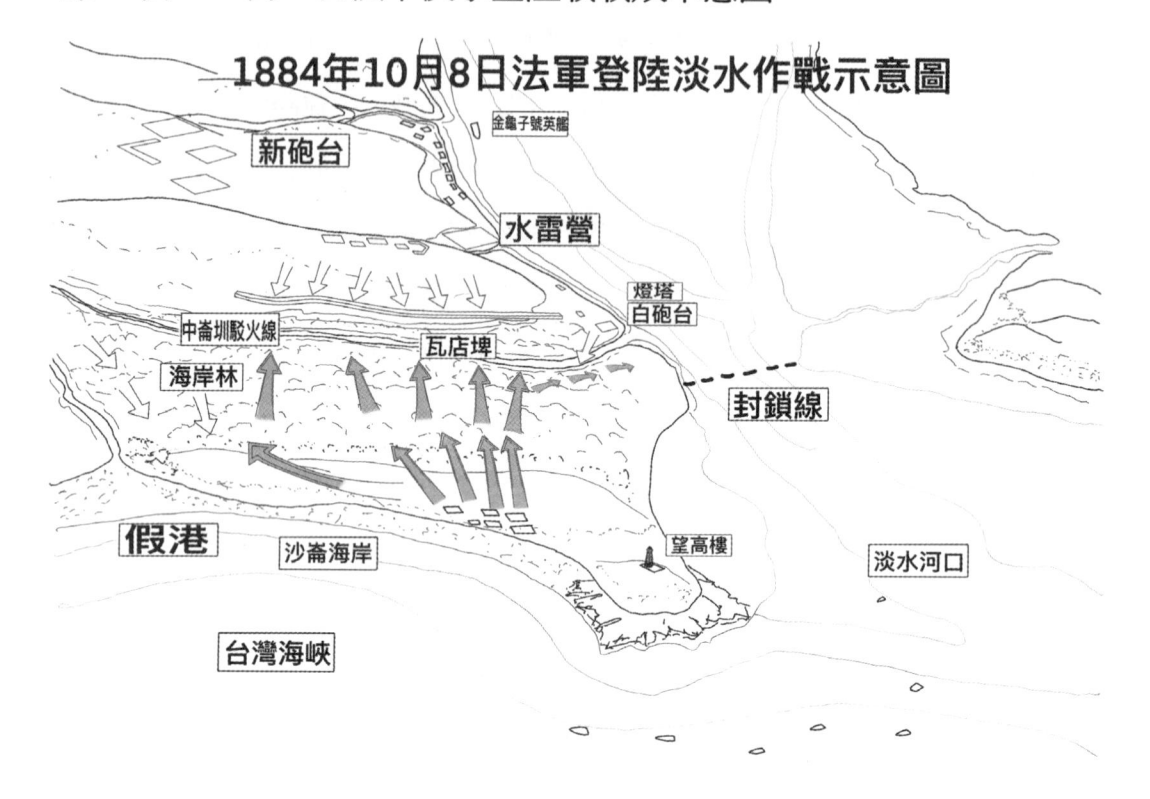

1884年10月8日法軍登陸淡水作戰示意圖

圖6-5 法軍1884年10月8日登淡水作戰被擊退

圖6-6 法軍從沙崙海水浴場登陸 　　圖6-7 法軍朝中崙圳方向推進

向新砲台推進

第1及第2連（Galissonniere及Triomphante艦的陸戰隊）立即展開戰鬥隊形，向新砲台稍右的方向前進，他們後方200公尺處有第3及第4連（Esteing、Chateaurenault、Tarn、Duguay-Trouin等艦）的陸戰隊跟隨著，成為預備隊。

第5連（八野艦的陸戰隊）負責掩護左翼，因為這方面必須有所警戒，因此，

第 5 連就從左翼斜行前進。

我們先越過那長滿荊棘的砂丘，接著面對了一片和我們的預期完全不同的土地，不是稻田和樹叢，卻是一片很隱蔽的土地，谷地中有用竹籬圍起的小耕地和一些有刺的植物，一些茂密的植物，還有水溝和乾溝，在一公里寬的地面延展著。我們非進入這片土地不可，當時我還希望，被我們發射的砲彈恰巧趕走的敵人，會無法守住這裡的陣地。

圖 6-8 中崙圳附近以前是海岸林，為清法軍的駁火線

圖 6-9 有刺的林投可干擾法軍前進 　　圖 6-10 海岸林中常見的黃槿

部隊進入密林

一旦進入密林，各連及排就互相都看不見，在這種情況下，統一指揮就變成了不可能的事。只能任由各連長自行決斷，以那邊可見到的新砲台為目標，大家都朝目標前進。

將近中午 11 點半時，有一個連遇到了敵人，槍聲從右邊開始，隨即變得非常的猛烈，並且擴大到左邊。守在密林中的敵人正從容的等著我們。

作為預備隊的第 3、第 4 連幾乎同時到達戰線，雖然秩序已經大亂，但仍處於軍官可以整頓的狀態。第 4 連立即去增援在第一線的第 1、第 2 連，但第 3 連己展開成戰鬥隊形，也同樣在正面發現敵人，於是也展開了槍戰。因地形困難而無法在左邊斜行前進的第 5 連，已經和第 4 連結合，射擊那些冒著我軍艦砲轟擊的危險，從東北邊衝過來的敵人。

在不到 10 分鐘內，一條長達 1500 公尺的戰線展開了射擊，這戰線上有最多的兵士，幾乎全都位在同一個高度，第 2、第 4、第 1、第 3 連和左翼的第 5 連全部加入戰線。已經沒有預備隊了。

越來越密集的槍戰，使射擊不斷在戰線中循環。Boulineau 指揮官認為射擊太密集，想要使兵士停止射擊，這時剛好他身旁的喇叭手頭部受傷倒地，指揮官就改用口頭發出號令，並要求停止射擊的命令向外傳達，但並沒有發揮作用，因為中國人距離法國戰線只有 100 公尺而已，兵士們的射擊已進入瘋狂狀態。

敵人試圖包圍

右翼的敵人正規軍大部份從白砲台出來，他們試圖包圍我們。我們的部份部隊用刺刀勇猛的衝向敵人，才阻止了他們的包圍行動。同一時間，中國人朝向我們的左翼展開包圍行動；眼看第 5 連就要遭到包圍了。這時，第 3 連有一些人剛從駁火的戰線退出來，這時恰巧可以立即支援第 5 連。從雙方開始射擊到現在已經 1 個小時了，我們攜帶的彈藥已用了三分之二，傷兵的人數也持續增加，運送傷兵旳舉動引起了部隊真正的退卻效應，第一連指揮官 Fontaine 上尉、第 2 連指揮官 Dehorter 上尉、第 3 連的 Deman 少尉，都因受傷退出戰線。

這時，左翼後方響起了槍聲，令人耽心是否我們已經被包圍了。第 5 連曾一度被從左邊丘陵下來的中國軍隊切斷，情勢變得非常危險，右翼已經後退，又被趕到左翼，且彈藥就快要用完了。

下達撤退令

上午 11 點 45 分，一名信號兵爬上港口燈塔石柱，用手臂劃出信號：「彈藥用盡，損失太大，我們必須撤退。」在中午 12 點，我軍發出了撤退的命令。

撤退行動從左邊斜向開始，Galissonniere 及 Triomphante 兩艦的水兵（第 1 和第 2 連）負責掩護部隊撤退的任務，傷兵的運送使撤退行動更加困難。

幸好，潛伏在濃密樹林中的敵人並沒有追擊我們。但我們的運氣不佳，因為海上的風浪增強了，使小艇因而無法靠岸。

為了登上小艇，兵士們必須將身體沈入水中，直到頸部。Vipere 砲艇已改變位置，靠近海岸，一邊壓制中國軍隊，一邊和小艇停泊在同一小灣內。

下午 1 點 10 分，所有小艇都已離開海岸，留下了 9 名陣亡者和 8 名失蹤者在敵人手上。受傷的 Fontaine 海軍上尉和兩名運送他的士兵被敵人俘虜，3 個人都立即被斬首了。

撤退時，一門旋迴機關砲從小艇上掉落水中，沉沒在幾公尺深的海底。敵人割下的水兵人頭，被一群狂熱的群眾拿著，帶到淡水市街歡呼遊行，後來經過英國情報艦 Cockshafer（金龜子號）艦長出面交涉後，才將這些可憐的遺體埋葬了。

雙方的死傷

除了 9 名陣亡、8 名失蹤者外，我們還有 49 名受傷者（其中 4 名為軍官）。一段時日後，海軍上尉 Dehorter 因傷在西貢去逝。

中國人方面的損失，據海關官員的說法，有 80 人陣亡，200 人受傷。

為了減輕這次戰役的痛苦結果，人們將它稱為偵察戰，實際上，這卻是一次最嚴重的敗戰。這次的失敗，必然會對以後的戰役產生最壞的影響，與中國的協商已經不可能了，這段時間以來，希望美國能出面調停的想法不得不放棄了。

四、清軍：陸上肉搏戰

法軍發動登陸戰

防守的部署大致確定後，敵兵船就開砲轟擊幾百發，煙塵瀰漫整個天空，炸彈有如下雨般掉落。法軍這時再以小船接駁兵士 1000 人，從海岸登陸，一路向砲臺進攻。孫開華看見敵兵已經逼近，立即率領李定明、范惠意分開截擊。章高元等從北路迎戰。敵兵都拿著很好的槍枝，從辰（早上 7 — 9 時）至午（中午 11 — 13 時），槍聲一直沒有斷過。多次攻擊都逼使敵軍後退，但他們卻又還是設法前進，雙方的戰鬥一直不曾停止。

近身突襲法軍

我清軍發動近身擊殺，張李成領隊襲擊法軍，孫開華斬殺拿旗幟的法軍軍官，奪旗後攻入敵陣。我軍看見敵軍的旗幟被奪，士氣高漲，斬殺 25 個法兵人頭，裡面有軍官 2 人，槍斃 300 多人，敵軍大敗。我軍一直追到海岸，敵兵掉入海中溺死的有 7、80 人。

敵船緊急保護他們敗退的士兵，開砲亂打，卻自己擊傷一艘小船。敵軍逃跑時還留下格林砲一尊，我軍就將武器奪回來。

孫開華提報戰況

這場戰役，提臣孫開華中後兩營，在防地直接迎戰登陸的敵人，和敵軍戰鬥最久，陣亡哨官 3 人，傷亡勇丁 100 多人。其餘各營兵勇，都有傷亡。戰後，孫開華將這次戰役戰勝的各種情況提報。

我（孫開華）查明此次敵兵猛烈的攻擊滬尾口岸，準備精銳部隊突然登陸，對這次戰役志在必得。當小船載送兵士上岸後，各小船都駛入海中，自己斷絕退路，抱著死戰的決心。

我軍自從基隆砲臺被摧毀後，沒有火砲可以還擊，全靠軍士空手和短兵器，誓死不退。雖槍砲如雨下，士氣更是無比的高昂，竟然能夠斬殺法將且奪得軍旗，阻擋他們凶狠的氣燄。

英國人觀戰

滬尾的英國人登山觀戰，拍手一直大叫，沒有不讚揚孫開華的奮勇無比，還贈送食物以表示歡欣鼓舞。

想到各位將士忍受饑餓、寒冷的侵襲，睡在野外山林邊，面臨痛苦、疲勞及生病的狀態，處在非常危險和孤立無援的地方，奮不顧身浴血奮戰，以較差的槍械和較少的兵員擊敗強敵，實在是非比尋常的勞苦。

◎法軍登陸戰
☆淡水新關稅務司法來格呈總稅務司赫德文，1884年10月22日

10月8日（8/20）法軍登陸人數大約在 600 － 800 名之間，連戰 4 個小時之久，孫開華總鎮率兵 1300 名及土勇 200 名，全力將法軍擊退。

就此戰的詳細情形，當時法軍有大鐵甲戰艦 2 艘（加利孫也與德輪凡得），鐵甲戰艦載有次等木戰船 2 艘，一艘叫杜蓋都音，一艘叫德拉革。鐵甲大砲艦一艘，名叫沙多倫挪，鐵甲砲艇一艘，名叫維伯外。還有一艘很大的載兵木戰船，在 8 日早上 8 點半法軍開始從大戰船下來，分乘這些小船，等到 9 點一過，法艦都在旁邊開砲轟時，法軍登陸分為 3 隊，一隊順著沙灘整隊往南走，直接撲向清軍的砲臺，一隊整隊往北走，另一隊則向內地前進。

孫開華率軍迎戰

孫總鎮督軍出來也分成 3 路，與法軍對峙，每軍以一位總鎮督軍統率，都在沙堤（城岸）高下崎嶇的地方列陣以待，他們的兵勇大半都躲在叢密小樹可以遮蔽的地方。

法軍前進到槍彈可以打到清軍的射程後，開完槍就立刻撤退，任由清兵衝出來。法軍這樣的佈陣，他們自己遺留下的災禍實在不小。

當時清軍從兩翼展開而向前挺進，大膽而堅定，步伐整齊，沒什麼退縮，以來福槍夾攻法軍，接連射擊而不中斷。

法軍盡全力抵抗敵人，一心只想前進，卻沒想到清軍都沒有移動，也沒什麼退縮，法軍都拿來福槍，且多帶有可輪旋射擊的新式火砲（旋迴機關砲），加上法艦都

發砲相助，於是全力作戰 4 小時之久，法軍終於無法獲勝而撤退。

這時法兵也都還盡力扶持死傷者，回那些小船，清軍跟隨到岸邊時，法艦向清軍開砲，反而自己射斃幾個法兵，還自沈 2 艘小艇。

圖 6-11 清法肉搏戰場所在的瓦店埤

清兵割頭換賞銀

到了下午 1 點半，戰事都已經結束了，岸上遺留 20 具法兵的屍體，那時清軍毫無仁心，竟然和野人相似，亂砍法兵的屍體，且將其斬首，以槍頂著法兵人頭，歡呼進入城中，各自以一個法兵的人頭，依規請賞百元洋銀。

聽到這次戰役的訊息，引起了中國居民很大的對戰熱情，我們法軍海關的一些人深深恐懼會被他們侵害，只有靠孫開華總鎮的嚴明軍令，才能確保我們沒事，這次法艦開砲射擊口岸時，是我（法來格）來不及提防的時候，算是兩次不幸。

五、法軍：檢討敗戰原因

敗戰原因

這次敗戰的第一個原因，無須爭議，是登陸部隊人數不足。然而，我們也必須承認這次的敗戰，似乎也和缺乏戰術的經驗有關。

登陸部隊在沒有任何先鋒部隊在前方引導，就向前移動，在沒有準備的狀況下，部隊就投入這片困難又未經偵察的土地，冒著危險，陷入埋伏且有堅固掩護中國狙擊

兵的射擊火網中。部隊剛進入戰鬥陣線時，就已經出現缺乏統一指揮和一致行動的狀況。射擊在混亂中開始，且預備隊過早投入戰線，都是指揮官無法掌握的狀況，因為部隊缺乏鎮定的特質，使一瞬間展開的槍戰，不久後就陷入彈藥用盡的窘境。因此，這些缺乏陸上作戰訓練的海軍官兵們，即便無比英勇，但仍然無法挽救敗戰的結果。步兵的戰術不是臨時就可以學會的。陸戰隊就一定要受到這種殘酷的考驗不可。

當戰鬥時，必須讓海軍槍手擔負的唯一任務，就是從本艦的檣樓及甲板向敵艦的甲板與船橋射擊，除了短暫的軍事行動外，絕對不能讓他們登陸，而且那個軍事行動必須受到艦隊大砲的掩護，並且要在沒有任何有組織的軍隊存在，也就是在那些幾乎未開化的國家才能進行。學會了歐式操練，能夠散開、集合、從事埋伏射擊的中國人，對海軍槍手來說是太強了。

絕對不要讓水兵登陸

李士卑斯少將對陸戰隊缺乏信心，「絕對不要讓水兵登陸！」10月2日傍晚他曾這樣叫喊過。但實際的需要逼使他將水兵派上陸地，而一種殘酷的宿命卻要使得如此明白表示過的他，在眼前得到最悲慘的驗證。

10月8日在淡水進行的作戰行動，以後就再也沒有重演過。這據點變成中國軍隊對基隆作戰的根據地，直到清法和平條約簽定為止。法國艦隊也僅止於輪流在淡水河口，對這港口進行最嚴格的封鎖而已。

沒有支援淡水兵力的討論

當時，我們法軍的陸戰隊如果和艦隊的行動配合，向淡水方面急速前進，也許淡水之役會有成功的可能。但要實行這樣的計畫會遇到多少的阻礙啊！軍隊的實額不足，運輸能力的缺乏、且對經過的地方完全沒有情報等等，都使人決定不能再前進。我們是命定要在基隆及鄰近的地域而不能離開這地方的。

對台灣北部要進行的作戰計畫，是對基隆淡水的攻擊策略。當孤拔中將佔領基隆時，海軍少將李士卑斯負責向淡水進攻的同樣軍事行動任務。

他在執行任務時遭遇到的困難，有另一種性質的利害，因為他要克服敵人集中在淡水，使那裡有許多防禦設施和眾多兵力的事實。

孤拔中將沒能將閒置駐守在基隆的3個步兵營中的至少一個,撥給他的副手指揮,是一件令人遺憾的事。如果有這樣的增援,將會使李士卑斯少將比較容易負擔這樣的任務。不幸的是,基隆方面必須預防敵人的反攻,而孤拔中將就不以為應該將兵力放在一些情勢不熟和準備不周的陣地上冒險作戰。這是一種錯誤嗎?為李士卑斯少將派遣一個營並非絕對不可能的事?我們是有權這樣懷疑的。總而言之,我們只要將佔領淡水的結果加以考察,就可看到佔領軍的情況以後會如何不同。

自從啟動8月間的攻擊行動以來,基隆雖然一直維持最嚴格的封鎖,但有關淡水方面的封鎖情形就不同了。孤拔中將一直到9月底才獲得准許,派遣艦隊中的一艘軍艦前往淡水港。

六、清軍：向朝廷報戰功

報戰功求獎賞

所有統領擢勝等營署福建陸路提督記名提督漳州鎮總兵孫開華,身先士卒,忠勇善戰,獨立支撐這個危險的局勢,功勞最大。該提督歷來擁有多項戰績,已經受到恩賞穿黃馬褂,也賞給清字勇號,現署福建陸路提督,官職較崇,我(劉銘傳)不敢擅自請求,是否可以破格獎勵戰功。等候聖上裁示。

記名提督綽羅泰巴圖魯龔占鰲,衝鋒陷陣,殺敵最多,是否可以賞穿黃馬褂,以表示特別獎勵提督銜記名總兵健勇巴圖魯李定明、記名提督朱煥明二員,都請示交由軍機處留存記錄,如果有總兵出缺時,先讓他們補缺。李定明請示賞給換清字勇號,同時以提督記名。副將銜閩浙補用遊擊范惠意、儘先遊擊孔光治兩人,都請示不用補遊擊、參將,以副將留在福建浙江,儘快先行補用,同時加總兵銜。范惠意仍然請示賞給清字勇號。儘先副將畢長和、陳永隆兩人,請示以總兵記名派任。記名總兵梁秉成,請示賞給巴圖魯勇號,同時加提督銜。藍翎儘先都司滬尾營守備蕭定邦,請示以遊擊儘先補用,同時賞換花翎。五品軍功張李成,請示以守備儘先補用,同時賞戴花翎,同時加都司銜。軍功陳振泰、黃國添、蔡國樑三弁(低階武官),均請示以千總儘先拔補,同時賞給五品藍翎。江蘇候補從九品劉恕,請示求免補從九縣丞,以

知縣留福建補用，以表示鼓勵，超過應得獎賞的加恩。其他出力的高低階文武官員，應請求加入前次保案，選擇優秀的人請求獎勵。

陣亡的低階軍官及兵勇，等待查明事蹟彙整後奏請撫恤。

再來，這次非常艱苦的戰役，海關的英國人都讚歎不已。將士們風餐露宿，艱苦卓絕。

孫開華的部隊，出力特別多。所請求的獎勵，不免稍微優厚，只是在這種軍餉缺乏、援兵斷絕的情況下，只有重獎才能激勵人心，不得不稍微多一點獎勵。因此，敢請求照原來的要求向朝廷呈報，不能隨便加以刪減。是否可以懇求皇上賜予天恩，顧慮海外孤軍血戰的艱苦，允許賜給我們的請求，讓官兵有奮發圖強爭取戰功的效果，懷著無限惶恐的心情。

至於章高元，前次在基隆打勝仗時，已經請求獎勵，劉朝祜是我的姪孫，都不敢隨奏摺上報請求。合併說明。

1884年11月7日（光緒十年九月二十日）
軍機大臣奉上諭：

法船分泊台北滬尾等處，10月8日（8/20）法兵猛撲上岸，提督孫開華督軍分路迎擊，提督章高元等亦帶隊進剿。法兵挫而復進者數次，我軍短兵相接，孫開華率隊直前，陣斬持旗法將一名，並奪其旂，斃敵約三百名，敵勢不支，紛紛潰散。其退至海邊爭渡覆溺者無算。

朝廷獎賞有功官員

在這次戰役特別出力的各官員，自然應該從優給予獎勵。

◎署福建陸路提督記名提督漳州鎮總兵孫開華：身先士卒，忠勇善戰，深堪嘉尚，加恩賞給騎都尉世職，並賞給白玉翎管一支、白玉搬指一個、白玉柄小刀一把、火鐮一把、大荷包一對、小荷包兩個，以示優獎。

◎提督章高元，據奏基隆案內已邀恩獎，總兵劉朝祜係該撫姪孫，均未奏請獎勵；該提督等均著戰績，自應一體加恩。

章高元、劉朝祜：著各賞給白玉翎管二支、白玉搬指一個、白玉柄小刀一把、

大荷包一對、小荷包兩個。章高元並交部從優議敘，劉朝祜並賞加提督銜。

◎提督龔占鰲衝鋒陷陣，卓著戰功，著賞穿黃馬褂。

◎總兵李定明、提督朱煥明，均著交軍機處存記，遇有總兵缺出，先行請旨派任。李定明並以提督記名，並賞給博德恩巴圖魯名號。

◎遊擊范惠意、孔光治，均著免補遊擊、參將，以副將留於閩省，歸前先補用，並賞加總兵銜。范惠意並賞給額騰依巴圖魯名號。

◎副將畢長和、陳永隆，均著以總兵記名派任。

◎總兵梁秉成，著賞給克勇巴圖魯名號。並賞加提督銜。

◎滬尾營守備蕭定邦，著以遊擊儘先補用，並賞戴花翎，賞加都司銜。

◎陳振泰、黃國添、蔡國樑，均著以千總儘先拔補，並賞給五品藍翎。

◎從九品劉恕，著免補從九品縣丞，以知縣留於福建補用。

慈禧太后賞 1 萬兩內銀

欽奉慈禧端佑康頤昭豫莊誠皇太后懿旨，著發去帑銀一萬兩，賞給此次出力兵勇；著劉銘傳查明尤為奮勇者，傳旨賞給。欽此。該撫務當激勵將士，同心禦侮，共奏膚功，渥膺懋賞。

其餘的都按照所請求的辦理。

七、在地記憶：〈淡水清法戰爭概況〉筆記摘錄

淡水史學家柯設偕（馬偕的孫子）整理其恩師雷俊臣口述的清法戰爭歷史，於1933年（昭和8年）寫下〈淡水清法戰爭概況〉一文。1992年淡水基督長老教會執事蘇文魁在整理柯設偕遺物時發現此筆記，為淡水留下重要的清法戰爭在地記憶史料。1993年李欽賢翻譯此文，刊載於〈金色淡水〉第七期第七、第八版。本節內容摘錄、引用自〈金色淡水〉－〈淡水清法戰爭概況〉一文。

戰況摘錄

1884年10月1日法艦4艘在淡水河口門外海下錨，「當夜清兵急忙以興源、興

慶兩艘老帆船，利用晚間退潮時分，滿載石頭填塞港口，並沈埋水雷，以防軍艦強行入港。」

當時新建的砲台尚未完工，大砲也還沒發射過，但淡水總提督孫開華在10月2日下令對法艦開砲，「可是砲台距軍艦甚遠，六十磅重的砲彈，發射七、八門，全未達目標，不得已叫停。」淡水口門外的法艦，也朝淡水射擊了一整天，「其砲聲如雷，砲彈如雨，從上午八時左右至下午五時，放出七、八百發，也悉數未爆發。這是因為砲台外側延疊的砂包，砲彈竄入其中，但見砂粒漫天飛奔，卻未聽說砲彈落地爆炸。」

法艦有兩發砲彈射入淡水街市，但也都沒有爆炸，「一彈擊中一軒商店，衝倒水櫃，壓傷中年婦人的腳，生命無虞；一彈通過民屋之頂，擊破中樑墜落，傷及老婦人頭部（油車口人），旋即身亡。」

10月8日法艦再向滬尾砲台方向發射幾十發砲彈，在早上9時左右，法艦放下幾十艘小船載運陸戰隊在假港（公司田溪入海口）登陸後，分三路前進。「頃刻間，沙崙有人來報法軍已上陸，孫開華立即下令吹笳組隊（中營、後營及孫的親兵六、七百人），急赴拒敵。當其時，後營捍哨兵隊八十名最先應戰，死傷約七十人。可是孫開華督戰甚嚴，手裡執刀，若有人退縮，立即斬殺，清兵悉數未敢逃，在瓦店埤奮勇對壘交鋒。」

「幸好提督龔占鰲氏，親率約五百名士兵，自背後包抄為避砲彈而躲至瓦瑤埔低窪處的法軍，猛烈射擊。其時法軍眼見益增的清兵，從前後夾攻而來，已料到難以勝利，遂四散奔跑，或拖著屍體竄逃，或有投降遭斬者，也有躲進森林被搜出格殺者。」（柯設偕，〈淡水清法戰爭概況〉）

當法軍敗戰逃回沙灘，下海上小艇時，「法艦砲手見清兵追擊，立即開砲射擊，難以計數的清兵，反而擊沈敗走水面的小艇，死沒的法軍也不在少數。」

這場戰役中，張李成及所轄的營兵被認為是最畏戰的。「此役清兵約二千五百名，大部份皆奮勇交戰，唯少年幹過戲妲的張李成氏所轄一營士兵，全為三角湧人，約四百餘名，僅十七、八人出戰，其餘皆怕死躲在溝邊樹下。如張李成自身即使是營官，也戰戰兢兢，避在橋下，至法軍敗退始出。」（柯設偕，〈淡水清法戰爭概況〉）

清兵在此役會如此殘暴的原因，是因為一顆法軍人頭可換百兩白銀賞金，重賞

之下,大家就不擇手段要搶法軍的人頭了。「何況士兵見法軍退陣,即刻搜索林投叢或森林裡逃亡的法軍,取其首級,或擊斃支那兵,奪取他們斬獲的首級,或者割切法軍胸膛,取其心臟,割其體肉,於海關附近用火焙乾心臟,碾成粉下酒飲服,說是可治療心臟病。又將體肉煮之吃食,謂之比生番體肉格外合口。英國領事及統稅務司見了皆搖頭。」(雷俊臣口述,柯設偕整理,李欽賢翻譯,1993,〈金色淡水〉第七期第七、第八版)

雙方兵力及傷亡

〈法軍〉

兵力:7、8百人

戰死:4百餘人

發射砲彈:1千多發,但清兵無人被擊斃

〈清軍〉

兵力:2千5百餘名

戰死:1百7、80人

　　最勇敢者:哨官胡峻德(武進士)「取得法軍首級兩顆,且追擊到海岸虜法軍時,自己就地中彈身亡。」

戰利品:搶得軍旗、割首級和獲得四門大砲

居民撿拆砲彈傷亡:北新庄子姚家 17、8 人

　　　　　　　　　庄子內崙頂 1 人

(雷俊臣口述,柯設偕整理,李欽賢翻譯,1993,〈金色淡水〉第七期第七、第八版)

神佛助陣

　　當清朝光緒皇帝聽到清軍滬尾之役大捷的消息,而且還知道法艦射到淡水市街的砲彈都沒有爆炸時,就認為都是淡水神佛的庇佑,因而親筆書寫三個匾額,分賜淡水的三位神佛。

淡水福佑宮天上聖母:「翌天昭佑」

淡水龍山寺觀音佛祖:「慈航普渡」

清水巖清水祖師:「功資拯濟」

(雷俊臣口述,柯設偕整理,李欽賢翻譯,1993,〈金色淡水〉第七期第七、第八版)

孫開華

　　淡水總提督孫開華在兩軍對戰時,督戰非常嚴格,不准士兵退縮,戰後對戰死者的墓園十分保護,這點和孤拔對法軍傷兵和死者的照顧,有不同文化處置的同等態度。清法戰後,「孫開華在議和達成後,為武進士出身的哨官胡峻德及其他戰死兵士,當起和尚,於福佑宮內舉行誦經超度,親自為胡峻德及諸英靈祭拜,涕零如雨,且痛嘆胡峻德愚忠。」

　　滬尾大捷後,孫開華很快榮升陸路提督,其他官兵們也都受到獎賞。(雷俊臣口述,柯設偕整理,李欽賢翻譯,1993,〈金色淡水〉第七期第七、第八版)

◎淡水歌謠

　　〈清法戰爭概況〉筆記第 2 頁有一首台語歌謠,描述淡水人對清法戰爭時,在淡水河口屯破船的看法:

　　「淡水出有孫軍門,就叫李鼓公來談論,議論港口真無穩,就叫紀清源買破船,滬尾填到八里坌,毋驚法國鐵甲船。」文中的孫軍門即孫開華,李鼓公即李彤恩,管理滬尾清軍營務及財務。(張建隆,台灣風物六五卷四期〈從地方記憶看清法戰爭滬尾之役〉:61、62)

八、淡水新關稅務司法來格對戰事的觀察

☆淡水新關稅務司法來格呈總稅務司赫德文

1884 年 10 月 15 日(8/27)由淡水新關具

滬尾的防軍

　　半年不停的東北季風已從海面吹起,造成波濤洶湧,不是小艇可以航行的。因

此法軍船艦似有停戰的情形，都駛到別的地方了，只剩下水師副司令的軍艦（杜蓋都音），有兩個小煙囪的戰船。

這時中國官員調集很多兵勇，約有 8000 人，看他們的狀況，大有遇到敵人必定依循戰況的風向而行，只有孫開華提督操練的 2、3000 人，絕對不會躲避敵人而逃走，看他對戰爭的部署方式，假設與法軍兵員人數相當，列隊互相射擊，沒有不能抵禦的。縱使即便有打勝法軍的情形，我（法來格）也一點都不會感覺意外。

法軍的動向

法國曾派出載兵船 3 艘到西貢載運援兵，可以有多少人就載來多少人，那時離應該回來滬尾的日子已超過 3 天了。

根據（我法來格）的觀察，剛開始時因海上波浪滔天，船艦不容易駕駛，應該要由基隆走陸路過來。

滬尾口岸的砲台，那時華人重新修補，非常匆忙，我衡量情勢，法艦一定會第二次攻擊砲台，在岸邊居住的鄉民到今天仍然沒有惹事生非，不守規矩，官方有張貼幾張告示，附在信函中一起上呈。

1884 年 10 月 19 日由淡水新關具

淡水張貼的清朝官員告示文

再來，套內有幾張張貼的告示，近日都已收回，因為我們詳細告訴官員，類似這樣的告示文，恐怕會對局外的西洋人造成不少禍害，因為歐洲人民衣服、飲食和起居都相同，因而面貌、鬍鬚或頭髮也沒什麼差別，就如同我的頭和法國人的頭就沒什麼不一樣，官員因為我們的說法，就將這些告示文收回去。

勝敗兩樣情

戰地遺留的法軍屍體有 20 具，都被人割裂，慘不忍睹。聽到法軍說，他們從戰地運回去的屍體也有 20 具，現在他們的船內都載滿了受傷的士兵，而法軍統帥胸部也被來福槍的子彈射到，恐怕難以痊癒，這時候孫開華軍門則時常以長勝孫三個字自誇。

法軍艦砲對準西洋人？

觀察法軍開砲實在有很多奇異的地方，凡是看到穿戴華人衣帽的，不問到底是什麼人，就以巴貝德砲朝他轟擊，但總是無法命中；法軍的砲彈卻常常射入西洋人的房舍。

我們西洋人只有以不干預這些戰事，法軍必然沒有加害的動機而自我安慰。然而，看法軍開砲射擊的方式，我們西洋人實在隨時都有可能被他們的砲彈擊中。

劉銘傳英名喪失

劉銘傳爵帥過去的英名今天已經完全喪失，他曾命令淡水、基隆兩地督兵的人退兵，但這些人都抗命而不遵從，且又有自己要回台灣府的意向，於是被鄉民們禁閉，不能出去市街。

揣測法軍的動向

10月1日（8/13）法國人再次在基隆開砲攻擊，兵士登岸後，就取得整個基隆，中國帶部隊的總兵陣亡2人，劉銘傳爵帥向台北府敗退。他認為在那裡背城一戰，接著就可以撤退到台灣南部地方。

我們在滬尾口岸遙遠的揣測法軍的想法，心想他們一定會從基隆走陸路到淡水和他們的軍艦會合。隱約窺探他們的想法，不外乎台灣的北部，全部都被法國掌控吧！

孫開華無懼備戰

在這推測法軍動向的時刻，我（法來格）看見許多兵勇在淡水海灘叢林後面埋伏，等法軍登陸時，就利用這個機會截擊。

孫開華總兵的舉動輕鬆如常，有膽量，有勇氣，就算近身面對強敵，也毫無懼色，在本關做事的一些人員，今天都沒有什麼傷病，急著想看見這場戰事的結局如何。而鮑琅樂還在廈門還沒有回來。

炸彈對海關的破壞

我從吉司迪君家向領事官署走去，途中看到炸彈紛紛向街道墜落，受到炸彈從頭頂飛過聲響的壓迫，遇到同事等在紅色砲台時，有炸彈從腳下穿過鑽入牢牆中，炸彈炸開時，造成很大的震動，使我與同事等所有人都跌落地面，我的右臂好像曾經被物品打到，幸好我沒有受傷，同仁們都沒有被炸傷，第一排房間被炸彈炸毀形比第一次還嚴重。

淡水戰後——洋人婦女小孩撤離

10月9日法國軍艦沒有開砲，旗幟降至桅杆一半，聽說好像有表示哀悼埋葬戰死的人般，載兵的大戰艦開動，想要調兵來支援。

我僱用來往基隆的送信人，那時回話說基隆全部地方都被法軍取得而且堅強的防守，水師司令孤拔就住在基隆新關幫辦室中，送信人手持的官文書，法兵準備強制拿去，而且說如果不給，就要砍他的頭，他就拿出我給他的法文護照，法兵才不拿他的官文書而放行。

領事官命令所有西洋婦女及幼童等都要離開滬尾口岸，今天他們都已搭乘福建輪離開這裡了。

我（法來格）本來還想親自到基隆，無奈水路及陸路都不方便去，一定要等到法國人離開這裡，或法國人取得這個口岸才可以去……

九、法來格助清軍防守抗法

1885年12月22日（10/26）劉銘傳抄片

去年法船窺探、進犯滬尾（淡水），李彤恩開始時建議要填塞淡水河的海口，各位洋商都以秋茶要上市，恐赫阻撓，經過淡水關稅務司法來格說明利害關係，多方面溝通開導，才得以用沈船封塞海口，並且警示引港洋人，不要被法國人引誘。

10月2日（8/14），法艦開砲攻擊滬尾的砲臺，法來格幫忙協同防禦，並不畏懼、躲避砲彈可以打到的地方，1885年春季再度籌劃商議轟擊法國鐵甲戰艦，雖然因為砲具沒有齊全，難以下手，他急公幫助的熱忱，實在應當嘉許。

第七章・法軍佔領基隆後的對峙攻防

說明： 法軍佔領基隆港後，立即在港邊第一線高地建立東、南、西方防線，並將軍事機構設在東岸二沙灣、三沙灣，但法軍立即陷入風土病流傳，為兵力不足的佔領；清軍爵帥劉銘傳要求援軍糧餉，但法艦封鎖台灣後，援軍來台更困難；清廷要求劉銘傳要克復基隆，劉銘傳要求調勁旅來台。

一、法軍：建立基隆防禦圈

以有限的兵力建立防禦圈

　　10月1日、2日登陸仙洞、佔領山頭的光榮成功已經過去了。由於我們對基隆的佔領有幸運的開始，因而使人對未來戰事的預測顯得很樂觀。然而，淡水的失敗突然發生了，這事件一方面讓我們知道清朝擁有強大的兵力，一方面也提醒我們情勢其實是危險的。這次戰敗是難以補救的，從陸地上進攻淡水絕對是一種瘋狂的舉動，若是沒有搬運器械和物資的安南苦力，在沒有驢、馬等協助運輸和沿途沒有砲兵支援、掩護的情況下，在一個完全陌生的地方，還要走過50公里的路程。因此，在保衛軍事根據地基隆以外的地方，我們可以運用的兵力是很微弱的，頂多只有一個營而已。

　　因為缺少人手，使我們在登陸後的佔領工作一時之間沒有什麼進展，佔領礦山的想法也不得不放棄。這些有名的礦山如八斗煤礦等，都在市街東邊幾公里的地方，而且在我們的防禦圈以外，而佔領軍活動的範圍都被侷限在防禦圈以內，才能確保安全。

　　因此，兵力有限的派遣軍只能夠先安頓下來，無法多想其他的作為。這幾個星期以來的安頓工作，已成為孤拔中將這些日子以來內心的顧慮，他同時也向法國政府報告，如果不能得到新的有力援軍，已無法在佔領的範圍內再向前推進任何一步了。

　　在孤拔中將卓越的領導和辛勤的計畫策動下，幾個星期內基隆就變成了糧食倉庫和艦隊的補給中心。佔領地某處及附近改為防禦陣地，只能勉強掩蔽我們的軍隊，以防備敵人隨時發動的反攻，幸好在我們佔領初期，敵人並沒有一些冒險的企圖。

法軍兵力不足

　　因為我們法軍沒有大量兵力，在此地防守需要高度警戒，若採取攻勢也要很謹慎。等到正在進行的保壘工事完成後，就要將步兵團一半的人員安置在堡壘中，只有一半的兵員可提供派遣。這是非常少的人數。因此，原則上只能限制軍事行動在幾公

防線設在港邊第一線高地

我們法軍的防線設在可以看守、控制港口的東、西岸面對港口的第一線高地，而這第一線高地本身又受到後方第二線高地的看守、控制，因此，佔領第二線高地才能建立較為完整的防線。

因此，砲台的位置應該設置在市街南邊兩座隆起砂岩層的山頭上，即海拔205公尺的圓形劇場高地（紅淡山）和212公尺的桌形高地（月眉山）山頂。這樣的防禦思維規劃非常合理，但要選擇這樣的一道防線，就一定要擴大防禦圈不可，然而，這卻不是目前部隊的兵力可以負荷的。另外，我們並沒有足夠的交通能力，這也使佈防及安頓的行動變得困難而遲緩。因此，第二線高地是必然要放棄的。當前最急迫的事就是把第一線高地的防禦做好，雖然第一線高地有其缺點，但卻使我們容易集中兵力，而且可以由最高指揮官直接下令指揮，提升整體的防禦力。

敵人為防禦港灣而構築的堡壘，雖然有種種設計上的缺點，但仍可以提供我軍使用，我們通常只要改變這些堡壘的防禦方向就成了，還可以利用清朝正規軍在那裡搭建的棚屋。大部份的這些堡壘都以最先指揮這座堡壘軍官的名字命名。

▢ **法軍建立基隆港市東、南、西方防線示意圖**

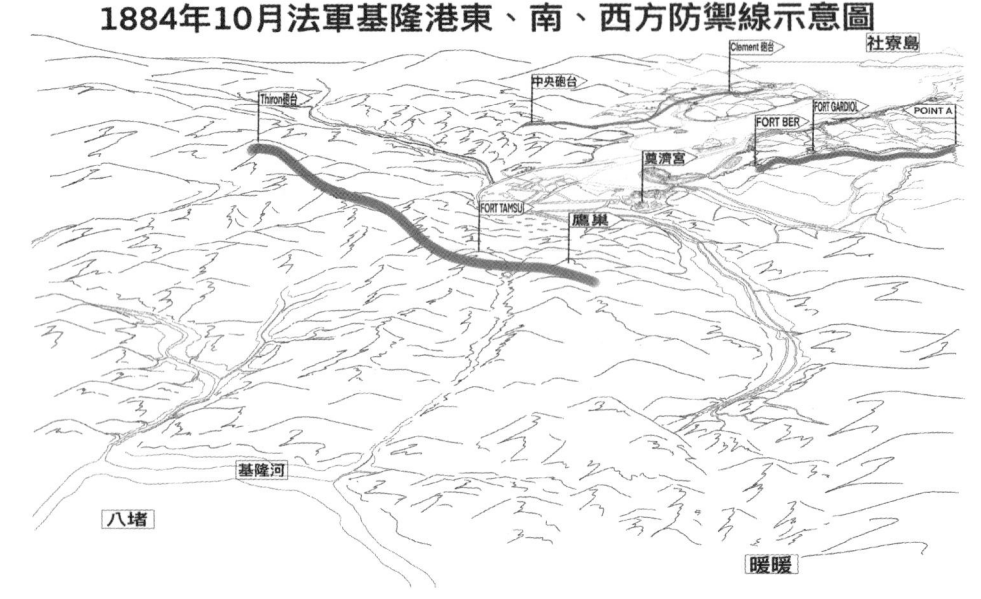

圖7-1 法軍在1884年10月建立基隆港東、南、西方防線

西、南、東防禦陣線

法軍的防禦陣線包括西、南、東 3 個防禦區：

（1）西方防線：切斷基隆通往馬鍊的道路

Fort Clement（仙洞砲台）被構築在西南方的火號山斷崖上，可以看守、控制港灣入口，我軍 10 月 1 日的登陸就在這斷崖底下進行。這砲台從佔領初期就開始構築，所有設施部由我們的部隊建造，有兩座堡壘，小堡建在最高點海拔 131 公尺的稜線上，射擊方向為西北方的小谷地（牛稠港上游台肥一廠一帶）；另一座一半的方型堡壘構築在山坡上，射擊目標為港灣和市街一帶。小堡有 12 公斤線膛砲 2 門，裝在木製的砲床上。這砲台最初由一個連的兵力守備，但後來因為從未受到敵軍的攻擊，守備兵也逐漸減少。中國人在山坡上建的堡壘陣地，對我們一點用處也沒有，後來在冬天的豪雨摧殘下崩坍了。

Fort Clement（仙洞砲台）所在的高地和距離 1040 公尺、建有 Fort Central（中央砲台，虎仔山頂，今大德山）的高聳斷崖之間，被一片很深的谷地分隔（牛稠港切割出的谷地，流籠頭附近），這座斷崖的西南斜面地形險要，相反的，東北邊面對海灣的斜面卻是一片長而沒有起伏的緩坡。

中央砲台（虎仔山）是一座以前清軍使用的砲台，我們只要修築斜面、補充副防禦設施就可以了。山頂砲台配備了一門 80mm 口徑口徑的山砲，守衛著西北方的谷地及瑪鍊方向；另外配備了 4 公斤線膛山砲及 Hotchkiss 式旋迴機關砲各一門，發射方向為南方高地。守備兵為一個連，另加一個砲兵排。砲兵排的大部份成員由陸軍第 12 步兵團第 11 砲兵連的排所編成，連長 Naud 陸軍中尉不久就得到虎列剌（霍亂）而去逝。

為了彌補這砲台對西北方被侷限的視線，在海拔 146 公尺處設置了有散兵坑的複式監視哨。

Fort Thirion（蚵殼港山）補強了西方防線的整條防線。建這座砲台高地的地質構造和走向和中央砲台（虎仔山）高地相同。它的視界非常的寬闊，可以監視瑪鍊谷地及向淡水谷地傾斜下降、有茂密樹林的斜坡。

Thirion 砲台是由一座設備完整的清軍砲台，稍微整修後就可以使用了。砲台的守備兵為 Thirion 連，這連在越南東京（北圻）時就已不適應當地的風土氣候，沒想

到來基隆不久後也受到傳染病的傷害。隊友們因為對多人因傳染病死亡而非常傷心，就把傳染病的源頭歸罪於砲台所在的地點。為了能迅速解決這件事，孤拔中將就決定將所有的守備兵暫時從這個砲台撤離。後來這個砲台就沒有守備兵去看守，這個砲台於是就被廢棄，只是有時由幾個斥候兵去視察一下而已。

西方防線因為有港灣和市街隔離，日常需要的物資大部份由小艇載運過去。在內港鱟公島對面，中央砲台（虎仔山）山麓的東邊，設了一個專門給小艇往來停泊的碼頭。從這裡開始，有一條寬一公尺半的水路循著牛稠港的河口前進，有分出一股通向中央砲台（虎仔山頂）以後，這水路一直延伸到 Clement 砲台（火號山）。

由東邊的陸地通往西方防線就要經過中國人市街，還要走兩座木橋，穿越經過市街的兩條河流，之後就走向朝瑪鍊的鄉村道路前進，這條路又可以分出許多小路。這條路和基隆其他地方的路一樣，是一條供行路人走的步道，大部份鋪有石塊，但車輛無法通行，而這裡附近的人則從來沒有看過車輛。這條路一直延伸到瑪鍊。

圖 7-2 Thiron 砲台在蚵殼港山通瑪鍊的步道旁

（2）南方防線：截斷基隆往八堵的山坡小路

像「圓形劇場」一樣被群山高地環繞的基隆市區，這些高地微微向南方傾斜，在海拔 97 公尺的鞍部是基隆通往八堵的步道。有一條約百級的石階可以從平地爬上聳立在北邊的陡坡。為了切斷這條步道，中國人曾經設立一道防線，從這裡一直延伸到 Thiron 砲台。這條防線在東南方被一個小規模的堡壘陣地監控、掩護著，這個防禦工事主要是防衛來自港灣的攻擊，而設在南面斜坡的中間處。

圖 7-3 從罾仔寮山看基隆街市像「圓形劇場」般

  這個堡壘陣地雖然有許多缺點，但好處是所有的設施都是現成的。這堡壘被視為一個防禦堡，最初稱為 Fort Leverger，後來被稱為 Fort Tamsui（淡水砲台，在獅球嶺）。這堡壘所在的坡面朝敵人方向傾斜，而北面則緊接著一座懸崖，這堡壘突出而顯眼，因此很容易成為敵人攻擊的目標。我們為了保護堡壘的營舍，就裝上密柵之類的掩蔽物，這工作耗時久而困難，然而，這地點的安全性卻一直不太可靠。

  當清軍在堡壘南邊距離幾百公尺的齒形高地（鳥嘴峰）設了陣地後，我們的守備兵常常白天在堡壘內被射傷，當軍官用餐時也常被穿越防護密柵間隙的敵人子彈驚擾。

  南方防線的防禦設備，由兩座 Blockhaus（裝甲防舍）補強，一座設置在西北邊，直接監控基隆往八堵港仔口的小路；一座設在東南邊一座海拔 155 公尺的陡峭山峰頂部，這山峰被稱為「Nid D'Aigle」（鷹巢），這是一個具有深意的名稱，且可以監控淡水砲台（獅球嶺）。這座鷹巢裝甲防舍（獅球嶺東峰）配置 12 公斤線膛砲 2 門和旋迴機關砲一門。後來又得到 Lahitolle 式 80mm 口徑野砲 2 門。設在西北方的裝甲防舍則配置了旋迴機關砲 1 門。

淡水砲台（在獅球嶺）和兩座裝甲防舍的守備兵為兩個步兵連。這些防禦設施內的砲兵裝備是非常重要的，且佔領軍只有很有限的砲兵人數而已，為了補救砲兵人數的不足，孤拔中將就派遣由海軍少尉所指揮的一個海軍砲兵排到淡水砲台（獅球嶺）駐守，任務是負責操作大砲。

石硬港谷地據點：連接南方防線和東方防線

在基隆市區東南方山谷間，有一條叫石硬港（南榮河）的小河穿行而過，沿著河邊有一條可以通往暖暖和八堵的小路，會經過一個稱為 Nai-Nin-Ka（南嶺腳或內嶺腳）的小聚落，這谷地中的平地遍佈稻田，還有竹林和檳榔樹林散佈其間，這種環境很適合敵人的游擊隊藏身。因此，如何阻止中國人侵入基隆市街，對我們來說是很重要的事。

圖 7-4 從鷹巢看石硬港谷地及紅淡山

所以，我們法軍就在市區東南邊一間方型大建築物（板橋林家大宅）內設了一個防禦哨。這建築物是一個中國富人的住宅，圍牆上有一些槍孔，旁邊也建了路障，還建了幾個用來防禦的方型射擊塔。這裡的守備兵是由海軍第二步兵團由 Cramoisy 上尉指揮的一個連負責守衛。這個連必須經常保持警戒，也多次向中國游擊隊開火射擊，為了要保持市街安全，曾經有幾次發生殘酷的殺戮。

圖 7-5 林家大宅拜庭

圖 7-6 從獅球嶺腳（東和大樓附近）看插法國三色旗在林家方形大宅飄揚

拆民房使板橋林家大宅成爲守衛哨
（《法軍侵台始末》第四章註 8）

　　接近 10 月底，南方防線據點（可能是鷹巢堡壘）的守備兵經常看到一群群本地人，在石硬港谷地和大基隆街之間往返。11 月 1 日第二團的第 27 連（Lange 營）被派到谷地偵察。率領偵察隊的 Cramoisy 上尉發現，這些中國人只是搬運大量存放在板橋林家大宅內的稻穀，這間房子後來就以他的名字命名爲 Cramoisy 廟。

　　Cramoisy 上尉在報告中提到：如果可以將旁邊的房屋拆除，使這間廟宇孤立，便可以當成前進哨所，可同時監控田寮河後方的煤礦谷地，及鷹巢（獅球嶺東峰）據

點的石硬港谷地，另外，它還可以阻止敵人前來搶回街市或脅迫那些想要留在大基隆街市的居民離開。第二天早晨，Cramoisy 上尉奉命率領他的連，立即佔領了板橋林家大宅。

下午孤拔中將由 Bertaux.Lavillain 中校陪同，來視察被佔領的林家大宅。

孤拔發現，附近環境很雜亂，要快速將旁邊的房屋牆壁拆除，Cramoisy 上尉奉命立即將妨礙射擊的房屋燒掉或拆除，使哨所四周有開闊的射界。兩、三天後，四周的障礙都已清除了。此外，這廟的門窗都被堵塞住，只留下朝西的一道門。所有的任務都由 Cramoisy 上尉負責執行。

11 月 3 日中午前，一群人數很多的敵兵前來進攻哨所。守備兵先讓敵人進逼到約 20 公尺的距離，才迅速發動對敵人射擊，使發狂般的敵人一下子就消失了。這是對中國人的重大教訓。從此以後，他們就不再對我們強力進攻了。

清朝民兵進攻林家大宅

過了幾天，敵兵利用黑夜，將一箱火藥靠著大門放置，並在上面點火。幸好守備兵都有戰事經驗，一聽到哨兵告警的叫喊聲，每個人都立刻就戰鬥位置。廟裡的院子冒著濃煙，守備隊開始還以為牆上有一個破洞，等守備兵在後面將火藥裝入槍內、插上刺刀準備好戰鬥時，偷襲的中國人卻突然消失不見了。大家定下心來一看，門沒被炸壞，只有一塊屋頂被炸壞了。破損的地方立刻被修好。第二天，我們在大門右邊做了一個小型的木製防舍，這防舍可保護我們以後不再受到這類襲擊。

香港和上海的英國報紙因缺少稿件，就報導了 Cramoisy 上尉佔領的廟宇式建築（林家大宅）這件事，使這座建築改變了性質；可是，模仿拉·封丹的寓言，猴子把雅典附近海港 piree 當成人的誤會；於是「Cramoisy」（形容詞，指深紅、赤紅）被譯成英文「Red」這個字。「Red」這個英文再譯成法文的「Rouge」（紅色）。是否由於 Cramoisy 上尉的名稱，而使人聯想到一些殘酷的場面或血腥的場景，是見仁見智的，但卻讓小說家的想像力得以自由的發揮。

「拉・封丹」(La Fontaine，1621 － 1695)
(《法軍侵台始末》第四章註 9)

是法國十七世紀的大詩人，著作「寓言詩」(Fables)中有一篇標題名為「猴與海豚」」(Le Singe le Dauohin)，大意是雅典附近有船遇難，船中的人大多被海豚救起。其中有一隻猴子，海豚以為是人，也救牠。回岸的途中猴自稱是雅典望族，但海豚問牠是否知道 Piree（雅典商港）時，猴以為 Piree 是人，回答說：『他是我的朋友，我們的交情很長久』。海豚覺得好笑，仔細看著猴子，才發現自己救的是猴子，就放掉牠，再去救人。誤將 Piree 港當成人名，以後就成為法文中常用的「典故」，用來嘲笑人們的無知或誤會。在這裡作者用這個典故，嘲笑英國人，誤將 Cramoisy 翻譯成 Cramoisi。

Cramoisy 是一個固有名辭，沒有什麼意思；但法文中另外有一個 Cramoisy，意思是「深紅」。英國人誤將 Cramoisy 當成 Cramoisi，因此譯為 Red，後來 Red 再譯成法文，就成了 Rouge（紅色）。(《法軍侵台始末》第四章註 10)

那間「紅色」的廟宇（林家大宅）一方面監控 Cramoist 谷地（石硬港），另一方面又有連絡南方防線和東方防線的好處，這據點陣地可以彌補防線面對圓形劇場（Cirque）大隆起處（紅淡山）的威脅。這個大隆起（紅淡山）從三角點 212 公尺的高處，和市區距離 1500 公尺遠，可以有效監控市街。這隆起部（紅淡山）覆蓋著一層濃密的樹木，還有一些聳立的大岩壁，以垂直的懸崖峭壁和鄰近的高地相接，有些很小的路可以穿越峭壁缺口，但仍然很難到達斷崖上。這裡不但可以監控附近的高地，還可以監控市街和整個港灣。我們不得不放棄佔領此處（紅淡山），因為如果佔領這個地方，我們防禦圈的面積將會遠遠超過我們可以擔負的範圍。這個防禦圈被轉移到 Cramoisy 廟（林家大宅）和衙門營舍（市政府及文化中心），以方便和沙灣聚落上方的高地（小基隆山）連結，因為東方防線就設在小基隆山的高地上。

（3）東方防線

東方防線是利用敵人的防禦陣地修改成的防線，由 3 座堡壘構成，有一條中國人留下來的淺草胸牆互相連絡，這 3 座位在小基隆山上的堡壘為：Fort Ber（主普壇）砲台、Fort Gardiol（大佛禪院）砲台及 Fort Bayard（八野或 A 點）砲台。其中，

在小基隆山上的八野砲台被稱為 A 點砲台。A 點是防線東邊可掌控全線的監控點，這座砲台曾被我們徹底改造，它有一座附有平台的半圓形砲座，在整個佔領期間，這砲台發揮了最大的功能。A 點砲台（小基隆山頂）配備有 12 公斤線膛砲 2 門、80mm 口徑野砲 2 門、80mm 口徑口徑山砲 1 門，這些砲全部由海軍砲兵操作，而這些砲兵大部份在砲台內部。守備的步兵為 Ber 營的 2 個連，指揮官有東方防線的最高指揮權。

Gardiol 砲台（大佛禪院）位在 Ber 砲台（主普壇）和 A 點砲台（小基隆山頂）中間，由指揮官 Gardiol 指揮一個連的守備兵駐守。

Ber 砲台（主普壇）和中國市街的距離最近，從 65 高地監控中國人市街，由一個連的守備兵駐守，為 Ber 營的最後一個連。這座砲台以一道在高地上的肩牆構成，配備 4 公斤山砲 1 門。這座砲台的守備兵，在南斜面的半山腰原中國人的營地有他們的棚屋，他們的陣地暴露在敵人的射擊範圍中。清軍可以從紅淡山向這個砲台瞄準射擊，還好，清兵從來就不想真正了解他們的武器可以射到多遠的距離，否則，他們就會使 Ber 砲台（主普壇）和 Gardiol 砲台（大佛禪院）這兩個砲台變得無法防守。Gardiol 砲台（大佛禪院）設置的條件和 Ber 砲台（主普壇）很類似。

孤拔中將原本計畫在淡水砲台（獅球嶺）和 A 點砲台（無線電山頂）附近建造 4 個裝甲防舍，但要在堅固和配備良好的條件下建置，卻因佔領軍能力有限而無法建造。為了這件事，他多次向法國政府提出各種建議，10 月 6 日政府曾對他發出照准命令，但 10 月 30 日的一通電報又命令他擱置這項計畫。

圖 7-7 東方防線下方即小基隆山腳下的市街

圖 7-8 法軍東方防線從 A 點到大佛禪院到主普壇的 Ber 線

兵力不足的佔領

以整體的角度看保衛防禦圈的所有兵力，我們承認幾乎全部砲兵和 12 個步兵連中的 8 個連，都已經用在防禦圈內，因此，可以運用在防線外軍事行動的兵力，實際上只有 4 個步兵連，80mm 山砲 1 門、4 公斤線膛山砲 3 門而已。因爲兵力不足，使佔領軍在新援軍到來以前，只能執行被動的防禦任務，只有新援軍到了以後，才能脫離對敵人無法軍事行動的狀態。

佔領軍的參謀部、勤務部、病院及倉庫都設在沙灣聚落區和歐洲人的住宅區內，中國人市街及衙門都暫時沒有分配用途。

中國官員命令居民撤退

佔領初期，當地居民因為我們對他們的態度而顯得較為安心，大家都還是留在原來的市街內，專心作他們的日常工作，也和我們的兵士建立起初步的友誼，但不久後居民們就聽從中國官員的命令，從我們的周圍撤退。他們帶走了最貴重的東西，和敵人結合在一起，參與那場即將到來的殘酷戰爭。不久後整個市街就沒有居民了，白天只能看到我們帶著武器的雜役兵，從房屋的屋架拆走用來生火的薪柴，晚上只有敵人的游擊隊出沒，企圖襲擊我們的哨兵。有些半毀的店鋪木板牆壁破了大洞，傢俱從洞口伸出來，這些傢俱原本引起我們兵士的注意，但隨後就被他們用腿踢碎了。家庭用

具、塗釉的陶器、形狀奇怪的漆器、竹製的靠椅、寫著金字的長招牌、佛像的殘肢斷身、用動物大腸製成各種顏色的燈籠及商人的帳簿等等，散佈在街道上被行人踐踏。

一種大火燃燒過後產生的強烈臭味，和被毀壞的屋內散發出的麝香和鴉片味都混合在一起。偶而有一隻咆哮的狗和一隻饑餓的貓溜到陰暗處，不斷在尋找牠們唯一的食物來源。

二、法軍：在基隆紮營建基地

在沙灣聚落紮營

為了使紮營地空氣流通，孤拔中將決定破壞一部份破屋，這些破屋可能成為盜匪的巢穴，必要時也能掩護敵軍。於是將基地附近、沙灣聚落南邊房舍及茅屋全部整平。一道蓋著淺草，被稱為「南方障壁」的石造障壁，截斷了市街通往沙灣聚落的步道。

沙灣聚落已成為海軍步兵預備連的紮營地，他們身處破碎的磚瓦木頭和廢棄物裡，也籠罩在中國人屋內的惡臭中，也只能盡力安頓下來。

憲兵分遣隊也住在沙灣聚落，憲兵附近有一個收容戰俘的地方，還有一座苦力宿舍，我們也同時在此處設立糧食倉庫。

在三沙灣聚落北邊的海濱，還沒到歐洲人住宅區的地方，有一座很大的建築物可以作為砲兵預備隊的宿營地點，附近的幾間小屋就成為軍官的住宅。第一群歐式建築物作為司令部、砲兵廠及野戰醫院等，砲兵廠的設備非常簡陋。

煤炭山

海濱堆積大量的煤炭，像山一樣高，使整個佔領期間的燃料使用都很充足，但因為品質很差，經常受到使用者批評。士兵們大多認為，將在地房屋的架柱拆下來升火取暖還更為簡單好用。在佔領初期，我們的艦隊曾嘗試使用這些煤炭，但因為煤炭太過細碎，且因含有大量瀝青，燃燒時會立即產生猛烈的大火和濃煙，煙灰也很快堆積在鍋爐中。

它伸出長長的火焰，迅速燃燒，以致於 Vipere 砲艇使用這種煤炭後第二天，燃燒不久後就發現煙囪通紅，噴出的火星點燃了船的桅檣和帆具，使船上發生火災。艦長只好下令將鍋爐的火熄滅，升帆使軍艦可以繼續往目的地航行。從此以後，艦隊要用基隆煤炭時，就必須和另一種燃燒燃緩慢的煤炭混合使用。這種煤炭只適合停泊中的船艦鍋爐使用，它可以讓鍋爐中燃燒的小火迅速變猛烈，進而帶動蒸氣壓力上升。

這種煤炭可以煉成焦炭。孤拔中將曾要求法國政府提供他煉製焦炭的設備，但政府當時忙於處理一些緊急的事件，中將的這項要求並沒有得到任何結果。

而且，為了阻止我們使用這堆煤炭，中國人還曾在煤炭堆灑石油，且點火燃燒，基隆冬季雖然有持續不斷的雨水，但在我們佔領期間，煤炭堆的火卻依然繼續燒個不停。

野戰醫院及官員宿舍

在煤炭堆置場以外，海關建築物為歐式住宅的第二群，這些建築物用來當野戰醫院及醫生的住所，不久後病院就住滿了人，而且非擴充不可，而最後一間房屋就成了最高指揮官和幕僚們的宿舍。

這間房屋有一條電話線，可以和 A 點（小基隆山頂）連絡，這條電話線在佔領期間發揮了很大的功能。

沿著海岸再過去，即海灣的入口，在大沙灣砲台的石灰牆腳，靠著東方防線（Ber 防線）末端的斷崖，有一片在基隆難得一見的平坦土地，已成了法國遠征軍的墓地，這個悲慘的處所在幾個月內，就成了 20 名軍官和超過 500 名以上的陸海軍士兵長眠的地方。

組織港務部

最後，我們組織了一個港務部。由 Chateaurenault 艦的一位海軍少尉 Guedon 負責。有兩艘從香港買來的蒸汽船 Georges 及 Kowlown，和一些中國帆船改成的平底船，都由港務部調度使用。 líle Palm（和平島）上設置一個貯炭所，補給工作由掛著德國或俄國旗航行的香港汽船負責。貯炭所至少要保持 2000 噸煤炭存量，還設有一座通到貯炭所的棧橋，附近有 12 間木板建造的倉庫小屋，還有一個備有起重機的

下錨處。在基隆駐紮地前面，我們設置了兩座供小艇使用的棧橋，還有飲用水蒸餾所及麵包製造廠等。

整個10月，佔領軍快速進行安頓的工作，其間的單調氣氛並沒有受到任何外來的干擾。人們都說，中國人已消失不見了。

圖 7-9 法軍在和平島的哨所

敵軍全力防禦淡水

在10月1日的戰鬥中，敵人駐基隆的守備兵遭到了慘痛的教訓，主力軍隊就退到淡水附近，並且在水返腳據守著一個設有堡壘的陣地。清朝政府似乎已不管能否保有基隆了，而將所有防禦力量集中在淡水，終於在10月8日抵抗我們的攻擊戰中獲得勝利。但因淡水戰役敵軍曾經打敗我們，他們應該會預設，淡水將成為我們攻擊的目標而全力備戰，以等待我們最近的反攻。敵人將全島所有的兵力和已登陸島上的援軍，全部調動集中到淡水。在幾個禮拜內，為了防範我們從海上攻擊，淡水已經成為一個最重要武裝和防禦的區域中心，在這裡的清朝正規軍因為我們因故沒有反攻，一方面看輕我們的戰力，一方面也在等待時機反攻基隆。

我軍在10月底前的軍事行動，僅限於基隆附近幾公里的小偵察，且因兵力不足和行動困難，這種小偵察使敵人覺得沒什麼威脅。這個地方只有3、4條步道，沒有任何道路，因而讓行走這件事，竟然成為令人難以想像的困難。

11月初以前的日子，除了有幾天較炎熱外，天氣都很好。

圖 7-10 基隆街市房屋被法軍攻擊後成斷垣殘壁

三、清軍：劉銘傳要求援軍和糧餉

☆密陳臺疆危迫援餉俱窮片

滬尾防軍現況

現在滬尾的勝利，都靠朝廷的天威，才能稍微壓制敵人的氣燄。只是營房、砲臺都被砲火摧毀，軍士們已經沒有駐紮、防守的地方，只能露宿防守，暫時應付目前情勢急迫的現況。

援兵來台更加危險

法軍的水路兵士，都集中在基隆。基隆四周的山嶺，都構築鐵甲營舍，看樣子他們不得到全台灣絕不肯罷休。我軍辛苦的抵抗戰鬥，許多人傷病死亡，槍械和彈藥都不夠使用。前一陣子從南洋裝載兵勇，耗盡無窮的氣力，三次只運到 600 人，萬分險阻。

剛聽說上海突然有華安輪船在海上被攔劫的謠言，使所有的船都不敢再裝載兵勇槍械。海天遼闊，已經看不到支援台灣兵員和槍械的船隻了！

官紳堅持請求要招募幾千名土勇，以輔助現有官兵的不足；但這些土勇為烏合之眾，

沒有槍械，怎麼能抵禦敵人？

軍餉即將用盡

現在軍餉的存量非常缺乏。台南道庫，根據台灣道報稱，只能應付目前的情況，商請福建省迅速支援救濟，還不知道能撥發多少，不知要如何轉運。

台北軍餉的存量，不到 10 萬兩，以台北需要開支的數額計算，不過只能支撐到一月。台北收取的稅釐，因為軍事行動逐漸危險，都無法徵收。除了從這些管道要求之外，已經沒有任何可以呼籲支援的門路了。實在令人恐懼啊！

台南面臨的危機

之前基隆已經失守，滬尾海口這裡，商船還可以往來，才得以稍微得知消息；自此以後商船一天比一天少，音信就難以通達了。

台南的海潮將逐漸平緩，那裡統領的將軍沒有能力和法軍對戰，敵人兵船若攻擊台南，將會導致四路斷絕。南北洋的兵輪又不能遠來台灣，台南將陷入困局，誰能前來救援？

坐困愁城等待援軍

我（劉銘傳）的生死不足惋惜，但如果使全台灣千萬生靈陷入苦難的境地，我怎能不寒心啊！況且，敵人佔據這裡，也將有可能會侵擾南洋，我怎能設想這種大局發生呢？我受恩深重，哪裡敢講一字謊話，欺騙上面？

只是因為救援接濟都已經沒有了，而且即將坐以待斃，情勢急迫，不得不冒死陳情。勇敢請求朝廷賜給方法謀略，以中原的資源全力挽救這個危險的海島疆域。無限感激，等待命令到來！

陳澹然的評論

因此，可見當時情況有多麼危急。如果不是你怎能保護這塊危險的地方？後來十一月上奏陳述台灣士紳捐資募勇，自己說當時用盡全力支撐，感覺已經沒有生路；才知道你的鐵路疏「兵餉出自朝廷、督撫不能牽制」，真是有獨到的遠見！陳澹然識。

朝廷要求劉銘傳克復基隆

軍機大臣奉旨：

　　現在告知命令南北洋大臣調撥兵輪，即日前往支援助剿，並命令楊昌濬將兵餉軍火妥善籌措接濟。劉銘傳應當要激勵將士，聯絡各地士紳民眾，好好籌劃作戰和防守，迅速光復基隆，不得稍有鬆懈的地方。

四、法軍：風土病突襲

風土病肆虐

　　這段期間，法國遠征軍在軍事上沒有什麼動作，但在地的衛生條件，不久後就變得非常惡劣。

　　10月23日，孤拔中將發電報給巴黎：

　　「士兵們水土不服，很多人感染傷寒，甚至幾個人有霍亂的病徵。從11日至23日我們損失了11人，現在有56人住進醫院，其中12人情況嚴重。在不健康的季節結束前，我將儘可能減少派部隊出任務，但減少勤務將會耽誤各項工作和敵情偵察。」

　　從交趾支那（南圻）守備隊或東京（北圻）軍團徵召而來的法國遠征軍的兵士，大部份都已經完成他們殖民地服役的兩年期限。也就是說，他們的勇氣和犧牲精神雖然還是無可替代，但他們卻因為熱帶氣候或參加戰役後的過份勞苦，經過這段時間後健康已受到損害。在這次戰役中，他們已為法蘭西取得山西（Sontay）、北寧（Bac-Nimb）、興化（Hong-Hoa）、太原（Thai-Nguyen）和宣光（Tuyen-Quan）等地。對疾病已無力抵抗的他們，面對基隆不衛生的環境，就必然要付出沉重的代價。基隆長期以來就是亞洲有名最不衛生的地方之一。

　　他們死於什麼疾病？死於赤痢、一般衰弱、傷寒等，但尤其是死於一種被醫生稱為「森林熱」（fevre des bois）的怪病。這種被人們稱為「瘴癘」（maladie）的畏寒病，人們認為與當地植物溶解的物質滲入飲用水中，造成中毒有關，這種病開始時會有嚴重的頭痛、暈眩、嘔吐等症狀，緊接著會突然發熱，伴隨著關節部位的疼痛，全身衰弱、精神錯亂、惡寒等，甚至死亡。病症嚴重的人，病情發展往往幾個小時就結束了，因此，有人早上還很健壯，但下午就病重死去，連送他進醫院的時間

都沒有。

Thirion 砲台熱病最嚴重

這種病最早發生在西方防線的陣地，那裡的守備兵很快的死亡多人。由於死亡的比例非常高，因而部隊士氣大受影響，儘管海軍士兵是如此善戰和刻苦耐勞。為了小心起見，孤拔中將不得不把發生病情最嚴重的 Thirion 砲台的守軍全部撤出。大家都認為那裡的水和土都已被污染中毒了。最初只是臨時性的撤出，後來卻變成永久撤出了。

雖然作了一些預防措施，但疾病仍然持續蔓延。11月9日，運輸船 Nive 載著52名病人前往西貢。在這期間，佔領軍的實際員額減少到1750人，其中有350人因健康因素而無法服勤務。從11月1日至9日，有17人病死。

東北季風帶來了連綿不絕的雨水，也影響到各種環境條件的改善。

當這支規模很小的遠征軍，盡全力推展防禦和安頓的工作，還要艱苦的和摧殘健康的惡劣環境搏鬥時，清朝政府卻決定要發動一次大戰，而在大陸籌備許多援軍和軍需品，想利用機會將兵員及物資送到台灣島。為了運輸兵員和物資，清朝政府向中立國船舶要求協助，而這類船舶都由那些自稱「沿岸兄弟」（les freres de la cote）的各國冒險家指揮，他們不斷追求冒險和發財的機會。

等到敵人有力量對我們發動攻擊時，我們將會遭遇到無法克服的困難，因此，先阻止敵人的援軍登陸，才是當前最重要的一件事。

五、法軍：封鎖台灣

和平封鎖台灣

孤拔中將曾懇切要求法國政府，要擺脫那種「報復狀態」，斷然對清朝宣戰，我們的艦隊就可以自由行動，擺脫現在受到的限制和所有束縛。但法國政府卻不認為應該走上這條路。

然而，法國政府卻准許孤拔中將對台灣沿海進行「和平封鎖」。政府似乎認為，只要對台灣實施和平封鎖，就能阻止清朝政府調集起來的援軍和花大錢買的軍需品運

送到台灣島的北部。

10月20日，孤拔中將在八野艦發出了宣言：

法國遠東艦隊司令官孤拔海軍中將依據其擁有的權力宣佈下列事項：

「自1884年10月23日起，從南岬（北緯21度55分，東經118度30分）經過西部及北部（北緯24度30分，東經119度34分）以至蘇澳，所有台灣各港口及灣澳都在本指揮官所率領的海軍艦隊封鎖下。所有武裝船艦裝卸工作都要在3日內完成，並離開各封鎖區域。」

「對於所有企圖侵犯以上封鎖區域的船艦，將依照國際法及現行條約規定處理。」

封鎖前期對船舶的檢查權限制在島的沿岸，11月22日以後，檢查權限就擴大到沿岸5海浬，在這界限內，法國艦隊有權檢查中立國船舶，也有以武力驅逐它們的權力；在經過一次特別警告無效後，法國艦隊有權扣留中立國船舶。但如在界限外，法國艦隊就沒有權力，除非是戰爭狀態。

這種封鎖被各國承認，英國也曾在本世紀內多次實施，經由各中立國家無異議的接受。我們並不在公海執行檢查權和逮捕權，但我們保有嚴格禁止船舶出入封鎖港口的權力。「總之，這種封鎖只有一點和一般戰時封鎖不同，而這重要的一點，就是我們不對中立國船舶在公海執行檢查。」另一方面，根據法國政府的意見，這種封鎖有下列利益，就是如果我們願意，它可以讓我們恢復談判；這種封鎖使我們有權對中國採取一切戰爭措施而不必宣戰。因此，也可使英國不致宣告中立而不讓我們的船舶進入它的補給港和停泊港，如新加坡和香港等地。最後，這種封鎖使我們有權逮捕那些懸掛清朝旗幟航行的船舶。

艦隊數量不足以全面封鎖

這種和平封鎖以政治的觀點看，雖然有種種利益，但在實行上卻有很多問題，其中最嚴重的一點，就是我們有權執行的封鎖區，和我們可以執行任務的巡洋艦數量完全不成比例。我們的艦隊最近雖然得到Rigauil de Genouilly、Nielly、Champlain等3艘巡洋艦支援，但由於要面對雨、霧、大浪和強烈東北季風等持續帶來的諸多困境，若要執行有效的封鎖，我們軍艦的數量依然不足。

為了使封鎖更有效，那些沿著海岸交錯行使的艦艇梯隊，兩艦必須始終能夠彼此相望。如果要滿足這種配置，巡洋艦數目必須增加4倍才行。以現在所有艦艇數，各艦間的距離無法再接近，而各艦間的空隙，就成了無法封鎖的沿岸漏洞，這也使中立國的船舶很容易穿過而靠岸。而且，島上居民看到海上的監視艦後，會以信號通知那些準備突破封鎖的船舶。島上的居民會依據海上的巡防艦為 1 艘、2 艘或 3 艘，他們就在海岸上燃燒起 1 處、2 處或 3 處火光信號，使海上運輸的船舶了解現況，當巡洋艦沿著海岸航行時，海岸上的火光也會朝著相同的方向移動，讓海上的船舶了解監視區域已經朝某個方向移動，而相反方向就逐漸脫離監視了。

偷運航行

台灣海峽因為不寬，使中立國船舶很容易進行偷運航行。大陸各港口不久後就發展出一種偷渡的走私業。

當清朝政府提供巨額獎賞時，那些在亞洲沿岸尋找裝卸機會的各國汽船，受到激勵後都很願意承接清朝政府的運輸工作，這些船舶大膽侵入法國艦隊的封鎖海域，他們利用風雨交加的夜晚，避開我們船艦的監視，將兵員、武器和軍用品載運到台灣沿岸偏僻的地方。英國汽船 Namoa、Ping-OnI、Dauglas、Activ 等，尤其是 Wawerley，曾經幾次載運劉銘傳將軍想要的兵員和軍用品，劉銘傳的軍隊在 1884 年 9 月只有 5000 名兵士，因為偷運航行盛行，到了 1885 年 1 月兵士竟增加到 30000 名，而且，全部配備有很好的武器和裝備。

法國雖然想逮捕中國商船，但只要中國船舶假裝賣給外國人，換上外國籍，就不受法國巡洋艦的檢查了。

法國巡洋艦努力的攔檢，儘管不能阻止那些侵入封鎖線的船舶，但至少也擄獲許多商用戎克船和船上的載運品，我們將這些載運品依性質分類，有的提供給基隆佔領軍，有的則載運到越南西貢，當成我們從敵人獲得的戰利品出售。另外，在封鎖開始不久後，有一艘中英稅關所屬的砲艇 Fei-Ho 不顧自己的承諾，破壞了台灣府（台南）的封鎖，在 10 月 30 日被法國海軍扣留，一直到敵對行動結束，這艘砲艇的幹部被分別拘留在法國艦隊的好幾艘艦艇上，而一位法國海軍上尉被派去指揮這艘砲艇，因為這艘砲艇吃水較淺，曾為孤拔海軍中將在基隆的軍事行動中，成為很好的配置。

等待援軍

當清朝正以堅固的防禦工事將我們的佔領區包圍起來時，法國政府終於了解遠征軍兵力不足，因而準備派遣新援軍，但依然採用在越南東京（北圻）使用的不完整的方式，政府竟為了要派幾個營而和孤拔中將討價還價，中將要求3000個兵員和一些大砲，政府則只派出兩個戰備營、一門80mm口徑野砲連及所有裝備，11月上旬，徵調非洲兵團兩個營前往遠東，在孤拔海軍中將領導下服役。這是駐守在Batna的輕步兵第三營和駐守在Saida的外國人第二兵團的第四營，這兩個營必須在11月20日完成出發準備。決定向Compagnie nationale租用兩艘運輸船Cholon和Canton載運他們，而且立即將他們運往基隆。孤拔中將同時要求法國政府派遣一位少將前來，由他指揮統率遠征軍陸上作戰。當時在越南東京（北圻）服役，並在Yuoc之役一戰成名的杜奇尼上校被指派擔任這項職務。

11月22日運輸船Cholon由Philippeville出發。這艘船雖然經常保持12海浬以上的時速，而且只在新加坡停24小時、在西貢停留48小時，但卻直到1885年1月6日才抵達基隆。另一艘運輸船Canton更是直到1月20日才到基隆。

一直等到援軍到達時，遠征軍才能準備進攻。中國人卻沒有等待那麼久，受到我們沒有什麼作為的鼓舞，他們沒多久就走出八堵附近的陣地，他們越過了谷地，不但沒有受到我們的威脅，甚至避開我們的警戒，於是就悄悄接近我們。

11月2日敵人對我們的南方防線陣地發動猛烈的攻擊，雙方因而再度以槍砲對峙。

六、清軍：招募土勇和義團

1884年12月24日☆臺紳捐資募勇屢戰獲勝並各軍分守情形摺
（十年十一月初九日台北府發）

招募土勇義團

我（劉銘傳）已下令到台灣各地勸募土勇義團，協力幫助作戰。對參與作戰的各地義團加以懸賞激勵，使大家都能同仇敵愾。台灣各地的士紳和民眾都感受到皇上的仁澤，盡力參與作戰。

自從法軍佔據基隆街市附近，暖暖、深澳、四腳亭、魚桀、魚坑、六堵、七堵、八堵等地方都互相連接，敵軍剛開始時派在地的男人修築堡壘，在地人若不服從，就會受到他們的侵擾。

暖暖頭人招募土勇

暖暖隘口、石梯嶺、鳥嘴峰一帶，離基隆街市很近，駐紮在九芎山的敵人有好幾次出兵攻擊暖暖。

暖暖的練董武舉王廷理及周玉謙等捐錢募集土勇 300 人，與深澳等地方的各董練丁在各重要的據點扼守，每個地方約有幾十個人或上百人，倚靠山險防禦敵人。

我（劉銘傳）深怕民間的練勇戰力不足，就命令曹志忠派他部隊的兵勇 300 人在暖暖駐紮，協助他們作戰及防守；同時給錢命令王廷理等增募土勇 300 人，也調撥一些洋槍，數量不足則兼用一些土槍，供他們使用，以防備敵軍的攻擊。

林汝梅率練勇守新竹海岸

新竹紳士郎中林汝梅，也自籌兩個月的糧餉，招募練勇 200 人協助防守新竹。那個地方離海才 8 里（2 公里多），為西海岸錯綜複雜的海口，位居台灣南北之間的關鍵地位。

最初只有遊擊張得貴及土練勇 500 人，不夠防守配置，幾次請求增加兵勇，一直都沒有兵勇調撥過來。現在，南部的防禦較為平靜，已經發文給劉璈，看看是否多少可以撥配一營前來協守。

七、清軍：以台北為中心的防禦戰略

無險可守的觀音山海岸

滬尾南岸觀音山一帶，只有總兵柳泰和楚勇一營，防備很吃力。曾命令增加招募土勇 800 名，也只是對防務稍微有點幫助而已。這裡地勢長而平直，又沒有山險可以據守，而且，這裡離台北府城才 10 餘里，尤其令人恐懼。

法軍窺探滬尾兵防

法軍自從在滬尾吃敗仗以後,非常憤恨,常用錢收買間諜,前來偵察水雷安置的數量多少,安置在什麼地方。而且揚言,等援兵一到,必定會集合水陸軍展開全面進攻。後來經由孫開華抓到法軍間諜 5 人,訊問確定後即將這些間諜處死。

清軍加強滬尾防禦

冬季來臨時,淡水河的河水變淺,敵人聚集許多小船,以等待較多的援兵。我已經命令在海口增設浮樁 800 個,準備好等待需要用的時機。陸路也由孫開華、章高元監督兵勇,挖掘地下洞穴,裝設地雷。

只是那個地方地形低下,兵營、砲臺都已經被法軍兵船砲擊摧毀。從八月以來,兵勇沒有營房,都只能露宿。等到入春後,淡水河的河水又要上漲,更難處置。

防守五堵關卡

基隆到滬尾,以五堵為重要的隘口。曹志忠的部隊現在駐紮在五堵,而且增募土勇 1000 人,分駐六堵、大武崙一帶,都接近基隆街市。蘇得勝新募土勇 1000 人駐防水返腳(汐止),以作為策應。

駐防台北的兵力和素質

以兵數來說,除了宜蘭土勇 1000 人以外,台北總計有 13000 人。只是敵軍集中而我軍分散,彼此不能援救;而且,老經驗的兵勇死傷過多,精銳所剩不多,土兵們對槍械的使用不夠熟悉,戰技也沒有經過嚴格的訓練。況且,兵多軍餉就重,一旦軍餉缺乏,有人就會起鬨,部隊就有潰散的危機。

援兵及軍餉到達前後

11 月下旬至 12 月初(10 月)以前,我們的將士很多人生病,敵人的氣燄猖狂,軍餉即將用盡,援軍又沒有到達。這時到處都有盜匪出沒,使我(劉銘傳)對未來覺

得沒有什麼希望；幸好仰賴天恩，不斷命令各地的大臣多方面的支援救濟。

11月下旬（10月初），直隸督臣李鴻章、閩浙督臣楊昌濬、各派廈門士紳葉文瀾兌銀通信。又經兩江督臣曾國荃命令道員龔照瑗雇輪船載送淮勇500人，並且由民船送達黎意槍（Lee）1000桿。兩廣督臣張之洞雇輪船由澎湖接濟軍餉白銀3萬兩及火藥等。台北駐軍的情勢也因此得到生機。

敵人援軍將到

只是11月19日（10/2）投降的越南人及法國兵船翻譯官密報：法國從越南載運的兵勇即將要到達，囑咐我要嚴加防守。

敵人佔據基隆的兵士很多都生病，3次共增加1500人，分別駐守七處兵營，都是靠近海邊的山上。

要求速調勁旅來台

如果能趁敵兵還沒有到達，由內地運來勁旅3000人防守，才能夠有所幫助；否則，法國的兵士都到達時，要固守所有防線實在很困難。

昨天已發電報，商請張之洞將我的舊部屬吳宏洛5營抽調渡海來臺。張之洞提供軍餉和軍事裝備等都不遺餘力，或許可以答應我的要求。

利用敵船封鎖間隙載運援兵

如果不派遣大批兵船，護運兵員來台也很困難；就算到達，海上都是法國人的兵船，以我們的兵輪要和他們的兵船在海上對抗，實在不太可能，利用他們兵船巡防海上的間隙載運兵員來台，比較可能成功。

已發電報請楊昌濬火速趁敵兵還沒有到達之前，法軍在台南外海巡航的兵船還很少的時候，迅速調運勁旅渡海來臺，以免落後法國的援軍。

我（劉銘傳）會督促各個部隊利用機會防衛及圍剿法軍，以等待援軍。

反攻敵軍難度高

只是基隆山勢很險峻，敵人以兵船保護營壘，若要朝上仰攻，只會多損傷精銳而已，要是明目張膽的進攻，必定會更加困難和危險。

因此，只能暗中挑選不怕死的兵勇，以重賞鼓勵，讓他們夜襲法軍的軍營。法軍武器精良、防禦堅固，是否能得手還很難預料。只能盼望援兵早日到來，兵力如果允許充份佈防，才不用如此瞻前顧後。

台北府城的防禦現況

台北府城為糧食軍械集中的重地，以前只有土勇 200 人，我只調了劉朝祜率領的部隊及江陰新到的兵勇 800 人前來防守。所幸土匪已經剿平，地方安定，軍民和睦，還算值得欣慰。

除了將捐軍餉和招募練丁的紳民匯集起來請求獎勵外，另外也將練丁打勝仗及各個部隊防守等待援軍的各種情形上呈說明。

◎軍機大臣奉旨：
朝廷要求劉銘傳奪回基隆

台北紳民捐資協助防守，抵禦敵人獲得勝利，實在是急公好義；請劉銘傳查明後奏請優遇獎勵，仍然要激勵團勇會同官軍，迅速奪回基隆，大家共同獲得獎賞。

第八章・齒形高地（鳥嘴峰）爭奪戰

說明： 11月2日清晨清軍曹志忠反攻基隆獅球嶺，但被法軍擊退。11月7－9日法軍從石硬港谷地及兩側高地朝暖暖攻擊，但被暖暖鄉軍周玉謙土勇擊退。之後法軍就不斷偵察、攻擊石硬港谷地及西側高地清軍防禦工事，形成清法軍對峙形勢。

一、清軍：曹志忠夜襲獅球嶺法軍陣地

11月1日曹志忠夜襲敵營

11月1日（9/14）三鼓（夜11－1時），曹志忠率領部隊打算接近獅頭嶺夜襲，攻擊法軍九芎坑的敵營，因為山高路途險峻，被敵人察覺，才剛到山下，敵人就以火砲炸傷我軍兵勇40幾個人。曹志忠看見敵人已有嚴密防備，就收隊撤退回來。

劉銘傳堅持不輕率進攻

我（劉銘傳）堅持命令要穩紮五堵，扼守水陸要衝，不要輕率進攻，以免損傷精銳。用兵之道，攻堅最難，由低往上攻更是危險。基隆山勢險峻，步道崎嶇，敵營駐紮在海邊和山頂，兵輪在港中及海岸邊環繞，加以看守保護，要明攻尤其困難。

曹志忠的部隊，傷病後的精銳也不過剩1000餘人，若再傷亡，淡水以東的地方就更難防守。而且，攻堅必須有巨砲，現在槍砲彈藥所存不多，用完更難防禦敵人。

我多次寄信請求各位將領，三令五申，堅決要求不要因貪功而輕率進攻。若為基隆這個小地方，而失去台北府城的大局，只會得到更重的罪，而且，到時連挽救都沒有機會了。

法軍怕打持久戰

法軍從遠方到台灣，速戰對他們有利，如果打持久戰，他們一定很難支撐。我軍只要固守等待增援，等待好時機再出擊。這是我因為海島孤懸，兵勇少而槍械缺乏，支援困難，希望在重重的危機中保住有利的局勢，不敢急躁進攻基隆的原因。

左宗棠主張攻打基隆

左宗棠與督臣楊昌濬先後到福建。監督調集軍餉這件事，都已盡力籌措，但因海路被法兵船封鎖而不通，支援的兵勇難以渡海到台灣。

左宗棠根據劉璈的報告，上奏主張攻打基隆，實在是不知道台北兵力單薄的困苦。

二、法軍：清軍攻擊淡水砲台（獅球嶺）

11月2日清軍攻擊法軍南方防線

11月2日清晨6點左右，南方防線的哨兵報告：發現許多中國軍隊從基隆河轉彎處出現，朝向通到淡水砲台（獅球嶺）的谷地前進，正在接近南方防線。我們防線陣地哨兵立刻吹奏作戰號角，隨即展開射擊。中國軍隊試圖繞過我軍右翼防線前進，他們的首要目標似乎是Thirion砲台（蚵殼港山），這個防線陣地我們3天前才因這裡的傳染病嚴重，造成守備兵多人傷亡而放棄。他們顯然已經觀察到這個特殊的事件。

敵軍的攻擊已受到我軍阻擋。我們以排槍和Hotchkiss砲強勢迎戰中國軍隊，半個小時後，他們就放棄了從防線西邊包圍的行動，同時向西南邊高地後方找尋撤退的掩蔽處。

在同一時間，東南邊也出現了一些中國軍隊，出現在基隆街市往八堵山路的竹子嶺頂部，山嶺上都是他們的人，同時展開戰鬥隊形朝我們防線的左翼（東邊）前進，他們為了佔領前方據點，前進中常因掩護不足而必須暴露行蹤，使他們受到重大的折損，最後只能被迫撤退。

第5戰：曹志忠反攻獅球嶺失敗示意圖

1884年11月2日曹反攻獅球嶺失敗示意圖

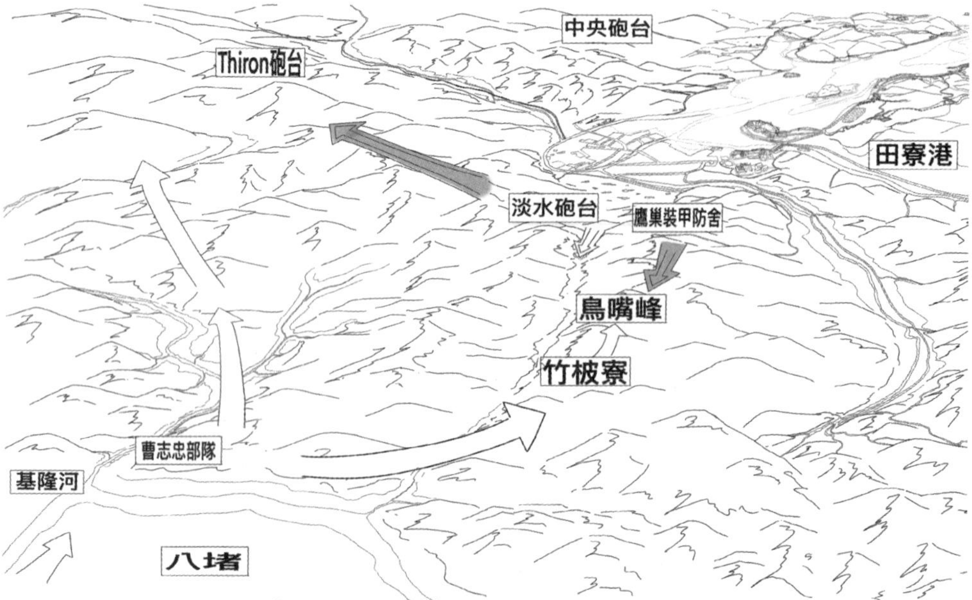

圖 8-1 曹志忠在 1884 年 11 月 2 日清晨反攻獅球嶺失敗

圖 8-2 從紅淡山看獅球嶺及石硬港谷地

攻擊鷹巢（獅球嶺東峰）

敵人進攻我們法軍的南方防線時，遭到了強力的阻擋，但他們並不認為自己戰敗。清晨 7 點，他們又對「鷹巢」堡壘（獅球嶺東峰）發動攻擊，他們甚至將一門輕砲拉到距離鷹巢堡壘（獅球嶺東峰）南邊 200 公尺處，射擊鷹巢裝甲防舍（獅球嶺東峰）的一部份。這是一場激戰，在戰鬥中敵軍非常勇猛，我軍的防禦陣地一度受到敵軍重重包圍，而「鷹巢」（獅球嶺東峰）也幾次阻擋敵人猛烈的進攻，敵軍一方面受到我們裝甲防舍守備兵步槍近距離的射擊，又遭到淡水砲台（獅球嶺）砲兵和海軍步兵排槍的背後及側面射擊，敵人進攻半小時後無法推進，只能撤退，一邊和我軍戰鬥，一邊往南邊後退，以地形和叢林掩護，直到不見蹤影。只有一面高級將官的旗幟落入我們的手中。這時，由 Lacroix 少校率領第二兵團第 23 連援軍從基隆營舍趕來，這支援軍使敵人的撤退更快。援軍在道路西邊高地佔領陣地，以排槍追擊正在撤退中的敵軍，一直到上午 10 點才停止。

根據後來得到的情報得知，為了這次戰鬥，有 2000 名中國兵半夜從距離 17 公里、通往淡水路上的水返腳（汐止）營舍出發，2000 人當中有 1200 人曾參與戰鬥，但受到了很大的損失，但死傷的真實數目並不能確定。我軍則只有一人受傷。

11月4日輕裝偵察（八堵）

11月4日，我們的輕裝部隊（由Thirion上尉及Cramoist上尉率領第二步兵團第22連、第27連和第三步兵團的兩個連），在Lacroix少校指揮下，於清晨6點離開基隆，前往淡水谷地（八堵）偵察，我們的部隊從Tche-Taon（茄冬或七堵）處徒步越過基隆河，前進到距離法國陣地約4公里處。這個偵察隊很謹慎的和在步槍射程外的敵人相互射擊幾槍後，就返回基隆了。輕裝部隊並沒有任何損失。

11月2日敵人發動對淡水砲台（獅球嶺）猛烈的突襲戰，但因我軍哨兵嚴密警戒，加上淡水砲台（獅球嶺）指揮官Leverger上尉機智的指揮，才使敵人敗退。這位軍官和海軍砲兵排長Wallut中尉、鷹巢堡壘（獅球嶺東峰）指揮官Pering中尉及Cormier中尉等，都同時受到艦隊及遠征軍司令下令褒揚，這3個中尉軍官後來更因此而都升為上尉。

敵軍攻勢作戰失敗

中國軍隊由原來的守勢作戰轉變為攻勢作戰，這證明了他們擁有我們以前沒有看到過的勇氣和自信，這是敵人已獲得強大援軍的徵兆。我們的兵士不但沒有增加，反而日漸減少。11月2日的戰鬥後，我們本來應該以兩、三個營的兵力繼續追擊敵人，並且將敵軍從水返腳（汐止）的前哨陣地趕走，但我們卻沒有這樣的兵力。當時我軍可以作戰的兵力大約只有1400人，而這些人當中能夠集合起來去追擊敵人的，也不過兩、三個連而已。

11月2日的戰事，對我們而言是一種沒有實質意義的成功，對敵人而言則是一次嚴重的教訓。從此以後，中國人就認為進攻不會有什麼成效，於是採取了一種適合他們性格的戰術，他們開始有計畫的包圍基隆。他們在建立防禦陣地時，要在良好的掩蔽下，先築壕溝圍堵住谷地，封鎖經過的山坡小路，再佔領山頂，然後朝向我們的陣地緩緩靠近。

三、法軍：偵察石硬港谷地

11月12日偵察石硬港谷地

11月12日，我們法軍派了一個連到石硬港谷地東南邊偵察，這個谷地分隔「鷹巢」（獅球嶺東峰）和「圓形劇場」各高地（紅淡山），在谷地的最後面有一道瀑布（魴頂瀑布，今南榮公墓前隧道口旁），瀑布附近有一個叫 Nai-Nin-Ka（南嶺腳或內嶺腳）的小村。步兵連走到瀑布上方的高地時，突然發現一個敵人新建的防禦陣地，是一道壕溝，且建在一座四周幾乎無法進攻的險峻高地。這時，敵人突然以步槍攻擊，偵察隊立刻以排槍反擊，使隊伍完整而又有秩序的回到基隆。

11月13、14日擴大編組再度偵察

敵人正在執行新的防禦計畫，因此，我們必須深入了解這些陣地的功能和性質。於是，我們集合所有可以調動的兵員，組織了一個堅強且具有攻擊能力的偵察隊，偵察隊包括4個步兵連和1個砲兵排，由 Lange 少校指揮，於11月13日清晨出發，Bertaux-Levillain 中校部署偵察隊的行動，也監督其執行任務。

敵人的陣地距離基隆我軍防線約兩公里遠，似乎只有一些若隱若現的小路可以通到那裡。偵察隊進入可直接監控東方谷地的高地。偵察隊在很高的草和濃密的樹叢間非常辛苦的走了兩個小時後，偵察隊的先鋒遇到一隊中國人，而且被他們近距離射擊，卻沒有任何損失，偵察隊立即佔領左側附近的高地，那個地方可以架設大砲，不久後敵人就被我們的砲彈趕走，但天色已漸昏暗，不能再繼續向前推進了。

天氣似乎不太穩定，偵察隊卻仍準備就地過夜，這個宿營地距離山谷入口及林家大宅（Cramoist 廟）的距離剛好700公尺。

這一夜落下了傾盆大雨，但卻沒有受到敵人的驚擾。第二天（11月14日）天一亮，大家就起身開始前進，地形變化很大，使行走比昨天更為艱苦，因為，現在已經沒有小路了，大家慢慢從荊棘叢中開闢出一條小路，兩個小時後，偵察隊的前鋒到達了前一天被敵人佔據的高地，且沒有發生任何事就佔領了這個陣地。前鋒已在右邊陣線前進了300公尺，且已獲得在這陣地剛架上大砲的砲兵掩護，偵察隊的前鋒艱難的走下前面的谷地，不久後，就被一堵無法超越的絕壁斷崖擋住所有去路。因此，一定

要回頭尋找另一個山谷才能繞過去。這是如此艱難險惡的環境啊！敵人如果在這裡要消滅偵察隊，那又是多麼容易的事！最後發現了一個缺口，原先絕壁擋住的去路已被我們繞過，而偵察隊的前鋒突然出現在 Nai-Nin-Ka（南嶺腳或內嶺角）和中國人陣地的前面。敵人已經撤退了。當一部份偵察隊員朝南方佔領陣地時，臨時編成的作業班就破壞敵人留下來的陣地，和一個擋住小路的小小防禦工事，那條小路似乎可通到淡水谷地（八堵）。我們認爲 Nai-Nin-Ka（南嶺腳或內嶺角）小村是敵人的補給中心，因此，我們燒掉了那些茅草屋。

圖 8-3 從齒形高地（鳥嘴峰）看鷹巢堡壘及基隆市區

圖 8-4 法軍從石硬港口向三坑方向偵察 　　圖 8-5 Nia-Nin Ka 瀑布即魴頂瀑布

完成偵察任務

偵察的目的已經達成了。大致上只遇到一些敵人的監視哨而已。中國軍隊營人馬都在六堵和水返腳（汐止）。11 月 13 日，我們法軍的偵察隊剛出發時，敵人曾派援軍從這兩個地方前來，可是，監控淡水谷地（八堵）的我軍南方防線，藉著 Hotchkiss 砲展現的威力，有效的阻擋敵軍前進。

偵察隊在露宿兩夜後，於 11 月 15 日下午 4 點勞累而疲憊的回到基隆營舍，有一名軍官（Cortial 中尉）和兩名士兵受了輕傷。

遠征軍兵力下降

長期以來，這些兵士很多人都患有貧血和衰弱症，要求他們進行這類苦勞的任務，當然不可能改善他們的健康，反而，歷經無情風雨的摧殘，會使他們的健康更加惡化。從11月9日至20日，有16人死亡。一直到11月20日為止，住院的病兵有136人，休養兵229人。因此，能服勤務的健康兵員只剩下1200人。另外，有272名低階軍官和士兵已經或即將服役期滿，而即將要被遣送回國，遠征軍的兵員也會降至900人。確定派來的援軍已經快要出發了，但至少還要6個禮拜才能到達基隆港，在這段期間內，原本就已不太穩定的局勢將會更令人擔憂。

孤拔中將想向交趾支那（南圻）借來幾個連的安南士兵，因為他們能適應熱帶氣候，在非洲兵團到達前，能有效協助基隆的很多勤務。11月14日，中將向交趾支那（南圻）司令部提出這個要求，但交趾支那（南圻）司令在詢問過部內司令官Bou-y將軍的意見後，通知中將，說他無法將這些兵員派遣給中將。

現在的遠征軍，只能獨立維持基隆的情勢，別無選擇，只能在極度的焦慮不安中，等待援軍早日到達。兵士們總在作戰和作防禦工事間輪替，他們有時要拿起鋤頭挖壕溝、築堡壘，但也要奮力抵抗逐漸逼近包圍的敵人，但卻沒有精力攻擊他們，因為必須盡心力整修不斷被豪雨沖刷而損壞的防禦陣地。我們的營舍中，大多數是用茅草蓋的，現在已經沒有掩蔽的功能，必須趕快建較堅固的建築物來替代。中將和西貢的一位包商商討，建造木棚的可能。

戰地的日常生活

另外，關於生活狀況的改善，尤其是維持軍隊的士氣，也都要全盤考量。

中將總是憂慮現況不佳而想要改善，這使任何人都不會對他感到失望。不論有多大的風雨、多強的波濤，不論有多少繁重的事務要處理，他每天都要離開八野艦到野戰醫院去巡視一圈，他的一句話總會為這些受熱病或痢疾折磨的病人帶來信心，對每一位因過勞而逝世的軍官，他都要親自執紼直到墓地為止。他將旗艦上的樂隊派到陸地，使病兵及病後療養兵透過音樂的抒發而獲得一些安慰。

因為中將的要求，法國Messageries maritimes輪船公司由香港駛向日本的定期郵船都在基隆停泊，這樣才能便利的將信件和新鮮的食物載運來。這些郵船從日本

橫濱開到基隆通常只要 4 天，郵船載來一些活的牲口（有些小肥牛後來被 A 點的武裝守衛兵放養），還有很多野味如鹿、兔、雞、家禽及雞蛋等，和基隆絕對無法得到的東西。

馬鈴薯從香港來，麵粉從澳洲或美國加州來。

有一個名叫 Marty 的人，是個香港的法國商人，帶著多種罐頭食品到基隆開設一家雜貨店，還有一個英國人和一個美國人也跑來開店，可是，被我們懷疑和敵人有關係，因此，不久後就被驅逐出境了。

四、法軍：奪取齒形高地（鳥嘴峰）

齒形高地

這段期間內，敵人似已恢復自信，正在逐漸接近我們的陣地。在鷹巢（獅球嶺東峰）東南方 300 公尺處，有一個由岩石構成的高地（鳥嘴峰），這高地的形狀很像一顆牙齒，而它的斷崖朝向北邊。南邊的斜面較為平緩，也避開了鷹巢（獅球嶺東峰）的視線。齒形高地（鳥嘴峰）比鷹巢（獅球嶺東峰）高約 20 公尺，因而可監控鷹巢（獅球嶺東峰），這是大自然給敵人設監視哨最好的地方，中國人也充份掌握這高地的優勢。

圖 8-6 左邊的齒形高地（鳥嘴峰）和右邊的鷹巢堡壘（紗帽嶺）

11月27日及12月7日——偵察齒形高地（鳥嘴峰）

11月27日，有一個連到齒形高地（鳥嘴峰）偵察時，發現敵人佔領這個高地，我軍立即趕走敵人。可是，等我們偵察隊一走，中國人又立刻佔領那個陣地。12月7日，一支新的偵察隊也被派到同一個地點偵察，由Thirion上尉在指揮的偵察隊，在該處襲擊身在壕溝中的一隊中國兵，他同時也破壞敵人的防禦工事，但後來敵人的援軍趕到，展開反擊後，他就不得不回到我們的陣線。Thirion上尉曾發現，在齒形高地（鳥嘴峰）後方300公尺處山嶺北邊一道斷崖上，中國人設有新的陣地，而這個陣地是鷹巢（獅球嶺東峰）和淡水砲台（獅球嶺）無法射擊到的，這陣地也能完全監控通往Cramoist廟（奠濟宮）的石硬港谷地。

這個新陣地可以確認是敵人想在這裡構築的新防禦工事。因此，我們組織了一支更強大的偵察隊，不但要趕走敵人，還要摧毀他們正在構築的防禦工事。

12月12日——組織更強大的偵察隊偵察

新的偵察隊由兩個連組成，總人數130人，由Thirion上尉指揮。南方防線的守備兵200人，由Lacroix少校指揮，為這次軍事行動的協助部隊。

偵察隊在淡水砲台（獅球嶺）集合，清晨6點出發，為了避免引起敵人提防，我們沒有進行任何射擊。Thirion上尉率領100名士兵直接衝到敵人的防線陣地前，同時以兩排（每排有30人）埋伏在南邊和東邊，從側面襲擊防守的敵軍。第一隊由Cormier中尉指揮，由淡水砲台（獅球嶺）南邊山嶺支稜進入陣地；第二隊由Legros中尉指揮，在「鷹巢」（獅球嶺東峰）南邊防守。

Thirion連警覺而小心的前進，在早上7點20分到達敵人的陣地（鳥嘴峰南邊），卻沒有引起敵人注意，Thirion連在瞬間就衝入敵人的堡壘，受到驚嚇的中國人有的趕快去拿槍械，有的緊急逃離，有些人被刺刀刺殺，這是一場近身肉搏戰，大約有20個中國人躲進暗壕內，暗壕的出入口只有一個低矮的門，我們若要硬闖暗壕，勢必會受到強烈的反擊。Thirion上尉想了幾分鐘，就叫兵士在暗壕門口堆積乾草後，點火煙燻暗壕，被煙嗆到受不了的中國人一個個跑出來，有的人被殺死，有些人被俘擄。

破壞敵人防禦陣地

敵人的防禦陣地由一道三角形的外圍胸牆圍繞保護，最高處朝向我們的方防線。陣地中有兩個暗壕，一個已經築成（被煙薰的那個），另一個還在構築中。我們必須立即摧毀這兩個暗壕。

Thirion 連的一部份人立刻放下了武器，趕緊破壞這個陣地設施，但不久後，中國軍隊就再度回來反攻了。敵人以樹叢當掩護，慢慢靠近到 100 公尺附近時，其他防守的排就對敵人展開射擊，正在進行摧毀防禦設施的士兵中，有幾個人被射傷了。

Bertaux Levillain 中校帶了一個連的援軍到達鷹巢（獅球嶺東峰），他派一個排去支援 Thirion 上尉，同時送彈藥過去。

圖 8-7 獅球嶺東砲台即鷹巢山頂　　　圖 8-8 齒形高地（鳥嘴峰）的防禦工事

敵人追擊

早上 9 點 30 分，敵人陣地朝向我們的一部份已經破壞了，Thirion 的連很有秩序的返回淡水砲台（獅球嶺），但敵人卻緊緊跟在後面，因為他們自認為是他們的火力強大，才壓迫 Thirion 連撤退回去。

敵人的追擊不久後就被 Cormier 排和 Legros 排猛烈的火力擋住。這兩個排掩蔽得很好，為的就是出其不意攻擊沒有提防的敵人。敵人倉惶逃跑，且受到嚴重的折損，死傷超過 300 人，我們則有一人陣亡，7 人受傷（其中 2 人重傷）。

因為 Thirion 上尉神勇與果斷的領導，使我軍在這場戰役的軍事行動中獲得了

光榮。經過這次戰役後,我們的軍隊又再次證明;我們可以沉穩、堅定的面對所有挑戰。可是,就如同以前的考驗般,這次戰事雖然會讓中國人更加謹慎,但仍然無法讓中國人離我們遠一點,退到能確保我們防線安全的距離外。因為我們的防線需要這樣的安全距離。

五、清軍:土勇擊退法軍

周玉謙率土勇擊退法軍

11月8日(9/20),法軍攻暖暖3天,地方頭人周玉謙等守在山上險要的地方擊退法軍,擊斃法兵10餘人,還擊斃肩章三畫的軍官一人,土勇也傷亡10餘人。

練勇看到險要的山勢可以依靠,防守起來就更有信心,不時在晚上偷偷潛入敵軍的哨所,割敵軍哨兵的頭回來。我(劉銘傳)也立即給賞,作為鼓勵。

第6戰:11至12月齒形高地(鳥嘴峰)法軍與暖暖鄉軍攻防多次交戰示意圖

1884年11月暖暖周印頭率鄉勇在石硬港兩側山嶺對抗法軍示意圖

圖8-9 暖暖周印頭在1884年11月率鄉勇在石硬港兩側山嶺對抗法軍

九芎山敵軍攻擊鳥嘴峰

12月12日（10/25）清晨，有大約100多個敵人突然從九芎山（三角嶺山）往鳥嘴峰南邊竹子嶺北面的軍營陣地進攻，練丁全力抵拒，但仍然抵擋不住，剛好有各地營勇、練丁都趕到救援，槍擊後使10幾個敵人受傷，還奪得紅旗一面，敵人這時才敗退而去。

林朝棟率土勇防守暖暖

彰化紳士郎中林朝棟，從小生長在將家，急公好義，聽到法軍攻打台灣，就自己準備兩個月的糧餉，招募土勇500人前來協助對抗法軍。我很高興，立即撥發槍彈軍械給他們，命令他們到暖暖，和當地的團練共同守備，防禦法軍進攻。

圖8-10 從右至左為紗帽嶺、鳥嘴峰及南榮山

六、清軍：劉銘傳要求朝廷調勁旅對抗

法軍增兵基隆

依據在法國兵船當翻譯的歐姓人士12月7日（10/20）密報：法軍兵勇4000人來台灣，被越南截留；12月2日（10/15），孤拔親自到越南調兵；12月6日（10/19）有英國商人的兩艘船為他們載運糧食，基隆好像有大量的兵勇快要到達；現在基隆、滬尾水師和陸軍有4000多人，兵輪16艘，小輪7艘等。

劉銘傳請調勁旅 3000 人對抗

我（劉銘傳）前不久接到法船翻譯的密報，說法軍增加兵士，我立即多次發電報請督臣速派勁旅 3000 人，利用台南現在沒有法國兵船監視，還可以登陸，到現在都還沒有接到回信。今天多次承蒙朝廷下詔，命令兩江、兩廣督臣調撥我的舊部屬來台灣。

現在正逢軍情萬分緊張的情勢，只有仰懇天恩，立即命令兩江督臣曾國荃，將江陰還沒有來的一營及廈門淮勇 200 人，速速載運到台灣來，從台南登陸。並請命令兩廣督臣張之洞，迅速調撥吳宏洛的部隊 5 營來台灣。如果吳宏洛不能迅速來台灣，就請命令左宗棠、楊昌濬迅速調撥楚軍 3000 人，由孫開華調配，以挽救現在的危機。

◎軍機大臣奉旨：

朝廷要求限期攻復基隆

法軍佔據基隆已久，應該要迅速想辦法進攻。若說攻堅很困難，何以你們會被法軍攻佔？你（劉銘傳）一定要盡力設法，聯絡土勇，出奇制勝，限期攻復基隆，不得絲毫存有退卻的心態，耽擱適當的時機。要求的事已命令吳宏洛 5 營到台灣，已命令張之洞籌措撥調了。

☆密招敵探仍留敵中通信片

設法吸收越南密探

我（劉銘傳）已多次接到秘密告示，命令我設法吸收被脅迫逮補的越南人。我已經遵照辦理了。

本月初一日（12/18），暖暖土勇抓到越南密探陳番浦一名，押解到府城。我就溫和的加以安撫，賞給番銀，命令他仍然回到基隆，秘密招引為法軍作事的其他密探。隨即來了越南密探 10 幾個人，同時安撫他們。

陳番浦密報，法船有中國、越南兩國翻譯 5 人，及本地漢奸 50 幾人，都願意來

投誠效力。只是越南人在軍營內作工，防守很嚴，不能全部跑出來。

我看到各個密探都願意來歸順，正可以放在敵營中，才可通報法軍的一些消息。如果命令他們全部出來，就無法知道敵人的情報。現在已經秘密告示他們，仍然在敵營探聽消息後再來報告，遇到機會就進一步取得消息，作為我方官軍的內應，也是分散黨羽使用計謀的一種方法。

◎軍機大臣奉旨：

留意分辨投誠者的真假

所有投誠的人，你（劉銘傳）應當好好管制。留在敵營中探消息的人，尤其應當特別慎重的留意，不要因為他們給的錯誤消息，而導致陷入敵軍狡猾的計謀中。

第九章・法軍調整戰略方向

說明： 由於清軍將領懸賞法兵人頭，造成法軍大恐懼。孤拔和法國內閣再次爭辯佔領基隆的利弊。劉銘傳向清朝要求援軍、糧餉，運兵船設法突破法艦封鎖偷運到台東，清法雙方在海上鬥智鬥計；對台灣島內則要求富人捐資、辦團練，林維源捐30萬元，但人卻跑到廈門避戰。法軍則決定從台灣撤退，另尋使中國痛苦的手段。1885年1月法國援軍非洲兵團傭兵抵達基隆，不太受控的非營班長率手下於1月8日突襲紅淡山，法軍出動多路縱隊救援及偵察，一個排試圖攻上紅淡山懸崖失敗，被清軍擊退，死傷慘重。1月21日法軍外國人兵團抵達基隆。

一、法軍：中國將軍懸賞法軍人頭

12月中旬——敵人的包圍緊縮

隨著時間的流逝，清軍的包圍圈逐漸緊縮，12日破壞的齒形高地（鳥嘴峰）防禦設施，敵人已經重新佔據了，而且，是確實的佔領。從此以後，敵人的齒形高地（鳥嘴峰）和我們的南方防線之間，每天都會以步槍互相射擊。

有時為了要終止槍戰，就由淡水砲台（獅球嶺）發射一顆砲彈，摧毀敵軍陣地高處，以換得幾個小時的安靜。一到夜晚，中國人就可以安全的修復他們的陣地，等到第二天清晨，猛烈的槍戰就會再度爆發。

從12月中旬開始，敵人應該已經獲得新援軍了，他們開始從東邊擴張，因而在某天早晨，Ber防線的哨兵突然發現，正對面山谷的另一邊，在新堆起的土墩後面，敵軍的哨兵已藏身其間監視我軍了，敵人已經佔領圓形劇場高地（紅淡山），他們構築的陣地滿佈在Cramoisy谷地（石硬港谷地）到八堵步道旁的山頂。他們最早守在標高212公尺的竹堡（紅淡山三角點）和標高171公尺（針形小堡）的據點，也在標高89公尺處封鎖了通往另一個斜面的山坡小路，同樣也封鎖了八堵步道越過分水嶺時的階梯路，接著他們就加強監控有長斷崖的次要山峰，即標高180公尺及147公尺的山峰，這些陣地都有連續不斷的壕溝串接連繫。

我們只能眼睜睜的看著他們不斷的構築防禦陣地。既然我們無法阻止他們再次築造，就不必冒著生命危險或受傷流血的風險，去趕走他們。我們應該耐心的等待援

軍，在他們到達前我們是無法行動的。

況且，我們的健康狀況又更加惡化了。從11月20日至12月1日，有26人死亡，220名病人塞滿了野戰醫院，因此，病院一定要再擴充，另外，各連共有260人在休養，不能擔任勤務。因此，我軍全部有效的員額只有1100人，12月23日的有效員額更降到1000人以下。

法兵染病住院人數激增

「12月1日，孤拔中將從基隆致海軍部部長電報：法軍官兵健康狀況為前所未見的惡劣。自11月20日至12月1日，已有26人死亡。今天有220人住進病院，260人臥床。請派一位在陸上服務的軍醫上校前來。今天能夠擔任勤務的人，今天僅餘1100人。」（《法軍侵台始末》第五章註19）

圖9-1 他把法軍人頭交給清官換獎金（《北圻回憶錄》：135）

懸賞法軍人頭

中國人利用夜間從圓形劇場高地（紅淡山）和Cramoisy（石硬港）谷地派出一些小隊，靠近基隆市街附近，因而我們連雜役的工作都要有武裝兵護衛，營舍附近和

基隆市街也都有一些間諜和來搶劫的中國正規軍。

中國的將軍們以懸賞來徵求法軍人頭，每個士兵的人頭賞銀 50 兩，比 350 法朗稍微多一點。Maurice Loir 對這件事有詳細的敘述：

「這種對法兵人頭的懸賞，誘發了一些無法形容的殘酷行為。中國人趁著夜晚去挖掘新的墳墓，將死者從泥土中挖出來，並割下頭顱。因此，我們必須用帳幕設立一個哨所，派兵負責守衛墓地。」（《法軍侵台始末》第五章）

假埋葬引誘割頭者

「敵人對死者的這種褻瀆行為，使我們的兵士非常不滿，因此，有幾個兵士就想出一個適切的報復方式，他們舉行了一次假埋葬。棺木中由砲手放入兩顆砲彈，再使用特殊的裝置連結，砲彈的信管會在棺木掀開時突然點燃爆炸。當天晚上果然發現，有企圖割人頭者在墳墓附近徘徊，衛兵故意放他們進去作那件令人悲傷的事，但他們掀開棺木時，不幸的是砲彈竟然沒有爆炸，但我們的士兵仍然當場槍決了這些邪惡的黑夜工作者。」（《法軍侵台始末》第五章）

孤拔中將不斷將目前令人擔憂的局勢報告政府。為了確保佔領軍的地位，同時在偵察戰的攻勢中獲得好處，曾經在一段短暫的時間內，他等待向交趾支那（南圻）司令要求 300 名安南兵前來，但最後這個希望還是沒有成功。

12 月 15 日，陸上司令官杜奇尼上校搭乘 Vipere 砲艇來到基隆，他的想法和中將的意見相同。

中國間諜及法軍難募工

1884 年 12 月 23 日孤拔中將致海軍部長函：

「基隆街市及附近有許多中國間諜和兵士。被我們抓到的間諜都已槍決了。這裡的居民們逐漸對我們有疑慮，他們認為，我們軍隊的人數太少，不能保證他們將來不受中國兵士的報復。於是由基隆街市遷往他處的人快速增加，使我們無法在街市招募到工人，只有 l'ile Palm（和平島）提供我們一些苦力。」（《法軍侵台始末》第五章註 20）

二、法軍：陷入基隆戰場泥淖的錯誤戰略

政府不願對中國公開宣戰

我們法軍的艦隊因為被禁止在公海執行檢查，使我們對中立國的走私活動無法作為。而中國政府則持續利用中立國船舶，在這段期間內增加戰備物資。香港和上海的報紙每天都有許多闖關者的報導，描述那些船舶在台灣島各地卸下物資和援軍的英勇表現。

這是我國政府不願對中國政府公開宣戰，而只是採取報復狀態的結果。在閩江事件後，孤拔中將曾經希望能脫離這種狀態，他當時以為，政府會決定對中國宣戰，如此一來，他就能除去這些障礙，他還希望在福州戰役後，他艦隊唯一作戰的目標就是旅順。他曾不斷主張，我們必須在中國北方進行一次新的攻擊，他在9月13日的電報中明確敘述他的作戰計畫，然而，他的懇請並沒有任何效果。

孤拔曾反對佔領基隆

孤拔曾經說明反對佔領基隆的所有想法，但他絕對無法預料到，在基隆會遇到如此大的困難。

佔領基隆及其礦山，依據孤拔中將的意見，既不能成為軍事根據地，也不能成為談判時真正的擔保品。即使我們佔領了淡水和基隆、淡水間的整個地區，我們從這些佔領可以取得的利益，和必須投入的費用是不成比例的。中國會在這些地方和我們不停的戰鬥。目前的狀況，準備激戰的敵人，他們的目的也許不是將我們趕出基隆，而是迫使我們的海陸軍都困在這裡，因為，我們的海陸軍若在中國的其他地方，敵人將會受到更大的威脅，於是，敵人就想盡全力把我們留在這裡。從後面這個觀點看，最近情勢的發展已使敵人感到非常滿意。佔領基隆有兩個原因使我們變得不幸，一是淡水打敗戰後，使封鎖必須進行；一是遠征軍悲慘的衛生狀況，使中將不得不將可用的兵力留在基隆，以保護病兵。

清朝戰艦的威脅

這時，突然又出現一個新的難題。中國政府利用英國報紙逼真的描述，一個從北直隸（河北省）出發，航向未知目的地的中國艦隊，艦隊包含木造護衛艦一艘、巡邏艦一艘、鋼鐵快速巡洋艦3艘，各艦艦長由德國人擔任。這個時期正好是法國政府載運大量援軍前往東京（北圻）和台灣，搭乘的租借郵船正在航行途中，因此，7、8千名兵士有遭遇中國戰艦攻擊的危險。法國政府對這件事感到非常憂慮，就命令孤拔自西貢開始，派軍艦沿途保護這些郵船，且要不惜一切代價捕捉和消滅敵人的巡洋艦。為了要調動幾艘戰艦，中將決定暫時取消南方封鎖海域，將封鎖侷限在基隆和淡水兩區之間。最初是Duguay-Trouin艦，其次是Villars艦，陸續出發到西貢接運輸船Cholon，幾天後一艘巡洋艦被派去保護運輸艦Canton。

海軍軍力被困在基隆

「因為遠征軍狀況不穩定，使我們海軍的部份力量受影響，如果將這些海軍力量用在別處，會有較大的成效，即使只是用來阻止中國巡洋艦出海也行。為了防備中國巡洋艦可能的進攻，我只能將封鎖範圍局限在兩個主要地點：基隆和淡水。我們的巡洋艦就環繞、監視這兩個地點的海岸，但只在一個小圈子裡監視。在運輸援軍的郵船來到，且將護航的三艘巡洋艦交還給我們調度之前，我都只能如此安排。」（《法軍侵台始末》第五章註21）

這種對於中國艦隊的憂慮，使孤拔中將每次想要到Sharp Peak（Pic-Aigu）的電報站發一封電報時，都要下令組織一個真正的遠征隊。兩艘大巡洋艦護送那艘砲艇到電報站發電報，已經遇到這樣的困難，中將於是決定，以後所有的電報都要由香港轉發。

杜奇尼上校的軍情報告

1885年就在這種情勢下開始了。這是佔領基隆後的第4個月，也是封鎖台灣後的第3個月。

在等待援軍來到的期間，孤拔中將要求杜奇尼上校提一份軍情報告給他，此外，他還將Poyen-Belisle中校調來基隆，要求他考察堡壘營舍的新建工事或改良工事。

依據杜奇尼上校的看法，新來的援軍可以幫助我們佔領礦山，並將敵軍趕到幾公里外，可是，要從台灣的部隊中分出一小部份到中國大陸沿岸作戰，卻是絕對不可能的。

為了佔領淡水，必須增加 3000 兵員，還要有砲兵、工兵及附屬軍需人員。

最後，為了供應現在的需要，而不是遠征淡水的需求，杜奇尼上校要求運來 150 匹騾馬和鞍具，以便在恢復攻擊時，方便提供運輸火藥和糧食。

Poyen-Belisle 中校的防禦報告

Poyen-Belisle 中校在 1 月 21 日提出報告，他的結論是必須構築一些裝備更好的新堡壘，並要加速擴大作戰區域。對於西方防線陣地，他建議保留火號山，並在 Thirion 砲台增建一個堡壘，同時裁撤中央砲台，或只在該砲台留一個簡易、連絡兩砲台間的監視哨。

對於南方防線陣地，他認為最急迫的事是佔領桌形高地（月眉山）及圓形劇場高地（紅淡山），攻佔兩地後就能佔領齒形高地（鳥嘴峰），並且在那些高地上建一些有良好設施的砲台，再將 Ber 線的守備兵移駐到那些砲台。最後，他要求派一個醫屬工兵連和必須的器材，以供應那些新建堡壘的武裝使用。

1 月 3 日，孤拔中將以電報向本國政府說明杜奇尼上校的結論。

杜奇尼上校的意見

1885 年 1 月 3 日孤拔中將發給海軍部長函：

「杜奇尼上校視察基隆陣地，且研究過附近的地形後，認為即將到來的援軍可以協助我們佔領礦山，同時將清軍擊退到幾公里外，但卻無法將有限的兵力分出去，佔領澎湖群島或芝罘（山東煙台），建立封鎖台灣的海上基地。如果想佔領淡水，必須另外增加 3,000 人，還有必要的砲兵和工兵。我同意 Duchesne 旳意見。交趾支那（南圻）司令不能派運送糧食和火藥的苦力來，懇請最近務必要給我 150 匹附鞍具的騾馬。目前基隆需要這些數量，並不是為了攻擊淡水之用。」（《法軍侵台始末》第五章註 25）

錯誤的對台作戰

法國政府已明白在台灣作戰的錯誤,並且了解即便已在路途中的兩個增援營抵達後,這支在台灣的小規模遠征軍,即使能獲得成功,對我們的戰事也不會有什麼幫助。

在同一時期,強而有力的援軍正駛向東京(北圻)的途中,準備進軍諒山,而在這場戰役中,法國有權力期待,可得到使中國政府妥協的勝利。

如果事實和期待相反,法國政府就會決定公開宣戰。因此,我們推測,春季可能會對中國沿海作戰。這種局勢如果發生,就必須解除孤拔中將因封鎖台灣而受限制的權力,使他在新的根據地可以開展一系列作戰行動。

三、清軍:急需運兵、籌餉、捐資、辦團練、軍餉調度

前一陣子,因為軍餉非常缺乏,我(劉銘傳)和營官們商量,各營月餉暫計40日一關,等到有餉再補發,以方便挪用。

現已進入激烈對戰的時期,所有貨物都很昂貴,軍隊若沒有足夠的糧餉,真是非常的困苦。而且,聽說湘軍王詩正支援台灣的兵勇都增加口糧,吳鴻源的部隊也都有充足的糧餉。

要求及早籌措軍餉

目前,支援的兵力日漸集中,軍餉等日常開銷更大,前一陣子因為暖暖孤立危險,命令林朝棟和從廣東派來的總兵徐贊彪各增加土勇一營作為協助,加上淮軍陸續到達的幾營,台灣南北每月各需要餉銀11萬兩。

依據劉璈請求截留天津廣東協助的白銀幾萬兩,以支援台灣南北軍餉,也不過勉強可支用到明年二月,深思熟慮後,還是認為必須要早日籌款較好。

請求命令督臣楊昌濬趕快籌措大批軍餉白銀,以押解或匯兌的方式,都交給沈應奎收取儲存,統籌發給,才不用擔憂各營兵勇因軍餉不足而群起鬧事。

法兵船海上監視、攔截

據報滬尾法兵船又增加3艘,基隆和滬尾兩個港口共計有13艘船。新竹縣官紳通報說,敵船到新竹各港,每天在海上巡航。劫掠搜索往來船舶,看到人就加以擊殺。

內地商船偶而來到，就被砲箭毀損傷害，有駛小船的人避開法兵船潛入台灣，據他供稱，有載運軍事裝備的兩艘船，被敵人劫走；這兩艘船從哪裡開出來，他也並不清楚。

又依據英國商人的說法，英國兵輪帶來的書信，法國人都會拆開來看。今後哪能再用這種方法寄信到台灣？像這種情形，本來還可以通一點信件，現在通信的方式又將受阻了。

而且，敵人的兵船每天都在海口監視，如果不斷看到載有兵員及裝備的船登陸上岸，一定會攔截搜索，更要小心再小心。

要求以兵輪保護載運船

我（劉銘傳）已密發電報給南北洋、閩省，若可以支援軍餉器械，不要用民船，以免被敵兵船攔截逮捕；只希望兵輪可以保護載運，使援兵早日到達，才可以全力突破法軍的重重包圍，以免導致因兵勇不足而被消滅。

這些台灣軍情，仍然要以電報轉達南北洋、福建省，由總署代為說明。

☆覆陳封口後兵危餉缺勸紳捐助各情片

突破法兵船封鎖

台灣自從法軍兵船封鎖港口，文書及電報不通，奏摺無從以船遞送，多次將危急的情形，用電報請求總署代為上奏，電報文件都託交英商代轉。而且還以重金僱人，透過民船偷偷穿越法軍兵船的封鎖線，能不能到達，也無法知道。非常的焦慮，生機似已陷入絕境。

剛好11月22日（10/1）廈門商人的民船偷渡來台灣，才接到11月26、29、30日（10/4、10/7、10/8）三次電報寄來朝廷的告示，感謝聖上體念台灣的危機，寄來一次次溫暖的告示，誠懇的命令各地大臣全力救援，想辦法互通消息；接到詔書（皇帝的命令）非常感動，不知道要怎麼說才好。

我（劉銘傳）在這裡處境萬分危迫，還存有一點希望，必定會死守以等待援軍，盡一點心力報答聖上。

利用台北商行匯兌白銀

只是廈門匯兌北洋、福建省的軍餉白銀，到今天都還沒有船可載運，不能運到台灣。這裡派福建候補知縣鄭建中，設法在台北華洋的商行中，貼補利息以便匯兌，希望可以救濟正陷入困苦的部隊。

林維源認捐洋錢 30 萬元

台北紳士三品卿銜林維源認捐洋錢 30 萬元，多次請求寬限，分期繳納，我（劉銘傳）已遵旨全力催繳，今年可繳 10 萬元。繳清後立即上奏請獎。

林維源早已渡海到廈門了，他的朋友同知劉壽鏗暗中有勸他支助，我也傳旨知會劉壽鏗隨辦來台灣。但是，台北商店現有的白銀不多，不夠兌用，商量後以信函寄給林維源借款，以應付當前的困難局勢。

林維源在廈門離台灣已很遠，信息不能通達，能不能遵守承諾，沒有辦法猜測。

鼓勵士紳設局辦團練

我剛來台灣，隨員很少，在台灣的官紳如果有可用的人，沒有不廣泛的邀請禮遇。

彰化紳士郎中林朝棟，急公好義；新竹紳士郎中林汝梅，做事很可靠；兩位紳士都有才識，眾望所歸。因而命令林朝棟帶領練勇協助防守台北，林汝梅帶領練勇到新竹協防。

其餘紳士知府陳霞林等，都命令他們設局辦團練，再互相聯絡，官民合作，上下同心，才能有更多的資源共同協助。

法兵船攔截廈門送臺文件

但是，法軍兵船圍繞著基隆、滬尾，而且還將兵船分散，在台灣的四周巡航封鎖，遇到民船，立即進行搜索劫掠。昨天英國兵船到達港口，所帶來的廈門文件，已被法國兵船攔截回去了。

現在，根據基隆密探供稱，新到小兵船 7 艘，將攻滬尾口門，情勢越來越緊張了。

設法偷渡傳遞信件奏摺

僱人傳遞信件，裝扮成看似做生意的商人，乘船在夜晚穿越海峽，信件縫在衣服裡面，避免被攔截時搜查到，奏摺的體例嚴謹，不能照體例書寫，文稿送交督臣請求代為繕稿後上呈，速度快慢或船隻浮沈，都很難預先知道。

軍中的情形，仍由電報送達南北洋、福建省，轉電報到總署代為上陳。

只能希望仰賴朝廷的力量，使援兵早日到達，挽救全台灣陷入絕境的將士和人民，抒解我向上天呼籲救命的危機。非常的感激！

◎軍機大臣奉旨：

朝廷要求內外共同出力

林維源已經由朝廷降旨優獎，自然應當感激以圖回報。其他的台灣士紳，請劉銘傳好好激勵，共同協助增加作戰的兵力，一起貢獻一點功勞。至於南北洋、福建、廣東籌措的兵員器械，都已發電報催他們儘速辦理。

1885 年 1 月 7 日☆台北極危請飭速調勁旅援救摺
（光緒十年十一月二十二日台北府發）
◎ 12 月 7 日電報寄來朝廷的告示（10/20）：

牽制敵兵船運兵到台灣

南北洋援助台灣的兵輪，即日出發，法國人一定想要抵禦，不能專心顧及被封鎖的港口，正好可以趁這個機會，另外僱用商船，載運兵員和器械，利用法軍兵船封鎖的空隙到達台灣。

已要求曾國荃、彭玉麟、張之洞儘快以電報會商，各撥有戰力的幾營，僱用定期洋輪，在 7 艘船到福建的日期，找機會偷偷的出航渡海。此次兵輪前去，主要在牽制敵船，使他們對台灣的封鎖鬆懈。

上海、廣東兩個地方，要及時設法僱船協助載運，實在是救台灣的第一要策。各地的督臣等一定要迅速辦理，與左宗棠等互通消息，才能把握時機。

長沙現在有準備調配的八營，南洋如能酌量撥給劉銘傳的舊部隊援助台灣，立即速調湘中 8 營補充原來的駐紮。

朝廷要求克復基隆

馬祖澳有法船 2 艘，如果能設法驅逐，就可以打擊敵人的氣焰；同時要求看狀況辦理。

劉銘傳也應該激勵兵勇，迅速光復基隆，不可以怯懦只是防守，導致敵人不斷前來滋擾等。

☆台灣開戰後滬尾、基隆的防守兵力

查台灣從 8 月 5 日（6/15）基隆開戰以來，到現在已經半年了，只有江陰幾次調到淮軍 1300 人。雖然招募土勇 5000 人，但他們使用槍械不夠精熟，很難抵擋強悍的敵人。滬尾是河海交會的港口，尤其關係到台北的安危，總計淮、楚 7 營、土勇 3 營。

基隆這裡，只有曹志忠的部隊 6 營，其餘蘇得勝、林朝棟等土勇 5 營，分別駐紮暖暖、六堵一帶。

四、法軍：決定從台灣撤退

使中國痛苦的手段

因此，法國政府決定在公開宣戰前，必須從台灣先撤退。到時我們會將軍事行動將限在一些地點：一方面在東京（北圻）或中國南方；一方面為孤拔中將以他的海軍和一部份台灣遠征軍能攻佔的地方，這些地點只會成為補給中心，其他地方則不會有永久性的佔領。

依據這種想法，我們希望：孤拔中將擁有交戰狀態所賦予他的所有權力，這些作為將會使中國痛苦，再加上攻擊中國南方及封鎖北直隸（河北省），才可能逼迫中國退讓。

排除攻擊中國北部

如果要到中國北部作戰，就必須調派一支包含 50,000 人的軍團，這是當時法國內外情勢都無法允許的事。因此，法國政府通知孤拔中將，完全排除攻擊中國北部的想法，就只有兩艘運輸艦 Cholon 和 Carton 載運來的這些援軍而已，以後不會再有援

軍了。如果這些援軍還不能佔領淡水，至少可以佔領礦山，並且讓敵人承受一次大敗仗。政府也要求中將，對於以後他可能採取的作戰計畫，尤其是佔領澎湖群島或廟島群島（長山列島）作爲補給中心的可能性，提供他個人的意見。

台灣撤退前的計畫

爲了避免從台灣島撤退這件事，引起外界不好的看法，最好在撤退前打一次勝仗，緊接著就立刻在中國沿海展開軍事行動。政府認爲廈門是第一個適合的作戰目標，所有的遠征軍都要加入這場戰爭，但在這次戰爭後，中將應該將不能收容在艦上的所有海陸軍部隊都運送到東京（北圻）。

孤拔中將回答這些建議：在目前的情勢下從台灣島撤退，將會產生可悲的結果。

從基隆撤退日期

1月22日孤拔發給海軍部長電報：

「從台灣島撤退，會產生可悲的結果。重點在這項撤退必須在援軍到達後3星期實行。目前所有的糧食可維持到4月1日，此外還有大量物資。」（《法軍侵台始末》第五章註27）

這次的撤退至少應在援軍到達3個星期後再進行，基隆的存糧可以用到4月1日，而且還有大批的物資。

政府擬定基隆撤退的日期，將不在4月份以前進行，而佔領必須持續到這個時期。這時期以前，佔領諒山和在台灣可能取得勝利，中國也許會接受法國那些不算苛刻的條件，就是以承認《天津簡約》的效力來換取從台灣撤軍。

決定佔領澎湖群島

有了預期的計畫，中將被授權可以調動遠征軍到其他地方，但如果要取得永久性的地點，就只限於爲了部隊的福利與安全的需要。

最後，爲了降低放棄基隆產生的負面評價，法國政府決定佔領澎湖群島，因爲這群島位在海峽中間，有港灣和許多資源，會成爲春季作戰時理想的基地。這些相關計畫，應當保守秘密。

準備增援台灣的一個海軍砲兵連，正在 Toulon（土倫）港等候。1月17日，這

支砲兵連在 Toulon 登上租用的運輸船 Cachar，這艘船同時還載有大批軍用品，一部份載往東京（北圻），一部份載往中國海。砲兵連包括軍官 4 人，低階軍官 11 人，士兵 89 人，還有一些 80mm 口徑口徑山砲，這些山砲是陸軍部移交給海軍部的。

補強砲台裝備

1 月 21 日 Poyen-Belisle 中校提報告書給孤拔中將，中將立即將報告的重點轉達給政府。這份報告書也支持杜奇尼上校報告書的重點，而且加以補充。

為了補強現有的砲台，並為了裝備不久後將在圓形劇場高地（紅淡山）構築的砲台，孤拔中將 1 月 23 日以電報向政府要求 80mm 口徑口徑野砲 8 門及 80mm 口徑口徑山砲 10 門，還有每門砲 400 發砲彈，另外，附有山砲架的旋迴機關砲 4 門及每門砲彈 2500 發，外加工兵 1 排及作業監督官工兵上尉 1 名。

政府立即籌備運送這些裝備，且無法預期，即將到來的春季作戰時間的長短。2 月 4 日政府以電報通知中將，這些裝備已確定交給 2 月 20 日出發的定期運輸船 Shamrock，載運 80mm 口徑野砲 10 門、80mm 口徑山砲 10 門、旋迴機關砲 4 門，及中將要求的彈藥與兵員。

最後，工兵上尉 Joffre 搭乘法國 Messageries maritimes 輪船公司定期開出的郵船，在 2 月底抵達基隆。

五、法軍：非洲兵團援軍抵達

1885 年 1 月 7 日──非洲兵團抵達基隆

如預期的情形，第一批援軍抵達基隆了。在 1 月 6 日傍晚 6 點，載運非洲兵團第三營的運輸船 Cholon 在基隆港下錨。

法國援軍非洲兵團是個非常奇特的部隊。成員有來自陸軍監獄和苦役場的犯人，還有一些在入伍前因犯刑而留下記錄的人。他們自稱為「西風」（Zephirs），因犯行被懲罰而送到阿爾及利亞的苦役兵，非洲兵團的另一個綽號為：「快樂者」。他們的身份簿記載著所有的犯行，每個人都有竊盜或搶劫的傾向，且樂於以無紀律、愛做壞事等自豪。儘管他們都愛做壞事，但有時也能做出一些美好的事情，最重要的是要

擅用他們的缺點，就像利用他們的優點般。

他們並沒有把自己的生命看得很重要，但卻渴望做一些光榮的事情，尤其堅決的想要出名，因而想從事一些最荒唐且具挑戰性的冒險。他們在阿爾及利亞南方早就習慣艱苦的生活，疲勞和饑乏早已成為他們慣常承受的命運。他們在陣地負責守備時是經常做壞事的不良士兵，但進入戰場後就不一樣了，因為他們對生命了無牽掛，當他們陷入苦戰時，因為習慣性的忍耐和喜好挑戰的冒險精神，讓他們變成了奇妙的戰鬥工具。

要指揮這樣的兵士，領導他們的軍官必須具備鐵一般的意志，且要胸懷深厚的正義與善意對待他們。不用多說話，許多時候也不用提供意見和讚美，但必須有迅速的決斷和有力的壓制。

成為西風長官的必要特質

當「西風」——阿爾及利亞的苦役兵確信，長官的意志無論如何都必須服從，而且，不論在什麼情況下，長官都能夠給自己應得的保護和公平對待時，他就會變成一個非常優越的士兵，對軍隊中很多日常的勤務，軍官要以絕對的權力壓迫他去做那些勤務，而非只是要求他去做那些日常勤務而已；遇到士兵犯錯，要毫不留情的處罰他，但一定要處罰得當。對於「快樂者」——非洲兵團，若依軍隊中流傳的一句俗諺來說：「你必須拿麵包、軍餉和監獄來對付他們。」

領導「西風」們的軍官，必須隨時準備應付任何難以想像的突發狀況。如果他能隨時用武器強迫部下服從，那麼，當他的部下習慣畏懼他，同時也習慣信賴與尊敬他時，在大多數的時候，這些部下就會盲目的服從他。

大部份的準士官、士官，班長等都來自步兵營，主要來自阿爾及利亞輕步兵營及狙擊兵隊。他們渴望升級或單純愛好冒險，也都是志願申請而調來非洲兵團的，他們身強體壯且具有魄力，徹底了解那些和自己一起吃、睡、生活的部屬，並且認知他們的任務，就是要求部下服從。

這些獵兵們並非完全沒有晉升之路。他們除了能依制度條件升為一等兵之外，如果他們在戰場上表現勇猛而果敢，被評定為真的有領導能力時，也可以取得下士或士官的階級。在台灣的戰事後，不只一位士兵獲得這類軍階且同時得到「前科赦免」。對軍官來說，這種「前科赦免」的承諾，在領導統御上是極為有力的一種手段。

衙門營舍（今基隆市政府及文化中心）

1885年1月7日非洲兵團援軍抵達基隆，被安排住在尚未使用的清朝舊衙門內。這座由衙門改造成的營舍，周圍有一道夯土構築的防禦圍牆，圍牆南邊面對著圓形劇場高地（紅淡山）的清軍，因而有開槍孔，步槍可伸入其中射擊敵人。營舍內有許多房屋，以土牆和木板築成，每間房屋可住30人。營舍中央有一座大廟（湘軍的昭忠祠），還有幾座石塊疊砌的房屋，為法軍的營長和其幕僚人員的住所。

非洲兵團進入時發現這座營舍非常骯髒，而且到處都是垃圾，清潔和修繕的命令立即下達，幾個小時後營舍就馬上變得整潔乾淨，且門窗等破損的地方也都修補好了。

非洲兵團的士兵們還利用從中國街市蒐集來的木板等材料，製作行軍床和槍架，將這些房屋改裝成法國官兵的營舍，連廚房也同時整備起來，每個連在營舍前的集合場也整理出來了。

由於衙門營舍距離清軍據守的圓形劇場高地（紅淡山）的距離只有1400公尺，法軍在營舍內的舉動都會被清軍監看，因此，杜奇尼上校嚴禁使用號角，即便野戰也禁用。

儘管不能使用號角，我們在營舍內日常的集合、武器操練或雜役召集等都在無聲中照常進行，且更有規律；對於維護營舍安全的措施，把不必要的指派減至最低，只以半個連的兵力執行衛兵勤務，在土牆周圍站哨，不設營外前哨，以降低兵士體力的負荷。

非洲兵團登陸基隆的第二天，部隊生活和操練等所有事務全都安頓好了。

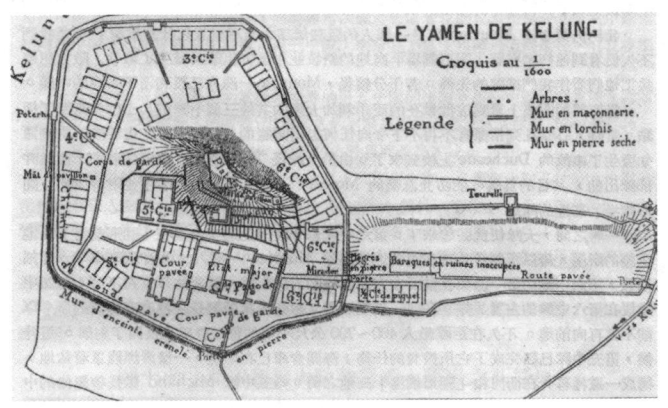

圖9-2 衙門營舍即東岸曹志忠營，中間為小丘

六、清軍：法軍夜襲

☆密陳餉絀請令閩督早籌並法人封口劫殺商船片

1月8日法軍發動夜襲

依據曹志忠的報告：1月8日（11/23）晚上，法軍兵士500餘人分兩路從深澳坑、月眉山偷襲我軍。被廖得勝的部隊發現，提早準備。曹志忠也命令各營分頭前去截擊，並以最快的速度通知劉朝祜、林朝棟，請他們率領部隊前來支援。法軍直接衝到壕溝外面，拔掉阻擋的梅樁。我軍不斷用槍砲朝法軍轟擊，一直戰到五鼓（早上5—7時），法軍因死傷過多，才撤退回去。

準備油衣（雨衣）防雨

從那天以後，法軍不分日夜，經常發動攻擊，那個地方風雨連綿，必須趕製油衣（油布做的雨衣），以方便兵勇在作戰或防守時穿著避雨。現在已命令迅速製作油衣3千件，再趕到前線分發給兵勇穿用。只是台灣生產的油衣很少，長久以來海路已被法軍封鎖，各種物資都相當缺乏，雖然困難，還是要迅速的處理這件事。

七、法軍：西風突襲竹堡

1月10日——意外的插曲：西風突擊竹堡（紅淡山頂）

由於營舍很接近清軍的圓形劇場高地（紅淡山），必須隨時保持安靜與警戒，這也使非洲兵團的兵士對南邊高地上的敵軍，產生高度的好奇和興趣，尤其對在212公尺山頂（紅淡山三角點）綁在長長竹竿頂端飄揚的清軍旗幟，因為那長竹竿，非洲兵團的士兵們就為這個清軍堡壘命名為「竹堡」，而這面不斷隨風飄揚的旗幟，更成了刺激這些飄洋過海、在船上渡過45天無聊日子的戰士們，眼中和腦袋裡最想挑戰、而且還可以下賭注的目標。

第 7 戰：1 月 10 日西風伍長率隊突襲竹堡引發法軍偵察戰示意圖（北向南看）

1885年1月10日西風伍長莫瑞爾發動的竹堡突襲戰示意圖

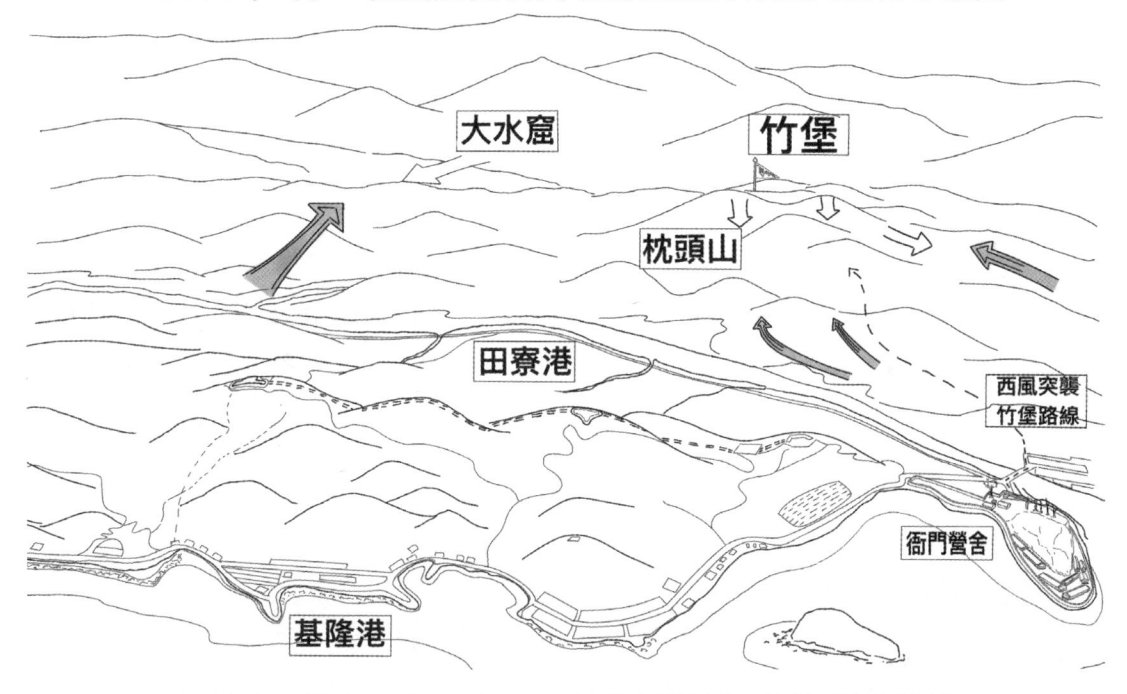

圖 9-3 西風伍長莫瑞爾 1885 年 1 月 10 日發動突襲竹堡及法軍擴大戰線

　　1 月 10 日快接近中午時，西風第 6 連的一名伍長莫瑞爾（Mourier）和他的 11 名獵兵打賭，計畫要到竹堡（紅淡山頂），摘下這面讓非洲兵團兵士覺們得非常礙眼的旗幟。環繞衙門營舍四周土牆開有一些供人員進出的門，但所有的門都有衛兵站哨看守，禁止外出，他們於是就帶著武器翻牆出去，這時，有長官命令他們回來，但他們根本不聽，轉眼間就翻過礦坑谷地（田寮河），再進入圓形劇場高地（紅淡山）山腳的荊棘叢中。

　　這時，非洲兵團第 5 連正奉命準備武器出發，要去燒毀清軍散兵經常埋伏的海關倉庫大建築物，順便偵察附近地形。準備好以後，第 5 連以戰鬥隊形通過東南方的谷地，第一班排迅速佔領石硬港谷地左側的圓形山頂，據守在那裡，以掩護隨時可能受到清軍攻擊的主力戰鬥連隊。

　　我們仍舊期望，莫瑞爾那群人瘋狂而無計畫的行動得不到任何結果。不幸的是，不久後我們就看見他們在攀爬前往圓形劇場高地（紅淡山）的斜坡，並且和清軍的狙擊兵相互槍擊，且敵軍把他們當成我們第 5 連戰鬥縱隊的前鋒。幾分鐘後，莫瑞爾等人已前進到圓形劇場高地（紅淡山）的山腰中間。

許多在衙門營舍內的士兵們都從圍牆上方看到，正在攀爬圓形劇場高地（紅淡山）的同袍時，非洲兵團其他三個連的士兵們，個個都極度興奮，每個士兵都很想立即加入這場戰局，這也迫使指揮官下令，要對沒有得到命令就擅自離開圍牆內的人開槍。這時，指揮非洲兵團的杜奇尼上校獲報趕來衙門營舍，於是營長 Fontebride 要求出動部隊，以能避免伍長莫瑞爾等人被敵軍俘虜，同時也能趁機偵察圓形劇場高地（紅淡山）的敵軍陣地佈防狀況。

圖 9-4 紅淡山前方支稜　　　　　　　　　　圖 9-5 竹堡下方的懸崖天險

出動部隊偵察敵軍圓形劇場高地（紅淡山）陣地

　　整個營立即動了起來，士兵們準備好了後，第 6 連奉命渡過田寮河，一路挺進到圓形劇場高地（紅淡山）前方山腰中間的斷崖附近，因為陷入荊棘叢中的莫瑞爾伍長和他的士兵們正受到攻擊，在這裡才能有效牽制攻擊的清軍。過沒多久，正在前進的第 6 連最前線士兵在左邊遭到清軍射擊，更左邊大約在同一高度的第 4 連正在前進，兩個連的連長都同時停在那個位置展開形成戰鬥隊形，等待前進或撤退的命令，這裡距離清軍防線約 400 — 700 公尺，過一陣子他們就開始射擊清軍。

　　在這同時，第 5 連已完成放火焚燒海關倉庫的任務，大火正在延燒整座倉庫，濃煙迅速擴散，像滾滾而來的暗黑雲海，一下子就擴散到圓形劇場高地（紅淡山）和衙門營舍之間的平地，拉開了一道由朵朵炭黑蕈狀煙塵構成的帷幕。

　　燒完海關倉庫後，第 5 連 Michaud 連長帶領連隊前進到海關倉庫北邊的山凹，迅速加入這場戰鬥，挺進到山凹頂端距離清軍防線約 400 公尺處時，馬上受到對面清

軍猛烈的射擊，使他們無法再前進，而且，前方有兩個谷地，但樹林密集叢生而又沒有通路，使第5連向前挺進時遇到嚴峻的障礙。第5連無法向前推進後，只好在附近尋找制高點建立陣地，以掩護右翼前進的其他連兵士，以防他們被從西側過來的清軍攻擊。

第4、第6連官兵的射擊火力，很快就壓制了圓形劇場高地（紅淡山）上第一線清兵的射擊，強烈的砲火迫使他們跳入後方的壕溝躲避。

營長Fontebride少校率領連中唯一沒有和清軍發生戰鬥的第3連，跟在第4連後方出發，在清軍猛烈的射擊下，循著第4連的路線通過前往圓形劇場高地（紅淡山）中途的凹地後，下令第3連前進縱隊展開，第4連原本面向圓形劇場高地的攻擊隊形也調整為守勢隊形，如此才能防禦從山頂堡壘、山腰荊棘叢及山麓茅屋中，清兵朝第4連左邊偷襲射擊的猛烈子彈。

第3、第4連的火力，不久就壓制了圓形劇場高地最前線清軍的攻勢，並迫使他們退到後方的壕溝藏身，雙方的戰鬥已經打到下午3點半了，莫瑞爾那群人大多已回到各自的連隊中。

圓形劇場高地（紅淡山）絕壁天險

圓形劇場高地北邊的懸崖峭壁高聳矗立，是我們最前方面對清軍的各戰鬥排之間，一堵難以跨越的天險。我軍也觀察到，竹堡（紅淡山頂）的左右兩側都有防禦工事，堡壘附近有可以構成交叉射擊火網的支援防禦工事。這也是這次偵察任務觀察到敵軍堡壘配置方式，也是此役法軍最大的收穫。

營長Fontebride少校也因任務達成而決定撤退。由最前線的第4連先停止射擊再往後撤退，接著是第6連和第3連順序進行撤退。

挑戰竹堡（紅淡山頂）天險損失慘重

誰知道這時第4連長Fradel突發奇想，率領下面一個排大膽的向前突襲，試圖衝進清軍圓形劇場高地（紅淡山）山頂竹堡陣地，然而，竹堡（紅淡山頂）前面的懸崖像一座巨牆般擋在他們前進的路途中，無法穿越。

第4連其他兵士們由Rolland中尉指揮，在原來的高地固守陣地，以等待前去

突擊的隊友回來。

沒想到前去突襲的連，在短短幾分鐘內就遭到清軍強力反擊，這場戰鬥造成該連 11 人死亡、22 人受傷和 1 人失蹤的殘酷結局。

這次沒有事前計畫的突襲，不僅損失慘重，也使撤退拖延了 1 個多小時，等到下午 5 點，第 4 連才由最前線開始往後撤退，因為同時要搬運陣亡和受傷的兵士，也使撤退行動顯得較為困難而遲緩。接著由第 6 連撤退，最後是在左翼固守陣地的第 3 連進行撤退，這時，夜色已籠罩在整個大地了。

整個營的撤退，由在右翼固守陣地的第 5 連掩護，在撤退時清軍已停止射擊，等到所有連都撤退完成後，第 5 連才在深夜回到衙門營舍。

營長 Fontebride、營副官 Bercand 及醫生 Didier 等人等到所有連都進入營舍後，才最後回到衙門營舍。

這次戰役，非洲兵團有 14 人陣亡，34 人受傷，1 名軍官 Leconet 中尉負傷，另外有 3 人失蹤，這 3 人為莫瑞爾伍長所帶領突襲竹堡（紅淡山頂）的士兵。這 3 人的屍體後來在荊棘叢中被發現，而且軀體已被附近的野狗咬掉了一半。莫瑞爾伍長及跟隨他的兵士，後來被孤拔中將處份監禁 60 日。

這次突發的戰役後，Rolland 中尉因為隊長突襲竹堡時，由他帶領的第 4 連，在受到敵軍猛烈射擊時，仍能維持連的勇氣與堅定果敢的表現，獲得了長官的褒獎。

這次突發事件所引爆的戰役，證明了西風的成員們有一種紀律無法約束的氣質，而且，即便在敵人猛烈的砲火攻擊下，仍然保有堅毅的個性。不守紀律可能會為我軍惹麻煩，但堅忍不屈的特質卻是在即將到來的戰役中，會以實際的行動不斷在戰場上表現、證明。

法軍傷亡

法軍陣亡：12 人

失蹤：3 人

受傷：34 人

孤拔對莫瑞爾及跟隨士兵處罰：60 日監禁

（《法軍侵台始末》第六章註 7、8）

孤拔電文

法軍陣亡：15 人

失蹤：1 人

受傷：27 人

(《法軍侵台始末》第六章註 10)

面對清軍火力與陣地優勢

這次偵察行動使我們知道，我們對面的清軍佔有的陣地範圍及擁有的火力，而且，這次偵察證明了我們不可能正面攻擊在懸崖上的清軍。為了要戰勝清軍，我們必須集結所有可能的兵力，組織一支有實力的遠征隊，才有可能打勝仗。

載運第二外國人兵團的 Canton 運輸船，已經發出出航通知了。

東北季風帶來的雨又不斷下著，惡劣的天氣使原本計畫的攻擊行動延後，孤拔中將最後決定，等運兵船載來第二外國人兵團到基隆後再進行作戰計畫。

非洲兵團到基隆以後，使原本陣地常會陷入危險狀況的遠征軍，因為非洲兵團的支援，使部份的危殆情勢獲得改善。

八、清軍：法軍四路圍攻

☆劉銘傳上奏

法軍不斷偵察地形

根據林朝棟的報告，1月9日（11/24）有法軍100多名在大牛埔（四腳亭旁）偵察地形，被林朝棟率領在該處防禦的土勇發現後，立即對法軍射擊，法軍散開還擊，經過一番戰鬥後，法軍才撤離，兩方的兵士都有一些死傷。

1月10日（11/25）清晨，駐紮在紗帽嶺（獅球嶺東砲台）、九芎坑（三角洲嶺山旁坑谷）的敵軍，同時開砲向我們清軍營區轟擊，林朝棟心想，敵軍必定會前來攻擊，就命令營官蘇樹森、團總王廷理整隊後嚴密防守，同時命令各營官、團總嚴守敵軍可能進攻的各個路口關卡，以防備敵軍突襲。

1月10日法軍四路環繞攻擊

一過中午，果然有法軍1000多人分四路由獅球嶺、鳥嘴峰、石梯嶺、大水窟展開環繞攻擊，雙方互相射擊，對峙僵持了一個多小時後，才由暖暖頭人周玉謙帶領的土勇擊退。

另外，法軍有500多個穿紅衣的凶悍兵士，朝向林朝棟駐守的大牛埔進攻，其中往大水窟進攻的這一路法軍，更是非常勇猛。林朝棟率領的土勇早已在陣地架好槍等待法軍，等到法軍一接近，就發射槍彈轟擊，猛烈的射擊使法軍想迫近卻無法向前，在空中流竄的子彈彷彿不停滴落的雨水。

在獅球嶺、小基隆山等地山上的敵人，也發砲助攻，但效果不大。我軍兵勇以逸待勞，堅守陣地。

曹志忠一聽到這裡開戰，也帶兵前來救援，立即投入戰事，越戰越勇，使敵軍無法越過防線。

戰役結果

這次戰役，從辰時（早上7－9時）一直戰到戌時（晚上7－9時），我清軍浴血作戰，敵軍士兵傷亡100多人，擊斃肩章三畫、五畫軍官各一名後，敵軍才敗退撤離。半夜，敵軍又來搶回他們同伴的屍體，被幫帶林朝昌率領兵勇擊斃了幾個人，同時斬首7顆法兵人頭，並奪取他們一些洋槍和衣帽。這次夜戰，我軍的兵勇也死傷10餘人。

1月11日以後，法軍就不再發動攻勢，只是以大砲遠遠的轟擊我們的軍營而已。

劉銘傳報戰功

我（劉銘傳）已得知1月上旬（農曆11月中旬）法軍增兵1000多人，軍力大增的消息，而且，他們偷偷的偵察到，大水窟一帶的地勢稍微平緩一些，因而一意想從這個方向突破我軍防線，還好有林朝棟率領兵勇奮戰一天一夜，造成敵兵重大的死傷，也因此打擊了他們高漲的氣燄。

林朝棟為殉難福建提督林文察的兒子，為忠義者的後裔，已經在社會上有相當的聲望，這次他自己籌措軍餉，帶領500名土勇，我將他派駐在暖暖，統率各團土勇，

才剛面對強敵，就能督戰建功，實在是忠義勇敢。

其他還有武舉人王廷理、周玉謙、劉廷玉、陳維樂等，都捐錢招募土勇，幾個月以來流血苦戰，抵抗法軍入侵，這次又壓制強悍的敵人，希望朝廷能給予獎勵，以激勵官兵。

兵部候補郎中林朝棟——擬請賞加道銜，並賞戴花翎。候選員外郎蘇樹森——擬請賞加四品頂戴。其他的等查明後再奏請獎勵，以激勵紳民。

◎軍機大臣奉旨回覆：

林朝棟等都照所請獎勵，其餘的也都依照決議。

九、法軍：外國人兵團援軍抵達

等待戰鬥前的偵察與外力威脅

在等待發動大規模攻擊行動前，杜奇尼上校指派非洲兵團各連到前方各地進行小偵察，目的是讓這些兵士能熟悉附近的地形，同時可以逐漸習慣戰鬥活動，首先派遣第 5 連前往西方陣線以外的地方偵察，接著陸續派第 3 連、第 6 連及第 4 連前往，在西方防禦陣線以外，尤其是前往 Thirion 砲台的部隊，常有機會遇到清軍部隊。

兵士如果自己獨自走出防禦陣線外，會比以前更加危險，因為清軍遊擊隊的行動範圍，已擴張到 líle Palm（和平島）了。港務指揮所有兩個水兵，因為受到當地婦人設計引誘，跟著婦人走，最後被發現時，頭已經被割走了。

雖然經過 líle Palm（和平島）的舢舨不論日夜都會受到監視，而且，所有舢舨在天黑後都會被看管，但清軍仍經常到島上來搶劫民宅，因此，孤拔中將不得不派了一個排到和平島駐守，以保護港務指揮所和島上居民的安全。因為在和平島的居民中，還可以徵召到少數願意從事苦力的人。

雖然已經幾個月了，但衛生狀況的改善進度緩慢，自 1884 年 12 月 23 日至 1885 年 1 月 20 日之間，在野戰醫院中病死者有 22 人，1 月 20 日的病患有 155 人。非洲兵團則沒有病患的折損，只有 1 月 10 日突發戰役中兵士的傷亡。

解除南台灣封鎖

　　這個時期解除了台灣海峽南邊的封鎖，所有的軍艦都集中到北部海域，但這樣的局勢卻是讓清朝新增的援軍可以用船艦順利運到台南，趁著這些清朝的軍艦還沒有回到原來停泊藏匿的港口前，孤拔中將就決定將 Triomphante、Esteing、Champlain 等三艘軍艦派到台南附近海域，從 1 月 5 日至 1 月 20 日之間，這三艘軍艦就在台南、高雄及澎湖之間執行不斷巡邏的任務，同時也攔截、擄獲經過的 30 艘戎克船和抓到的 200 名俘虜，這些俘虜全部被送到基隆，作為搬運軍備品及糧食等的苦力，不但補充了人力的不足，基隆缺乏騾子、馬等拖運物資，他們也頂替了這些騾子和馬的功能。這些人力資源對基隆的法軍有很大的幫助，他們也作出實質的貢獻。

　　這 200 個俘虜由一小隊帶著槍的兵士監視看管，如果有人企圖脫逃，他們就會開槍射擊，雖然戒備森嚴，但仍有不少俘虜嘗試逃往清軍防線。在 1 月 10 日突發偵察圓形劇場高地（紅淡山）竹堡戰役中，就有運送彈藥的一隊俘虜，將彈藥丟到地上，同時推倒一旁的監視兵，附近的兵士發現後立即射擊這些俘虜，造成 20 人被擊斃，但也有約 60 人穿越荊棘叢，衝向清軍陣線順利逃跑。

1 月 21 日──外國人兵團抵達基隆

　　Canton 號運輸船 1 月 20 日抵達基隆，21 日外國人兵團登陸，在基隆市區東側（推測在仁一路、愛三路交叉口附近）紮營，和衙門營舍隔了一條田寮河。

　　外國人兵團是一個超過 1000 人的部隊，規模不輸其他幾個兵團，最近一年來這個兵團都在東京（北圻）作戰，而且擁有許多光榮的戰績。外國人兵團的成員由歐洲各國招募而來，主要成員是不想當德國兵的阿爾薩斯・洛南人，還有以外國人名義加入的法國志願兵，另外德國、奧國的逃兵也在營中佔有相當的比例。

　　來自不同國家的人在此相聚，他們現在只有一個祖國，就是他們的兵團；他們現在也只有一個家庭，就是他們的連。他們有熱烈的服從、犧牲精神，而且還瘋狂的追求英雄主義。

　　這個兵團內因組成的人員來自各國，使用的語言也多而混亂，其中又以法語和德語使用者最多。法語是接受命令、出任務或戰鬥等使用的公用語，德語是日常生活的交談用語。有些不懂德語的人進入兵團後，時間一久也都逐漸學會了日常會話常用

的德語。只要你仔細聽聽兵團裡一群人的談話，或雜役兵經過時的彼此交談，就會聽到像 also（德語的那麼或所以的意思）及一些 Ya（德語是的意思）。

　　能帶領外國人兵團的軍官，本身都具有相當強的領導能力，才能使兵士們對他們深信不疑，而產生盲目的服從。當這些兵士在入團志願書上簽字時，已決定獻出他們的生命給兵團了，他們是一群既勇敢、又鎮定的人；他們也是在戰場上可無所牽掛、卻又可以忍受戰地任何惡劣狀況的一群人。他們有非洲兵團西風們擁有的勇敢、忍耐及不怕死等優點，卻又沒有他們那沒有紀律、無法控制衝動的缺點，相對而言，他們比較沉靜、冷漠而又不愛說話，外國人兵團的兵士好像常在想著自己的過去與未來，他們的過去可能曾經有過輝煌的生活，但卻被他們刻意隱藏，而對未來仍存有一絲希望，可以恢復他們已經失去的社會地位。

　　在不久的將來，第二外國人兵團第 4 營即將在戰場上證明他們的軍事才能。

　　直到現在，在台灣的遠征軍終於得到期待的所有援軍，雖然，所擁有的人數和實力仍無法進行一次大規模的攻擊，但至少有足夠的力量可以打擊、掃蕩基隆附近的敵人。

圖 9-6 法國援軍非洲及外國人兵團在田寮河岸紮營

第十章・第一次月眉山攻防戰

說明： 1885 年 1 月 20 日法軍到大武崙偵察，試圖將清軍兵力引來，降低法軍 1 月 25、26 日攻擊月眉山的阻力，清軍曹志忠率軍抵禦，法軍無法攻上垂直斷崖，但又不願撤退，28 日轉攻紅淡山，又被孤拔命令召回，只能在月眉山前陣地建前進根據地，與清軍陣地對峙。

一、法軍：編隊及進攻路線規劃

杜奇尼上校選擇桌形高地（月眉山）為攻擊目標

1 月 10 日的偵察行動及突發對圓形劇場高地（紅淡山）竹堡的攻擊，已充份證明，面對據有懸崖天險及堡壘中擁有眾多兵力的敵人，想要正面攻擊圓形劇場高地的敵軍，是必定會失敗的。我們法軍一定要重新尋找一個新目標，杜奇尼上校則選定了圓形劇場高地東邊的桌形高地（月眉山），這是一座山頂平坦如桌面的懸崖，距離我們駐紮的衙門營舍約有 2 公里。

如果佔領了桌形高地（月眉山），我軍就可以從背後攻擊圓形劇場高地（紅淡山）的清朝守軍，進而攻陷敵軍的山頭堡壘陣地。桌形高地（月眉山）山頂看起來似乎沒有堡壘，只有一些孤立的防禦工事，看守旁邊的山嶺及封鎖附近峽谷的小路，那些防禦工事大多建在山稜線上，因此，還是可以想辦法突破他們的防線再攻上山頂。

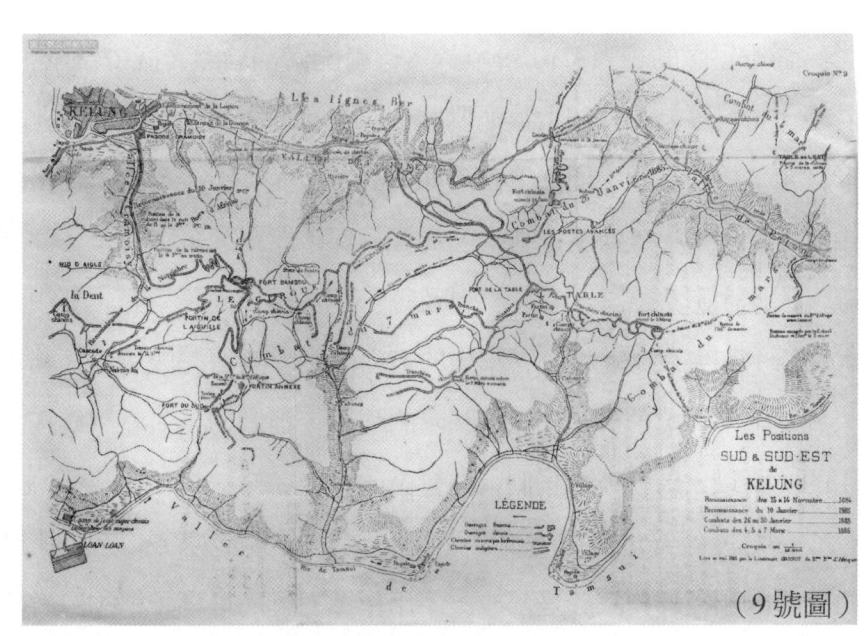

圖 10-1 法軍 1885 年 1 月及 3 月攻擊月眉山及紅淡山戰鬥路線圖
資料來源：國立公共資訊圖書館數位典藏服務網 All Rights Reserved_N09

1885 年 1 月 24 日——編成遊擊縱隊

在 1 月 24 日這天，編成一個機動縱隊，指揮者為 Bertaux Levilain 中校。杜奇尼上校因為疾病只能留在基隆的營舍，無法親自指揮這次的作戰。

遊擊縱隊編成為：

（1）步兵部隊：人數共計 1800 名。

海軍步兵 1 個連，由 3 個連中最強壯的兵士編成，隊長為 Carre 上尉，人數 150 人。非洲兵團第 3 營，人數 750 名。第二外國人兵團第 4 營，人數 900 名。

（2）砲兵部隊：人數共計 60 名。

1個混合砲兵連，有80mm口徑山砲1門，4公斤山砲3門，由Champglen上尉指揮。

（3）工兵部隊：人數共計 20 名。

由非洲兵團和外國人兵團中的工兵群編成一個輔助排，隊長為海軍砲兵隊的 Luce 上尉。

（4）救護隊：一個輕裝救護隊，隊長為海軍醫官 Gayet 醫生。

海軍砲兵隊由 Bertaux Levillain 中校指揮，海軍步兵營的 Wuillemin 上尉擔任參謀，Saussois du Jonc 中尉擔任副官。

游擊縱隊的總人數約 1900 人，沒有配備補給隊（攜帶器械、彈藥、糧食、器具、營帳、材料等），每個士兵都要攜帶 120 發彈藥及 4 天的口糧，在基隆複雜崎嶇的地形行軍，但因交通不便又沒有運輸工具，因而，不得不讓士兵揹負重物前進到戰場。由於地形惡劣，任何駄獸（牛、馬等）都不能跟著縱隊行軍，穿越只有山間小道的路線。因此，砲兵器材、救護材料及每一連兩箱預備彈藥等，都由人揹負運送。從安南（南圻）和東京（北圻）召集來的苦力，幾乎無法完成這次任務，隨同兩個營軍官們來到基隆的阿拉伯馬，在抵達基隆的那天，牠們的主人就認為在這裡馬幾乎是無法使用的，所以，馬就被軍官們留在營區內。

因為基隆野地到處充滿了藤蔓，軍官的指揮刀行軍時常受到拉扯牽拌，因而阻礙前進的順暢，大家於是都放棄不用指揮刀，而以綁矛鐵的長竹竿替代，在山區行軍非常好用。

行進路線及隊形

　　1月24日及25日的晚上，各部隊前進時刻意不讓石硬港上游（三坑西南邊）齒形高地（鳥嘴峰）和圓形劇場高地（紅淡山）駐守敵人的監視前哨發現，部隊先往北走，沿基隆港東岸海岸道路，經過哨船頭、鼻仔頭、三沙灣、二沙灣後，往東經過Galissonniere（大沙灣新砲台）南邊的海岸道路，一路編成前進縱隊。

　　　行軍隊形的配置為：
★先鋒：由Vitalis少校任指揮官，海軍步兵1個連，外國人兵團1個排，4公斤山砲1門，補助工兵隊、救護班。
★本隊：由Fontebride少校任指揮官，外國人兵團第3連、第4連，非洲兵團第3連、第5連及第6連；砲兵隊（4公斤砲2門、80mm口徑山砲1門），救護班。
★後衛：非洲兵團第4連。

　　經過大沙灣砲台後，隨即進入東側沙灣溪沖刷的谷地，循著沙灣溪上游再轉向南邊僅有的一條小路，迂迴繞過A點陣地（無線電山頂）的東北邊。那是一條僅有的狹小山路，兵士只能一個接一個前進，縱隊繞過險峻的山崖，像蛇一般蜿蜒前進，穿越藤蔓和竹叢，小路時常被一條條奔馳小急流切斷，小路就消失在溪床中，必須重新在前面溪岸尋找路跡。這些困難都延緩了縱隊行軍的速度。

二、法軍：向桌形高地（月眉山）進攻

1885年1月25日──進入八斗谷地（深澳坑溪谷地）

　　天剛亮的時候，先鋒部隊終於到達可以進入八斗谷地的地方，然而，他們立即受到埋伏在左邊高地荊棘叢中敵軍的射擊，先鋒部隊馬上用排槍反擊，其他隊友也立即展開隊形，4公斤山砲馬上安裝在砲座上，緊接著，本隊的先鋒部隊及外國人兵團第3連也加入戰局，第2連隨後就佔領敵軍陣地旁的小樹林，並從小樹林迂迴到敵軍陣地後方進行攻擊，迫使敵軍不得不放棄陣地的防禦工事逃走。

　　這時，在法軍戰線右方佔據三個小山丘的清兵，突然猛烈的射擊正在展開的先鋒及本隊，本隊砲兵立即裝好2門4公斤砲，砲轟敵軍佔據的三個山丘，外國人兵團第2、第3連隨後就用刺刀突襲攻堅，在原陣地的本隊就以火砲射擊，以砲火掩護三個小山丘左右兩側，阻斷敵人攻擊，使他們順利佔領那三個小山丘。

圖 10-2 從八斗子看月眉山

第 8 戰：1 月 25-27 日法軍第一次攻擊桌形高地示意圖（北向南看）
1885年1月25-26日法軍攻佔月眉山路線示意圖

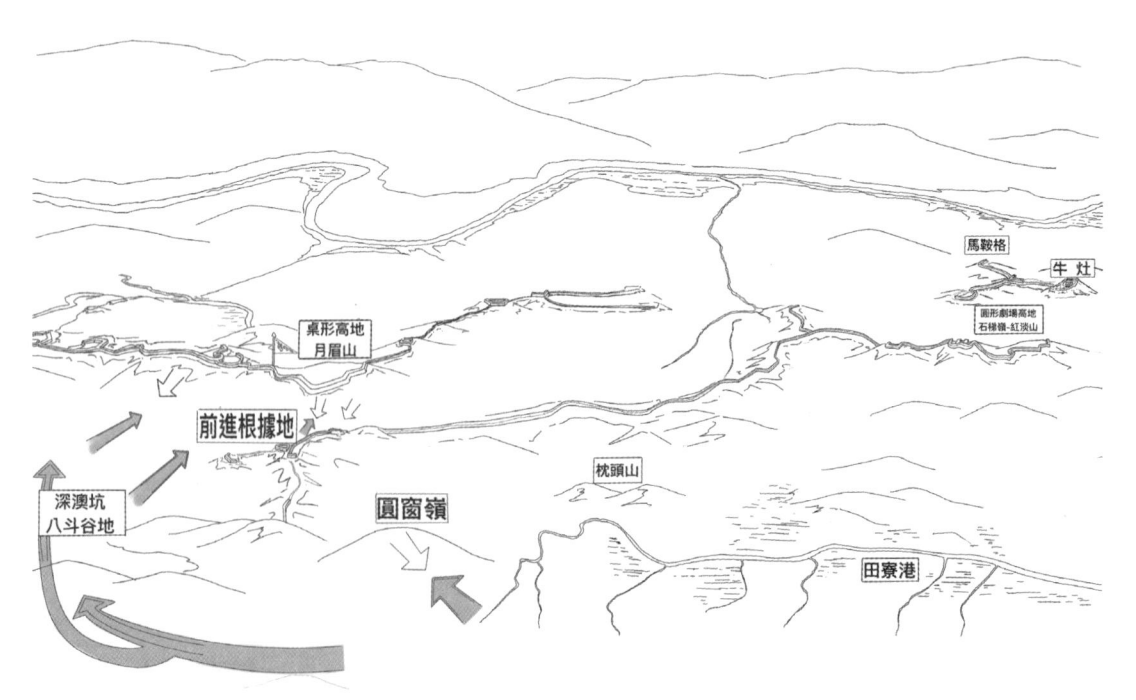

圖 10-3 法軍 1885 年 1 月 25-26 日攻月眉山失敗，建立前進根據地

向桌形高地（月眉山）前方稜線交會處前進

時間是上午 10 點 30 分。經過先鋒及本隊對敵軍前哨強力掃蕩後，縱隊後面的人也逐漸在往八斗谷地（深澳坑溪谷地）的小路後方集結。從這裡看南邊約 2 公里遠的桌形高地（月眉山），平整的頂部及前方斷崖垂直的側面已出現在眼前，那些斷崖好像沒有被敵人佔據，然而，前方支稜上卻有許多清軍的軍旗不斷隨風飄揚，這表示清軍已在桌形高地（月眉山）前方的山嶺上佈置好陣地堡壘了。

上午 11 點，集結的軍隊分成兩路平行縱隊，向八斗谷地（深澳坑溪谷地）傾斜的山坡往南前。往西邊山嶺前進的是外國人兵團和海軍步兵營；往東邊山嶺前進的是非洲兵團的步兵營，陸續包圍了前方標高 168 公尺及 128 公尺的兩座山頭，原本在那兩座山頂看守的敵軍哨兵無法抵抗我們的火力，很快就被我們趕走了。然而，縱隊前進的速度非常緩慢，一直到了傍晚，也才走了一公里的路程而已。這時大家只好停在一個面對南方可以有效防守的陣地，在那裡紮營，準備過夜。本隊距離前哨線很接近，前哨線監視約 100 公尺外的水田。

圖10-4 培德路北邊的圓窗嶺、檳子寮等　　圖 10-5 從圓窗嶺後方看月眉山

敵軍夜間騷擾

由於中國人的遊擊兵在夜間利用長鉤想捕捉我們的哨兵，因而不斷引起我軍騷動，由於夜色太黑，我們無法察明敵軍的狀況，這過程中，由 Jannet 中尉指揮外國人兵團的兩名哨兵受傷了，天亮以後，我們在附近發現了 4 具中國人的屍體。

25 日指揮外國人兵團的 Vitalis 少校摔了一跤，摔斷了腿，使他不得不將指揮權轉交給 Cesari 上尉，而他則返回基隆，在軍醫會議後，他被送回法國。同樣是外國人兵團的連長 Devillers 上尉來的時候身體就已經很虛弱了，這時也被迫要離開連而被送回。這場戰役從 1 月 25 日起至戰役結束，外國人兵團第 4 連由 Jamet 中尉指揮。

圖 10-6 桌形高地附近籠罩在雲霧中

1月26日——從Y形稜脈進攻桌形高地（月眉山）

1月26日清晨，一大早山谷整個被雲海籠罩住，只剩一些較高的山頂像在雲海中浮著的一個個孤島，能見度太差，我們只好等待雲霧散去。

一直等到早上9點左右雲霧才逐漸散去，桌形高地（月眉山）的敵軍堡壘都插著清軍的旗幟，敵軍已就戰鬥位置，正在等待我們發動攻擊。我軍以猛烈的火砲攻擊，在縱隊與桌形高地（月眉山）之間，有一條Y字形兩叉的高聳稜脈阻隔著，這標高180公尺的稜脈山頂，有一座敵人的小堡，Y字形支脈東邊的西北側高地有一座斷崖，而東南向山坡則如附近山勢般緩緩下降。在一個高起來的地方有一座茅屋，前方建有一個堡壘；更後面還有一個堡壘，可以看守、監控兩條支脈的交會點；第三個堡壘（方堡）建在標高180公尺的最高山頂。

A點（無線電山頂）的砲兵一方面要掩護縱隊砲兵，同時也要攻擊清軍第二及第三個堡壘，還要砲擊此役要佔領的目標：桌形高地（月眉山）。

在桌形高地（月眉山）有一群中國兵，正密切監看我們的一舉一動，這時，從A點砲台（無線電山頂）發射朝向桌形高地（月眉山）的一顆80mm口徑砲彈，剛好掉落在那一群中國兵的中間，有一人被炸死，整個身體從地面彈飛，再落回地面，那一群人馬上失去蹤影。

圖 10-7 桌形高地　　　　　　　　　圖 10-8 法軍在月眉山前衝鋒

向東西兩邊高地前進攻擊

　　非洲兵團第 5、第 6 連用排槍射擊敵人的茅屋和最接近的堡壘，敵人也不甘示弱的反擊，敵人躲在桌形高地（月眉山）旁邊的樹叢中和 Y 字形高地上的堡壘發動猛烈射擊，子彈在竹林內飛行時，製造出尖銳的聲響，但並未對我們造成任何傷害。

　　下達攻擊命令後，要從兩個方向進行攻擊，往西邊由海軍步兵連攀登高地進攻，後面跟著外國人兵團的一個連，在進攻的過程中還會陸續有部隊增援；向東邊高地進攻則由非洲兵團負責，第 4 連和第 3 連則組成戰鬥配置。第 4 連先行走下八斗谷地（深澳坑溪谷地），後面跟著第 3 連，渡過淺淺的溪流後就朝向茅屋前進，並沒有開槍射擊，雖然佔領了茅屋，但第 4 連最前方的排因遭受敵人密集射擊，導致幾乎全部被消滅，這是很嚴重的軍力損失；在這同一段時間，從右翼西邊進攻的海軍步兵連和外國人兵團向南邊前進，越過突起高地後，沒有射擊，卻以人群的壓力壓倒高達六尺的荊棘叢，順利開出一條可以通行的小路，使縱隊很快接近敵人的中央堡壘。縱隊的先鋒部隊利用地形掩蔽，人員在距離敵人不到 100 公尺的死角內展開來。

衝鋒戰鬥與攻擊

　　這時，站在總指揮 Bertaux Levilain 中校旁邊的號兵，吹奏起非洲兵團和外國人兵團的進行曲，緊接著又吹奏衝鋒的號角，兩個縱隊同時展開攻擊，Fradel 上尉將軍帽掛在竹桿上，有效引導他率領的「西風」們，帶領他們朝向中央堡壘，在這同時，海軍步兵連和外國人兵團也同時到達了中間的堡壘前方。在這過程中，敵人的快速射擊使縱隊最前面幾行許多兵士陣亡，但並不能阻擋後面部隊往前攻堅，中央堡壘

就被我們用刺刀佔領了，有些敵軍的守衛兵被我們推下很深的山谷，許多敵人倉惶逃往後方的第三個堡壘，我軍兩個縱隊則在很難行走的山稜線上前進追擊，快接近上午10點30分時，第三個堡壘也被我們佔領了，這裡距離桌形高地（月眉山）只有375公尺。

垂直斷崖阻擋我軍前進

然而，橫亙在眼前的卻是一道超過30公尺高的垂直斷崖，阻擋住我軍的前進通路，斷崖的每個方向都有濃密的藤蔓、竹子和筆筒樹、莎蘿等繁生，卻沒有一條小路可以通向斷崖頂端。縱隊的先鋒部隊試圖要開闢一條小路，但沒有成功。

這個時候的中國人，終於明白原本防禦單薄的桌形高地（月眉山），其實是一處很重要的戰略據點。他們在懸崖上集結所有部隊，過沒多久，桌形高地各處都環繞著一條狙擊兵密集的陣線，還可清楚看到新築的肩牆。敵軍用地形的優勢，重新發動猛烈的攻擊，使我軍損失不斷增加。

敵軍有一個人數眾多的大縱隊，從155公尺的高地沿小路下降到八斗谷地（深澳坑溪谷地），並朝我軍右側快速前進，非洲兵團第3、第6連向前迎戰，用快速射擊將敵軍大縱隊擋住，壓迫他們無法前進，雙方形成對峙的局面，就在這幾分鐘之內，終於迫使原本要穿越谷地、準備向Y字形高地後方集中的敵軍人馬轉向，使他們朝向桌形高地撤退。

圖10-9 月眉山懸崖上長滿了山林投等植物

雨使所有軍事行動停頓

這時，雨又開始下了。這也使所有的軍事行動都暫停下來，一小時的雨水就使我軍從清晨以來所走的小山路，泥濘到無法行走，揹著沉重武器、彈藥及糧食等戰備物資的兵士，更無法在這些狹小且濕滑的山路上保持行走的平衡，每走一步便要跌倒一次。砲兵拖著砲管、砲架及彈藥等，苦力和砲手的腳腿都浸在泥濘中，仍然要用盡全力，拖著陷入水坑和爛泥中的大砲行走。

雖然下著雨，敵人的射擊並沒有間斷，一直到下午5點才逐漸緩和下來。我軍於是重整隊形，同時清點人數，統計今天的死傷人數共計80人，也包括Carre上尉，非洲兵團第4連有最嚴重的20名兵士傷亡。由於我們並沒有佔領桌形高地（月眉山），因此，今天的戰役並不能算是完全成功。

法軍1月26日傷亡

陣亡或傷重後不治：21人

受傷：60人

（《法軍侵台始末》第六章註24）

三、清軍：在月眉山、大水窟、圓窗嶺對抗法軍

1885年1月20日法軍到大武崙偵察

法軍自1月初（11月底）至1月底（12月初旬）陸續有2000名援軍到達基隆。1月20日（12/5）法軍百餘人到大武崙附近偵察探路，被守在該地的團勇擊退。曹志忠看到這裡的守備兵力單薄，就派王三星、陳士貴兩營前來駐防。

1月25日法軍分兩路攻大水窟、圓窗嶺

1月25日（12/10）清晨，法軍一千多人分兩路攻大水窟、圓窗嶺，同時用船載400名兵員從八斗子登陸，企圖從深澳坑東南邊後路偷襲，準備形成夾攻的局勢，因為那裡只有少數守住路口關卡的團練兵勇，擋不住人數眾多的法軍攻勢，法軍就一路直攻暖暖隔基隆河對面的月眉山。這時，林朝棟與桂占彪在中途截擊法軍。

營官張仁貴衝下竹林作戰被包圍

營官張仁貴帶領 200 多名土勇衝到山下竹林，與法軍正面對戰一整天，後來被包圍，到了晚上下起大雨，直到天快亮雨才停。26 日（12/11）清晨，林朝棟趕往該山谷救援，正在激烈對敵軍作戰時，剛好曹志忠的營官廖得勝、葉友勝也各帶 300 名楚勇前來夾攻，逼使敵軍稍退，這時，張仁貴才突出重圍。

1 月 26 日月眉山頂攻防戰

沒想到過沒多久，法軍又增援 1000 餘人前來攻打，敵軍前鋒以 100 多人攻上月眉山，又分別進攻大水窟、圓窗嶺一帶。月眉山綿延幾里，山勢最高，若月眉山頂被敵軍佔領，我軍駐防在暖暖、大水窟的各營，不用敵人攻擊自己就會潰散撤退了。

我軍廖得勝、張仁貴等率領兵勇奮勇朝向月眉山仰攻，以槍彈擊斃 10 幾個佔據月眉山頂的敵兵，經過一天的苦戰，終於奪回月眉山山頂。

大水窟、圓窗嶺攻防戰

攻擊大水窟的那路敵軍，由林朝棟擊退；圓窗嶺只有桂占彪楚軍一哨和蘇樹森的土勇一營，兵力單薄，敵軍攻擊圓窗嶺時，蘇得勝命令營官鄧長安帶領 300 名土勇和練兵 100 多人支援作戰。

敵軍三路進攻，從巳時（上午 9—11 時）打到酉時（傍晚 5—7 時），大雨不斷，戰鬥一直從白天持續進行到晚上。

四、法軍：改變作戰計畫

改變作戰計畫——向東迂迴攻擊

因此，一定要改變作戰計畫，後來決定將縱隊從左翼繞一個大圈迂迴到東邊進攻，就是從桌形高地（月眉山）往東綿延的山稜線，先攻上一座山頭，再沿著山頭與山頭之間的稜線推進，朝敵人在桌形高地稜線上構築的堡壘陣地進攻，如此一來，就可以解決遇到高聳懸崖無法通行、阻斷進攻的窘境。當然，這項軍事行動是不能在雨

天進行的。我們於是在原地就地駐紮，等待天晴。

因此，非洲兵團奉命在東邊山嶺支脈以網籠（竹編長方形籃裡面裝土石）構築護牆，準備在此地宿營；海軍步兵營和外國人兵團則在西邊的山嶺支脈建立陣地，並由一個連看守、警戒往八斗谷地（深澳坑溪谷地）的通道，同時保護移到通道上的救護班。

這天的夜晚雨仍然不斷的下著，敵軍在夜間仍然習慣性的騷擾我們。

1月27日——在制高點建立陣地

1月27日雨下得更大，使我軍不得不留在原宿營地，雖然26日的戰鬥並沒有完全成功，但我們佔領的陣地，卻可以使我們在環田寮河上游、深澳坑溪、八斗官煤礦山等周邊山嶺制高點建立陣地監視看守，而且可對桌形高地（月眉山）到竹堡（紅淡山頂）的敵軍所有防線，進行背面攻擊。敵軍這時已從這條稜線的陣地上撤退了。總指揮 Bertaux Levilain 中校想利用這種情勢從東邊直接進攻竹堡（紅淡山頂），而不顧桌形高地，因為就結果來說，佔領桌形高地並不是絕對必要。

圖 10-10 法軍月眉山前的前進哨所　　圖 10-11 月眉山前方已被廢土填高

1月28日——朝竹堡（紅淡山頂）挺進

1月28日清晨，雨仍不停的下著，但縱隊已準備要離開26日紮營的陣地，直接向標高212公尺的竹堡（紅淡山頂）挺進。非洲兵團一個連、外國人兵團一個連及一門砲留在原來紮營的陣地，以掩護上午10點出發的縱隊能順利向前推進。

重新調整的縱隊以先鋒、本隊、後衛的隊形進入基隆到八斗谷地的道路，穿過分山嶺的階梯。

先鋒：指揮官 Cesari 上尉：外國人兵團一個半連、砲 1 門。
本隊：指揮官 Fontebride 少校：外國人兵團 1 個連半、砲 2 門、
　　　工兵班、海軍步兵 1 個連、非洲兵團 2 個連、救護班。
後衛：非洲兵團第 6 連。

縱隊開始前進時，據守在桌形高地（月眉山）上的敵軍也立即發動射擊，造成幾個士兵受傷，外國人兵團的 Weber 中尉是最後離開陣地的人，但腰部卻不幸中彈，絕望地被運回田寮河邊的營舍，在 2 月 1 日傷重死亡。

孤拔下令撤退回原陣地

當縱隊先鋒進入敵人已撤退的第一線陣地時，縱隊也收到孤拔中將撤退回原陣地的命令，行動立即停止。孤拔中將決定等待天氣放晴以後再繼續進攻，但我們仍要維持 1 月 26 日已經佔領的陣地。因為，放棄陣地就代表承認自己失敗，敵人不僅會重新佔領這些陣地，也會認為他們才是勝利者。

圖 10-12 枕頭山和左後方的月眉山

五、清軍：曹志忠阻擋法軍攻勢

1885年1月27日—28日曹志忠擋住法軍攻勢

曹志忠聽到消息，考慮到營官部屬們兵力不足，1月27日（12/12）清晨親自到前線監督作戰，直到1月28日（12/13）過了中午，一槍射死敵軍軍官後，敵人才敗退到一里多的後方，但仍盤踞在月眉山、圓窗嶺山下不願離去，我軍守在月眉山頂，和山下的敵軍常互相射擊。

清法兩軍形成對峙局面

1月30日（12/15）曹志忠眼看敵人不願撤退，就在月眉山上築堡壘，以防備敵人攻擊；法軍也在山下築堡壘，這時雙方互相射擊的槍聲才停止。

艱苦戰役的結果

自從兩軍交戰以來，五日五夜期間大雨下個不停，將士們在雨中忍饑耐餓，不敢閉眼、渾身濕透，全身被凍得非常可憐，曹志忠、林朝棟都打赤腳在泥沼中督戰，歷經驚險、憂慮和勞苦，說到他們就令人想掉眼淚。

此次戰役，我清軍戰死者90多人，受傷的有100多人；敵軍則死傷300多人，我軍也擊斃法國3畫、7畫（臂章）軍官各1名。

曹志忠夜襲法軍堡壘

1月31日（12/16）晚上，曹志忠和林朝棟趁著敵軍的堡壘還沒有築成，商討攻擊對策，曹志忠親自率領廖得勝、鄧長安等4路進攻，已攻下法軍第一個堡壘，來自基隆市區的敵軍全力拼死爭奪，一直戰到黎明，才收隊回營，雙方各有幾十個人死傷。

六、法軍：建立前進根據地和清軍對峙

1885年1月29日——固守前進根據地

1月29日海軍步兵營和外國人兵團都返回基隆港東岸的營舍，而非洲兵團則留下來防守這個被稱為「前進根據地」的新陣地，Ledieu de Ville 准尉指揮的輔助工兵隊及4公斤山砲3門都留給 Fontebride 少校支配，少校對兵力的配置為：

(1) 對中央高地：分配4公斤山砲2門，砲兵半排。

(2) 對西南防禦陣地，第5及第3連。

(3) 對桌形高地（月眉山）對面東方支稜：分配第4連的1個排（隊長 Rolland 中尉）及第6連負責警戒。

(4) 對西方支稜：第4連第2排，駐守一座方形堡。

我們的陣地必須重新加強防衛，以有效保護守衛兵，使他們不致受到桌形高地（月眉山）敵人的射擊。為了加強陣地防禦，杜奇尼上校命令A點（無線電山頂）駐守的部隊準備網籠（可裝土石的長方形竹籃），並送到前進根據地。

加強陣地安全的土工作業當天就立即進行，然而，大部份的陣地都被敵人不停的射擊，因而陣地無法在白天施工。非洲兵團的 Penasse 在指揮他的連進行加強陣地防禦施工時，不幸被敵人射出的一顆子彈打中胸部，立即陣亡。因此，我們只能日夜顛倒，在晚上進行施工作業，以加強堡壘陣地的防禦。

悲慘堡壘

雨從1月底一直下到2月，原先預期過兩天雨就會停止，我們就可以從佔領的陣地重新發動攻擊，沒想到這場雨下得又大，時間拉得又長，已經使小山徑變成小溪，壕溝的積水都滿溢出來漫流著，這也使補給工作變得非常艱辛。

因此，我們駐紮的前進根據地防禦工事，已變成了「悲慘堡壘」，兵士們都非常可憐。雨一直下個不停，冰冷的雨水像冰刀般尖銳，刺在每個人的臉上，而且，還會將耗盡氣力才點燃的柴火瞬間熄滅，還能讓晚上睡覺的地方變成一片泥塘。在豪雨過後，士兵們都只能睡在一尺深的泥漿裡。這也使大家的制服都弄得很髒，以致於連顏色都看不出來，許多安南苦力因寒冷或發燒而全身不停發抖，令人感到同情。大部

份苦力穿的衣服，有些是從醫院偷來的，有些是士兵們可憐他們而送的歐洲人舊衣服，但有些人只穿很少的衣服，近乎赤裸或只披著一、兩塊破衣布，為了保持體溫，他們就用草蓆或蓑衣包著身體。

陣地生活

西風們的宿營地，在面對礦山谷地（深澳坑溪谷地）懸崖的山路上，構築護牆防禦，圍住只有幾公尺寬的平地，再利用樹枝和帳棚不規則堆積搭蓋的臨時宿營地。後來他們又發現有一些孤立的小屋隱身在附近的凹地，這些小屋屋頂的稻草雖然有點潮濕，但仍可以用來當成睡墊，總比前幾天睡泥塘好多了。接著他們又發現幾隻遊走的豬，就抓回來宰殺加菜，平常他們每天都吃同樣的牛肉罐頭、餅乾和乾燥蔬菜，這個意外的食物讓士兵們得以愉快的在用餐中換換口味。

西風的士兵們本來就富有冒險的精神，當這種冒險精神無節制的在小搜索中發揮時，往前冒險走最遠的人，竟然走到敵軍防線的前哨，因而，每天都會引發一些小衝突，使幹部們要用盡心力，才能使小衝突不會釀成真實的戰鬥，最後只能禁止過多的小搜索。

這段期間雖然讓兵士們肉體煎熬，但非洲兵團的兵士們並沒有因此而喪失他們的興緻和好脾氣，而且，因不守紀律而被處罰的事件，現在竟然奇異的變很少。這些士兵們幾乎都有前科，但在困苦的環境中刻苦耐勞、堅毅忍耐的精神，是一切讚美都難以形容的。

1月31日——完成防禦工事

1月31日我們的防禦工事大部份已完成，可以抵禦敵人的攻擊了。有一道由壕溝、肩牆和有胸牆的步道組成的臨時防線，讓我們的人員可以在防線右翼和左翼間安全通行，中央凸起的一個方形堡和砲座也已建成，當天氣晴朗沒有濃霧時，我們的陣地和對面桌形高地（月眉山）的敵軍就會互相射擊，我們從A點砲台（無線電山頂）發出的砲彈，會從沿線壕溝的上空呼嘯而過，砲彈落在敵軍的胸牆內或岩石上，爆炸時發出很大的聲響。但大部份的時候雙方都是休戰狀態，兩邊都沒有互相射擊。

移防

1月31日我們的指揮官 Fontebride 少校奉令，將在東方支稜負責前哨任務的第6連，移防到從基隆街市通往八斗子的道路，守住通往礦山谷地山路的小路口。這次非洲兵團中央陣地及砲兵隊的移防調動，會有敵軍可能攻擊的風險，如果敵人趁機冒險突襲，將會截斷由180高地至礦山谷地約900公尺的防線，使我方的防線變成不連續的兩段。

對這次連移防可能造成敵人攻擊的風險，一定要加以補救，Fontebride 少校立刻將第4連的1個排（隊長為 Rolland 中尉）派到中央方形堡前方100公尺，在Y字形高地支點和東方支稜連接處負責前哨任務。Rolland 中尉也奉令以最快的速度在那個前哨陣地建一座槍眼堡，以防敵人對這裡發動任何攻擊，槍眼堡在當天傍晚就建成了，建這座槍眼堡的時機恰當，果然，當晚（31日晚上）敵人就展開攻擊行動了。

夜戰

1月31日晚上11點左右，離桌形高地（月眉山）最接近、守在壕溝的第5連守軍，已注意到那條分開敵我的山谷小路，正傳來特殊的嘈雜聲和武器發出的聲響。指揮官立即獲得報告，就加派步哨，等到接近半夜11點30分時，聽到從基隆市區方向射向我軍第6連駐守陣地的槍響，但警報只持續了幾分鐘，等到將近凌晨兩點，又聽到敵軍對第6連射來的新槍聲，這次子彈是從深澳坑溪谷地方向射出的。大約同時，在右邊距離第5連陣地壕溝不遠的地方，突然爆發了戰號和銅鑼等恐怖的聲響。敵人想要嘗試從兩邊圍攻夾擊。

我軍兵士在幾秒內立即就戰鬥位置，展開射擊，敵人的猛烈射擊擴散到整條戰線，有些甚至射到陣地後方。我軍以敵軍射擊時槍口噴出的火花作為目標，以速射和排槍應戰。

敵軍以鑼鼓聲指揮和吶喊聲助陣，三度嘗試衝鋒，主要目標為 Rolland 中尉防守的東方支稜上的槍眼堡和第5連佔領的陣地。有好幾次因為雙方距離太接近了，迫使我們的士兵裝上刺刀準備肉搏戰。

當我們在 A 點（無線電山頂）的砲兵向桌形高地（月眉山）發出數發砲彈時，中央砲座的 4 公斤山砲 2 門也立即發出霰彈攻擊敵人，砲彈發出震撼的巨響，也在夜空中發出閃光，將遠處通往基隆街市的谷地照亮得像白天般。在將近凌晨 4 點左右，敵人試過多次進攻，但都被擊退，終於在黎明前趁亂撤退。但仍有一些敵人不願放棄，持續發動攻擊，最後全部被我們殲滅。

這次戰鬥由於夜間視線很差，加上戰線拉太長，使指揮官無法統一指揮部隊作戰，但指揮官、軍官和士兵全部都不慌亂的沉著迎戰，使我們獲得很好的戰果。非洲兵團在掩蔽良好的壕溝內作戰，僅有 1 人死亡和 1 人負傷。而進攻的中國人則死傷慘重，統計戰場上遺留下的屍體有 200 人之多。

第二天（2 月 1 日）我們在距離第 6 連不到 20 公尺處發現大約 30 具屍體，第 5 連對面的另一個山溝裡發現 60 具敵人屍體，其中一人為繫三色腰帶的歐洲人（我們猜測是一名來自上海的美國人），同時有好幾個中國官員。

在這次戰役中，敵人們全都以同仇敵愾的狂熱攻擊戰鬥。依據孤拔中將獲得的情報，從 1 月 25 日到 2 月 1 日期間，敵人在戰鬥中所有的死傷高達 700 人。

戰役後的官兵褒揚

這場戰鬥結束後第二天，杜奇尼上校提交報告給孤拔中將，報告中稱讚非洲兵團的官兵在戰役中保持勇敢無懼的鎮定，而報告上呈不久後，Rolland、Henrion、Henrion de Colligny 及 Garnot 等 4 名中尉被報請晉升為上尉，而 Crochat 少尉被提報晉升為中尉。

杜奇尼上校考察所有作戰過程後，對 Bertaux Levilain 中校、Fontebride 少校、Champglen 上尉、Fradel 上尉、Césari 上尉、Brasseur 中尉、Saussois du Jonc 中尉、Jannet 上尉、Gayet 醫官及外國人兵團的 Colin 中士等人發出褒揚令。

在 2 月 1 日至 4 日間，我們忙著以泥土構築防禦工事，第 6 連因位在較開闊的地方，就被調到中央砲座往山腰處駐守，並在新營地構築一個朝向深澳坑溪谷地的防禦陣地，西南支稜南端裝有一門 4 公斤山砲，不但可監控桌形高地（月眉山），還可監控 A 點（無線電山頂）看不到的圓形劇場高地（紅淡山）斜坡的敵軍。

原本駐紮在前進根據地的非洲兵團，2月5日由外國人兵團的3個連接防。非洲兵團駐守前進根據地11天，經歷了傾盆大雨折磨及桌形高地（月眉山）敵人攻擊的嚴苛考驗。

第十一章・決戰前的準備

說明： 法軍攻擊月眉山之後，清軍開始在月眉山、紅淡山頂建堡壘，及兩山連線向東的 17 里長牆防線，防禦法軍攻擊，但兵力不足，援軍已在途中。法軍則在等待晴天才能發動攻擊，期間發現清軍在紅淡山東側有火箭部隊。法軍除了在基隆策畫、等待決戰外，以艦隊在海上攻擊清軍戰艦，且以米穀管制讓南方稻米無法運到北方，造成清廷痛苦。當 3 月 2 日天氣放晴後，法軍陸戰指揮官杜奇尼立即組織縱隊準備攻擊月眉山。

一、清軍：築十幾里長牆防線

1885 年 2 月 4 日法軍攻擊大武崙

2 月 4 日（12/20）有 400 名法軍前去攻擊大武崙，駐守的營官陳士貴、林則榮率兵勇奮力抵抗，敵人死傷 20 餘人後才撤退。

大水窟至月眉山挖壕溝防守

法軍在基隆的兵力已超過 4000 人，且還在開闢山路運輸火砲，不斷用火砲轟擊我們清軍的營舍，使我軍難以抵擋。

現在我（劉銘傳）已命令曹志忠到大水窟至月眉山一帶 10 餘里，沿途挖掘深溝及大洞穴，以躲避敵軍火砲攻擊。

地勢遼闊且清軍兵力不足

但交戰時間一久，兵勇疲憊，又沒有後繼的兵勇可替換，而且，防禦戰線月眉山前方的敵軍，一直到暖暖、七堵、六堵，中間還有一處大武崙，周圍有 30 餘里（10 餘公里），有險要的路口關卡 10 幾處，都要嚴密防守，監控敵軍，但範圍遼闊，可用的兵力又不足，無法每一個地方都兼顧。

兵力的調配和挪用

前次因暖暖戰事急迫，曹志忠、蘇得勝的部隊都推進到暖暖前線，敵軍若趁虛而入，部隊就會陷入無法回防的絕境。因此，命令駐台北府劉朝祜率領的准軍兵勇1000人，分別到暖暖、六堵之間協助戰事，楊金龍楚軍兩營從彰化移駐關渡，修築砲臺；吳鴻源新軍接替防守彰化，並計畫其抽調兩營到台北協助戰事。這實在是沒有可以調換的兵力，不得不勉強挪用的方式。

增援兵力已在途中

左宗棠派的王詩正一軍已經到了澎湖，李鴻章派的聶士成准勇850人，據傳來的消息1月28日（12/13）已在卑南上岸，我（劉銘傳）已經命令他們要盡快趕來，但卑南到台北有1300多里，且道路難行，一定要花一個月的時間才能到達。

援軍陸續到達

王詩正的部隊在3月1日（1/15）到達台北，聶士成的部隊和陳鴻志新募得的土勇也在3月2、3日到達防區，於是立即將這些兵勇所要用的軍械調配齊全，同時將征戰所需的糧餉撥給。

王詩正統帶的恪靖5營於3月4日（1/18）就可趕赴前線。

二、法軍：敵人的防線不斷延伸

等待晴天

孤拔中將一直希望有個晴天，就算晴天很短也可以，這樣才能發動有效的攻擊，然而，並沒有等到晴天，整個二月雨都下個不停，讓我們法軍無法發動攻擊。這段期間因雨而無法戰鬥，非洲兵團、外國人兵團及後來的海軍步兵營，他們就輪防一月佔領的防線陣地，防衛的兵力2至3個連左右。

這段期間，中國人持續進行防禦工作，在我們防線守軍監控下，他們仍然不斷儲運防禦物資，援軍也一波波趕來，他們在全台灣島各地徵募許多勞工，到這裡協助

構築防線的堡壘陣地，一個月內整個桌形高地（月眉山）和圓形劇場高地（紅淡山）的各個據點，已經連成一線嚇人的陣地防線，大量兵員駐紮在防線後方，他們也有很多兵器、彈藥和糧食。

2月底——敵軍築成1公里桌形高地（月眉山）防線

到了二月底，敵軍已築成一道長達1公里的連續防禦工事，這些設施有壕溝、附屬防禦物、木樁和竹柵欄等，這些防禦設施圍繞桌形高地（月眉山）朝向八斗谷地（深澳坑溪谷地）的斷崖（北向），和朝向圓形劇場高地（紅淡山）連接的斷崖（西向）。桌形高地（月眉山）面向東邊防線末端，有一個掩堡監控朝南面標高165公尺的高地，還有一個類同但較不重要的堡壘，在西方防線的終點。在中間一些重要的山頭則設有小型的內堡。

圓形劇場高地（紅淡山）竹堡和桌形高地（月眉山）之間的山丘，那些可監控煤礦谷地（田寮河谷地）的南邊山稜，原本有一些敵軍舊陣地，因為受到我軍前進根據地火砲的監控和側擊威脅，所以被放棄了。

敵軍構築6公里長的陣地防線

從1月底開始，中國人推測在防線東邊可能會遭遇我軍攻擊，就在與舊防線垂直的山坡構築新的防禦陣地，才能防止我軍從他們的舊防線中間攻入。敵軍非常熟練地用泥土、石塊構築防禦工事，他們最初是繞著圓形劇場高地（紅淡山）竹堡的斜坡築防線，接著在182高地的斜坡構築工事，這樣他們就可以在有掩蔽的據點朝我軍陣地接近，最後從171高地由北而南，挖掘一道長600公尺的壕溝和築造肩牆，沿線設掩蔽物和槍眼。在這道防線的後方，和在桌形高地（月眉山）防線後方類同，有幾個營的敵軍在這裡集結，他們都住在一些茅屋內，等到警報一響就立即衝向前方哨所。

基隆地形特色及堅固的防守

「台灣北部由連續、崎嶇而樹木濃密的山嶺構成，而形成一些難以穿越的峽谷和懸崖。我們在這裡看不到任何道路，只有一些步兵可走的小路。這些峽谷和懸崖向各方向延展，並沒有明顯的走向，導致在這裡用兵時，常使部份軍隊迷路。另外，

在這裡駐兵近四個月的敵人，已將我們可能進攻的所有山峰與小型山谷，全都巧妙而堅固的設置堡壘陣地防禦。如果要推進一公里，就必須以武力奪下幾座防禦陣地，而這些防禦陣地又有極為強且全都配備速射步槍的敵人防守。這樣持續的進攻，不只造成官兵傷亡，也使我們必須耗費更多的時間，也會增加糧食的補給，這是很嚴重的事⋯⋯」

杜奇尼上校對 1 月攻擊月眉山的報告

「因為這裡地勢崎嶇，進攻縱隊必須行軍幾天，也需要許多運輸工具。我們只有 200 名可憐的安南苦力，卻缺乏其它各種交通工具；而且，這 200 名安南苦力，因為這裡氣候和交趾支那（南圻）不同而受苦，每天都要求送他們回去。在這裡，我們沒有任何搬運物品的馱獸。因此，我們必須承認，台灣不是東京（北圻），這裡沒有任何大河或溪流可以運輸人員和物資，我相信交通是主要的問題。」
（《法軍侵台始末》第六章註 35）

每個營舍內都有米倉、彈藥庫及被服倉庫，最後是一條非常長的掩蔽步道，越過了谷地和 地（大水窟），連接東方陣地（月眉山）和圓形劇場高地（紅淡山）陣地，再從圓形劇場高地（紅淡山）延伸到齒形高地（鳥嘴峰）的防線陣地。因此，中國人就可以在這條長達 6 公里的防線後方往來活動，而不怕受到我軍砲火的射擊了。

幸好敵軍還沒有砲兵，不然法國遠征軍的臨時營舍就無法存在了。

三、法軍：清軍的武器種類

火箭部隊

敵軍在圓形劇場高地（紅淡山）176 高地有一個火箭部隊（Congreve），在幾天內曾向我們 A 點（無線電山頂）營舍和前進根據地發射火箭，但射擊並不準確，不久後就被我軍在 A 點（無線電山頂）射出的一發砲彈，精準命中火箭部隊正中間，不僅引爆火箭，也炸死了操作火箭的官兵們，也就是摧毀了敵人的火箭軍。但在接近 2 月底時，香港的英國報紙刊登一則可能真實的訊息，提到犯禁船 Wawerley 曾經到台灣，而且順利卸下克魯伯砲和大量的砲彈、裝備等。這個消息透露出，敵軍運克魯伯砲過來，並裝上砲座是必然會作的事，只是時間早晚的問題而已。

中國的軍隊和槍彈配備

我軍對面的敵人軍隊,大部份都來自福建和北直隸(河北省),他們是中國軍隊中最好的士兵,長得高大強壯,穿著深藍色的制服,寬大的亞洲型褲子,長度到小腿的中間,上衣的袖子寬大,胸前有一個巨大的紅色圓徽章,圓圈中間有方塊字,代表他們所屬的部隊,當天氣較冷時,他們就穿上一件或幾件裡面有鋪棉的上衣,下雨天則穿上塗魚膠可防水的上衣。褲管下方和鞋子間用綁腿布綁好,腳上則穿著毛氈底中國鞋。裝備是歐洲型的軍用品,通常是德國型式的,有一條皮帶和兩個彈藥匣,這兩種裝備和我們1882年式的裝備非常相似,因此,西風們在三月戰役後將自己的裝備換上敵人丟棄的裝備。除了這些裝備外,敵人還帶一支劍鞘,但他們沒有背囊。

1885年1月月眉山戰役後法軍軍官對清軍的看法

E,ertaux・Levillain 中校在對1月26日至30日軍事行動報告中提出的結論「攻擊桌形高地(月眉山)的軍事行動後,發現一些清軍的特點:

(一)中國人以眾多的兵力和官員號召的居民人力,一起合作將所有防禦陣地打造成堡壘。

(二)敵人以一種難以料想的激情;來傳達他們的頑強。

(三)敵人仍以傳統擅長的巧妙詐術和詭計來突襲我們。

(四)敵人招募地方兵勇,且配備良好武器,加入作戰部隊。

(五)敵人有超凡的勇氣和堅持到底的精神。只有衝鋒可以輾壓他們的固執。

(六)敵人可能由歐洲人有技巧的指揮或採用歐洲的軍事原理。敵人的防禦工事有現代的特徵,我們發現一些具有抵抗力的前方防線,還有一些用土或圓木構築的、設在陣地地下的內堡。這非要有多數而強大的砲兵才能摧毀這類工事。

(七)為了要讓基隆要塞獲得安全,我們必須佔領那些可以監控它的高地,且要在上面配備大口徑的大砲;否則,我們只能眼睜睜看著中國人以最有利的條件守在那些高地。

(《法軍侵台始末》第六章註36)

敵軍使用的武器種類很多樣,有的用德國的毛瑟槍,有的用Remington(雷

（雷明頓）槍，特別值得一提的是美國的 Lee 式槍和 Hotchkiss 式騎兵槍，這些槍都來自美國 Connecticut 州 New Haven 市的 Windhester 軍械製造廠。

當我們法國的遠征軍在越南東京（北圻）作戰時，美國人是中國軍需用品的大供應商。

Lee 式槍的槍身與外觀形式和我們使用的 Gras 槍近似；它是一種槍托底部有栓的槍，會令人想起 Berdan 槍，它的口徑為 11mm，且和 Lebel 式新騎兵槍一樣，槍托的底下有一個鋼片做的彈匣，每個彈匣可以裝填 5 顆子彈，至於命中的準確度、射程和貫穿力等，都和我們使用的 Gras 槍相當，但它的發射速度卻超越了 Gras 槍，它使用 Remington 式槍的子彈，而槍口還可裝上一把有刀套的刺刀，瞄準尺的最高指標為 1500 碼。Hotchkiss 式騎兵槍沒有刺刀，也是來自 Windhester 軍械製造廠的武器，它的槍托上有彈匣，槍托的底部和 Berdan 槍底部非常相似，在槍托上方的彈匣，備有兩個四方型的壓子，右邊的壓子功能是阻止鬆脫，左邊的壓子功能是關住彈匣。瞄準尺的最高指標為 1200 碼。這是一種比較重一點但卻很精良的武器。這種槍在中國人使用的武器中數量很少，只有高階官員的侍衛隊配備這種槍。Hotchkiss 式騎兵槍口徑為 11mm，使用沒有縮頭的金屬彈殼。

敵軍準備的子彈，供給非常充裕。最普通的案例是：在防禦工事內，每個士兵都各自擁有一袋或一籃子彈，供他們自由使用，大部份這種子彈的底部都刻有「布魯塞爾股份有限公司」的字樣。

四、法軍：準備決戰

防清軍架大砲——必須佔領圓形劇場高地（紅淡山）

雖然最近我們有援軍抵達，但我們遠征軍的狀況卻是自佔領以來最危急的時刻，如果我們作戰能力增加了 1 倍，敵人則增加了 5 倍。如果中國人能在桌形高地（月眉山）和圓形劇場高地（紅淡山）將他們的大砲裝上砲座時，非洲兵團和外國人兵團的紮營地、前進根據地及淡水砲台等部隊就會因受威脅，而無法支援前線作戰，到那個時候，為了使這些部隊能受到掩護，就必須把他們撤退回到 Ber 線後方，但這時 Ber 線本身也會變得非常危險，甚至連停泊在港灣內的船艦也會暴露在敵軍架在圓形劇場

高地（紅淡山）山頂竹堡大砲的砲火威脅。

因此，我們就算會有嚴重犧牲的風險，也要冒險把敵人趕出淡水盆地（八堵），我們若能奪下圓形劇場高地（紅淡山），至少就可免除被敵人砲火轟擊的危險。

虎列刺（霍亂）傳染病為患

糟糕的衛生狀況一直沒有改善，非洲兵團的兵士雖然強壯又具有抵抗力，卻也開始受到傳染病的侵擾，虎列刺（霍亂）這種傳染病造成最多人死亡，尤其對外國人兵團的傷害最大。這類疾病不斷被發現，大家認為原因是喝了不乾淨的水後，又喝了大量的酒引起的。

外國人兵團的 Gabet 中尉，在畏寒症快速而嚴重的發作後幾小時，就宣告死亡。而海軍步兵營竟然因霍亂而使各個連的人員變得很不完整。

法國駐日本公使，將一所有 50 個病床的醫院交給孤拔中將運用，而公使只要求派兩名護士前去服務。中將奉令和公使洽商這件事，同時將公使要求的兩名護士派到橫濱。

孤拔中將指定可以到這家病院就醫的人，是在最近的戰鬥中受傷而需要短期休養的士官和士兵。他們在橫濱受到很好而周全的照顧，也受到日本人善良與好奇的關懷，他們療養後都興奮的從日本回到基隆的部隊。

策畫決戰

孤拔中將督的綜合看法是，如果要奪取桌形高地（月眉山）和圓形劇場高地（紅淡山），在沒有特殊的情況發生下，除了要有好天氣之外，還要有 2500 — 3000 人的援軍兵力，才能有效達成任務。這些援軍能在 4 月（預定撤軍日期）之前到達基隆，但在這段期間內，敵人也快速的增援兵力和武器，這會迫使我們在最近可能的好天氣，將不計任何代價突然發動決戰。

因此，孤拔中將一方面將最近基隆的情勢報告法國政府。

孤拔同意杜奇尼上校必須有援軍的看法

「為了安全佔領基隆，同時將敵人迅速趕到一段距離以外，非要有一支 2,500

至 3,000 人的援軍及 100 匹有鞍的騾馬不可。為了進攻淡水，還需要另外增加 3,000 人。我同意這個意見。」（《法軍侵台始末》第六章註 40）

一方面通知政府，說他已經決定以目前擁有的兵力儘快發動進攻。當然，這次的戰鬥想必將會非常激烈，因此，兵士們都說：「這次將會有得打了！」

法國政府並沒有阻擋孤拔中將決定不計一切代價的進攻，但同時通知他，4 月從基隆撤軍的計畫已成定局，因此他不能期待會有新的援軍。

從目前到撤軍的這段期間內，孤拔中將被准許以現有的兵力做他認為能做的事。正如我們在前文說的，法國政府希望佔領諒山可以逼使清朝讓步。在東京（北圻）方面發生的事情，會讓人懷抱這樣的希望。2 月 4 日和 5 日在 Dong-Song（東山），2 月 11 日和 12 日在 Pho-Vi 及 Bac-Viay 等地的輝煌戰役，為 Briere de I'1sle 將軍打通了前往諒山的路，法國的軍隊就在 2 月 13 日前進到那條路上。

★ 2月中旬海戰殲滅清軍戰艦

另外，在孤拔中將直接指揮下，幾天以來在舟山群島附近搜索清朝艦隊的法國艦隊一個支隊，終於在 15 日至 16 日的夜間，在石蒲灣內追上清朝的兩艘大型巡洋艦，用魚雷擊沉這兩艘敵艦。

其他 3 艘敵艦被封鎖在寧波灣內，後來也遭到了同樣被擊沉的結果。

最後，英國政府在香港和新加坡實施中立法規。這種含有敵意的舉措，使法國政府有權要求交戰國的一切權利。法國將這種意思（看法）照會各國政府。幾天以後孤拔中將就被授權，在直抵 Malacca（麻六甲）海峽的中國海之內實行交戰國的權利。

因此，無論局勢如何演變，法軍在基隆的撤退只是時間早晚的問題而已。如果戰事持續進行，孤拔中將就有權可佔領澎湖，甚至可以佔領他認為有利的中國沿海某些地點，如廟島群島（長山列島）或芝罘（山東煙台）等地，建立新的補給和停泊中心。只要這些地點很容易佔領和保有。

★ 截斷海運航路

最後，法國政府認為，只要封鎖中國海上或江河的主要航路，就會導致中國內部開始在這些點產生動亂，這比利用艦隊以軍事攻擊某些沿海地點可獲得的成效，對

清朝政府的影響會更大。因為對中國沿海地點的佔領，只能得到局部的成果，而清朝政府又很容易對人民掩蓋失敗的真相。法國政府計畫截斷春季清朝從南方運往北方的大宗米穀例行性運輸，迫使北京陷於飢餓狀態，這計畫也預先通知孤拔中將。

2月20日，法國政府祝賀孤拔中將在石蒲海戰獲得勝利，同時也許可他，在他認可的適當時機可以佔領澎湖，並且許可他可以運用目前擁有的兵力，或短期內即將前來的士兵，可以自由進行他認為可行的軍事行動。

孤拔中將應設法摧毀清朝的艦隊，破壞敵人的商務，截斷通往北方各省的補給線，總而言之，儘可能使中國遭受一切的痛苦。政府已通知各國，從2月26日起，米穀將被視為戰時違禁品處理，因此，孤拔中將不需發出特別通告，就有權利檢查從上海或揚子江開出的船，並沒收他們所載運的米穀。

★米穀封鎖

孤拔中將在2月21日回答法國政府時，首先建議：基隆的撤退應該在佔領澎湖，並在這個新的根據地設立收容部隊的營舍後，再進行撤退。其次的建議為：

（1）立即宣佈米穀為戰時違禁品。
（2）不用宣佈封鎖北直隸（河北省），但組織一支有5至6艘軍艦的游擊艦隊，以便隨時追擊清朝的巡洋艦或查緝運米穀的船舶。
（3）各艦隊可作為防衛基隆和封鎖台灣局部地方的用途。
（4）到3月20日左右，當游擊艦隊回來以後，就佔領澎湖，並在那裡駐紮，準備從基隆撤退。

等到基隆的撤退完成及巡洋艦回來後，就可以同時攻擊中國沿海的幾個地點，而第一個攻擊目標是旅順。

法國政府於2月24日以電報回覆孤拔中將時，對他的計畫表示完全贊同。另外，政府還暗示趁此次佔領澎湖的機會，以後恢復和平時，仍然有保有這些佔領島嶼的可能。

由於孤拔中將的建議，米穀封鎖立即開始。但法國政府決定，這項封鎖的執法嚴格限制在可達到目的的特定範圍內。而且，宣佈運往廣東及中國南方各港的米穀，仍可和以往相同自由輸出。

2月26日有3艘軍艦Triomphante、Nielly、Saone號都朝北方駛去，且短期內仍會有 Rigault-de Genouilly、I'Ecaireur、Lapérouse、Vipère 等艦艇前往北方和它們會合，孤拔中將會搭乘旗艦八野號跟在它們後面。當時有7艘清朝戰艦 在寧波灣的最裡面，那裡有Chung（朝寶山工事）和涌江的砲台保護這些戰艦。因此，孤拔中將決定將寧波的錨地當成封鎖的根據地，如此一來，清朝的軍艦就會被圈進他鐵甲艦大砲的砲火涵蓋範圍內。另外，再以巡洋艦監視揚子江口、Shaweishan河口一直到Gutzlaff。

法國艦隊一出現，已經使那些準備將米穀從上海運出的中國或歐洲商人與船主感到驚慌失措。當他們接到英國公使的通知後，就放棄了原本計畫中的米穀運輸，並且放棄他們和中國政府已經簽定的契約。那些已經將米穀裝上船的商人或船，都立即將米穀從船上卸下來。

因此，我們使用的方法得到了很好的效果。沒有一擔米從上海的港口循海路運出，另一方面，通往北方的大運河也已經被泥沙淤積而無法通航，清朝北京的政府竟無法收到他們所預期的糧食補給。

五、法軍：杜奇尼上校的作戰計畫

1885年3月3日──組成縱隊

到了3月2日，基隆的雨終於停了，只過了24小時就可以將步道和小路曬乾到可以通行，並且使對峙的局面即將改變。我們法軍立即組成縱隊，在3月3日已完成所有作戰準備。縱隊包括台灣佔領軍所有可以使用的部隊。

海軍步兵營：3個連，連長是Thirion、Cauvigny及Cormier上尉，共300人。

第三非洲兵團：4個連，共600人

第二外國人兵團：第1、第2連，連長Casari和Marais上尉，共300人。

砲兵隊：半連，隊長Champglen上尉，裝備4公斤山砲2門，80mm口徑山砲1門，砲彈各72發，兵員60人。

工兵隊如同以前多次的軍事行動一樣，由各不同部隊的連抽調工兵20人編成一工兵排。由海軍砲兵隊的Luce上尉指揮。

總計，縱隊的實額兵員約 1280 人，各前進根據地的守備兵並不包括在內。

另外，非洲兵團每個連都攜帶幾塊有些寬度的長木板，可以加速及方便穿越小溪流。由 Gayet 醫官指揮的救護班，依照 1 月 25 日那支縱隊的相同條件編成的。

攜帶的東西減少到非用不可才帶，也不能帶行李，士兵們攜帶 6 天的糧食和 170 發子彈。因為上級命令要求他們必須節省彈藥，為了更精確調節子彈用量，就算在近距離的接觸戰中，排槍的使用也必須全體士兵一致。

陸上總指揮杜奇尼上校當時雖然病情尚未好轉，但他堅持要親自指揮這次軍事行動，由 Bertaux Levillain 中校及參謀長 Wuillemin 海軍砲兵上尉擔任他的助手。

杜奇尼上校的作戰計畫

杜奇尼上校的作戰計畫，首先是從八斗子東邊進行攻擊，再佔領桌形高地（月眉山）以作為看守、掩護其他防禦陣地的第一個堡壘，最後就從圓形劇場高地（紅淡山）背面進攻山頂附近的重要防禦陣地。圓形劇場高地（紅淡山）的一些地方甚至設有 7 道連續防線，地勢非常險峻，沒有任何路可以通行，而所有山口、樹林及山峰都佈滿了堅固的防禦設施。

第十二章・第二次月眉山攻防戰

說明： 1885年3月5日法軍分3路攻擊月眉山，一路往東繞到龍潭堵，一路從東邊竹篙山，另一路沿1月26日攻擊路線；清軍派出700名兵力在戲台山（五坑山）攔截，但無法阻擋法軍攻勢，在法軍三路夾攻下，月眉山失守。劉銘傳聽到消息，調兵在六堵防法軍攻台北。3月6日湘軍援軍反攻月眉山不成，3月7日法軍攻佔紅淡山及基隆河以北地區，清軍撤退到基隆河南岸暖暖、八堵、四腳亭等地。

一、法軍：清軍大砲、我軍艦砲互擊

1885年3月4日——縱隊行軍前進

　　3月4日清晨3點半，農曆1月18日，剛過滿月法軍縱隊開始出發，部隊行軍的路途中，潔白明亮的月光照著基隆港邊的海灘和谷地。

　　沒有風雨的完全寧靜，使人感覺到晴天將要來臨了。雖然每個人都揹負著沉重的戰鬥武器，但部隊裡到處洋溢著歡樂的氣息，畢竟雙方僵持太久了，終於等到決一勝負的時刻，士兵們踏著輕快的步伐前進，同時低聲討論著這次奪取圓形劇場高地（紅淡山）行動可能造成的傷亡數目。最悲觀的人認為會有300人，較實際的人認為會有200人。

　　縱隊行軍的順序為：
（1）先鋒：海軍步兵2個連，補助工兵排，4公斤山砲1門。
（2）本隊：非洲兵團第3、第5、第6連，砲兵隊，4公斤山砲1門，80mm口徑
　　　　　山砲1門，外國人兵團2個連，救護班及行李。
（3）後衛：海軍步兵1個連。

　　縱隊沿著海岸朝北、經過Galissonniere砲台（大沙灣砲台），朝東邊兩山之間的谷地前進，縱隊行進的路線和1月進攻時的路線相同，再次繞過A點（無線電山頂）陣地，在月光下抵達1月25日曾到達的山谷。

　　清晨6時，先鋒已經到達了山稜線，但縱隊在上山的過程中，隊形拉得太長，

在進入八斗谷地（深澳坑溪谷地）前，大家都儘可能避開敵人可看到的地方，在山谷後方集合。清亮的陽光照在被一片薄霧籠罩的桌形高地（月眉山）及附近的山峰，港灣內有一艘載著前幾次戰鬥負傷兵的大運輸船 Nive，正在啓航，準備駛回法國，傷兵們揮手作出告別的手勢，口中大聲喊著「法蘭西萬歲」，表達他們對參戰官兵們的敬意。

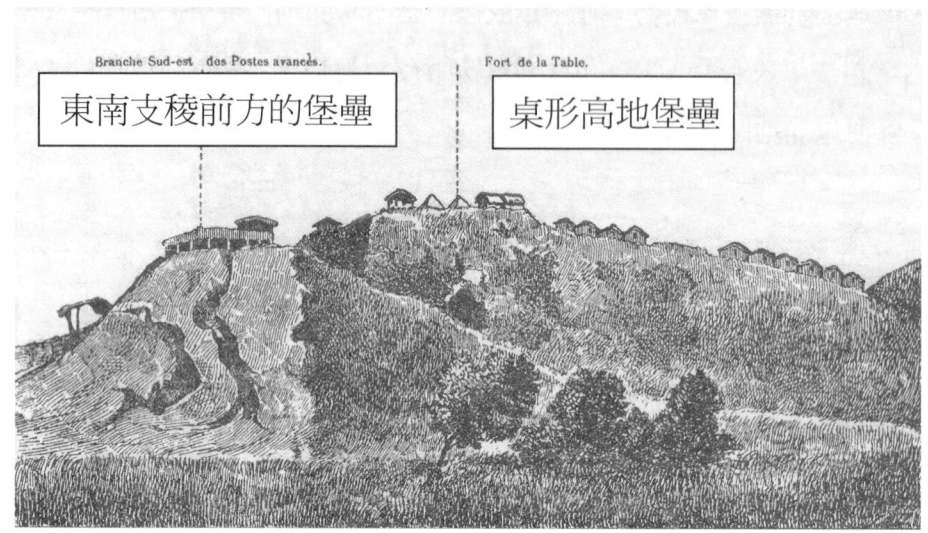

圖 12-1 1884 年 3 月 5 日看到的桌形高地（月眉山）

圖 12-2 從檳子寮砲台看月眉山

縱隊向東邊繞行前進

早晨 7 點半左右，縱隊的人員全部集中在谷地低處的起點，天氣非常好，大家

開始再次快速前進，士氣十分高昂，加上對 1 月曾作戰過的地形又很熟悉。但是，這次縱隊不再直接向南方下降到山谷，而是朝向東邊前進。

在東南邊的山稜線上，一前一後出現兩座連峰的側影。第一座是我們在 1 月 25 日夜間，以一整天的勞苦才曾經到達的連峰；第二座在 600 公尺後方，是更高聳且更重要的一片版形高地，西、南兩個方向有險峻的斷崖，北、東兩個方向則有長滿淺草的斜坡，緩緩的下降到八斗子港。這座山就是東邊的桌形高地（五坑山）。

我們今天的目標，就是要佔領「東邊的桌形高地」（五坑山）。一旦我們佔領東邊的桌形高地（五坑山）後，今晚就會有安全的宿營地，明天縱隊行軍時就會得到來自這高地的有力掩護。我們若同時在敵軍陣線的右側佔領陣地，就可以威脅八斗子，並將敵人的注意力吸引到這邊。

作戰計畫

我法軍的作戰計畫：縱隊的部份人員一路從左邊加速挺進，一路以大圓弧繞向東邊的桌形高地（五坑山）東邊時，其餘人員就朝 1 月 25 日曾戰鬥過的陣地前進，以便支援及掩護縱隊另一部份人的挺進。

左邊的攻擊任務派給非洲兵團，他們帶著一門 4 公斤山砲就開始前進。前進的途中，縱隊再次遇到了許多難關，尤其在經過一條曾於 1 月 25 日阻擋過我們的多泥溪流（深澳坑溪）時，成為難以跨越的障礙。還好每個連都帶了有寬度的長木板，可作為穿越溪流的活動橋，縱隊也因此突破了溪流阻擋的困境。

外國人兵團的兩個連和海軍步兵營的兩個連，還有砲兵隊其餘的人，都朝向 1 月間的陣地前進，救護班、行李及後衛則跟隨在縱隊後面前進。到了將近上午 10 點，縱隊在途中沒有發生戰鬥，就順利到達了指定的陣地。

在東邊的桌形高地（戲台山）前遭遇敵人射擊

當我們在陣地上簡單的安頓下來約半個小時，埋伏在東邊的桌形高地（五坑山）山麓樹叢中的敵人，突然向我們猛烈的射擊了一陣子，卻也讓我們掌握住他們的行蹤，駐守在山稜線上的我軍各連，就以排槍對敵人反擊。

這時東邊的非洲兵團，以第 5 和第 3 連配置在第一線，開始採取側面攻擊。由

於前方地勢陡峭，且覆蓋著一層厚達數公尺的荊棘，使部隊的推進迂迴而遲緩，只能由兵士們自行慢慢開闢出一條通路。敵人已經感覺到右翼受到的威脅，就慢慢停止射擊，甚至消失無蹤。中午 12 點 15 分，第 5 連佔領東邊的桌形高地（五坑山）旁邊的陣地，還用排槍追擊正在逃走的部份敵人，以防敵人回頭逆襲，同時掩護縱隊的安頓工作。

縱隊其他的部隊奉令前進，沿著和非洲兵團相同的路徑，準備和非洲兵團會合；其他部隊則在 Bertaux Levillain 中校指揮下，從右邊選擇一條和攻上桌形高地（月眉山）平行的路前進，才能搜索那些在對方防線兩旁叢林高地散佈的敵人。

圖 12-3 法軍前進到東邊的桌形高地遭遇清軍攻擊

桌形高地（月眉山）清軍大砲轟擊

下午 4 點，整個縱隊在桌形高地（月眉山）東邊集合。桌形高地西南邊距離我軍 2 公里的地方，敵人的兵力已全部聚集在他們的陣線上防守，許多不同顏色的軍旗隨風飄揚，敵軍甚至有意無意展現出擁有的克魯伯大砲，雖然這些大砲發出的砲彈不曾擊中我軍的任何一人，但卻已使我們非常驚駭了。敵軍最早發射的砲彈都已經爆炸了，但後來發射的卻是不會爆炸的砲彈，雖然砲彈從我們頭頂飛過時，發出震耳欲聾的聲響，由此可見敵軍的砲手沒有裝置信管的技術，而這些信管應該是另外交給他們的。這是 58mm 鎔解性的鉛帶彈。毫無疑問，這是以前香港的英國報刊登過的，在台

灣卸下的大砲和砲彈。我們在桌形高地（月眉山）前方的陣地安頓下來，同時可以看清楚所有附近的狀況。北邊是濱海的八斗子村落，再過去就是太平洋（東海）；南邊是桌形高地（月眉山）層層疊疊的叢林，再後面一點則是緊緊圍繞淡水河谷（基隆河中游谷地）的高山。

法軍砲艇在八斗子灣發砲反擊

我們法軍的 Vipere 砲艇停泊在八斗子港灣最靠陸地的海岸邊，以 14 公分的艦砲協助我軍作戰部隊打擊敵人。從砲艦停泊處距離敵軍陣地約有 4000 公尺遠，艦砲的砲彈夾著轟轟的巨響從我們頭上飛過，落在桌形高地（月眉山）斷崖的後方，消失無蹤。就算這些砲彈對作戰沒有實質的幫助，但卻鼓舞了我軍的士氣。我們的兵士們都不斷歡呼：「我們的艦隊開砲了，我們的艦隊開砲了。」

傍晚時分，敵人企圖對守護南邊陣地的非洲兵團前哨展開逆襲，第 5 連立即起身防衛，第 6 連也加入支援，不久後以幾發砲彈掩護排槍射擊後，敵軍就陷入沉寂。我軍部隊開始準備就地過夜，海軍步兵營和外國人兵團在桌形高地（月眉山）北邊的中央高地（前進根據地），非洲兵團則在朝向南邊的前方高地，並以前哨保護有可能受到敵人突襲的危險區。

3 月 4 日我軍只有非洲兵團 3 人受傷而已。

3 月 4 日至 5 日間的夜晚，沒有受到敵人侵擾。敵人利用夜間在桌形高地（月眉山）朝西邊的陣地調集兵力。

圖 12-4 法軍從 A 點砲擊月眉山清軍　　圖 12-5 法艦從八斗子煤港發砲射向月眉山

二、清軍：戲台山（五坑山）攔截戰

1885年3月4日法軍大舉進攻月眉山

當我（劉銘傳）把聶士成、陳鴻志兩軍的軍械和糧餉準備好再出發時，前方有消息飛快回報，3月4日（1/18）法軍大舉進攻，以4艘兵船運兵從八斗子登陸，突襲月眉山。

戲台山（五坑山）防兵攔截戰

曹志忠和劉朝祜共派兵700人守在戲台山（五坑山），3月4日整天都在圍堵往月眉山北邊通過的法軍，且派人飛書（以專人輪替快速傳遞）傳來告急的消息。蘇得勝兩營在六堵防守，派出一營守住竹坡寮（八堵隧道南口附近）路口關卡，聽到傳來的消息，剩下的500人趕緊前往救援。

圖12-6 法軍在東邊的桌形高地（五坑山）後方集結

三、法軍：佔領桌形高地

1885年3月5日——從桌形高地東邊防線陣地進攻

緩緩升起的太陽照亮了3月5日的清晨。

前方有許多敵人的軍旗飄揚，正在等待我們進攻。昨天已展示過的小型克魯伯砲，又朝向這裡送來了幾顆沒有引信的砲彈，雖然喧囂吵雜，但卻無害；我們的砲艇Vipere及A點（無線電山）的大砲同樣回敬他們，但卻因距離太遠，並沒有發生任何破壞力。

清晨6時，縱隊的行進序列為：海軍步兵3個連、外國人兵團1個連、砲兵隊及工兵排、外國人兵團另一連及非洲兵團2個連。非洲兵團還有2個連由Fontebride少校指揮，暫時留在原地，掩護縱隊的後方，以防敵人從後面攻擊。

第9戰：3月5日法軍第2次攻擊桌形高地成功示意圖（北向南看）

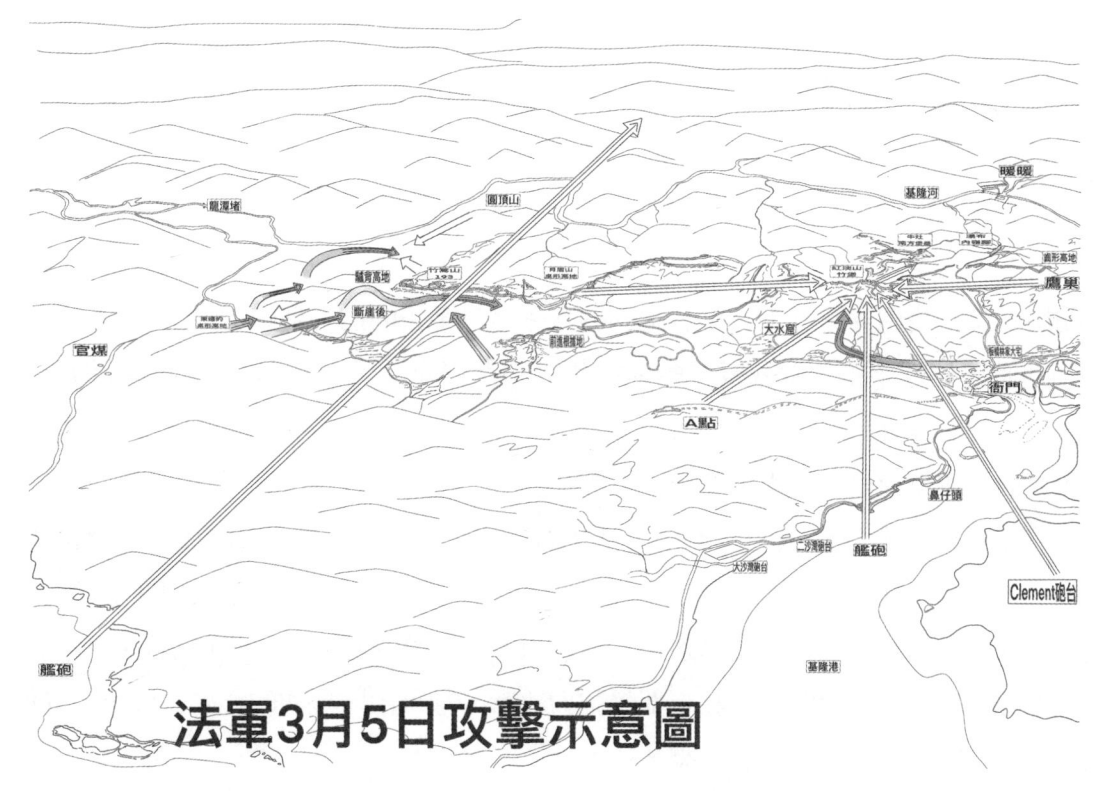

圖12-7 從北向南看法軍1885年3月5日從月眉山東邊攻陷清軍防線陣地

奪取敵軍防線陣地

今天的作戰目標，是要奪取敵軍防線陣地右側的重要堡壘（竹篙山高 193 公尺，今四腳亭砲台高砲座），還要趕走陣地沿線的所有敵人，如果計畫順利進行，最後就要全部佔領可以直通桌形高地（月眉山）的敵軍東方防線陣地。

敵人右翼的防線陣地，很明顯是整條防線的關鍵據點。我們不能認為，可以從敵軍陣地前方正面攻擊，因為那些陣地的防禦讓我們非常難以接近，敵人在通往壕溝的斜坡上建了許多附屬防禦設施。我們必須從東邊包圍敵軍的陣地，如果有必要，就要強力奪取該陣地，再對敵軍的防線陣地進行側面縱射，接著再陸續佔領那些通往桌形高地（月眉山）的山頂。

海軍步兵營先鋒及本隊外國人連先鋒部隊，先走下來到隔離敵我山稜線之間的谷地（深澳坑溪谷地），這時，谷地的較低處仍然藏在雲霧裡，但縱隊的先鋒部隊仍然大膽的向前挺進。這時是早上 7 點半，守在對面斜坡上的一隊敵軍試圖阻擋我軍部隊過溪，於是，敵軍和我軍的先鋒爆發了最激烈的槍戰。

穿越濕地和竹林

到了 9 點 15 分，海軍步兵營的排槍趕走了敵軍，他們往東邊退走。外國人兵團的一個排曾被留下來成為左翼的側面防衛，也同時可以掩護縱隊的行進。這時，縱隊正經過一片充滿泥沼的窪地，地面上又覆蓋著難以清除的灌叢，使縱隊只能艱苦而緩慢的前進，越過幾公尺寬的溪流後，就鑽進斜坡上一片茂密的竹林中，我們只能用斧頭開出一條路給砲兵隊行走，帶著砲的砲兵隊是最辛苦的前進部隊。

這時已接近中午，敵我雙方的射擊也幾乎都停止了，只有左翼的側防排仍傳來幾次排槍的射擊聲，是為了要吸引八斗子方面敵軍的注意。這些山嶺中的谷地，因為陽光直射後難以散熱，使人感到非常悶熱。

在這種敵我對峙緊張的情勢中，卻出奇的安靜，桌形高地（月眉山）對面的中國人，正陷入一種不安和猶豫的慌亂狀態，外國人兵團第 3 和第 4 連出現在他們的左側，使他們必須將注意力分散到這邊。他們很多人都藏在壕溝內，正準備迎戰我們的先鋒部隊，因而不願對側邊的我軍部隊強力攻擊。敵軍部隊幾次的移動，都可以從他們軍旗全部向右或向左移動看出來。

最後，在沒有引起敵人注意時，Bertaux Levillain 中校指揮的海軍步兵營，已

前進到我們和中國砲台之間最前面的一道山稜線。出乎敵人的意料之外，我們還沒有發射一槍一砲，就立刻要和敵人近距離對決了。Thirion 上尉和 Cauvigny 上尉率領的兩個海軍步兵連，正悄悄潛伏在一個岩壁的後方，等待縱隊本隊接近。下午兩點，外國人兵團一個連、砲兵隊和非洲兵團一個連都集合在一起，準備進攻。

佔領幾座圓頂山

在我法軍的主力陣地和敵軍的堡壘之間，有一條 800 公尺的通道，中間有一道像驢背般的狹窄高地，左邊聳立著幾座圓頂山，這些圓頂山和中國人的堡壘相對峙，為了可以從兩邊射擊防衛的敵人，也為了要更容易攻擊敵軍的堡壘，佔領這些圓頂山對我們是很重要的一件事。

杜奇尼上校決定，讓 Cauvigny 上尉和 Thirion 上尉率領的兩個海軍步兵連繼續前進佔領這幾座圓頂山頭，再由砲兵隊在山頂設陣地架砲。由 Bertaux Levillain 中校指揮的第 3 連（連長 Cormier 上尉）、外國人兵團的兩個連及非洲兵團的第 6 連，都走入山谷，儘可能隱藏前進的行蹤，向準備佔領的幾座圓頂山推進，一直等到這些部隊佔領陣地後，才能開始射擊。等到突擊的準備大致完成，我軍準備向敵人的正面衝鋒陷陣前，所有第一線部隊都要盡全力持續射擊。

在這期間，縱隊的其他部隊則作為預備隊，在 Thirion 上尉和 Cauvigny 上尉率領兩個海軍步兵連佔領的斷崖後面集合。獨自留在昨天佔領陣地的非洲兵團最後一個連，奉令與縱隊會合，什麼也沒留下。

在一切都按照計畫進行的過程中，突然發生一個意外事件，這事件迫使杜奇尼上校必須加速達成他的作戰目標。

穿越水稻田的危機

Bertaux Levillain 中校率領的部隊，為了達成他們向左邊佔領那幾個圓形山頭的目標，被迫要穿越一片水深及膝且毫無掩蔽的水稻田時，卻被敵軍發現了，他們立即佔領那些圓形山頭，並在距離 600 公尺處對我們展開猛烈的射擊，由 Cormier 上尉帶領的連不僅陷入水稻田的泥濘中，而且在敵人砲火攻擊下困難的前進，導致連上的兵士們損失慘重，外國人兵團的 Cesari 上尉和 Bouyer 上尉都先後受傷，後者的傷勢更重。

杜奇尼上校從斷崖上看到了這個危機，為了牽制敵軍，他命令 Thirion 上尉和 Cauvigny 上尉率領的連及架在砲座上的砲全部一起向敵軍發射。「開始發砲！」第一砲命中敵軍堡壘的斜面而爆炸，第二砲又命中了。從兩個方向射擊，是發動猛攻的訊號。敵軍的預備隊快速衝向這邊，展開成一道厚實的散兵線，就在敵人的堡壘和我們想進攻的圓形山頭之間的山坡串接起來。敵軍砲彈像一陣強風般，從我們頭頂掠過，幸好瞄準得太高，只造成一點傷害，但 80mm 口徑砲的砲長 Fenoy1 准尉卻在這次砲擊中陣亡了。海軍步兵營的士兵約有 10 人退出戰線。

全力衝鋒進攻

少了第 6 連的非洲兵團，在斷崖後面集合後分成兩行縱隊，準備向敵軍進攻。杜奇尼上校命令號兵吹奏衝鋒號，第 5 連在前面，後面跟著第 4 連，兵士們都沒有射擊，以全速向那狹窄的高地衝鋒前進，用盡全力跑了約四分之三的距離後體力不支，開始感到喘不過氣，只好放慢速度。突然間，敵人的射擊停止了，卻有一頂法國軍帽出現在敵軍堡壘頂上，原來是第 5 連第 1 排的人用手拔去竹柵，在竹柵上開出一條通路而進入堡壘。這時敵人已全部消失了，只有一位法國海軍步兵營的 Chretien 士官在堡壘裡面，他已受了一點輕傷。在他後面隨即出現了 Casari 上尉和 Delannoise 中尉，再後面為外國人兵團第 2 連，槍上插著刺刀，正在攀爬堡壘。

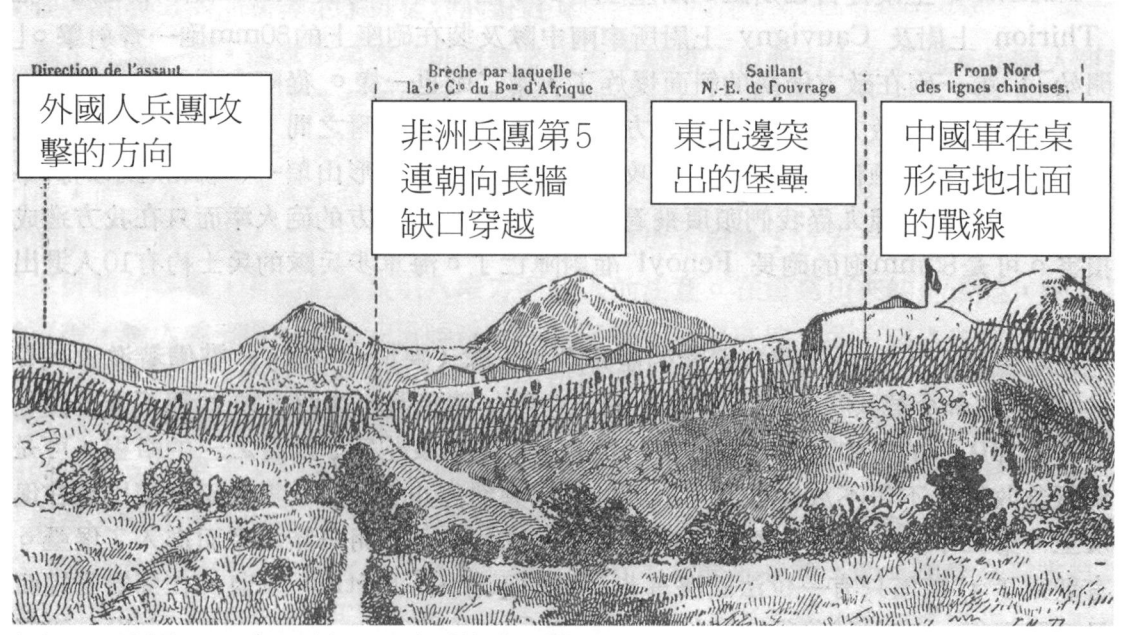

圖 12-8 法軍 1884 年 3 月 5 日看到的清軍陣地

圖 12-9 法軍從東邊防線陣地進攻　　圖 12-10 從六坑山看東南邊幾座圓頂山

戰鬥經過

這次戰鬥的情形為：

Bertaux Levillain 中校為了使他的部隊能脫離險境，就激發外國人兵團士兵們的勇氣，使他們向前快速挺進，Casari 上尉率領的連正朝向堡壘進攻，Marais 上尉率領的連則朝左邊進攻，以這樣的陣式對付從圓形山頂兩側朝水稻田射擊的敵人。

這兩個連以無比的勇氣挺身前進，冒著正面和側面被敵軍猛烈攻擊的危險，以排槍應戰，並在前方佔領據點。Bacque 中尉在戰鬥中陣亡了，Cesari 上尉因受傷而步行困難，但對他的英勇和熱忱卻絲毫沒有影響，仍然勇敢率領他的連前進。從這時開始，敵軍防線的右翼已經感受到，退路漸被我軍威脅，就想撤退到淡水谷地（四腳亭）。

堡壘中的敵方守軍還在力撐，突然間，在荊棘叢中的 Casari 連，竟然攀登上最後一段斜坡，在敵人的右側展開快速射擊。就在同時，杜奇尼上校下令吹奏衝鋒號，在右翼的非洲兵團第 5 及第 4 連，就衝向通往敵方堡壘的高地，而 Cesari 連、緊接著 Cormier 連及 Bernhart 連也從另一邊衝上去了。

敵人全部撤退了，片刻之間，桌形高地（月眉山）上所有敵軍的軍旗全部消失無蹤。敵軍官兵全都爭先恐後的朝淡水谷地（四腳亭）逃走，他們從 Marais 連佔領的左邊圓形山頂下方一列列的撤退，該連在距離敵軍撤退路線 200 至 400 公尺的地方，以排槍追擊那些逃跑的敵軍。這簡直是一場屠殺，山谷滿佈敵人的屍體。

外國人兵團和非洲兵團的兵士們佔領了堡壘，他們發現堡內的凳子都被一層厚厚的彈殼淹沒了。這也證明敵人對我們進行持續而猛烈的射擊。在堡壘北邊突出部，

一尊漂亮的克魯伯山砲安靜的架在砲座上，四周都是火藥和砲彈，就是這尊大砲，今天和昨天敵軍對我們發射沒有信管砲彈的大砲，另外，地上還有一些敵人丟棄的嶄新 Lee 式槍。

當損失慘重的 Cesari 連正在整理隊伍時，非洲兵團的第 5 連及後面的第 4 連正迅速的追擊敵人，朝向那些仍持續發射猛烈子彈的敵軍防禦據點挺進，第 5 連就利用敵人留下來很長的壕溝，在掩蔽中快速前進，不管那些躲在荊棘叢中的少數敵人，但卻在壕溝的一個轉彎處遭受到敵人槍彈射擊，前方出現了一個幾公尺高的懸崖，也阻擋了部隊的前進，Gamot 中尉第一個跨出壕溝，但卻受傷了，就在同一時間，跟在後面第 4 連的 Fradel 上尉，受到熱情的趨使，為了要加速前進，帶著幾名士兵越過肩牆後，卻被一個藏身在荊棘叢中的敵人射傷了他的眼睛。但部隊仍繼續前進，往後撤退的敵人，只能分散進行零星的最後抵抗。

佔領桌形高地（月眉山）

下午 4 點，我們已經佔領桌形高地（月眉山）的峰頂了，原本在各地飄揚的敵人軍旗，已落入勝利者的手中，一面小小的三色旗插在堡壘的一角，由縱隊的喇叭手吹奏「國旗曲」致敬，同時也讓留守在街市的部隊和停泊在港灣的艦隊，知道我們獲得了勝利。在右邊堡壘裝上砲座的 80mm 口徑砲以砲擊迫使敵人加速撤退，直到他們退到淡水谷地（四腳亭）的稻田中。

3 月 5 日的戰鬥，使我們遭受重大的損失，主要的傷亡都在外國人兵團和海軍步兵營，總計有 20 人陣亡，50 人受傷。Bacque 少尉陣亡了，Bouyer 上尉和 Fradel 上尉受重傷，Cesari 上尉、海軍步兵營的 Ligier 中尉及非洲兵團的 Gamot 中尉也都受傷了。

大量的軍旗、武器、火藥、敵人儲存且藏在草棚內的糧食、被服和兩尊裝在鐵架上的鋼製小型克魯伯砲等，都成為我們的戰利品。敵人的屍體散佈在荊棘叢中，連受傷的人也都沒能帶走。

我們的部隊各自在佔領的陣地準備過夜。非洲兵團在桌形高地（月眉山）最高點，面對西邊；外國人兵團、救護班及砲兵隊在中國人留下的堡壘內，面對東邊；海軍步兵營各連則待在中間的山頂。

入夜後非常安靜，但我軍前哨兵的腳下卻出現了不斷閃來閃去的燈光，因為敵人利用黑夜的掩護，前來尋找他們陣亡和受傷的同伴們。午夜3點，天空下起了小雨。

圖 12-11 法軍朝月眉山東邊防線進攻 　　圖 12-12 法軍從東邊稜線攻佔月眉山

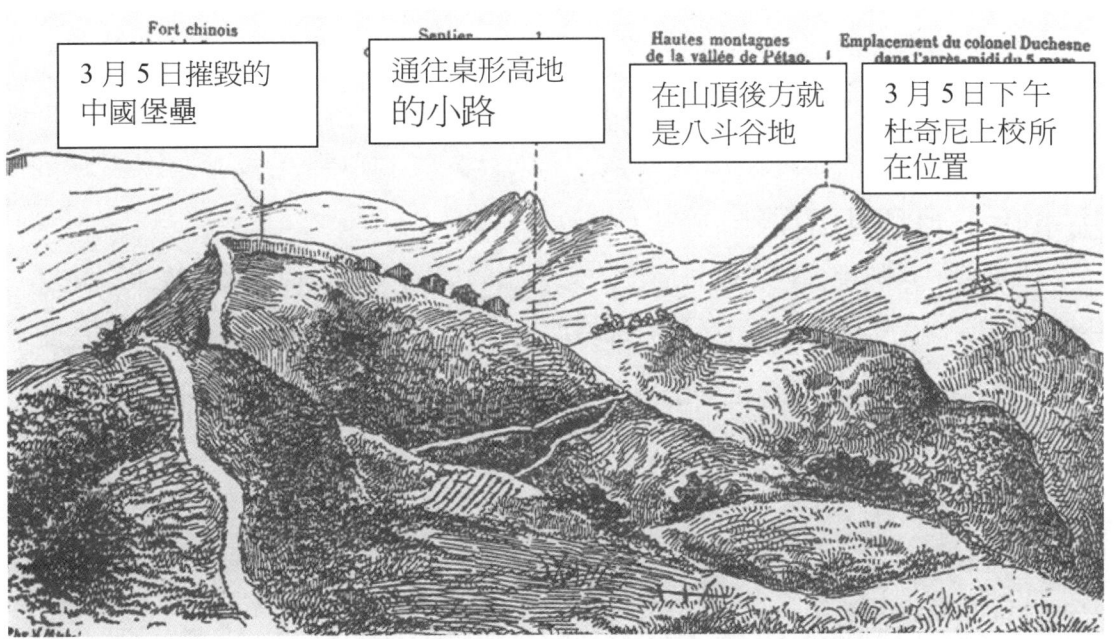

3月5日摧毀的中國堡壘　　通往桌形高地的小路　　在山頂後方就是八斗谷地　　3月5日下午杜奇尼上校所在位置

圖 12-13 從南邊看法軍3月5日攻佔的桌形高地東邊防線中國堡壘

四、清軍：月眉山失守

1885年3月5日敵軍三路進攻月眉山

3月5日清晨，有2000名法軍從枕頭山（紅淡山東北側小山丘）、竹篙山（月眉山東側經四腳亭砲台高砲座）及龍潭堵（六坑山東邊的河階上聚落）三路進

攻，曹志忠所統率的楚軍6營，有2營分守大武崙，又有300人守戲台山（五坑山），只剩下1400人守在月眉山、深澳坑一帶。從月眉山西側大水窟一直延伸到東側深澳坑，築有17里長長的胸牆，地勢遼闊，但守軍兵力單薄，法軍看清我們的兵力配置不足，就選擇從這裡入侵。

敵軍從長牆背後偷襲

曹志忠與蘇得勝率兵勇全力抵禦，敵軍看到我方守軍兵勇很少，突然以1000名兵員直接轉向，從深澳坑直攻長牆，將防守戲台山（五坑山）的我軍截斷，企圖從長牆背後逆襲。

敵軍攻入長牆後，就從牆後攻擊我軍，使我軍腹背受敵。

這時，蘇得勝的部屬營官梁善明中彈陣亡，鄧長安也受重傷，曹志忠的部屬兵勇死傷更多，無法抵抗，就退到一個山頭防守待命。

法軍攻上月眉山頂

法軍襲擊長牆後，就攻破月眉山的第一道防線關卡，同時以火砲攻擊深澳坑。新築好的長胸牆，在大雨後很多地方都坍塌。營官蕭清福防禦敵軍時受傷，守住關卡的兵勇只有100多人，無法抵擋法軍攻勢而潰散後退，月眉山頂於是被法軍佔領。

廖得勝的兵勇都被曹志忠帶去反攻，守在堡壘的才約100人，這時剛好劉朝祜率領300人前來合力防守，雙方激戰很久，這時法軍已從三面包圍月眉山。

防軍退避新煤廠（在大水窟，今月眉路南邊）

廖得勝、劉朝祜都因兵勇死傷過多，只得退到山下，和曹志忠、蘇得勝暫時到新煤廠躲避，以等待援軍。

那時，林朝棟在大水窟，蘇樹森在四腳亭，仍然堅持據守該處，沒有敗退。

五、法軍：盤整、休息和向西偵察

1855年3月6日——整頓縱隊與偵察

3月6日清晨霧氣迷濛，6點外國人兵團和海軍步兵營各連依照前一天收到的命令，在桌形高地（月眉山）集合，整個縱隊都要在這裡會合，以執行下一階段的作戰任務，受傷者運送隊及救護班都跟隨在縱隊行軍隊伍的後面，以方便經由舊的前進根據地及A點（無線電山頂）撤退回基隆野戰醫院。

杜奇尼上校原本認為中午部隊就可以前進作戰，他想趁勝進攻圓形劇場高地（紅淡山）上的陣地，不讓敵人有充裕的時間集結兵力。

然而，前晚下的雨已經使山路變泥濘，因而，要將受傷的人撤回和到各陣地補充彈藥的行動都變得很困難。早上8點，受傷者運送隊從桌形高地（月眉山）出發，一直到下午5點才抵達基隆營舍。這使杜奇尼上校被迫放棄原先的計畫，只能在桌形高地（月眉山）紮營，同時再派出一個連前去佔領5日攻下而6日早晨放棄的一個堡壘。

向西邊偵察

在中午以前，非洲兵團的副官Bercand上尉被派到桌形高地（月眉山）西邊偵察一條小路，但卻遭遇西南邊陣地最後面一個方形堡的敵軍，對他們發動猛烈的步槍射擊，迫使這位副官不得不從原路退回。

最後，在前進根據地負責守備的外國人兵團兩個連（Lebigot連和Jannet連），在6日下午回到縱隊，接替昨天作戰過度辛勞且損失慘重的Marais連及Cesari連。Marais連和Cesari連則奉令在桌形高地（月眉山）負責守衛任務，而且臨時撥出一個50人的小隊，去守備舊的前進根據地。這兩個連應該要把舊根據地的材料搬移到新陣地，並且要破壞敵人陣地上可能阻礙我們法軍移動的防衛設施，且要立即依據工兵班所擬的計畫，完成桌形高地（月眉山）的防禦設施。

六、清軍：調兵防基隆攻台北通路

1885年3月6日劉銘傳調兵六堵防法軍突襲台北

3月5日（1/19）晚上，我（劉銘傳）聽到前線失敗的消息時，大為恐懼，六堵沒有駐軍，敵軍若從獅球嶺攔截我軍，我們在暖暖的軍隊就會沒有退路，當天晚上就率領聶士成的400兵勇趕到六堵，以支援前面的軍隊，以防法軍從後方突襲。

3月4日，王詩正到五堵，聽到消息，3月5日就派威、良兩營趕到六堵救援。

守住暖暖和四腳亭

因為到暖暖要經過敵軍堡壘監控的範圍，部隊白天不方便移動，3月6日（1/20）晚上，王詩正率領部隊偷偷的移動到暖暖，和曹志忠的部隊先據守暖暖，在基隆河的兩岸駐紮，以便能確保大水窟後路（南邊）不被敵軍佔領。而且，堅定的約定3月8日（1/22）晚上在暖暖商量對付法軍的戰術等事情。

敵軍佔領月眉山頂後，從早到晚不停的以火砲轟擊南邊四腳亭林朝棟、蘇樹森兩軍的營房和堡壘，局勢相當危急。

圖12-14從四腳亭看月眉山

清軍反攻月眉山

王詩正還沒有到暖暖以前，3月6日（1/20）過中午以後，威、良兩營利用空檔攻擊月眉山後方，威營營官劉見榮、良營營官易玉林帶著部隊繞山依山勢蛇行前進，敵軍有數十人拼死命抵抗他們的攻擊。這時剛營從山的後面繞上去，敵人被迫後退到山腰，我清軍於是奪下往月眉山的一個關卡。這時，王詩正就下令威、良、剛等4營在這關卡後方駐紮。

七、法軍：攻佔圓形劇場高地（紅淡山）至基隆河以北地區

3月7日——奪取圓形劇場高地（紅淡山）

3月7日的作戰目標，是奪取有名的南方陣地。這個陣地在1月10日曾粗暴的阻擋非洲兵團前進，而這個陣地又受到聳立在後方、標高212公尺的竹堡（紅淡山頂）的監控。有4條壕溝線保護這個陣地，它是這些恐怖壕溝網中的鎖鑰，而它就是這些壕溝網的內堡。

3月6日傍晚，杜奇尼上校仔細觀察附近的地形後，就和Bertaux Levillain中校及Fontebride中校，擬定好7日上午的作戰計畫：把所有兵力分成2個縱隊，右翼縱隊由非洲兵團4個連和外國人兵團第3連（連長Lebigot上尉）組成，負責奪取圓形劇場高地（紅淡山）和竹堡（紅淡山頂）的任務；左邊的縱隊由外國人兵團第4連和海軍步兵營3個連組成，由Bertaux-Levillain中校指揮，從左邊發動一次佯攻，主要目的在吸引圓形劇場高地（紅淡山）敵軍的主力往東移動，而且要儘量讓敵人覺得3月5日的側面攻擊又來了，他們就會耽心防線的右翼會受到包圍。

杜奇尼上校要帶領外國人兵團中未被部署的第1及第2連，作為預備隊守在桌形高地（月眉山），而砲兵隊也要利用這裡制高點的優勢，輕易轟擊敵軍的陣地。

圖12-15 從A點山腳看紅淡山雙峰在左邊

從左翼佯攻

3月7日清晨6點半左右，由Bertaux-Levillain中校指揮的左翼縱隊，以外國人連領頭，開始前進，在指揮官有力的激勵部隊後，竟然連續佔領了3座方形堡，這些方形堡都監控著通往圓形劇場高地（紅淡山）的小路，其中最近的一座方形堡，就是阻擋Bercand上尉黑夜偵察行動的那一座。敵人曾試圖守住這些方形堡壘，但並未成功。

Cauvigny 連和 Cormier 連也跟在後面前進。Bertaux-Levillain 中校下令外國人連要佔領那個可以到達淡水河（基隆河）的突出高地時，Cauvingny 連就穿越谷地，佔領最接近敵軍南邊防線陣地（標高 159 公尺處）的斷崖，據守在那裡。

如此一來，在最前面的 Cauvingny 連的兩側後方，就由 Cormier 連及外國人連從左右推進，形成了兩線如梯形般的進攻陣勢，敵軍從右翼不斷朝他們猛烈射擊，這 3 個連也以同樣猛烈的槍彈回擊。

這期間由於射擊太密集，使我們不得不擔心子彈可能即將用盡，幸好，Thirion 連帶著彈藥運補隊從基隆營舍趕來，使我們整條戰線的彈藥都獲得了補充。但各連都接獲緊急命令，要求要嚴格遵守節約使用彈藥的規定。

圖 12-16 法軍佯攻部隊朝暖暖鄉軍防線推進

敵軍兵力調動到右翼（東邊）

在這次左翼的攻擊後，我們所預期和等待的敵軍行動果然發生了。對右邊堡壘守備兵很有自信的敵軍，就調集了圓形劇場高地（紅淡山）陣線防守的大部份兵力前來，以應付 Bertaux-Levillain 中校的佯攻。

這段期間，6 點 45 分非洲兵團從桌形高地（月眉山）下來，在前進根據地的後面集合，並且卸下他們的背包。每個連從基隆出發時，除了帶著一塊過溪用的長木板外，還帶著一支竹梯，在遇到懸崖峭壁時可以架起攀爬。

法軍右翼（西邊）分成兩個縱隊

Fontebride 少校則將他的兵力分成兩個縱隊。

右邊由第 4 連（指揮官 Thomas de Colligny 中尉）帶頭，第 3 連（指揮官 Rolland 中尉）跟隨在後，沿著山稜線前進。這兩個連都會接近敵軍的連續防線，但在中途要避免停留對敵人射擊，只要專心朝一個將敵軍山谷陣地劃分成兩邊的支稜前進，到達後再轉向右邊，這時就會突然朝向標高 212 高地的敵軍堡壘。

左邊由第 5 連（Michaud 中尉）帶頭，第 6 連（指揮官 Bernhart 上尉）跟隨在後，他們要從桌形高地（月眉山）山麓走下（西北邊）谷地。這兩個連的前進目標也和右翼縱隊的目標相同，都是在敵軍堡壘的下方迂迴繞行，然後他們會突然左轉，朝向那些監控淡水谷地（暖暖）的敵軍堡壘，而這些堡壘的守軍這時正奮力卻無用的抵抗 Bertaux-Levillain 中校的佯攻。

外國人兵團的 Lebigot 連由 200 名兵士組成，作為 Fontebride 少校的預備隊，在右翼縱隊後方沒有間隔的緊緊跟隨。右翼縱隊在一條迂迴的小路前進，中間有些地方幾乎是垂直陡降的地形，因而常以下滑降落的方式前進。有好幾次，500 人的縱隊竟然只靠著一支竹梯，所有人才得以通過陡坡。

上午 8 點左右，兩個縱隊都完成了攻擊前的準備，而且都朝向指定的方向前進。非洲兵團的「西風」們士氣高昂。這場戰鬥也是各縱隊間的相互競爭，大家都懷抱非成功不可的決心。各縱隊的前進，不斷遇到各種障礙阻撓而延緩，這些障礙也使縱隊無法展開，而且常讓士兵必須以單行前進。

圖 12-17 一支法軍繞過枕頭山朝紅淡山東邊進攻

突破一道道堡壘和壕溝防線

令人意外，敵人在第一道防線就已發現我們的進攻部隊，先以激烈的射擊抵抗，但不久後他們就退到第二道防線。我法軍右翼縱隊到達壕溝前面時，因陡峭的懸崖阻擋，使我軍難以攀登。右翼縱隊的先鋒第4連向左邊尋找一條通路，以便隨後回到指定的方向。這一次的行動，使第3連攀爬上前面的壕溝，使外國人連隊可以在後面跟隨著。第3連到達敵軍第3道壕溝前面時，因遭遇堡壘後方許多敵人猛烈的射擊而止步。Rolland中尉和Sicard少尉率領的連就在敵軍堡壘胸牆的下面，以跑步和「向前」的吶喊聲躲避敵人的射擊。

在這次推進中，一顆子彈射中Sicard少尉右邊的太陽穴，使他當場陣亡。Rolland中尉則帶著一些兵士衝入了堡壘，和敵人面對面肉搏戰，使連上的兵士傷亡慘重，一度只有Rolland中尉一人在堡壘裡面。潰散的敵人突然發現我軍人數稀少，就轉身回頭朝向剩下的幾個人衝來，但就在這一剎那間，一支突然出現的援軍扭轉了整個局勢。這是由Crochat少尉率領的第6連1個排，從左邊衝進了堡壘後，使戰局隨即逆轉，而在我軍全部戰線獲得後續部隊增援後，就朝向標高212公尺的竹堡（紅淡山頂）突擊前進，同時追擊那些在谷地倉皇逃跑的敵人。

圖 12-18 福安宮旁的清軍防禦工事 　　圖 12-19 往懸崖的清軍防禦工事

圖 12-20 紅淡山頂雙峰清軍在峰頂插旗（竹堡）

第 10 戰：1885 年 3 月 7 日法軍攻佔竹堡示意圖（北向南看）
法軍1885年3月7日攻佔紅淡山戰役示意圖（北向南看）

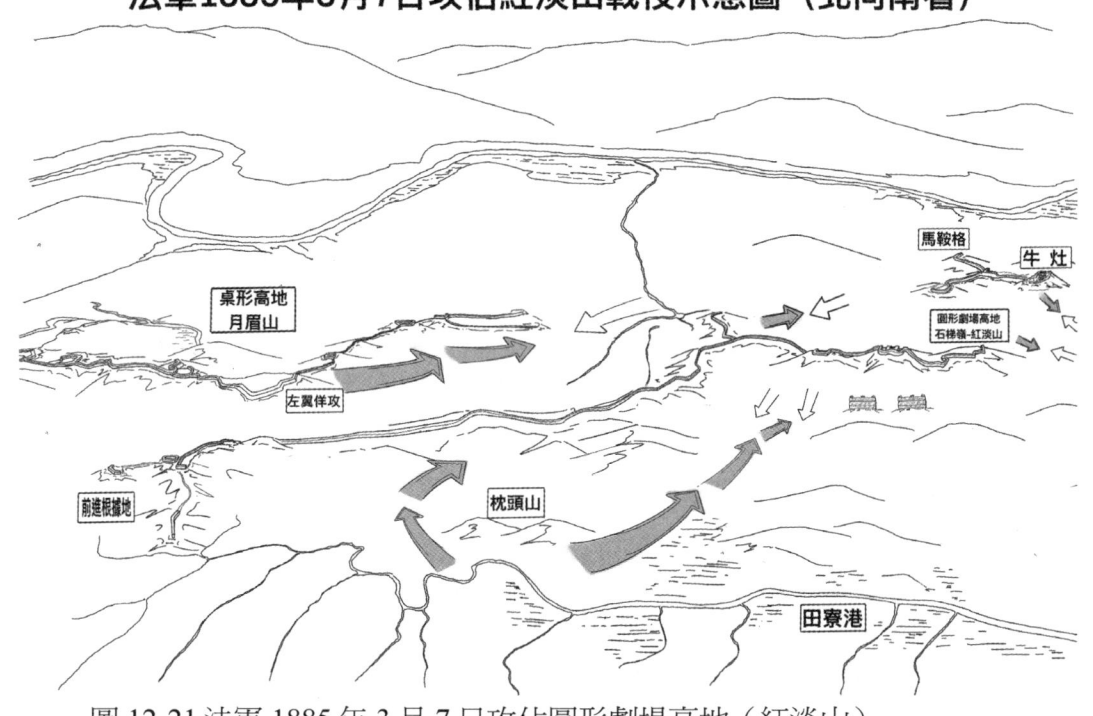

圖 12-21 法軍 1885 年 3 月 7 日攻佔圓形劇場高地（紅淡山）

向竹堡（紅淡山頂）衝鋒

當衝鋒的號角聲響起時，一陣強力的「向前」吶喊聲立即回應，在一瞬間，竹堡（紅淡山頂）就被獵兵奪下來了。1月10日成為「西風」士兵們打堵目標的敵人軍旗，已被接收各堡壘的我法軍摘下，在各砲台與艦隊致敬的號角聲中，插上了三色旗。

這時是上午 10 點半。Rolland 和 Crochat 兩個中尉繼續率領部隊前進，佔領通往齒形高地（鳥嘴峰）延伸的壕溝線，第 4 連及外國人兵團連則同時在竹堡（紅淡山頂）佔領陣地。

這段時間內，左翼縱隊繼續往前到達了山谷，隨後左轉朝淡水谷地（暖暖）前進，第 5 連則追擊正在以長縱列撤退的敵人，而由 Bernhart 上尉指揮的第 6 連第 2 排，在稍微右邊的小路支援。

接近上午 11 點，左翼縱隊的先鋒到達一座竹林附近時，遭受敵人激烈的射擊，擋住了前進中的第 5 連，在幾分鐘內，迫使該連三分之一的兵士無法繼續戰鬥，Douez 少尉也受傷了。

在密集的槍林彈雨中，Michaud 上尉依然鎮定以對，為了節省彈藥用量，下令停止射擊，並命令士兵臥倒，在槍管前裝上刺刀，等待預備隊前來支援。Fontebride 少校只指揮一個連，就是還沒有加入戰局的外國人兵團第 3 連，派去支援 Michaud 上尉。Lebigot 上尉立即判斷當下的情勢後，就從第 5 連前面過去，發射幾次排槍後，以一種無比的毅力帶領外國人兵團士兵前進。這時的外國人兵團和非洲兵團似乎在互相較量彼此的熱情與衝勁，攀登那座聳立斷崖上，後來被稱作南方砲台的垂直岩壁。敵人已彈藥用盡而無法射擊，但仍要嘗試最後的抵抗，朝向我們投下巨大的石塊、彈藥箱及武器等，最後，他們還是被迫往暖暖方向逃走。

在同一時間，Bertaux-Levillain 中校趁敵軍撤退時，率領左翼縱隊前進攻擊。Lebigot 連轉向右邊，沿著監控淡水谷地（八堵）和暖暖的山稜線追擊撤退中的敵軍。Thirion 連被指派作為援軍，緊跟在 Lebigot 連後面，在這同時，Cormier 連和 Cauvingny 連佔領剛奪下的陣地，而 Michaud 連則在重整隊伍，也稍微休息一下。

法軍紅淡山西邊的牽制突擊

當法軍進攻竹堡（紅淡山頂）時，杜奇尼上校命令海軍第二步兵營第 27 連的 Cramoisy 上尉執行一項牽制計畫，在 3 月 7 日早晨由 Cramoisy 上尉率隊，在能監控 Cramoisy 廟（林家大宅）的東南邊高地上方佔領陣地，兵士都臥著躲藏在荊棘中，一直等到聽到非洲兵團攻擊圓形劇場高地（紅淡山）的排槍聲時，Cramoisy 上尉就率隊向竹堡（紅淡山頂）前進，並展開猛烈射擊，使清軍要分散兵力面對從西方來的意外突擊，對非洲兵團攻堅圓形劇場高地（紅淡山）形成了非常有效的牽制行動。（《法軍侵台始末》第七章註 24）

發現清軍大營舍

在河右岸的谷地中，有一個最後的壕溝營舍，由 Lebigot 上尉率領的外國人連隊前去佔領。這是塊邊長 40 公尺的方形營地，外面圍著土牆，牆裡有內壕和護堤，這座剛築成的土牆內有 40 頂豪華的大帳篷，這是敵軍指揮部的帳篷，在裡面我們發現了華麗的衣服，帳篷的布料和襯幕也很精緻，這些都是敵軍重要營舍的證明。

很多小船都繫泊在河的左岸（南岸），附近是排列有序的暖暖村房舍。外國人

兵團在河上游找不到可以跨河的小橋，有些士兵跳下水游泳過去，想帶回一些小船。一個一邊游泳，一邊吹著衝鋒曲的號兵幾乎快要淹死了，Deschamps 中士幾乎耗盡氣力才將他救起來。天色逐漸昏暗，已經不能再向前推進了，於是就集合連隊，幾個在敵軍營舍壕溝後面佔領陣地的兵士，同時以排槍火力掃射村莊和稻田。

Rapp 士官、一位下士及 10 餘位士兵被派到一個能監控兩邊斜坡的山頭，在那裡設一個分遣哨所，以作為萬一發生狀況時，才能方便的和後方部隊保持聯絡。一直推進到暖暖的 Thirion 連，被 Bertaux-Levillain 中校下令召回，回到新佔領的陣地，而 Lebigot 連則在敵軍的營舍負責夜間衝哨任務。營舍的入口用附近小屋發現的傢俱堵塞住。Nautre 中尉在胸牆上分配哨兵時，被一個距離他僅 10 步的敵人用毛瑟槍瞄準射擊，中尉用手槍將敵人擊倒。

平靜的夜晚沒有發生任何事情。敵人朝淡水（基隆河中下游）方向撤退到幾公里遠，還是有敵人像 3 月 5 日及 6 日的黑夜般，前來尋找陣亡或受傷的同伴們。

圖 12-22 法軍攻佔紅淡山後方谷地　　圖 12-23 在谷地發現清軍營舍

火砲支援

3 月 7 日這天，配置在桌形高地（月眉山）上的縱隊砲兵第 23 連（連長 Champglen 上尉），曾經支援步兵營進攻，但因地形的限制，使這些支援沒有獲得太大的效果，但他們仍然不斷以砲火轟擊敵軍的防線陣地，並在敵人逃走的峽谷進行砲擊。

停泊在基隆港內野戰醫院對面的 Vipere 砲艇，也像前幾天一樣參與作戰，它發射的 14 公分砲彈越過圓形劇場高地（紅淡山），大多落在淡水谷地（基隆河北岸），對撤退的敵軍造成相當大的驚嚇。

非洲兵團和外國人兵團的 Lebigot 連，都堅忍的承受戰鬥中所有的折磨，這是可以寫入部隊戰史的光榮事蹟。「西風」們的表現已經證明，他們是一群所向無敵的兵士，當晚杜奇尼上校以便條紙簡潔的寫給 Fontebride 少校：「為第三非洲兵團喝采！」這句話表達了非洲兵團全軍緊密凝聚的情感。

不幸的是，這場成功的代價很高，一位軍官陣亡（Sicard 少尉），一位軍官受傷（Douez 少尉），22 名士兵陣亡，1 名士兵失蹤，71 名士兵受傷。由 Didier 醫官主持的救護站，正在包紮傷兵時，又有新的傷兵湧入。Lebigot 連在最後突襲敵軍陣地時，有 5 人陣亡，其中有 2 人是被壓死的。

光榮達成作戰目標

總之，3 月 5 日的作戰目標，在 3 月 7 日這天光榮的完成了，我們法軍追求的目標已達成，而基隆營舍附近受到的包圍解除了。我們已經成了基隆河北岸暖暖、八堵等全部地區的主人了。

敵軍的人數超過我們 8 倍，他們的抵抗非常激烈。在作戰前後 4 天中，我們縱隊有 41 人陣亡（包括軍官 2 人），157 人受傷（包含軍官 6 人）。

「儘管當時我軍士氣很高昂，但為了擊敗人數比我們多 8 倍、且據有堅固陣地的敵人，所有將士都必須費盡全力作戰才行。敵軍的陣地非常堅固，假若我事先確知非常難以攻入，我一定會躊躇不敢進攻。」（杜奇尼上校的報告）

許多旗幟、幾門克魯伯砲，無數槍彈和砲彈、各種形式的步槍、許多前裝滑膛砲和青銅製小口徑火砲，用一句話說明，敵人 3 個月來在基隆前線所集結的全部軍用器材，都已落入我們的手中了。許多旗幟中有一面寫著：「總指揮，Tchang」（Tchang：傳，即劉銘傳）。

從俘虜口中獲得的情報可知，敵人最後一天（3 月 7 日）配置在戰線上的兵力為 8000 至 10000 人，他們的損失非常重大，約有 1500 人死傷而無法戰鬥。

3 月 8 日早上，敵人已失去戰鬥意志而全部撤退了，但若要追擊他們，還是要有新的援軍和渡河的工具才行。我們的縱隊已經非常的疲憊，而且，糧食和彈藥也逐漸減少。最後，在 3 天進攻的期間都沒有下的雨，從 3 月 7 日晚上又開始下了，一直下到 14 日才停止。

八、清軍：敗戰退至基隆河南岸

3月7日反攻月眉山失敗

3月7日（1/21）清晨，王詩正的部隊和曹志忠的部隊會合後，開始向月眉山頂進攻。

敵人這時已將在基隆可用的所有水陸部隊全部集中起來，等待我們清軍的攻擊，王詩正率領部隊向前猛攻，哨官胡少廷、羅國旺等冒著被敵軍砲火擊中的危險，不斷向前挺進，很不幸的，這兩位勇敢的哨官都中砲陣亡，哨官李經青、龍春芳將兩人的屍體搶回來，也都受到重傷。

墊後的部隊由剛營營官申道發率領，拼死奮戰，一直到他自己腳受傷了才撤退。

圖12-24 從紅淡山扶輪社觀景台向南看鳥嘴

圖12-25 由四腳亭南邊北看鳥嘴

圖12-26 劉銘傳奏摺中的鳥嘴舉峰（鳥嘴峰東峰）

法軍從大水窟前後路夾擊清軍

敵軍擊敗了月眉的防軍後,就分三路向我軍逼近。王詩正、曹志忠率領各營不顧自身生死迎戰抵抗。這時,敵軍再分兩路,一路從月眉山攻擊暖暖的前方(過港);一路由鳥嘴舉峰(馬鞍格,即現在的鳥嘴峰東峰)從大水窟的後方襲擊,試圖包圍我軍。

清軍全部撤退到基隆河南岸

王詩正和曹志忠率領的部隊,受到法軍前後夾擊,不得已只好退到基隆河南岸。這時,大水窟和四腳亭就陷入被敵軍三面圍攻的險境。

林朝棟和劉朝祐合力抵抗由月眉山長牆下來攻擊的敵軍,救出蘇樹森率領的土勇後,三支部隊從敵軍的包夾中合力突圍而出。

西邊鳥嘴峰(三坑西邊)的團勇(暖暖鄉軍)面對攻勢凌厲的敵軍砲火,也無力抵抗,全部往後潰散撤退。一直到當天晚上,王詩正、曹志忠的部隊才退回五堵。

戰役結果

3月7日這一場戰役,從卯時(清晨5—7時)打到申時(下午3—5時),我軍所有的營官、哨官及兵勇,沒有一個不誓死拼戰到底,無奈法軍的人數眾多且槍砲精良,使我軍無法抵禦。

我軍林朝棟、劉朝祐的部隊死傷最多。聽說敵軍也傷亡400多人。

對戰以來最激烈的戰事

從3月5日(1/18)以來,每次對戰,敵軍都以最強悍的兵勇輪流更替推進,前面的兵勇陣亡,後方的兵勇立即遞補上去,也不收回死屍,使攻勢毫無間斷的空隙,實在是與敵軍歷來各種戰役中,唯一最慘烈的一次。

3月7日(1/20)我(劉銘傳)到達六堵,看到前方我軍敗退,痛苦憤恨卻不能有什麼作為。

即將面臨軍餉不足的窘境

以目前的情勢來看，只要堅持防守，或許可以勉強應付當前的困局。然而，部隊的軍糧和軍薪都非常缺乏，槍砲彈藥所剩不多。

王詩正、陳鴻志的部隊渡海到台灣，先由台南借支白銀 2 萬兩，再由台北支付白銀 2 萬 6 千兩，每個月所需要的軍米 2000 石。吳鴻源帶領的 4 營部隊，原來的計畫是由廣東接濟軍餉，但因為法軍封鎖港口，廣東的軍餉無法匯兌到台北，所以，軍餉仍然由台灣發放。現在，軍隊軍餉的需求，台南已經沒有錢可支付，而台北的錢也只能支付一個月的軍餉，實在沒有方法可以籌錢了。我（劉銘傳）現在前線率領軍隊駐守，無計可施，只能深深的感到焦急。

全台灣一個月所需的軍餉，合計 30 萬兩白銀，一旦發不出軍餉，部隊恐怕會潰散陷入危險的情勢中。懇求皇上天恩，想辦法救濟，立刻命令下屬進行，現在已面臨等待命令的無限急迫時刻了。

九、法軍：戰後的活動

改造壕溝營舍

我們只好在這些新佔領的地方作長期安頓的打算，過了幾個禮拜，新佔領的陣地就被改造成一個大規模有壕溝保護的營舍，從此以後，這些營舍就可以安全的防衛我們法軍在基隆的駐地、病院等，不用再害怕任何敵軍的襲擊了。

這幾天在苦戰惡鬥中的死傷者比例，和歐洲戰場上戰鬥死傷者的比例是一樣的，為全部兵力的六分之一。

頒發褒揚令

孤拔中將頒發褒揚令給這些勇敢的小遠征部隊，在褒揚令中特別表揚那些在戰場上最有功勳的人員。原令文為：

「海軍中將兼司令長官茲以遠東艦隊及台灣遠征軍的名義，對 1885 年 3 月 4 日

至7日在基隆南方所發生的戰鬥中，功績顯著的校尉士官兵予以明令褒揚：

陸軍總指揮官杜奇尼上校指揮作戰，智勇兼備。

海軍步兵營 Bertaux-Levillain 中校，於3月5日對敵軍第一座堡壘的突擊，指揮得力，又於3月7日對敵軍左翼佯攻，領導有方。

Fontebride 少校，曾於前後4日內督率所屬營，功勳顯著，指揮對圓形劇場高地（紅淡山）的攻擊，尤其具有智慧與勇氣。3月7日的光榮，大部份應歸功於該員。

外國人兵團 Cesari 上尉，腿部中彈受傷後，還能督率所屬連對敵軍第一座堡壘突擊，直到戰鬥結束，才答應接受救治手術。

非洲第3營 Fradel 上尉，一向有英勇的名號，該員在左腿中彈受傷後兩日，不得不進行截肢手術。

外國人兵團 Lebigot 上尉，親身冒著槍林彈雨和被石頭擊中的危險，督率所屬連突擊敵軍最後陣地，因為此一勇猛的行動，結束了最後的戰鬥。

海軍步兵營 Thirion 上尉，曾以戰績多次獲得表揚，這次作為先鋒部隊指揮官又獲得好的功勳。

非洲第三營 Michaud 上尉，曾以所屬的連持久抵抗敵方大軍。

海軍步兵營 Teyssandier-Lambarede 中尉曾強力奪取敵軍旗幟。

外國人兵團 Nautre 少尉，除了自身表現勇猛果敢，且深具感召部下的能力。

非洲第3營 Rolland 中尉、Crochat 少尉及士官一人，首先衝入敵軍陣地，總是成為部下最佳的模範。

外國人兵團 Deschamps 士官，在戰場上經常表現勇猛，且在步行偵察時，拯救一名即將溺水的號手。

海軍步兵營 Chretien 士官，受傷後仍參加突擊，並最先出現在敵軍堡壘前面，直到上級軍官要求，才將任務移交他人。

非洲兵團 Hertelet 士官，曾奮不顧身跳入敵軍一處防禦堅固的壕溝，率先挺進的優良示範也帶領隊友們一起推進。

孤拔中將對這次戰役的意見

最後，孤拔中將將杜奇尼上校的報告轉呈給政府時，附加了一些意見：

「部長先生，我對於以極少數的人可以攻克那些難以接近的、且武裝良好的防禦陣地，和人數超過我們 8 倍的敵人，他們所展現奇蹟似的英勇，真不知道要如何一再陳述才好。」

「我們獲得的顯赫戰果，不幸是以高代價換來的。這次的任務原本就很困難，而大家的努力都已超過每個人的本份。因此，我大膽的向閣下推舉這些經過考驗且有顯著功勳苦勞的全體人員，希望閣下能以最大的善意接受他們的晉級。」（1885年 3 月 25 日，孤拔中將致海軍部長的文件，編號 565 號。）

雖然我們因為兵力不足，無法追擊往淡水（八堵、暖暖）潰逃的敵軍，完成最後的勝利，但至少可以在將敵人趕走的陣地上加強防禦設施。

Joffre 上尉已於幾天前到達基隆，在他指揮下新防禦設施的構築已開始進行。總之，這是要補充 Poyen-Bellisle 中校所擬定的計畫。

十、清軍：敗戰的原因

兵力不足導致戰敗

再說這次月眉山、大水窟一帶，在沒有退守之前，曹志忠的兵力單薄，無法散開防守廣闊的防區，多次要求增援兵力，但我（劉銘傳）也沒有兵員可以派去支援。這次戰役的退守，實在是兵力不足且防地遼闊，要攔阻或防禦敵軍進攻都很困難，並不是沒有全力戰鬥和防守。

懲罰與撫恤

有總兵頭銜的副將營官龍惠南、葉友勝兩人，不能帶領兵勇全力作戰，已經撤去他們營官的職務，仍留在營中效力，作為對他們的懲罰。

所有全力作戰陣亡的記名提督梁善明、升用提督總兵胡少廷兩人，都請敕部依

照提督陣亡的案例，從優審議撫恤；參將銜游擊陳玉堂、花翎游擊陳得升兩人，都請照參將陣亡的案例從優審議撫恤；花翎都司王先仁，請示依照都司陣亡案例從優審議撫恤；花翎都司銜守備羅國旺、藍翎守備鄒繼圓，請示依照都司陣亡案例從優審議撫恤；守備銜千總吳子元請示依照守備陣亡案例從優審議撫恤；六品軍功高春和、李國斌兩人，請示依照千總陣亡案例從優審議撫恤，以弔慰為國損軀的忠魂。

第十三章・重新調配砲台防線

說明： 法軍佔領基隆河以北，重新調配面對基隆河以南清軍的砲台防線，最前線為桌形高地（月眉山）堡壘、南方堡壘、Bertin（八堵）砲台；第二線為淡水（獅球嶺）砲台及附屬陣地、針形小堡（紅淡山西南邊支稜）和竹堡（紅淡山主峰）；第三線為基港東方防線、Cramoisy 廟（林家大宅）及西方防線。法軍抽調兵力攻打澎湖，準備從基隆撤退，但清軍劉銘傳仍在防法軍攻台北府城，調配基隆河南岸防線，以一萬兵力守六堵。

一、法軍：重新配置砲台及防線

桌形高地（月眉山）砲台

我們法軍建造兩座大型的堡壘砲台，一座建在桌形高地（月眉山）上，一座建在竹堡（紅淡山頂）的舊址上，它們構成了新防線的內堡。

建在有「桌形高地」（月眉山）這名稱的隆起平頂上的砲台，由曾在 3 月 5 日奪取這高地時有英勇貢獻的外國人兵團第 1 及第 2 連（連長為 Marais 上尉及 Cesari 上尉）負責防守。這砲台由一道沿著不規則的山稜線防禦工事構成，主要利用中國人的壕溝防禦北邊和西邊，再加築一道胸牆封鎖東南邊即可。砲台內部不平的地面，由外國人兵團的士兵們整平，幾天內就蓋好了舒適的茅草屋頂，配備 2 門 80mm 口徑山砲。

桌形高地（月眉山）砲台建在平坦的山頂上，這裡朝東南方微微傾斜，但高地旁邊大多是陡峭的斜坡，因此，從砲台上看淡水谷地（基隆河中游谷地）附近，視野無法完全延展。為了補救這個缺點，我們在較陡峭的斜坡上設了兩個附屬小堡，射擊的範圍可以完全延伸到淡水谷地（四腳亭、暖暖）南邊幾百公尺的小溪谷。這兩個附屬小堡各由一個排的兵士駐守，並配置一門旋迴機關砲。

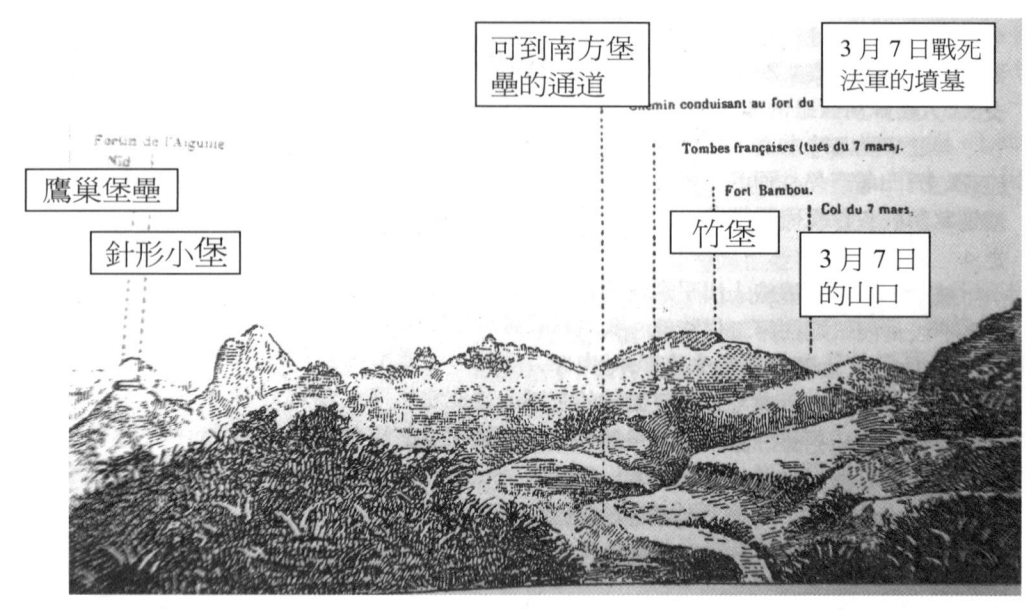

图 13-1 竹堡（紅淡山頂）和南方堡壘（魴頂牛灶）之間的山嶺

竹堡（紅淡山頂）防禦工事

竹堡（紅淡山頂）已變成一座正面約 100 公尺，深約 25 公尺的防禦工事，竹堡的南邊有一道由網籠疊成，約 3 公尺的胸牆，將竹堡封閉起來。由非洲兵團的一個連防守。為了改善竹堡（紅淡山頂）面對 Cramoist 谷地（石硬港谷地）視線不完整，並使竹堡（紅淡山頂）能和南方陣地保持聯絡，我們就在一個斷崖的山頂構築一座小堡，命名為針形小堡。這座小堡是附屬於竹堡（紅淡山頂）的附屬防禦工事，由竹堡（紅淡山頂）的守軍派遣一個排防守，定期輪替。這小堡沒有配備砲兵，對淡水谷地（暖暖、八堵）的視野也不是很完整，因而必須佔領一個更前面的陣地，來補足圓形劇場高地（紅淡山）的防衛，而這個陣地就是南方堡壘。

圖 13-2 從紅淡山扶輪舍觀景台看西南側針形小堡

南方堡壘陣地

南方堡壘位在一處斷崖，是 3 月 7 日傍晚我們法軍激烈爭奪的敵軍重要陣地，這堡壘的位置很好，可以射擊淡水谷地（暖暖、八堵）和敵軍位在盆地對面山上的防線陣地。南方堡壘是一座四周覆蓋層層濃密植物的陡坡斷崖，然而，在那些有點傾斜的高地如標高 180、160、102 及 81 公尺等，卻是一層一層平整有序（梯田）的茶園，在南方堡壘的山腳，基隆河快速而深沉的流過，在河的對岸，我們可以看到暖暖村中最細微的地景。

朝西邊遠眺，淡水谷地（八堵）就從視線中展開，隨著基隆河谷往下游伸展，河谷就不斷開闊起來，最後成為一片廣大的平原（台北）。敵人仍然佔據河另一邊的山坡，後面有許多峰嶺層疊延展，敵軍就據守在那些山嶺最突出的支稜上，而且在那邊築造長長的壕溝。因此，南方堡壘陣地就成了最重要的陣地，由非洲兵團的一個連和海軍步兵營的兩個連負責防守。砲兵則配備 80mm 口徑野砲 2 門，這是遠征軍配備中最有力的火砲。裝在堡壘砲台西方支線末端的木製砲床上，可以直射淡水盆地（暖暖、八堵）。在堡壘的東方防線支堡（今鳥嘴尖東峰）上，設有旋迴機關砲一門，由海軍砲兵的一個排負責操作。

南方堡壘另外還在標高 198 公尺的一處高地，利用敵人舊砲台的基地，增建了一座附屬砲台，由主堡守備兵派出一個排防守，使南方堡壘的防禦更為完整。

佔領圓形劇場高地（紅淡山）後，就瓦解了敵軍在齒形高地（鳥嘴峰）上的防衛，3 月 8 日晚上，敵軍沒有經過戰鬥就自動從齒形高地（鳥嘴峰）撤退了，但淡水砲台（獅球嶺）及其附屬砲台（鷹巢堡壘）因為位置在現有防線的後面，已不符合目前往前推進的防線需求。

圖 13-3 暖暖鄉軍的牛灶即法軍南方堡壘　　圖 13-4 南方堡壘射口朝暖暖的砲座

圖 13-5 牛灶即南方堡壘以石梯上砲座

圖 13-6 南方砲台支堡的北邊

圖 13-7 馬鞍格（鳥嘴峰東西峰）北邊

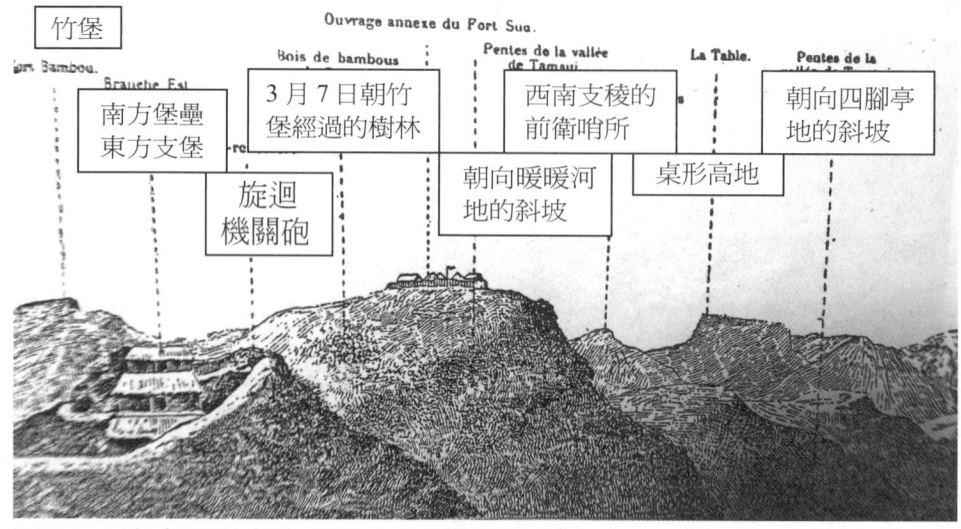

竹堡 ・ 南方堡壘東方支堡 ・ 旋迴機關砲 ・ 3月7日朝竹堡經過的樹林 ・ 西南支稜的前衛哨所 ・ 朝向暖暖河地的斜坡 ・ 桌形高地 ・ 朝向四腳亭地的斜坡

圖 13--8 南方堡壘東邊支堡（今鳥嘴峰東峰）

圖 13-9 從頂寮山看南方堡壘東邊支堡

Bertin 砲台的名稱由來

這是一座命名為 Bertin 的新砲台（今三角洲嶺山）。

「由海軍步兵營的 Bertin 上尉開始構築。」（《法軍侵台始末》第七章註 31）

這座砲台建在可以監控基隆河的山稜線突出部上方，Bertin 砲台建在有基隆防區的西南凸角，形成一個大膽的箭形，直接壓迫敵軍新建的防線。另外，防守這座砲台的外國人兵團，在構築砲台時遇到了地形上的困難，像漏斗般張開大口的那座圓形小丘，只有一道不規則的狹窄山稜線，因而必須徹底改造。此外，敵人也曾多次試圖攻擊這座砲台，設在砲台上的 2 門 80mm 口徑山砲，也經常和敵軍的砲兵互相射擊。

雖然情勢有些危險，但在霞飛（Joffre）工兵上尉熱心的技術引導下，幾天後新砲台就建成了。

圖 13-10 掩蔽在竹林中的八堵砲台 　　圖 13-11 八堵砲台在三角洲嶺山稜線上

圖 13-12 從 Bertin 砲台看基隆河及暖暖村 　　圖 13-13 從南方堡壘看基隆河中游及暖暖村

三道新防線

　　為了這些堡壘砲台和基隆營舍間的聯絡，在其間都開闢了新通路，也使守備的聯繫網絡更為完整。外國人兵團及非洲兵團開闢了許多穿越荊棘的步道，像蜘蛛網般環繞著圓形劇場高地（紅淡山）和桌形高地（月眉山），一直延伸到第一線防禦陣地。這些道路平均寬度 2.5 公尺，甚至可以通行輕便車輛，對防備和各種物資的補給、運送都更為方便。

　　防守新砲台的配置，有將一月才到的兩支援軍限制在這裡的壞處，然而，大致上壞處並不大，因為我們已決定 4 月就要從基隆撤退，也不再有必要對敵人採取攻勢。況且，當時的情況對我軍完全有利。雖然敵軍佔領淡水谷地（暖暖、八堵）的南邊山嶺，也在那裡建造比以前更堅固的陣地，但我們已將他們從基隆趕出去，只要我們固守 3 道堅固且又互相支援的防線，就可以避免任何敵人的襲擊。

　　這 3 道防線為：

　　第 1 線：Bertin（八堵）砲台、南方堡壘和桌形高地（月眉山）砲台。

第2線：淡水（獅球嶺）砲台及其附屬防禦工事（鷹巢堡壘）、針形小堡和竹堡。

第3線：西方防線、Cramoisy 廟（林家大宅）和東方防線（Ber 線）。

□法軍重佈基隆河北岸3道防線示意圖

法軍基隆河北岸3道防線示意圖

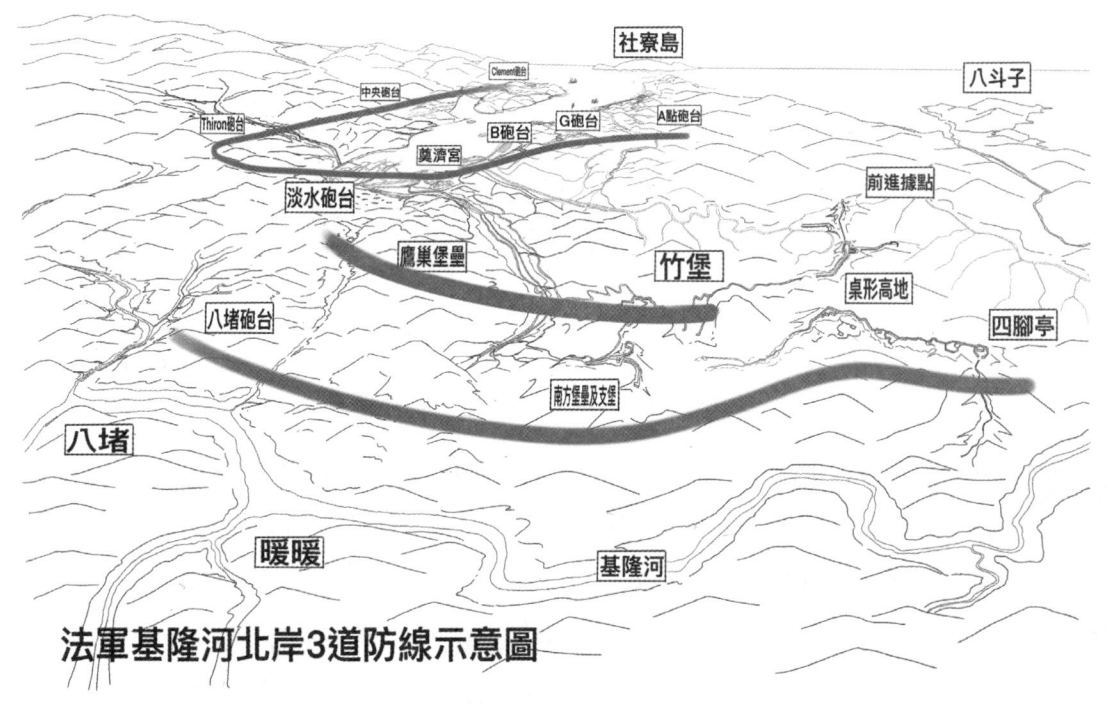

圖 13-14 法軍在 1885 年 3 月戰役後重新配置 3 道防線防衛清軍

二、法軍：享受戰後快樂生活

佔領煤礦

遠征軍也佔領了基隆附近的煤礦，這是政府一直以來的要求，也是政治層面的保證佔領。

法軍佔領基隆河以北後的狀況

孤拔中將 4 月 1 日給海軍部長的電報：

「當我駐防在基隆時，我曾視察過 3 月 4 日至 8 日佔領的陣地。這些陣地監控八堵和暖暖的礦山。這些陣地同時也受到基隆河谷南方山嶺的監控。中國人因為沒有

好的山砲隊，雖然在那裡挖掘壕溝防禦，但和我們的距離相隔太遠，不會使我們受到威脅。我們因為部隊兵員有限，因而，無法擴大佔領區。目前，我軍的士氣非常良好。」（《法軍侵台始末》第七章註34）

遠征軍有權為自己的努力和犧牲感到驕傲，對於政府交付在台灣這塊土地上所作的、沒有相對價值回報的任務，也終於告一段落了。而且，當時本國的注意力大多都集中在東京（北圻）方面，Giovaninelli和Negrier等旅團因佔領諒山和解除宣光被包圍的局勢而揚名。雖然發生過血腥的戰鬥，但已完全擊敗且裂解廣西軍和雲南軍，迫使他們遠離三角洲（紅河）以外。

享受戰後的快樂生活

1月和2月期間，我們經過了肉體折磨和精神亢奮的狀態，但這些都已經過去了。持續幾星期連續不斷濃霧和下雨的天候，3月中旬以後已經由萬里晴空的日子所取代。

太陽熱情的為大地原野帶來了繽紛的光采，熱天氣也沒有令人感到不舒服。當前的台灣島，真是名符其實的「美麗島」。市街依然空無一人，但附近的農民卻因同胞的撤退而感到安心，有很多人回到了我們的佔領區，他們在基隆和桌形高地（月眉山）附近設立了一些天天都開張的市集，大量供應各種土產。我們的兵士已經安頓的很好了，在堡壘內有茅屋遮風蔽雨，街市中的住屋也打掃得舒適而整潔，很符合健康要求，同時享受著高薪報酬和豐富的食物，每天還有土木工作和小規模偵察行動，來維持健壯的體魄，最近大家因戰勝而感到自信與驕傲，又接受許多獎賞，以致於每個人似乎都覺得自己比別人更愉悅、更快樂。

不再派遣新援軍

3月14日，孤拔中將在寧波港外泊地的八野艦上，接到了3月上旬基隆的戰鬥報告。這報告使他可以縮小台灣的封鎖，因而就讓中將有了一些指揮艦隊的自由。因為，就算敵人獲得新援軍，已在基隆新防線陣地上的遠征軍，這時已能對付敵軍任何方式的反攻了。

同一天，巴黎也發出了一封電報，說明以後不會再派遣新的援軍給他。若政府的決策沒有改變，在佔領澎湖以後，在沒有新命令發佈前，就不能從基隆撤退。中將完

全擁有主動權,政府主張佔領澎湖的目的,就是成為台灣撤退後的一個替代地。

中將確定他可以維持封鎖甬江、對米穀輸出的巡檢以及對淡水小規模的封鎖,另外,還可以撥出一些海軍兵力,甚至從遠征軍中抽調幾百人,進行陸上作戰。因此,他決定立即去佔領澎湖。

抽調兵力攻佔澎湖

3月18日,孤拔中將從Gutzlaff(大戢山)發給巴黎海軍部長電報:

「佔領澎湖以後,我將等待閣下的確定命令後,才會從基隆撤退。但是佔領澎湖,我必須從遠征軍中抽調400名兵員。我推測這項調動不會影響目前我們陣地的安全防衛。」

前一天(3月17日),中將派Triomphante艦到基隆,下一道命令給海軍少將李士卑斯,請他率領Galissonniere艦來替代封鎖敵軍巡洋艦和監視米穀輸出的八野艦,同時也下一道命令給杜奇尼上校,請他抽調一個步兵營及一個海軍砲兵排,準備登船出發,加入出征澎湖的行動。

出征的步兵營指定Lange營。組成這營的第二兵團第25、26、27、30連,每一連的成定員名額為100人,由其他兩個營選出健壯的兵員補足。其他兩個營則分擔Ber陣地線及西方、南方防線的第二、第三防線陣地。自從設置新防禦工事以來,只要用極少的兵力就足以防守。非洲兵團的預備連離開了衙門營舍,轉移去沙灣附近使用海軍步兵營的營舍。

圖13-15 清法軍以基隆河為界南北對峙

三、清軍：防法軍攻打台北府城

各營重新調配基隆河南岸防區

現在，基隆河以北重要的地點都已經被法軍佔據，我們的軍隊全部退到基隆河南岸。王詩正的部隊駐紮五堵，曹志忠的部隊駐紮六堵、小坑；林朝棟的兩營部隊駐紮小坑前的草濫尖（拔西猴山）山頂；暖暖街紳董王廷理等駐紮在暖暖街後河（暖暖溪支流東、西勢坑溪上游山頭：頂寮山、龍門山）；我（劉銘傳）親自率領聶士成、蘇得勝、劉朝祜等部隊駐紮在六堵，以扼守經由基隆河谷直通台北的通道。

只是，各個部隊在戰敗後，精銳的兵勇損失嚴重，一時之間恐怕難以再恢復，更怕敵軍這時乘著勝戰的氣勢，窺探攻擊滬尾，甚至密謀襲擊台北府城。

孫開華已命令在滬尾防守的各個部隊，在防區挖掘坑洞和壕溝，扼守滬尾淡水河岸各處，嚴加戒備以防敵軍再次登陸攻擊。

這是3月5日至8日（1/18－1/21）在暖暖戰役退守後，各部隊的防禦配置情形。

□清軍在基隆河南北岸防線佈置示意圖

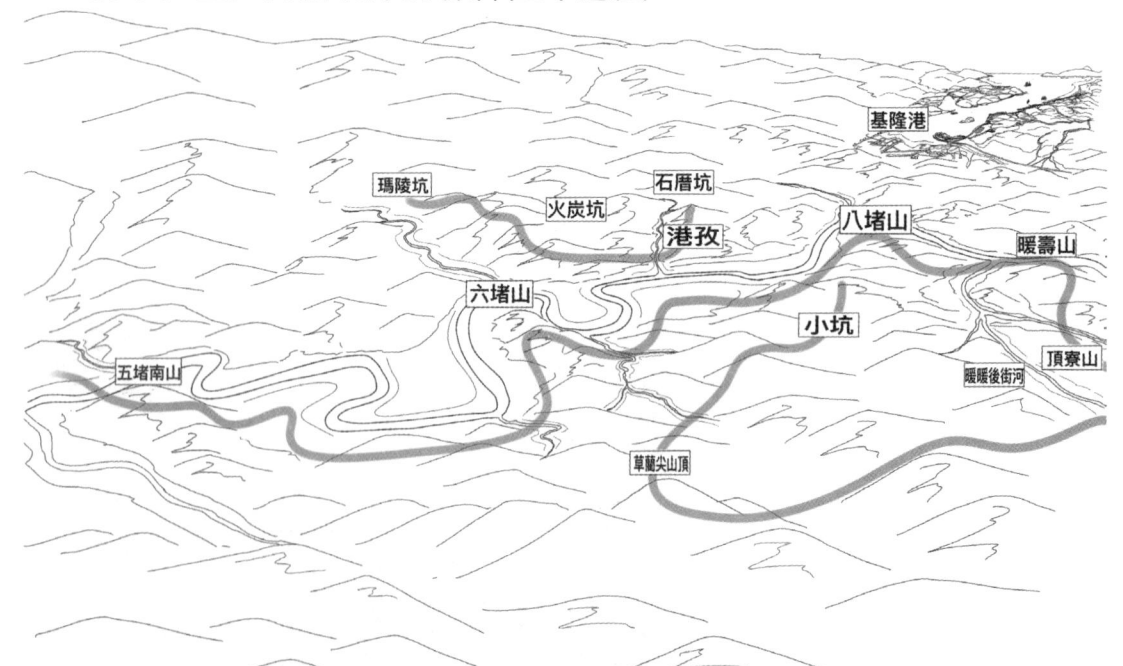

清軍在基隆河南北岸的防禦線佈置示意圖

圖13-16 清軍在1885年3月戰敗後重新配置基隆河南北岸防線防法軍攻台北

法軍意圖攻佔台北府城

根據活捉俘虜法兵色博供稱，3月4日法將孤拔帶了1000人的部隊回到基隆，一心想要攻佔台北。3月17日（1/30），有幾百個敵兵在暖暖搭建木橋企圖越過基隆河，被白揚琛帶領的土勇開槍擊退。

面對法軍攻佔台北府城的意圖，我（劉銘傳）帶領的部隊防守基隆河谷通路的中路；我也已命令曹志忠、林朝棟的部隊防守南路；王詩正部隊防守北路。為防範敵軍進攻，所有的部隊都在陰雨中趕築營房和堡壘，現在，中路、南路的營房和堡壘都完成，已駐紮安定下來，只有王詩正的部隊才剛到，情況還不是很清楚，還要進一步察看，才能將駐紮的營房和防禦的堡壘安置好。

增加基隆河北岸西側防區

我（劉銘傳）最害怕的是，敵軍從獅頭嶺（三角洲嶺山）直攻基隆河北岸西邊，佔據山頭，設置火砲對我軍防區轟擊，如此一來，駐守六堵的各部隊都可能陷入險境中。

我現在已命令蘇樹森帶領土勇駐守趙水坑（石厝坑），桂占彪、張仁照帶領兵勇300人駐防港孜（八德里基隆河西邊港墘），這個駐防地離獅頭嶺（三角洲嶺山）下方很近，還是害怕兵力太少，因此，再命令蘇得勝以一營的兵力駐守在基隆河西北邊的防地。

陳鳴志親自將1000人的土勇輔助蘇得勝帶領的部隊，在火炭坑、瑪陵坑一帶駐紮防守，現在營房和堡壘都還沒有築成。

曹志忠部隊兩營裁併

曹志忠帶領的6營部隊，從去年8月到現在，傷亡的兵勇人數過多，在各次戰役中不斷修造營房和堡壘，非常的疲累，部隊的兵勇數量缺額很多，因此，將其中兩營裁併，以節約軍餉的開支。

以一萬兵力防守六堵基隆河谷通道

綜合統計六堵一帶的兵員，共計有一萬人，但槍砲器械並不精良，無法應付強大的敵軍。

我（劉銘傳）稍微知道敵軍的情況，現在最重要的是避免耗損兵力的戰事，以免損傷精銳的兵勇和部隊的士氣，所以才能和法軍對抗達半年之久。當時法軍人數不多，幸好沒有急躁進攻，才能僵持而沒有挫敗。

現在眾多敵軍突然進攻，我們守軍的人數較少，而且槍砲又不如人，因此導致戰敗，這是必然會發生的事情。

第十四章・法軍攻佔澎湖

說明： 法國計畫攻佔澎湖成為海軍基地補給站，砲戰及登陸戰前，先觀察清軍在馬公的砲台佈防，1885年3月29日上午發動砲擊，馬公各砲台被擊毀；下午5時法軍登陸蒔裡沙灘，30日往北推進至鎖港附近，31日法軍援軍從雙頭掛登陸後整合軍力往北，與守在大城山的清軍決戰，清軍敗退到中屯，再退到員貝嶼。法軍前進到文澳集合後，再往前佔領馬公。清軍對法軍砲擊和登陸戰的戰況，有澎湖副將周善初、通判鄭膺杰，及幫辦福建軍務楊岳斌派去澎湖的探員回報，兩種對戰況描述的說法差異很大，比對法軍的戰況記錄，楊岳斌的探員回報較真實，澎湖副將和通判的回報，似有捏造、誇大戰功的嫌疑。法國佔領澎湖湖後，發展軍事殖民地及艦隊補給中心，打造馬公成為法國港口。

一、法軍：澎湖是重要的軍事基地

集結戰艦攻澎湖

1885年3月23日，八野艦駛抵基隆港。

孤拔中將在進入基隆港之前，先用信號通知Villars艦，叫它增強火力，幾小時後，這艘戰艦就朝向北方出發。3月24日，Chateaurenault艦拖著Douzans號魚雷艇也朝北方駛去，而Triomphante艦則駛往台灣府（台南），在那裡和Estaing及Duchaffaut二艦會合。」最後，3月27日，Vipere及八野二艘艦艇也先後出發，後面跟著載有Lange營及砲兵排（80mm口徑山砲2門）的運輸艦Annamite。這些部隊由各軍艦的連隊支援，組成登陸部隊。

3月28日，所有待命軍艦都在台灣府（台南）外海集合，只有Vipere砲艇因氣候惡劣而被迫下錨。下午3點，孤拔中將下令出發，幾小時以後，戰艦就在Hou（鱟）岬附近下錨、過夜，以等待第二天清晨即將展開的軍事行動。

澎湖群島概況

澎湖群島位於台灣海峽中間，在福建沿海與台灣本島之間。澎湖群島中有12個

大小不等的島，由珊瑚礁與沙灘構成錯綜複雜的鋸齒狀海岸線，其中，最高的山峰在白砂島北部，海拔 72 公尺。這裡是一些剛露出海面不久的低地，大海蔓延在島嶼的四周形成泥沙或珊瑚礁海岸，或形成一些如馬公等水深達 10 公尺以上的良港，就算噸位最大的船舶，一年四季也都可以在這裡躲避風浪，出入港也非常方便。

澎湖本島、白沙島及漁翁島是主要的島嶼，它們圍繞著一片廣闊且深度絕大部份達 10 至 20 公尺的泊船港灣，而這泊船港灣又形成了 Tatsang（大倉）、Tampi（潭邊）及馬公等 3 個小灣。前兩個小灣因沙泥灘及珊瑚礁阻隔，出入很困難。但圍在澎湖本島內的馬公港則是水深且面積寬廣的一個海港，可供全世界的所有艦隊避難使用。

因為可以安全的泊船，吸引了許多由廈門開往台灣的戎克船，建在港灣西北邊的馬公市街，是澎湖的首府，也是在台灣海峽航行船舶經常進出的避難所。澎湖本島為群島中的最大島嶼，只有東北邊有一些很小的溪流，但島上到處都有水質良好的水井。土壤為砂土或珊瑚砂質，因而非常貧瘠，主要的作物為小米及花生。居民數估計約有 18 萬人，大多數的人口分布在曲折海岸的避風小聚落中。他們大多數人以捕魚為生，糧食則依賴台灣本島供給。

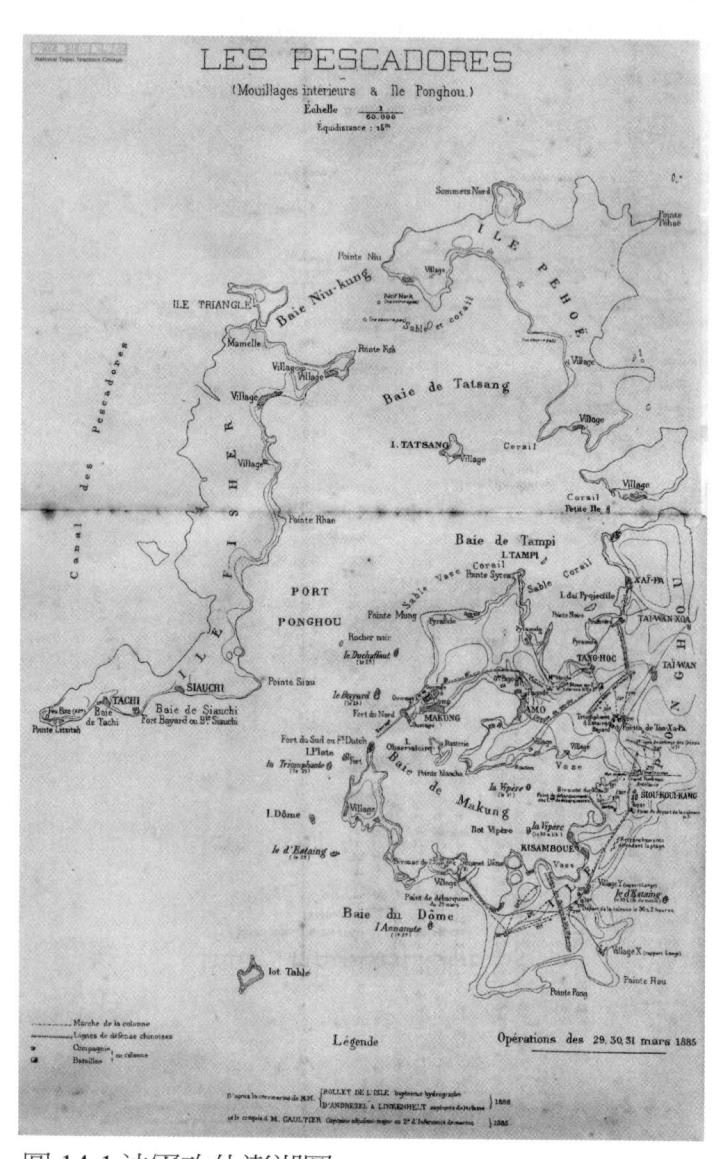

圖 14-1 法軍攻佔澎湖圖
資料來源：國立公共資訊圖書館數位典藏服務網

澎湖──戰略上的軍事根據地

中國的高官們並沒有看輕澎湖群島，在戰略上成為軍事根據地的價值，特別是馬公港。

長期以來，澎湖馬公的港灣早已有一些永久性的防禦設施，看守澎湖灣和馬公港的入口。我們法軍和清朝的軍事行動展開後，許多清朝軍隊就被派來島上，清軍也都努力的守衛那些防禦設施，也獲得援兵，以防敵軍突然攻擊。

在法國艦隊抵達時，澎湖防禦設施的狀況為：

（一）馬公要塞

（1）北砲台

A・新城砲台（在今金龜頭砲台南邊，射口朝向馬公港門）：這是一座有 7 個砲眼的裝甲砲台，配備阿姆斯脫朗 10 公分砲 3 門。這座砲台前方的砲座上，備有阿姆斯脫朗 23 公分砲 1 門和 14 公分線膛砲（Voruz 公司製造，產地法國 Nantes）1 門。

B・穹窖砲台（觀音亭西側，射口朝向外海）：我們艦隊發砲時已將 3 個砲眼全部摧毀，因而無法知道埋在廢墟中的砲是哪種砲。

在（A）砲台和（B）砲台之間，有一個砲陣地（半月形小砲圍），配置 14 公分線膛砲（Voruz 公司製造，產地法國 Nantes）1 門。

C・觀音亭東西側小丘（今第一賓館）：有 14 公分線膛砲（Voruz 公司製造，產地法國 Nantes）2 門、16 公分 Voruz 線膛砲 1 門。

（2）側防砲台（在北辰市場，土城附近）

D・向島內射擊的土砲台：16 公分滑膛砲 1 門，13 公分滑膛砲 2 門，10 公分滑膛砲 2 門。

在 B、C、D 防禦設施的後方，馬公市街的北方，有一個壕溝營舍（媽宮協署軍裝局等營房），為中國正規軍的駐防地。

（參考臺灣歷史博物館，《1884-1885 年法國人遠征福爾摩沙》地圖手繪稿）

（二）南砲台（蛇頭山砲台，別名荷蘭砲台，荷蘭城堡）

這砲台隔著港口和北砲台對峙。配備 22 公分滑膛砲 2 門、14 公分滑膛砲 2 門。

（三）四角嶼砲台

這是一座露天砲台，配備 19 公分中國砲 2 門、14 公分英國砲 2 門、10 公分中國砲 1 門和 14 公分歐洲砲 1 門。全部都是舊式砲，且都已不堪使用。

（四）測天島（小案山）砲台

這是一座露天砲台，和北砲台及南砲台構成交叉火網。配備 20 公分中國砲 1 門，14 公分阿姆斯脫朗線膛砲 2 門。

（五）漁翁島砲台（西嶼）

也稱為西嶼砲台。情報資訊並沒有說明這砲台是否有配備火砲。

圖 14-2 從蛇頭山（南砲台）看馬公

圖 14-3 蛇頭山（法軍的南砲台）

圖 14-4 四角嶼（清軍四角山砲台）

圖 14-5 測天島（清軍的小案山砲台）

二、清軍：澎湖的軍事地位

澎湖群島的軍事地位

　　勘查澎湖諸島，對外可掩護全台灣，對內可使金門、廈門固守，歷來都把澎湖看作險要之地。但澎湖的土地不能生產五穀，草木不生，薪材和米穀必須從外地運補；而且飲水只有協署一口井，淡水也不多，因此，平日不能駐紮大多兵員而無法設為重鎮。

　　自從開放中國與外國通商以後，西方人以兵輪在海洋往來，好像走平路般，局勢因而大變。澎湖島分散在大海中，地形單調平順，如果沒有堅船巨砲，要戰要守都很困難，實在不足以自保。但若由敵人得到則可以阻擋中國援助台灣的海上航路，而且還可成為法軍水師停船的港口，在情勢上又是必須爭取的地方。

圖 14-6 今金龜頭砲台（北砲台穹窖砲台） 　圖 14-7 漁人碼頭附近為昔日新城砲台監控

圖 14-8 從金龜頭砲台看觀音亭 　圖 14-9 觀音亭前的古砲

三、法軍：登陸作戰前的砲擊

軍艦砲擊澎湖各地堡壘

　　位在北砲台與南砲台之間的馬公港，敵軍以鐵鍊封鎖住入口。

　　即將要開始的戰略，是參謀人員細心規劃的。精準的命令使每一位艦長都知道自己所要作的事。

　　因為不知道西嶼砲台是否有配砲，孤拔中將準備了 3 套不同的作戰計畫，第一個計畫是假設該砲台有配砲時使用，其他兩個計畫是該砲台沒有配砲時使用。

　　3 月 29 日清晨，我們法軍的艦隊開始啟航，所有戰艦都跟隨八野艦排成單行縱隊，沿著 Litsitah 屹仔尾岬的燈塔（西嶼）和似乎沒人防守的西嶼砲台前面航行。

　　因此，孤拔中將就在早上 6 點 55 分下令實施第二及第三計畫。各艦都射擊敵方堡壘砲台，並且儘可能避開這些堡壘砲台的射程範圍，再去佔領各艦已預先指定的位置。

八野艦在馬公穹窖砲台（金龜頭砲台）最大射程（900公尺）的海域佔據位置，一方面砲擊馬公露天砲台和測天島（小案山）砲台，一方面從背面射擊四角嶼砲台和南砲台（蛇頭山砲台）。Triomphante 艦在四角嶼及南砲台（蛇頭山砲台）的最大射程附近，即距離四角嶼砲台1000公尺、距離南砲台（蛇頭山砲台）500公尺附近佔有位置，敵方若在穹窖砲台（金龜頭砲台）發射，剛好四角嶼可以擋住射界。

Estaing 艦佔據從背面攻擊四角嶼的位置。

Duchaffaut 艦佔據的位置可以背射北砲台（新城及金龜頭砲台），又可平射敵軍的壕溝營舍。

Annamite 艦的位置在敵軍各砲台射程外。可以射擊圓頂灣的砂丘谷地，以阻擋敵兵通過，同時可掩護我們的軍隊登陸。

計畫登陸圓頂灣（蒔裡海岸）

孤拔中將認為圓頂灣有一些條件可以成為最佳登陸地點。

中國人似乎在馬公北方的平地等待我們登陸，他們在那邊應該有挖一些散兵坑，這是我們砲轟期間的觀察，和以後佔領時看到證實的。

另外，這裡有個很陡峭的斜坡，我們的軍隊若為了貪圖方便在這裡登陸，雖然我們艦隊的大砲可以射擊掩護，但仍然會遭受嚴重的傷亡。

儘管圓頂灣距離馬公有幾公里遠，一旦要穿過平地時，我們法軍可利用幾門山砲和兩艘海上的戰艦掩護，我們的部隊擅長作戰，必定能戰勝人數遠遠超越我們的敵人。

最後，我們的軍隊由南方和東方向馬公推進，可以壓縮、阻擋敵軍陸上的退路，且我們的戰艦又可以威脅敵軍海上的退路。

圖 14-10 法軍在 1885 年 3 月 29 日登陸圓頂灣（蒔裡沙灘）

3月29日——戰艦轟擊堡壘砲台

接近早上7點，八野艦和Triomphante艦，後面跟著Duchaffaut艦，全都進入澎湖灣。在駛近到2000公尺的距離時，四角嶼砲台和其他砲台相繼對我們法軍的戰艦開火。八野艦立刻回擊，同時選擇它預設的戰鬥位置，接著Estaing艦向四角嶼射擊，Trionphante艦也同時向四角嶼發射第一發砲彈。我方24公分的大砲很快就破壞了穹窖砲台（金龜頭砲台）的砲眼，在這同時，14公分砲和Hotchkiss砲像雨滴般射向敵人砲座的砲手。

剛開始半個小時內，敵方的砲火非常猛烈，當我們的軍艦駛經敵方火砲射程內時，竟然沒有一艘戰艦被敵軍的火砲擊中。將近7點半時，敵軍的砲火開始緩和，測天島砲台（小案山砲台）的火砲在8點停止射擊。南砲台（蛇頭山砲台）和四角嶼砲台的守軍都已撤退，四角嶼的守軍都游泳逃走了。

北砲台（新城及金龜頭砲台）和C、D兩陣地的守軍仍然頑強的抵抗，還有一些火砲仍然不斷發射。8點20分，孤拔中將發出信號，命令各戰艦停止射擊，只剩下八野艦和Duchaffaut艦繼續開砲，摧毀敵軍的砲台。

Duchaffaut艦變更停泊位置，並逐漸靠近北砲台（新城砲台）。敵軍的砲台一處接著一處沉寂下來，還有兩座彈藥庫爆炸了。到了9點30分，我們認為這次的砲擊可以算是結束了。敵人偶而發出零星無效的射擊。

早上9點，西邊海上浮現了一團黑色的濃煙，這是我們的Vipere砲艇全速趕來參與艦隊作戰。這艘可憐的小砲艇曾因氣候惡劣，在海上耽擱了48小時，它曾前往金門躲避惡劣的天候，等待天氣好轉，但卻因聽到砲聲而趕來立即參與艦隊作戰，且協助Duchaffaut艦轟擊敵人的營舍和露天砲台。正午時分，Triomphante艦改變停泊位置，移動到北砲台（新城砲台）砲座前方的位置。中將以信號通知該艦，破壞北砲台（新城砲台）左邊的砲眼。這些砲眼和閩江中的砲台一樣，在距離750公尺時受到背面射擊，且一個個都被摧毀了。這場戰役，我們沒有遭受一兵一卒的損失。

午餐後各艦隊的人員都去破壞敵軍的砲台和堡壘。Estaing艦駛往西嶼，砲擊今天還沒有被攻擊的漁翁島砲台（西嶼砲台）。14公分砲和Hotchkiss砲發射朝向敵方營舍、武裝部隊、逃兵及他們避難的房屋轟擊。最後，魚雷艇隊及Triomphante艦

陸戰隊的一排，在 Triomphante 艦及 Vipere 兩艘艦艇的掩護下，破壞四角嶼砲台配置的 6 門大砲。

第 11 戰：法軍 3 月 29 日至 31 日攻佔澎湖馬公示意圖

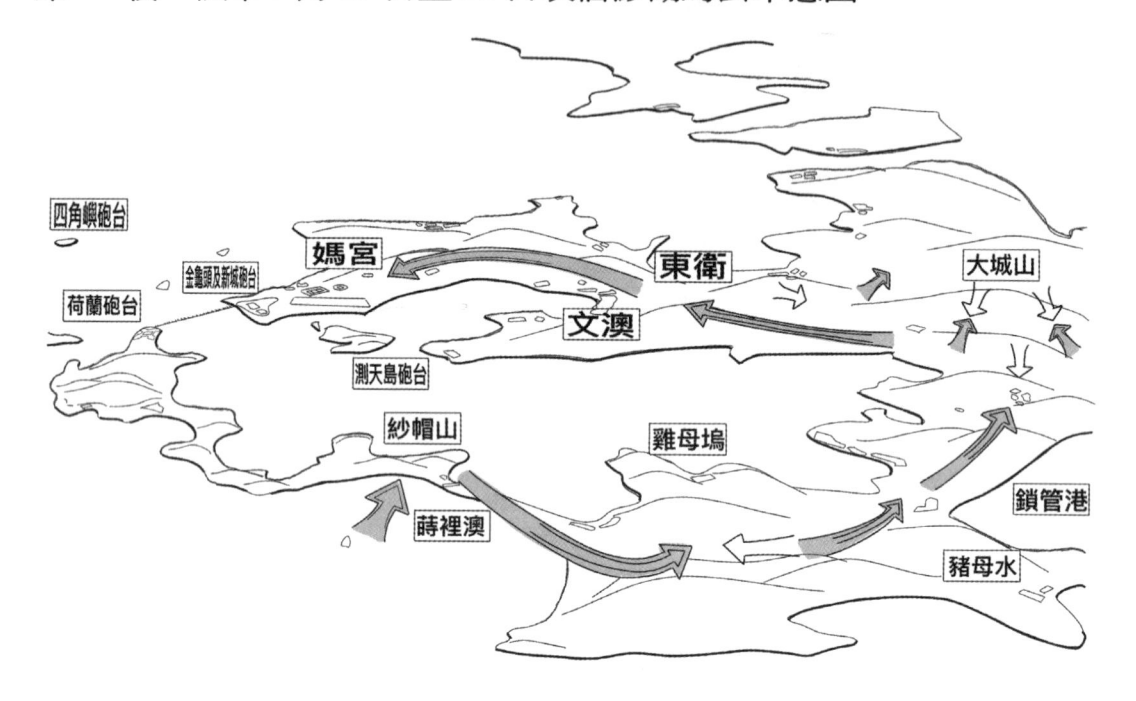

1885年3月29-31日法軍登陸攻擊、佔領馬公路線示意圖

圖 14-11 法軍 1885 年 3 月 29－31 日登陸攻擊、佔領馬公戰鬥路線

準備登陸

到了 12 點半，Duchaffaut 艦將準備登陸的命令送交 Annamite 艦。在將近下午 4 點，孤拔中將移駐到這艘巡洋艦上，並親自指揮登陸行動。部隊在接近下午 5 點時登上圓頂灣（蔣裡海岸）的沙灘。登陸時並沒有遇到任何阻撓，敵人並沒有在任何地方出現。第 25 連在圓頂丘（紗帽山）上佔領陣地，其餘 3 個連則佔領小丘西南方的高地，並在那裡安頓過夜，砲兵部隊則向東南方的村落射擊。「傍晚時，我們除了向幾個敵軍的遊擊隊員開槍外，並未發生其他任何意外，我們也俘擄了一個敵軍的遊擊隊員，明天可以用他來當嚮導。

入夜以後，馬公一座露天砲台還射擊了幾次，隨後就陷入一片沉寂。夜間我們還必須進行偵察及破壞那道封鎖馬公港的柵閘，有人說柵閘是用鐵鍊圍成的，但上面

也有可能裝置水雷。孤拔中將派遣他的兩位副官海軍中校 Foret 和海軍上尉 Goudot 前去偵察。

圖 14-12 法軍的圓頂丘（海拔 45 公尺的紗帽山）

破壞馬公港口鐵鍊封鎖

在偵察期間內，八野艦和 Triomphante 艦一直用探照燈照射可能有敵人潛伏的馬公要塞和砲台，我們的偵察艇因此並沒有受到驚擾。偵察結果發現，馬公港口的柵欄只是由兩條粗大的鐵鍊圍成，這鐵鍊每隔一段距離就綁有浮標支撐。天亮以後，由 Talpomba 少校指揮的 Triomphante 艦的小艇駛去港口破壞這條鐵鍊。敵軍的散兵曾試圖阻擋這項破壞工作，導致我方一名兵士受到重傷。

當馬公港口的封鎖障礙破壞到夠寬後，八野艦立即駛入馬公港，並對敵軍的散兵坑進行背面射擊，敵軍立刻逃走，但受到我軍排砲和 Hotchkiss 砲的追擊。

艦隊在澎湖的任務已告一段落。現在由海軍步兵營和登陸部隊出動，準備攻擊陸上陣地內隱藏的最後敵人，而在馬公港內的 Vipere 砲艇和在馬公港外的 Estaing 艦都必須支援這些部隊在陸上作戰的任務。

四、清軍：法軍攻擊馬公各砲台

◎說法1：澎湖副將周善初、通判鄭膺杰的回報
（光緒11年5月24日，欽差大臣督辦福建軍務左宗棠等奏摺）

3月29、30日法艦砲轟馬公砲台

3月28日（2/12）法國有5艘軍艦停泊在烏嵌村外的海上，當下就命令各營嚴加防備。

29日（2/13）黎明，兩艘法艦在西嶼海上直接攻擊媽宮（馬公市區），一艘法艦被砲彈擊中後退去。隨即又增加3艘法艦以艦砲轟擊新城砲台，營官梁璟夫全力抵禦兩個多小時，砲台逐漸被轟擊毀壞，法艦放下舢舨企圖佔領新城及金龜頭砲台。周善初督率德義後營管帶梁岳英躲藏在砲台後方的深溝，控制海岸抵禦法軍登陸，逼迫法軍舢舨駛回艦中。

（註：清朝佔領澎湖後，因馬公地位重要，雖有武官衙署，但沒有建城，就在西側金龜頭建一小城，名為新城，城內只駐紮輪防駐守的營兵，南邊臨海處建新城砲台，防守進出馬公港的水道，新城東北邊則建金龜頭砲台防守。1864年（同治3年）改建後，新城砲台有8座砲墩，以石板、外牆護衛，內有官廳、兵營、馬道等。1881年（光緒7年）副將蘇良吉在金龜頭再建一半月形小砲圍，放置一尊大砲；1882年（光緒8年）台灣道劉璈在西嶼及蛇頭山建兩座砲台，以防法軍進犯；大城山砲台為1875年（光緒元年）所建的一座砲台。）

馬公砲台陸續被擊毀

法軍又以3艘軍艦攻四角嶼、蛇頭山，4艘法艦攻金龜頭外的露天園砲台。砲台受到敵軍艦砲轟擊，也被擊垮坍塌。

周善初再調來德義中營管帶關鎮岳、綏靖前營管帶馮楚桑、綏靖副中營管帶陳得勝分別扼守在較場、烏嵌山及觀音亭等處，鄭膺杰仍然督軍水軍協同德義後營幫帶劉燦瑩，由紅毛城抄擊，雙方對峙一整天，兵員互相都有傷亡。

當晚7點至9點，法艦一直用火砲轟擊我清軍。我清軍只能伏地閃躲避開法軍

的砲火威脅，他們放下舢舨 10 餘艘從海上划行過來。梁岳英、馮楚燊、梁璟夫各自帶領砲兵，登上即將塌陷的砲台整頓後，又擊沉法軍舢舨一艘。雙方對戰很久，法艦再度發射各式砲彈，一直到天亮才停止。周善初仍然和梁岳英等扼守在深溝，鄭膺杰也分別扼守媽宮街後及紅毛城。

3 月 30 日（2 月 14 日）早上，3 艘法艦猛轟四角嶼、蛇頭山上的土砲台，砲台即坍塌。兩座砲台既然失守，小案山（測天島）也就不能固守。

周善初等督率各軍，扼守金龜頭、新城後方一帶，和法軍全力拼戰一天一夜。那天早上 5 至 7 時，敵人更加猛攻新城、金龜頭各砲台，不久後砲台就被轟毀了。

◎說法 2：幫辦福建軍務楊岳斌的探員回報
敵軍砲轟馬公砲台、營房及街道

當時臣楊岳斌正在台南，就立即派出探員，經探員回報說：

3 月 28 日（2/12）有法艦 6 艘停泊在珠水（豬母水、山水）、烏坎、開邊海面，那 6 艘軍艦中有 1 艘停泊在靠近蒔裡澳的海面，3 艦駛到媽宮、西嶼外，2 艦駛到觀音亭後方，一起發射大砲，以縱橫方向轟擊。

統領前路各軍管帶綏靖後營代理澎湖水師副將閩浙儘先補用副將周善初、管帶練軍果毅營澎湖右營都司鄭漁，帶部隊前往抵禦，各砲台也開砲還擊。

法軍艦砲將四角嶼、新城、蛇頭山、金龜頭、觀音亭等處各砲台及媽宮協署軍裝局等處營房街道全部轟擊倒壞，周善初等抵擋不住敵人砲火，退往大城山（拱北山）北邊。

五、法軍：登陸作戰

3 月 30 日──陸上進攻

3 月 30 日清晨，Lange 指揮官決定縱隊在早上 7 點出發，但卻被砲兵隊耽擱了，因為砲兵隊運來的彈藥補給量太多，只能用運輸飲水的小艇，把多餘的彈藥和行李再運回原艦。縱隊終於在 8 點 15 分開始出發，前一天在圓頂丘的山腳俘擄的中國老人，成為我們的嚮導。

這位嚮導很有功能，因為他所提供的情報，對3月30、31日的作戰行動，事實證明是精確的。

第25連由連長Logos上尉領導，從圓頂丘下來擔任先鋒，組成戰鬥隊形，微偏左邊的向東南方前進。這裡的地形上下起伏不定，眼前出現一些大小山丘的模糊輪廓，有一條高低不平的步道，從上下起伏不定的地形中穿越。但因砲兵隊在海濱沙地移動緩慢，因而拖延了縱隊前進的速度。

清軍反擊

不久後，東南方響起了號角聲。這是集合350至400名武裝的中國人，從X村（山水村東側）、Y村（鎖港村）及Kisamboue村（鐵線尾村）出來，在平原上集合。第25連的排槍也無法阻止敵人編成隊伍，而且他們從一些高低不平的步道前來迎擊我方縱隊。敵人在我們法軍縱隊前面展開射擊，而且射擊由緩和逐漸增強。如果我們的縱隊沒有被耽擱而能自由行動，就比較容易擊退敵人，但因砲兵隊的延遲，使負責掩護的第30連（連長Villance上尉）行動受到限制，而其他部隊又因距離太遠，導至第30連陷入危險，無法自由行動。

第26連（Harlay上尉）在第25連的左翼展開，第27連（連長Cramoisy上尉）同時在它的右翼展開，這兩個連以鉗形攻勢由兩側夾擊圍敵人。最後，1門80mm口徑砲裝上砲座，朝敵軍陣線發射砲彈，敵人也強烈的反擊，射中了我軍的兩名士兵，其中一人傷重死亡。為了壓制敵軍的射擊，第27連向前衝鋒，過沒多久，敵人退到600公尺遠之後，再重新整頓一個新陣地。如果沒有砲兵隊的耽擱，我們將會包圍敵人，並將他們趕到海岸邊，使他們身陷Vipere砲艇的砲火攻擊中，這原本是一件簡單的事情。幸好Vipere砲艇發現了敵人，它有效支援步兵的排槍，使敵人很快就放棄了他們的第二道防線，而且留下了大約50名的戰死者。

在中午1點左右，砲兵隊第二次減輕負擔，再將一部份彈藥送回Vipere砲艇後，部隊重新以戰鬥隊形前進。第20連及第26連配置在第一線，第25連為跟在後面的預備隊，砲兵隊、救護班及第27連等則配置在第二線。

Kisamboue村（鐵線尾村）的敵人，在Vipere及Estaing兩艦艇集中火力轟擊下，因無法抵抗而撤退了。被派到東邊偵察的Jehenne中尉，發現沿海有3道配備良好的

壕溝線，且前面還有一門砲，偵察隊就將砲眼釘起來，使其無法射擊後再離開。

接近下午4點時，我們的縱隊順利的到達了Siou-Koui-Kang村（雙頭掛村）前面。縱隊在村子西邊就地露營。大約有100名敵人從距離1200公尺遠的地方列隊朝村子走來，村子前方同時也出現了幾發槍響聲，但子彈都從我們露營地的上空飛過。我軍以80mm口徑的幾顆砲彈回擊，Vipere砲艇也參與射擊，沒多久這場槍戰就結束了。

圖 14-13 法軍的 Kisamboue 村（鐵線尾）

有力的增援部隊

傍晚，孤拔中將發給Lange少校的登陸命令已送達。這是第二天的登陸行動，登陸人員包括八野、Triomphante及Estaing等艦的陸戰隊及配備65mm口徑砲的兩個砲兵排。這些有力的增援部隊，是為了預防敵軍如有強烈的抵抗時，這些有力的部隊將會有力的決定戰事的結果。那位年老的中國人已證實，在北邊有配備良好的正規軍駐紮，約有1500人至2000人。

這是個非常平靜的夜晚，沒有任何的警報聲響起。

3月31日──前進縱隊配置

第二天（3月31日）陸戰隊及配備65mm口徑砲的砲兵排，都在縱隊露營地附近的海岸登陸。早上8點30分，部隊前進的配置為：

先鋒（戰鬥隊形）：第27連及第26連。

本隊：第30連；砲兵隊：65mm口徑砲兩排（海軍砲手）、80mm口徑砲1排（海軍砲兵隊）；八野、Triomphante及Estaing等艦的陸戰隊；第25連（第1排）；救護班和行李。

後衛：第25連（第2排）。

部隊開始時向東行進，先上山頂佔據防線，隨後轉向北邊。敵軍有零星隊伍在縱隊前方逃走。我們進入Kisamboue村（鐵線尾村）時並沒有發現任何可疑的地方。為了擴大先鋒兩個連的戰線，第30連離開本隊，加入第一線。這些第一線的部隊在走出村子北邊時，遭遇藏身在石牆後面敵人猛烈的射擊。

我們立即還擊，持續了20分鐘後，第27連和第26連就將背包卸下地面，準備朝敵人突襲。敵人退到和第一防線平行的一條凹路上，當他們第二次被擊潰後，就瘋狂的逃到北邊的山丘後，再重整隊伍。

我們的陸戰隊和砲兵隊同時走出村子。八野艦的陸戰隊（Gourjon du Lac海軍中尉）和Esteing艦（Pradere海軍中尉）都向前快速推進，方便支援早已走遠的第27連。

Amedot海軍中尉很快的在Siou-Koui-Kang（雙頭掛）村的西北角將4門65mm口徑砲裝上砲架，轟擊那些正在攀爬山丘、已筋疲力竭的敵人，第26及第27兩連也追擊同一方向的敵人。

圖14-14 從蒔裡往山水村的路　　圖14-15 鎖港鎮風石塔

決定勝負的時刻

在這決定勝負的很短時刻間，突然間敵人急忙拖著傷兵逃跑，但許多陣亡者卻無法動彈的留在戰場上。第 27 連在山丘上停了下來，在這同時，第 26 連則繞過山丘，到達 Tao-Xa-Pa（大城北）的一座石造小堡前面，士兵們將門板打碎後進入堡中，和敵軍近身肉搏，擊斃 12 名潛伏在堡中的敵人。敵人殘餘的部隊距離小堡約 800 公尺，在一片從東北方綿延到西南邊的高地後方重新集結起來，對我們發動從緩慢一直到激烈的射擊。一些零星的隊伍則逃往向白沙島延展的平地。

登陸部隊指揮 Lange 少校將 Triomphante 艦的陸戰隊配置在那片高地的山腳，這裡距離敵軍約 500 公尺遠。這批陸戰隊位在第一線，有充份的掩蔽，但仍要忍受敵人的射擊，Estaing 艦的陸戰隊和第 30 連就成了它的援軍。最後，在後方的八野艦陸戰隊、第 25 連及第 37 連，在有掩蔽的地方集結起來作為預備隊。

圖 14-16 澎湖機場附近是清法軍決戰的地方

進攻敵人陣地

將近下午 1 點半，在整個縱隊都完成戰鬥準備時，我們就開始進攻敵人的陣地。第 25 連和第 27 連向敵軍左翼戰線迂迴，第 30 連則面對敵軍的右翼。

當號兵吹響衝鋒號時，我們就向前展開攻擊。在砲兵隊掩護下，進攻順利而快速。敵人向西北邊撤退，我們有 6 門裝在砲架上的砲，執行追擊敵人的任務。

Lange 少校讓大家休息了一下。下午兩點 30 分，我軍分成兩路縱隊繼續前進。少校直接指揮右翼縱隊，營副官 Gaultier 上尉則指揮左翼縱隊。

敵人突然間消失不見了。4 點 20 分時，兩個縱隊在 Amo 村（文澳村）集合，接著在 5 點 15 分到達馬公，並將部隊安置在敵人留下來的營舍內，還在這裡發現大批的彈藥、武器、旗幟及各種補給品。

圖 14-17 清軍戰敗後往中墩撤退　　圖 14-18 文澳城隍廟

圖 14-19 法軍的 Amo 村（城隍廟與祖師廟間為昔日澎湖文官住所）

戰役中雙方的死傷

3月30、31日這兩天的軍事行動，登陸部隊戰死4人，負傷11人（含軍官2人：Poirot海軍上尉及海軍步兵營的Ozoux中尉）。艦隊在向敵軍轟擊時，有一人陣亡，一人受傷。因此，我們損失的人員總數是5人陣亡，12人受傷。

敵方人員的損失為300人至400人陣亡，受傷的人也差不多有相同的數目，其中還包括幾名軍官。但總指揮官卻逃走了。

當陸地上的戰鬥正在進行時，艦隊的艦艇則繞行各個島嶼巡航，以攔截那些載著逃兵的戎克船，只攔截3艘，其餘的船都利用黑夜溜走了。

為了達成澎湖島的佔領，孤拔中將派遣一個海軍步兵連去佔領漁翁島及Litstah岬燈塔，這項任務沒有意外的順利達成了。而我們的守備兵就安置在西嶼砲台內，這砲台的名稱以後也被改稱為八野砲台。

◎六、清軍：抵抗法軍入侵失敗

說法1：澎湖副將周善初、通判鄭膺杰的回報

（光緒11年5月24日，欽差大臣督辦福建軍務左宗棠等奏摺）

3月29、30日阻擋法軍登陸

這時，法軍立即從艦上放下舢板10餘艘進行登陸肉搏戰，但被梁岳英擊退，擊斃敵人無數，並擊中一艘舢舨起火燃燒。

敵軍以4艘軍艦，兩艘軍艦從媽宮港內直接進入，兩艘法艦停泊在觀音亭港口，從三面夾攻。防守的各軍無法支撐，只好退守駐紮廳署東邊的東衛山。

敵人又以蒔裡沒有砲台，在29日（2/13）調撥舢舨載運約4、5百人，利用夜間偷襲。經由陳得勝設計埋伏擊退，使敵軍傷亡數十人。

3月30日（2/14）兩艘法艦駛進豬母水（山水），再用舢板載運兵員7、8百人企圖上岸。後經陳得勝、關鎮岳分頭攻擊圍剿，梁岳英又派幫帶劉燦瑩趕去由上路夾擊。從早上7點到中午1點，法軍陣亡者有一百餘人，戰敗回到原來的軍艦。我軍追到海岸時，被法艦轟擊後6人陣亡，傷兵20餘名。

這是3月29、30日兩天兩夜媽宮、蒔裡、豬母水（山水）等處獲勝的實際情形。

3月31日——決戰大城山（拱北山）失敗

3月31日（2/15）早上7至9時，6艘法艦停泊在豬母水等處，分4路登岸。

陳得勝那時駐紮大城山（拱北山），立即率領部隊由中路迎戰敵軍；周善初親自率領綏靖後營幫帶單錦春、參將陳尚志和馮楚燊全隊，由大城山（拱北山）出發；梁岳英一邊從東衛迎戰法軍，關鎮岳從大城山（拱北山）西側突擊出來。

沒料到敵人槍械精良，子彈密如雨下，大城山（拱北山）四面平緩，敵人以各種火器橫衝直擊，所向披靡。

關鎮岳非常憤怒，率哨長朱朝安、蘇德奮勇向前推進，擊斃敵人多名，朱朝安、蘇德力戰陣亡，關鎮岳重傷，陳得勝左腕及右腿受到子彈射傷，梁岳英奔馳在槍林彈雨中，奮不顧身，槍斃法軍官一人。幫帶劉燦瑩在後面督隊，直接踩踏屍體而過，非常勇敢。

當時梁璟夫部隊兵勇由湖西西溪村方面進攻，周善初看到敵勢兇悍，急忙指揮想從中間擊破敵軍，鄭膺杰率領各軍由湖東抄截出來，右營都司鄭漁、舉人郭鶚翔等分別帶領果毅軍及團練由湖西港底抄截出來。

雙方血戰4個小時，最後因彈藥用盡，只好收隊回營。總計陣亡兵勇300餘名，負傷近400名。

法軍乘勝調遣9艘軍艦逼進烏嵌、雙頭跨（雙頭掛）各山丘，修築土壘，安置大砲，朝向大城山（拱北山）、東衛各營轟擊，飛來的砲彈如下雨般掉落，東石等處糧台、軍裝各局也難保存。

各位將領以死傷過多，商議將部隊退駐北山（白沙島）的中墩（中屯）。這是31日（2/15）和法軍營拼戰，無力抵抗而退守中墩（中屯）的實際情形。

先退守中屯、再退至員貝嶼

依據台灣道劉璈稟稱，准許澎湖副將周善初從駐地移開：退到中墩（中屯）以後，又立即在4月2、3日（2/17、2/18）會同澎湖廳暨營官士紳詳細勘查，發現澎湖各澳（鄉）運糧的航路不通，且四面受敵，比媽宮、大城山（拱北山）還更嚴重，難以駐守，只能退守灣貝（員貝），藉此固守內地。

又根據署興泉永道奎俊派員前往澎湖密查戰後各官員行蹤，據說副將周善初、

通判鄭贋杰、營官梁璟夫等現在都在灣貝（員貝），經檢核後和澎湖協廳稟報的情事相同。這是澎湖協廳先退到中墩（中屯）後，再退往灣貝（員貝）的實在情形。

◎說法 2：幫辦福建軍務楊岳斌的探員回報
敵軍登陸作戰

30 日（2/14）早上，法軍將前一天停泊在蒔裡澳外的一艘大船駛進海岸，派小划船載兵 300 餘人登陸。

珠母水澳（山水）管帶綏靖副中營儘先副將陳得勝率隊出擊，抵擋沒有多久，就退往大城山（拱北山）北邊退走，敵人也沒有追趕。

31 日（2/15）早上，法兵約有 8、9 百名，再從雙頭跨（雙頭掛）地方登陸，直接推進到大城山（拱北山）下。

澎湖失守

周善初率管帶綏靖前營台灣鎮標中營守備馮楚燊隊伍前往對戰約一個小時多，然而卻無法支撐，陳得勝帶隊來支援，手腳受傷後就退往湖西鄉西溪村。周善初又調管帶德義中營候補同知關鎮岳、管帶德義後營候補通判梁岳英等帶部隊前來支援，但兵力前後零星分散而不整齊，又沒有領導督率，無法抵禦法軍。

關鎮岳被飛來的子彈射傷，周善初、馮楚燊、關鎮岳、梁岳英、鄭漁等就一起退往北山赤嵌（白沙島東北邊赤崁村）一帶，澎湖就這樣失守了。

七、清軍：戰敗責任檢討

左宗棠等奏摺（光緒 11 年 5 月 24 日）

◎澎湖此次戰役責任檢討

《天津簡約》途中生變，在澎湖的副將等稟請要求軍械，多次經過前督臣及臣等批准，命令台灣道就近籌措送來。只有巨砲這件事，自馬江海戰後，各國藉口國際公法推辭，因而無法購買運送。

這次法軍以眾多兵艦,分幾路來犯澎湖,在外面沒有船艦可以馳援,在裡面又沒有山險可以依恃,駐守澎湖的副將等在這窮困的島嶼孤軍奮戰,還能相對抗幾天幾夜,擊斃敵軍不少人,並且以火砲擊中法艦幾發砲彈,若不是砲小砲彈威力不足,一定會有破敵的功效。氣力用盡、智謀窮竭,最後退守灣貝(員貝),好像和怯戰逃脫者稍微有不同。

澎湖向來沒有城廓,官廳衙署都離海濱很近,沒有扼要的地形可防守,也和平時守城池失守者有一些差別。只是該副將等有領導官兵的責任,人民村落都靠他們保衛,情感上雖可原諒,但罪責實在難辭。

議處澎湖守將的建議

想要請旨將該副將周善初、通判鄭膺杰一起革職,發往軍台效力。候補通判梁岳英、澎湖右營都司鄭漁、台灣鎮標中營守備馮楚燊,臣楊岳斌在台灣,曾派探員回報,並且根據當地難民和潰散勇弁的傳說,兵員隊伍不夠齊全,以致於兵勇不能發揮戰力,應該請旨將梁岳英、鄭漁、馮楚燊交部嚴加議處。候補同知關鎮岳、儘先副將陳得勝均經帶傷;候補守備梁璟夫管帶砲勇 300 名守四角嶼、觀音亭、蛇頭山、金龜頭等各個砲台,兵員分散軍力單薄,一直守到砲台毀壞後才離開,並不是退縮可以比擬:以上的 3 人,是否可以不用追究,由聖上裁示。臣等因為海上路程遙遠隔離,無法施力,也沒有辦法預知要發生的事情,變故突然就來了,臨時也來不及救援,只能感到非常愧咎。也應該請旨將臣等交部議處。

現在和議的局勢已決定,基隆的法軍已經撤退,澎湖不久就可以歸還。一切善後事宜,臣等當盡心籌議商量,期望可以達到完美妥善。

楊岳斌等奏摺(光緒 11 年 6 月 17 日)

◎追究敗戰失守之責

澎湖通判鄭膺杰曾經通報招募水勇 400 名用來防守要口,等到法軍進攻澎湖 3 天,沒有聽到那些水勇在哪裡抵禦法軍,地方失守,追究責任歸誰是應該的。

周善初、鄭膺杰二員,應請旨即行革職;鄭膺杰還有煤務經手事件,由臣銘傳撤除其職務聽候查辦;候補通判梁岳英、澎湖右營都司鄭漁、台灣鎮標中營守備馮楚

桑都算是督導作戰不力，應請一併革職；候補同知關鎮岳、儘先副將陳得勝都有受傷，應該請求加恩不要處分。所有陣亡官勇，等查明後，再上奏請求賜予撫卹，以慰忠魂。

澎湖軍防檢討

而澎湖這個島嶼，位置孤懸在海洋中間，四面都可能遭受敵人攻擊，既沒有堅強的砲位、砲台，也沒有兵輪、魚雷，臣銘傳於去年秋冬時，幾次接到周善初等來稟報，請發魚雷大砲，我（楊岳斌）慚愧的無法回應。10月底，台澎道劉璈就沒有糧餉接濟澎湖的軍隊。我商請督臣楊昌濬撥款接濟，並請督臣設法運送砲位、水雷，但並沒有接到回覆。

劉璈申報到香港購買水雷，到東洋購買大砲，我批准命令趕緊佈置防務澎湖，但也沒有接到回覆。周善初等失守的地方，原本就有應得的罪責。但臣銘傳有督辦防務的責任，不能預先籌畫設防，且不能守住基隆，既然參與該協等失守的罪責，若不一起處分，何以使這些文武官員心服。應請旨將臣銘傳交部從嚴議處，以肅軍政。

八、法軍：控制澎湖群島

編成遊擊隊巡視全島

最後，在4月4日我們法軍編成一個游擊隊巡視全島，過程中炸毀了Tao-Xa-Pa（大城北）小堡及一座彈藥庫，整天都沒有遇到一個敵人，游擊隊在傍晚回來。我們在所有村子都張貼佈告，使居民能夠安心，請他們回來恢復原來的工作與生活，並保證他們生命財產的安全。我們的佔領可能會是永久性的，因此，爭取在地住民對我們的好感是必要的政策。這裡的中國人也表現得很和平，從各村子出來志願成為我們的苦力與搬運工，並且到馬公來賣他們的食品。因此，過了幾天澎湖群島就完全平靜了，指揮官Lange少校因帶軍攻佔澎湖群島，因而被任命為澎湖群島的總司令。

為了使我們的佔領穩固又安全，孤拔中將立即頒佈了必要的措施。從4月上旬開始，部隊就安置在馬公島的各砲台壕溝營舍內。從基隆過來配備80mm口徑山砲的砲兵排，移防到漁翁島砲台，協同防守該砲台的還有海軍步兵一個連，由Amelo海軍上尉指揮；配備65mm口徑砲的兩個砲兵排則配置在北砲台，同時等待基隆撤退後將

那些大口徑的砲移到這裡。因為有戰艦的支援，使這裡的守軍面對人數眾多的敵人時，並不會感到害怕。

控制澎湖群島

艦隊中的輕型艦每天都在各島嶼周圍巡航，最初是要逮捕那些載有逃兵的戎克船，隨後是為了提防敵方軍隊或戰時違禁品輸入。在3月29日至31日的戰鬥期間，存活的敵人一部份逃往台灣，一部份逃往廈門（其中包含一名受傷的將官），還有一些人在海中溺死，其他的敵人則被俘擄。

我們依據孤拔中將的命令在全島張貼的佈告，已經有了成效，從第二天起就有居民陸續回來種田和捕魚了。只有受到砲擊和火災重創的馬公市街依然沒有人居住。在法軍尚未完全安置妥當時，中國人自然會盡量避免和法國軍隊有太多接觸的機會。

發展軍事殖民地

3月31日，孤拔中將發電報給法國巴黎政府，要求供應必要的材料，以便在馬公港建立一個補給中心，並在這裡開始發展一個軍事殖民地。他同時也要求派遣各種勤務人員，例如作業、調查、築堡壘、倉庫及建築等必須的技術人員。在這些材料與人員還沒有到達以前，搭建臨時工事所需的物資就由艦隊和遠征軍供應。同時也成立海港指揮部，由巴黎派來基隆的 Linard 海軍上尉負責這項職務。

台灣派遣軍中的一部份醫務與經理人員，被召集前往馬公。另外，孤拔中將又將承包建基隆營舍但人員及材料都還沒使用的包商 Eymar 叫來馬公。在一位工兵軍官還沒來之前，Duplaa-Lahitte 工兵技師兼任陸上建築和艦上修理的監督官。

基隆方面的狀況，儘管已將 Lange 營的 400 名士兵調到澎湖，但其餘的部隊仍在他們的新陣地安全的防守著。派遣軍依然有效的守護著防禦圈。

我們法軍前方一直有被擊退但卻沒有潰散的敵方大軍，然而，敵人的陣地已不再能監控我們的防線了。這裡的衛生狀況雖然不好，但已經在逐漸改善中，軍隊的士氣非常高昂，生病和受傷的人，只要療養的狀況許可，都已經陸續由 Annamite 艦載運撤退回去。但還有 50 人左右，因病況不許他們移動。在這批不能移動的人之中，有 Cesari、Fradel、及 Bouer 等 3 個上尉，對於他們，孤拔中將曾要求政府予以優待。

總之，無論從哪個方面看，我們這時的狀況都是非常令人滿意的。除了得到一個新的、比預期的利益還大的作戰根據地之外，孤拔中將又可以自由的採取自己想要的大部份作戰方法。

九、法軍：成為補給中心

在澎湖發現法國港口

我們在馬公，仍持續進行將台灣運來的器材卸下的繁重工作。

所有軍艦都共同合作參與這項工作，將小艇與人員派到準備卸下器材的船舶，每天擔任雜役的水兵有 250 名，從清晨 5 點一直不停的工作到夜晚。小艇停泊在棧橋旁邊，把載運的器材卸下放進小車廂裡，經由 Decanville 式鐵道載走一車車的器材。我們用這種方式，在這裡打造了一個大型煤炭堆積場，並將那些修理好及清掃過的舊廠棚變成糧食庫，旁邊還設了一個養牛場，收容由 Messageries maritimes 公司的郵輪最近運來的牲口，來這裡的人還以為自己正置身於一個法國的港口呢！就像在 Brest（布雷斯特）或 Loulon（土倫）一般，軍艦在晚上 8 點沒有警戒勤務後，就要將這天被派去的軍醫官、經理官和擔任配給工作的軍官送到給糧食倉庫。

澎湖島防禦計畫

防禦工作仍在港灣及各島間持續進行。孤拔中將從基隆調來 Perise 砲兵少校，參與研究可以迅速執行的一個防禦計畫。由運輸船 Chateau Yguem 號運來的軍隊、砲兵器材及螺子已經在 5 月 5 日卸下，這些援兵和器材的登陸，使孤拔中將可以讓 Triomphante 和 Estaing 兩艦的陸戰隊員回到艦上，只有八野艦的陸戰隊員仍然留在陸地上，Chateau-Yguem 運輸艦曾載運兩門 80mm 口徑砲兵連來，可是，使用這些砲的人員的確不足，在這種狀況下，艦隊中的兩個 65mm 口徑砲兵排必須被迫留在陸地上繼續服勤了。3 艘砲艇陸續在群島的周圍巡弋，執行特別警戒的任務。

馬公成為補給中心

馬公已成為我們艦隊的補給中心。孤拔中將曾將 Larrouy 後勤副官及他的一些部下從基隆調來，Ferrand 海軍中校執行海軍指揮官的職務。

因為這裡缺少飲用水，在挖井工事尚未完成前，向本國政府要求提供 80 個可容納 2000 至 4000 公升的水箱。

遠東艦隊的所有艦艇，都依序來到馬公停留一週或兩週，以方便檢查機器，同時讓機器可以休息一下。因為只有在馬公，它們才可以將 6 個月以來不斷燃燒的鍋爐熄滅。在這個優良的港灣內，船身不會搖晃，在那些保持安靜的戰艦上，我們相信，寧靜的夜晚可以使人因良好的睡眠而消除疲勞。

第十五章・停戰後的局勢發展

說明： 由於法軍在越南打敗仗，孤拔急忙在澎湖調兵支援。4月4日清法代表在巴黎簽訂和平議定書，光緒帝批准天津條約，孤拔在澎湖收到停戰命令，解除台灣封鎖，但仍持續米穀封鎖和逮捕中立國及載運違禁品船舶。法國內閣決定放棄澎湖，不久後孤拔在澎湖染疫驟逝，澎湖、基隆上海都有告別追悼會，由八野艦載回法國安息。

一、法軍：孤拔調兵

★越南東京（北圻）傳來敗戰的消息

「4月2日傍晚，Roland艦在Litstah岬（西嶼屹仔尾）停泊，艦上懸掛著隔離信號旗，這是拒絕所有船舶往來的禁制信號，令人覺得疑惑而不安。大家都在詢問、猜測和談論這件事，不久後諒山事變和Herbinger上校敗退的訊息就傳開來了。」

Roland艦從香港帶給孤拔中將的電報：

「密，3月29日巴黎發出。

急電，東京（北圻）的消息對我們非常不利。Negrier指揮官受重傷，被迫從諒山撤退，退到Chu（楚）。Briere將軍也在紅河被優勢的敵軍攻擊，要求立即增援。希望中將以500人佔領澎湖，並從台灣撤退，孤拔中將可保留500人，以備在必要時佔領芝罘（山東煙台）或廟島群島（長山列島），其餘部隊則派到東京（北圻），並盡速準備封鎖直隸（河北省）。政府將派遣援軍給Briere de L'jsle，並通知孤拔中將作其他處置，政府深知孤拔中將可以信賴。」

第二天，即4月3日上午11點，Roland艦載著艦隊參謀長Maigret海軍上校到基隆，協助基隆港高級指揮官和杜奇尼上校準備從基隆撤退。

調兵到越南

孤拔中將在4月3日晚上作出決定：

健全的作戰部隊，即1450人及80mm口徑山砲半連，即將派往東京（北圻）。

1180人的海軍部隊及在基隆各砲台防衛的80mm口徑野砲2連、80mm口徑山砲1連、迴旋機關砲1連,從基隆撤退到澎湖。準備搭乘運輸艦Chateau-Youem到達遠東的工兵排也留在澎湖。

孤拔中將為了保護澎湖這個新根據地,預計留下一艘裝甲戰艦,兩艘巡洋艦及兩艘砲艇,並要求政府授權宣佈封鎖澎湖群島。因為中國一定會利用台灣的部隊進攻澎湖,中將認為這樣的海軍兵力才足以保障澎湖的安全。最後,基隆一旦撤退,台灣的封鎖將解除,接著就要宣佈對北直隸(河北省)的封鎖。

基隆準備撤退

諒山撤退的消息使基隆使官兵們有些悲憤。從基隆撤離的準備工作立即迅速的進行。在人數比我們多10倍的敵人面前進行撤退,是一件很困難的事,因此,必須要以最快速且冷靜的行動撤退才行。在這種危險的撤退過程中,最小的阻滯也會使人員及物資在上船時釀成災難。為了撤退,孤拔中將準備Cachar、Tonkin、Annamite等3艘運輸船。另外,戰艦也要分擔物資運輸工作,但不能妨礙砲兵的射擊。

幾天內,大部份的器材、砲兵後勤、儲備彈藥、糧食和煤炭都已經裝船。運輸艇Tonkin曾載著煤炭和器材,及能夠維持到西貢航程的受傷、生病的士兵,前往馬公。

Volta和Kerguelen兩艦也航行了一次,Cachar艦則正在裝載中。

4月10日,大部份砲台的配備都已解除,火砲都已拆下來運到碼頭,準備裝船。各部隊都已收到精確的命令,準備在敵人的砲火下登船。孤拔中將正準備親自到基隆指揮撤退時,卻接到由巴黎傳來的電報:

暫緩基隆撤退

「4月7日從巴黎發出,海軍部長給孤拔中將的急電,由香港轉。——在未接到新命令前,暫緩從基隆及台灣北部撤退。希望立即以電報回覆。」

4月6日,Estaing艦從香港過來,證實了在諒山戰敗撤退的壞消息,並帶來Ferry內閣總辭,由Brisson-Freycinet內閣接任的消息。法國現在正在認真的和中國談判,很有停戰的可能。

4月7日的電報,是根據當前的新情勢發出的。因此,火砲立即被裝回砲台。孤

拔中將下令：在對我們的撤退行動感到意外的敵人面前，要比以往更注重防禦工作。我們在基隆仍然維持 20 天的糧食和大量的軍火補給。並且，對軍事行動不必要的那些器材，我們還是繼續裝運上船。預備在基隆建造的營舍材料，由 Cachar 運輸船運到馬公。

二、法軍：以議定書結束敵對行為

和平預備協定

4 月 14 日，孤拔中將收到了一封由李士卑斯少將轉來、發自巴黎的電報：

「法國已於 1884 年 5 月 11 日以《天津簡約》為根據，和中國簽定了包括停戰在內的和平預備協定。本電報應通知中國軍司令官，取得中國軍司令官同意後，自 4 月 15 日起，一切陸地和海上的敵對行為都應該停止。同樣的命令已送交中國各軍司令官。孤拔中將應發佈命令，立即解除台灣的封鎖。在新的命令到達前，孤拔中將應保持在台灣及澎湖所佔領的陣地，但不可再將援軍及軍火送往台灣。中國政府也將接受同樣的約束。直到永久性和約成立之前，孤拔中將可對中國和中立國的船舶保留檢查的權利。且可繼續逮捕、沒收戰時違禁品。」

這是結束敵對行為。儘管法國軍隊在諒山戰敗（看起來是表面戰敗，但實質上卻不一定是戰敗），中國卻不得不和我們談判。朝鮮最近發生的事變使總理衙門沒有時間處理其他的問題，但米穀封鎖卻特別產生了效果。饑餓會使中國北方發生叛亂，而且，中國政府又無法支付軍餉。中國政府發現財政吃緊，而且向各國借款又沒有希望時，中國就一定要在短期內恢復和平不可。

另一方面，法國議會在推翻 Ferry 內閣時，曾急切的表示，希望立即能回復和平。因此，中法雙方 4 月 4 日在巴黎簽訂議定書。

4 月 4 日巴黎簽訂的議定書

法國外交部政務處長全權公使 Billot（畢樂）及中國海關總稅務司署委員兼駐外祕書 James Duncan Campbell（金登干），對於本事件，彼此都受到該國政府的合法委任，雙方商定如下的議定書及附加註釋：

第一條：中國政府同意批准 1884 年 5 月 11 日所訂之《天津簡約》；另一方面，法國政府聲明除要求該條約充份且完全付諸實施外，別無其他目的。

第二條：兩國政府同意在命令發出且傳達到各地後，各地應停止敵對行動，法國政府也同意立即撤除對台灣的封鎖。

第三條：法國同意派遣公使到中國北方，即天津或北京，以方便商議詳細的條約內容，而且決定兩國退兵的日期。

1885 年 4 月 4 日訂於巴黎
Billot（畢樂）簽名
Campbell（金登干）簽名

1885 年 4 月 4 日所訂議定書之註釋

(1) 等到中國朝廷發出命令，執行 1884 年 5 月 11 日的簡約條款，並命令這時在東京（北圻）的中國軍隊撤退回邊境時，一切陸上和海上、在台灣和中國沿海的軍事行動都將停止；在東京（北圻）的法國軍艦指揮官接到命令後，不得越過中國邊境。

(2) 等到中國軍隊接獲命令退回邊境後，台灣和 Pak-Hoi（北海）的封鎖將被解除，而法國公使將與中國皇帝所派的全權大臣聯繫，以便在最短期間內商討、訂定永久性和平、友好及通商條約。該條約將規定法國軍隊應從台灣北部撤退的日期。

(3) 為了讓雲南軍隊儘快撤退回到邊境內的命令送達，法國政府將給予所有便利，將命令經由東京（北圻）傳給中國軍隊的指揮官。

(4) 但因停止敵對行動和撤退命令不可能在同一天傳給中法兩國各自的軍隊，因此，雙方商定按照下列日期為停止敵對行動、開始及結束撤退行動。

在宣光以東的部隊：4 月 10 日停止敵對、20 日開始撤離及 30 日結束撤退；在宣光以西的部隊：4 月 20 日停止敵對、30 日開始撤離及 5 月 30 日結束撤退；最先收到終止敵對命令之指揮官，應將該項消息通知其最近的敵人，然後停止一切行動，包括攻擊或衝突。

(5) 在整個停戰期間，並直至永久性條約簽訂為止，雙方約定不再運送軍隊及軍火前往台灣。

中國應將其訂有通商條約的各口岸對法國船舶重新開放。

中國皇帝批准天津條約

4月13日，中國皇帝下旨批准執行《天津簡約》，命令中國軍隊從東京（北圻）撤退，4月15日Estaing艦將孤拔中將的命令送到基隆，命令法軍立即停止敵對行動。

台灣府（台南）和淡水的封鎖也在同日解除。

收到停戰命令

收到停戰命令後，孤拔中將並沒有派遣代表到對峙的敵軍那邊。因為敵人經常不守信用，我們若派軍官前去，可能會有生命危險。台灣府（台南）和淡水兩地的英國領事，已將停戰與解除封鎖的命令轉達給台灣官方。而且，我軍依照野外勤務令的規定，曾發佈命令：如有敵方代表前來，要接待他們。但敵方只派出兩個沒有正式委任狀的士兵前來，因而不見代表的蹤影。

我們的部隊雖然嚴格遵守停戰規定，但卻比以前更加強警戒，因為仍然要提防中國人可能會發動的無預警偷襲。最重要的是，要避免一切讓敵人誤判我們懦弱與無能的動作。在和平條約簽訂的同時，基隆應該成為比以前更重要的擔保品。

三、法軍：海上的作為

解除台灣封鎖

南部海岸是4月15日解除封鎖，北部海岸則是4月16日。由於天候惡劣，派往淡水的Esteing艦並沒有早一點到達，但香港的英國商人早就聽到解除封鎖的消息，從4月9日起就有船舶從香港駛向台灣，展開商貿活動。其中一艘叫Amatista的船，載運鴉片和其它商品先在澎湖停泊，第二天開往台灣府（台南），孤拔中將就將一封寫給台南英國領事的信，託由該船帶去台南轉交。另一艘叫Hailoon的船舶在4月15日到達淡水港外，但不能駛入港內，因為我們的封鎖指揮官還沒接到解除封鎖的命令。Hailoon號商船只好再駛往澎湖馬公，兩個小時後，帶著孤拔中將給淡水英國領事的信件，再從馬公駛回淡水。

★持續米穀封鎖

至於米穀封鎖，仍然持續且嚴格的執行。米穀禁運對清廷的決策方向可能產生較大的影響，因此，有繼續執行的必要。執行禁運的根據地是 Kintang 島（金塘島）的泊船處，這小島有一個中國村莊，這地方以後就以這村莊的名稱而稱為 Taou-Tse 泊船處。李士卑斯少將曾在此地創設一個市場，供應各種食物和雜貨。從 3 月 21 日至 5 月 28 日，由李士卑斯少將指揮封鎖監視任務，之後就由 Rieunier 少將搭乘 Turenne 艦接替這項任務，我法軍遠東艦隊以巡洋艦和戰艦各一艘封鎖甬江口，其它的軍艦則從 Gutzlaff（郭實臘）到 Shaweishan（佘山島）河口分散成梯形排列，監視揚子江口。

從過去的情況來看，封鎖揚子江口的勤務最不愉快，因為船艦一直重複往返的路線，一直在海上繞相同的圈子，相同的停泊位置，重複作著疲倦而單調的動作。這一次，除了對例行勤務的厭倦外，還有極端寒冷氣候和持續籠罩濃霧的影響。另外，這個海岬附近隨時有大大小小、類型繁多的許多船舶進出，因而更要特別嚴格監視。

四、逮捕海上中立國及違禁品船舶

逮捕中立國船舶

法軍軍艦封鎖的後期，值得一提的是我們逮捕了兩艘中立國的船舶，它們長期以來都躲過了我們巡洋艦的監視。我們逮捕的第一艘船是 Ping-On 號，這是我們在遠東戰役中發生的插曲，有詳細說明的價值。Maurice Loir 說：「以一種驚奇的視角，看到這些四海為家的人們，也具有的細心和道德觀念。這些人是我們在海外各大城市會遇到的，找尋冒險事業和金錢的人，他們從事許多職業，是兼具商人和海盜身份的人。」

英國籍中國沿海領港人的角色

Ping-On 輪的船長是名叫 Carozzi 的英國人，他曾在 1884 年 10 月間，以中國沿海領港人的資格，投效孤拔中將，而且被留用，但過沒多久他就要求解除契約，因為他的性格比較適合過冒險的生活。

隨後 Carozzi 就開始為清朝政府服務，且當了 Ping-On 輪的船長，這艘船是由台灣道

向 Russel 公司（旗昌洋行）購買的，但在上海以英國業主的名義登記，並且有正式的證件。

有關 Ping-On 輪的任務，由孤拔中將透過 Patenotre（法使巴德諾）轉達，或由 Carozzi 船長自己前來報告，那時經常獲得情報。Carozzi 船長認為，為中國政府服務只是為了需要賺錢，但對法國則有金錢以外的善意。Ping-On 輪的任務為運送兵員、金錢、武器和彈藥，有時駛往不曾被封鎖的台灣島東南沿海，有時開往澎湖群島，船到了這些地點以後，就將人員和貨物卸下陸地，隨後再由熟悉各海岬附近地形的戎克船分裝，利用黑夜配送到台灣島沿海各地。

在攻佔澎湖群島不久後，孤拔中將收到了 Patenotre（法使巴德諾）的一通密電，向中將報告他已經和 Ping-On 輪的業主談判。這位已談好獲得某種利益的業主，同意 Carozzi 船長協議，在敵人不會懷疑的巧合時機剛好被法軍逮捕，而交出這艘船。

4月4日，Ping-On 輪果然在馬公港停泊，船上只載著一些給 Litsitah 燈塔的食物和信件而已，船的證件都完全合乎規定，只少了一張船舶所有權的證件，可是，在中國沿海航行的英國船舶，慣例都會缺少這張證件。

Carozzi 船長利用船經過馬公的機會，向中將建議，在封鎖區域內南岬附近的預定地點，「逮捕」他的船。當他從澎湖群島回到廈門後，一定會使中國人信任，而將一批戰時違禁品交由 Ping-On 輪載運。

他預料的事真的發生了。4月8日派到南岬偵察的 Estaing 艦，在4月11日逮捕了 Ping-On 輪，將這艘船帶回馬公後，再把擠在艙底的中國官兵押解上岸後，我們在船艙內進行仔細的搜察，結果發現 10,518 枚銀圓和 8 條銀塊。

這艘船載著 750 名中國官兵和 3 名高官，這 3 名高級官員在我們搜察之前，已將他們的信件和有問題的東西丟入海中，其中，最重要的是一封給台灣中國軍總司令劉銘傳的公函，但只找到這封公函的信封而已。

Ping-On 輪是一艘木造舊船，售價最高不會超過 30,000 銀圓。孤拔中將給這船一批臨時船員，並派了一位海軍上尉當船長，把船變成馬公港務部的內部專用船。此外，搭乘此船的 300 名士兵被扣留在馬公，作一些苦力的工作。其他的高級官員和官兵們則被載運到西貢。

逮捕載運戰時違禁品的第二艘船

第二艘被逮捕的船是 Wawerley 號，是在米穀禁運的後期被逮捕的。這艘船曾載運克魯伯砲到台灣，而這些砲就是在3月間的戰鬥中被我法軍擄獲的同一批砲。他們的膽量大到難以想像，竟然毫不避諱的在報紙上刊登船的出發時間及要駛抵的目的地。有一天，Patenetre（法使巴德諾）向我們通報，說這艘船載有可疑的貨物，將從上海出發。這通報到了封鎖站副司令官 Magon 艦艦長的手中，他派遣 Nielly 艦到 Shaweishan 北邊100浬的地方等候 Wawerley 輪。5月20日傍晚，，Wawerley 輪從上海熄燈出發，這艘船和在例行性航路出口處等它的 Magon 艦隔得遠遠的，整個晚上它都貼近海岸航行，但在黎明之前，竟然出乎意料之外的出現在 Nielly 艦的前方。

Wawerley 輪裝載100噸鉛、1噸硫磺和硝石、15噸製造步槍用的鋼管，因而被判定為違規禁運品，逮捕後被押解送往澎湖群島。

五、法軍：有趣的基隆市集

中國人以半圓形陣線包圍

基隆的中國兵嚴格遵守停戰規定，沒有對我們發射過一槍一砲，只是依舊積極的挖掘壕溝。

他們擴展新防線陣地的速度，快得令人難以想像。他們守在淡水谷地（基隆河中游谷地）左岸的高地，而且延伸到八斗子對面的海濱（深澳海邊），他們的目的可能是想用一個很大的半圓形防線陣地，將我們包圍起來。隔著基隆河與我軍陣地對峙的這些新建防禦陣地，和我們的防禦陣地距離約有2500公尺遠。在西邊，敵人佔據一座可以監控 Thirion 砲台（蚵殼港山）和遠眺海灣的山峰（大武崙山），而且已經在山上架好砲。若恢復敵對狀況，這件事會使我們撤退時感到特別困難。

中國居民向我們傳達信息

有些在地居民曾幾次拿信給我們的前哨。有些信件提議為我們服務，但卻沒有一個人真的敢做；有些信件提醒我們要防備敵人意外的攻擊。另外還有些從中國人傳

來的風聲,說劉銘傳和一些在台灣的將領都反對和平協定,可能會違反中國朝廷的命令,發動一次反擊。

5月15日孤拔對基隆情況的報告（一封中國兵投靠的信）

（《法軍侵台始末》第九章註7）

「一封由不識字的中國兵,寫給法國總指揮官信件的譯文：

尊敬的兄弟：我來通知閣下,一切都應該和以前一樣,在海上和陸上兩方面都保持最大的警戒,而不可信任備忘錄。

Chun（曹志忠）將軍和Liou（劉銘傳）總司令已挑選300名勇士,每人賞銀16兩,準備選一個下雨的夜晚,這些勇士會進入基隆街市,然後突襲法軍營舍；我送此信給您,是要提醒法軍營舍的弟兄們,要擦亮他們的槍械,預備他們的彈藥,以便在危機出現時能及時擊退。

另一方面,駐紮在六堵,有1500名兵勇的指揮官Yang將軍,正在研究如何配合前方的進攻,從後方攻擊法軍營舍的方法。

我還是要通知閣下：Tso-Houng-Pao將軍（福建將軍,親王）和Liou（劉銘傳）總司令,他們內心其實不願接受和平條約。他們想要用「三國演義」（中國歷史小說）裡一再使用的戰爭詭計；他們的確能對法軍弟兄們造成大傷害,而我則希望法國弟兄們不要中了他們的詭計。

我恭敬的寫了這封信,交給法國的通譯官們,期望和他們當面談談；我的兩個兄弟已經被殺,我們兩人既不能留在家中,於是就加入中國軍隊；然而,我卻沒想到會看到我的兄弟受到我們營地的指揮官處罰他一百竹鞭,這種軍事刑罰使他的兩條腿腫脹,而且不能行走。

我請求法軍營舍的弟兄們了解這些真相；因為等到我兄弟的腿傷痊癒時,我們的志願是要為法國服務。

我們的志願如有虛偽,如果我所說要來為法國服務的話是謊言,那麼我將受到五雷轟頂,而您們的大砲也會將我的屍首轟成碎片。——我請求閣下給我一個回覆。」

我們對於防線所有陣地都嚴格警戒，不曾有一絲一毫的懈怠。杜奇尼上校對這件事曾發佈正式命令，且一再告誡大家要小心提防。我們仍繼續進行陣地和步道的修築，尤其在道路方面，我們仍有許多事要做，因為在這裡的運輸工作，不論在任何天候條件下都很困難。為了方便撤退，中將曾在 5 月 4 日要求政府准許運輸船 Chateau-Yquem 要運到澎湖島的一部份騾子轉運到基隆，可是，政府避免會違反議定書的規定，認為最好什麼都不要運到台灣。

圖 15-1 停戰期間沙灣區的小澳和漁民的舢舨

農漁民回基隆重開市集

在地居民已被中國官員准許回到基隆，但中國市街大部份的房屋已被我們的雜役兵拆下來當柴火燒掉了，破損的家園是不會鼓舞他們回來的，他們寧願等待我們撤退後，再重返街市。只有淡水谷地（八堵、暖暖等）的農民、海岸及棕櫚島（和平島）的漁民，大量集結在天天開張的市場，市場也日復一日的熱鬧起來，和以前的蕭條景象形成強烈的對比。

一到黎明時分，許多夜間作業的舢舨就穿越基隆港灣，載來了許多魚獲，龍蝦、小鯊魚、鰹魚及一些奇形怪狀的大魚，這些魚獲非常便宜，我們可以買來提供官兵日常食用。有一種魚特別引起士兵們的好奇，漁販們稱它為「鸚哥魚」，這種魚身上，由一片片紅色、藍色、綠色和黃色的鱗片不規則的鑲嵌著，牠們的嘴，或者不如說是鼻子才對，形狀很像鸚鵡的嘴巴，而且這種魚很好吃，在基隆港是一種很普通的魚。

農民們則將雞、鴨、新鮮蔬菜及被稱為「野菜」的奇怪野草運來市場。他們把各種貨物都放在兩個綁著吊繩的竹籃中，再用一根竹子做的扁擔，將竹籃的吊繩掛在扁擔的兩端後用肩挑起，好像天秤兩端的盤子一般。為了保持平衡，他們以小步快走，同時以一種滑稽的彈跳姿勢來平衡重心。另外有一些小山羊和很多豬隻，豬的脊骨凹陷，腹部下垂拖到地面，這些都是黑毛豬、體形短小，外表並不出色。中國人把豬關在長長的竹籠內，上面再掛上一根竹竿，就像搬運大袋子般，雖然袋內的動物大聲吵鬧抗議，但卻沒人理會牠們，就像一個個活包裹般。

多國語言交會的市集

這時正是武裝勤務兵從堡壘下來的時候。外國人兵團、非洲兵團和海軍步兵營的兵士正揹著步槍或短槍，在嘈雜的在地居民中走來走去，所有的人都有點喧嚚，儘管有憲兵在場，但賣方和買方之間仍經常發生爭執。一般的士兵們藉由在越南學會的幾句安南語表達意思，而外國人兵團和非洲兵團的兵士們竟然想讓人了解他們說的阿拉伯語，這就形成了包括法語、中國話、安南話、阿拉伯語和德語等的混合語，這是一種古怪到令語言學者覺得驚駭而退縮的語言。

兵士們歷經了作戰時狂熱而激烈的活動，在情緒過度亢奮後，回歸到單調而規律的無趣駐防活動時，大家只能悠閒的等待政府高層批准的初步和平條約，繼續進行的挖土、掘石塊和築堡壘等工作，但似乎已沒有什麼意義了。

六、法軍：領取戰勝的光榮

最近幾次戰鬥獲得的勳章和獎賞已經送來，陸上總指揮官杜奇尼上校被授予等勳章，5月23日又接到Thirion上尉、Bouyer上尉、Douez中尉、Ligier中尉等應授予五等勳章的命令，Fontebride少校升任中校，他擔任的非洲兵團第三營營長的職務由Casari上尉升任，Fradel上尉也升任少校，Rolland中尉、Thomas de Colligny中尉及Gamot中尉都榮升為上尉，Crochat少尉及Nautre少尉則升為中尉，Clottu准尉、Saint-Martin士官長、Rapp士官都升為少尉。

這段期間，外國人兵團發生了幾次逃亡事件。有一名原籍德國的逃兵，在前哨線外被捕後，於5月11日槍決。我們希望透過這次事件，對那些被高薪誘惑和希望未來可以在中國軍隊擔任軍官的意圖逃亡者，達到對他們嚇阻的效果。

衛生條件已開始改善，但仍然有嚴重到突然死亡的畏寒症。在炎熱的夏天來臨前，我們應該趕快離開基隆，且孤拔中將也準備好在接到命令後 8 天內撤退完畢。現在留在基隆各地的物資，只有防禦器材、20 天的糧食和營舍的必須品。所有可以拿走而不會造成不便的東西，全都已運往澎湖群島了。

七、法軍：放棄澎湖

政府決定放棄澎湖

不幸的是，這個才征服不久的地方，政府高層原則上已經決定要放棄了。孤拔中將比任何人都了解這個地方的重要性，也曾極力向政府建議，我們應該保有這個地方，然而，中將收到電報，對政府 4 月底決定放棄澎湖這件事，並沒有提出任何異議。4 月 24 日政府通知中將也許在短期內會簽定和平條約，但我們不會保留澎湖群島。

法國在議定書的第一條已經承諾，除了執行《天津簡約》以外，並不要求其他的目的，而《天津簡約》的內容並沒有割讓任何中國領土，因此，我們就不得不要歸還最近才佔領的土地。

5 月 8 日，政府又通知中將，不可能保留澎湖群島，並交待中將，對澎湖群島的撤退工作要預作準備，撤退的日期將會在以後規定等。因此，在幾天前才登陸卸下的器材，又要再次裝船了，這是一切工作中最艱苦卻又沒有功勞的工作，單憑 Nantes-et-Bordeanx、Cachar、Chateau-Yquem 等 3 艘運輸船還不足以執行載運任務，連巡洋艦和裝甲戰艦都必須參與這項工作。

海軍部長給孤拔的電報
6 月 8 日，海軍部長給孤拔中將的電報：

「和平條約即將簽訂，希望通令各艦長一旦接獲條約簽訂的公告時，要立即停止檢查船舶，並解除米穀禁運。如果您想回國一趟的話，我想將八野艦留下供您乘用。」

這封電報允許中將回法國，因為他為法國爭取光榮的努力，獲得了回國渡假的回報，然而，這封電報恐怕不能送到孤拔中將的手中了，因為 6 月 11 日晚上 7 點，所有停泊在馬公的船舶都突然得到消息，他們的艦隊司令已陷入昏迷的危險中。

因為這件事發生得太突然、令人難以置信，使所有人都感到非常震驚，人們還

八、法軍：孤拔驟逝

孤拔中將發病驟逝

兩個月前，中將曾得到嚴重的赤痢，而膽汁發作使病情更複雜，接著又發生很嚴重的貧血症，但他康復得很好，並沒有什麼徵兆會讓人看得出來，他的健康惡化如此快速。

中將這次發病的時間生在 6 月 9 日，隔天 10 日面容已有很大的變化，聲音變得微弱，但神志依然清楚，到了 11 日，中將卻一句話都說不出來了，眼神已完全渙散。可是，當 Doue 軍醫官用高聲向他報告李士卑斯海軍少將在他身邊時，他還能做出一個小小的動作，好像要伸出手來一般，這就是他有意識的最後動作，此後身體就完全沉靜了，像一盞油已燃燒完的燈一般，緩慢而無痛苦的熄滅。到了傍晚 6 點 30 分，他就在幕僚人員和遠東艦隊大部份艦長圍繞下，在所有人的悲痛中，停止了最後的呼吸。

第二天，中將的屍體被塗上防腐的香料，放入三重的棺木中，放置在八野艦後甲板的祭壇上。各艦都將帆斜斜放落，以示哀悼之意，且每隔一段時間就發射一發喪砲。早晨，八野艦舉行了一

圖 15-2 孤拔中將在馬公的紀念碑

次私人彌撒,艦隊及佔領軍的軍官都自動參加。同一天,李士卑斯海軍少將執行了艦隊及佔領軍司令長官的代理職務,可是為了向孤拔中將表示敬意,八野艦仍然保留中將的將旗,而有關港灣內的各種信號也由八野艦發出。

李士卑斯少將的命令

李士卑斯少將對全體將士發出命令:

「遠東艦隊及台灣遠征軍的海陸軍官、低階軍官、水兵和士兵:

我們現在遇到了最嚴重的損失,我們聲名遠播且傑出榮耀的司令官,由於軍務過勞而引發急症,在我們尊敬和愛戴中與我們永別。在中將聲威顯赫的東京(北圻)我軍戰友們,全法國的同胞都將中將視為最傑出的將軍,也都和我們共同承擔無比的悲痛。對於認識中將且尊重中將的人們,中將的美名將作為武德的模範而永垂不朽!」

向孤拔最後的告別

6月13日舉行「大赦祭」(absoute),參與者為沒有工作任務的海陸軍全體軍官、各軍艦及遠征軍低階軍官代表們。在所有人無盡的追思緬懷中,李士卑斯少將向中將作最後的告別。

「各位官兵:

我現在以遠東艦隊及台灣遠征軍的名義,在我們光榮而令人惋惜的司令官靈前致辭告別,心中有最大的哀傷和最深的感動。

現在還需要我來和各位談孤拔中將嗎?和我一樣,各位全都認識他,尊敬他且愛戴他,因為人世間從來沒有像他這麼坦率而誠實的本性了。他在行動上擁有特殊的堅定和勇敢,忠於職守,且深具親切感和同情心,也愛護及厚待低階部屬,他懂得將淵博的知識、敏銳而具深度涵養的才能和雄偉的氣度等特質給合在一起。

我可以詳細舉出他的輝煌戰績,而他最後的光榮行程,由順安(Thuan-An)、山西(Sontay)、閩江、基隆、馬公等,這些未來將成為歷史名詞的光榮戰役來彰顯。我可以用一句話來總結他的一切戰績:他的一生已完全奉獻給他的國家!

他崇高的愛國情操,源於那充滿熱情的氣息和偉大且仁慈的靈魂,他的愛國心為他指引出一條可以尊循至死的道路。他旗艦上的標語「不愧咎、不畏懼」已成為他

的座右銘。可是，因為在各種瘴癘之地服務導致健康逐漸耗損，已不能承擔他的使命，使他無法負荷每天繁忙的工作，終而導致病情突然發作，當他正要享受可貴的貢獻獲得的休假時，他已在我們的愛戴與尊敬中與世長辭了。

中將不但是我佩服和尊敬的長官，各位將士，讓我對大家說吧！他對於我，無疑的正像對大家一樣，是一位忠實可靠、始終親切而善意的朋友，也因為如此，我們才覺得更加遺憾。如果他不曾留給我們一個偉大的榜樣遵循，那我們將會有更大的遺憾。

永別了，親愛的中將！永別了，孤拔，你的姓名將會在祖國的歷史中光榮的流傳，而且會一直留存於我們愛戴和尊敬者的心中！……」

隨後，發射了每分鐘一發的 19 發喪砲，在海岸上則由陸戰隊和陸軍部隊發射 3 次步兵排槍，最後一次向永久撤下的中將旗致敬。

基隆兵士們的眼淚

基隆也和馬公一樣，中將逝世的消息有如晴天霹靂，難以形容大家驚駭和痛苦的情緒，這是必須在中將麾下服務過的人才能體會，這位受人尊崇的長官是如何使接近他的人心中感到無比的信賴和宗教般的景仰。

當台灣的部隊為中將舉行喪禮時，外國人兵團和非洲兵團的許多兵士臉上，也許是有生以來第一次在寂靜中流淚。即便在古代，難道會有許多長官受到這樣的敬禮嗎？

自從和中國開戰以來，他是最先獻給法國真正光榮的人，山西和福州之役以後，命運沒有讓他凱旋歸國接受國民的歡呼，若不是死亡摧毀了他的生命，人知道中將的前途，甚至是法國的前途將會如何？

圖 15-3 孤拔中將在基隆的葬禮

上海的追悼會

在 Turenne 艦上的 Rieunier 少將，於 6 月 13 日在 Gutzlaff（大戢山）接獲中將逝世的電報。這艘法國戰艦便將帆架放斜，駛往上海。上海得到中將逝世消息的只有幾個人，可是，一看到 Turenne 艦帆架斜放，所有停泊在上海的外國戰艦立即向去逝的法國勇將表達最高的追悼，不論是意大利、英國、日本和美國，都將他們的國旗降半旗，當 Turenne 艦經過時，各國軍艦全體搭乘者都在船舷側列隊脫帽致敬。傍晚，駐上海法國領事館前的 Eclaireur 艦，在日落時發射了 19 發喪砲後，重新將帆架修正。

外國軍艦的艦長都來向 Rieunier 少將表示追悼，同時讚揚法國海軍的勇氣與努力，尤其對去逝的中將最為推崇。孤拔中將因為崇高的品格和優越的才幹，已贏得整個遠東的同情與讚賞，「以後他的姓名在遠東會是誠實和勇敢的同義詞，並使法蘭西的名稱和法國國旗得到如此高的光榮。」

在上海的全部歐洲居民為中將舉行了一次追悼會。從 12 日以來，中法兩國的和平已經被證實。Rieunier 少將從 Gutzlaff（大戢山）經由 Taoutze（搗杵山），將孤拔中將逝世的消息通知中國的海軍中將兼 Chin-Hai（鎮海）司令官，而我們昨天的敵人也向已故的中將表示正式的悼禮。

回到法國安息

當噩耗傳到巴黎時，上下兩院便立即停止開會，表示哀悼。最後，6 月 23 日從馬公出發的八野艦載著已故司令官的遺體駛回法國，在 8 月 25 日到達 Toulon（土倫），26 日在機動艦隊司令官 Duperre 主持下，在八野艦上舉行過宗教祭儀後，福州之役勝利者的遺體就被運上法國土地，28 日在巴黎的 Les linvalides（榮軍院）舉行國葬禮後，9 月 1 日，被安葬在他的故鄉 Abbeville（阿布維爾）。

在 Salins（薩林）的海濱、在 Les linvalides 的圓屋頂下或在 Abbeville 的墓地所舉行的儀式，雖然各有不同的性質，但卻都同等隆重，對於孤拔中將愛國心所表示的尊敬卻都是一致的。大家記起他的名字曾在兩年當中，曾使法國全體國民感動，每逢他勝利的消息傳來，彷彿全法蘭西都受到激勵，所有人的心都受到震憾。在他的遺體前面，大家在同樣的情感下再一次團結起來，向國家的光榮致敬。

第十六章・法軍從台灣撤退

說明： 6月9日清法簽訂《中法會訂越南條約十款》，法軍6月21日從基隆撤退，只留下回憶與墳墓。法軍遠東艦隊解散。戰後馬偕對許多教堂被毀感到憤怒，向劉銘傳遞狀子，劉銘傳以1萬墨西哥銀元賠償，馬偕重建各地尖塔教堂。

一、法軍：和平條約

簽訂和平條約

遠東艦隊為孤拔中將喪禮所發射的最後幾發禮砲，彷彿還在馬公港中迴響。6月13日，Roland 艦卻帶來和平條約簽定的消息，條約是6月3日簽訂的，通告經由上海領事收轉，在6月11日才到達 Rieunier 少將的手中。基隆方面的遠征軍則在6月5日得到通知。

現在留給代理司令官李士卑斯少將的事，只是負責帶領軍隊放棄我們已經得到的擔保品而已。在簽和平協定以前，根據一項特別協定，並且因為中國海關總稅務司赫德勳爵大力協助最近的交涉，因此，我們釋放了 Feiho 輪，這艘輪船在6月3日離開馬公，駛向廈門。6月15日又釋放了 Wawerly 及 Ping-On 兩輪。

撤退及重新整編部隊

台灣的撤退要立即實施，澎湖的撤退因為和中國軍隊從東京（北圻）撤退有關，要等待新的命令才能實施。6月16日，李士卑斯少將搭乘 Galissonniere 艦出發到基隆，由 Lutin、Annamite 及 Tonkin 等3艘艦艇伴隨航行。

好幾個星期以來，基隆已經沒有要撤退的器材了，只是各部隊仍然都守著陣地。有關撤退的事情，自從發生諒山事變以來，就有了最詳細的規定，只要貫徹執行就好了。現在和平條約都已經簽訂了，撤退就更方便了。

李士卑斯少將執行法國政府的命令，將海軍步兵一個營、砲兵一個連的兵員補充到600人，及各種可供建築營舍與倉庫的器材，運到 Madagascar 島的 Tamatave 島。

必須繼續待在澎湖島的海軍步兵一個連，以後應當會遣送回法國。所有的陸上部隊，除了澎湖群島必須暫時駐紮的部隊外，其他要全部遣送到東京（北圻）。陸上部隊的總指揮杜奇尼上校也被派到東京（北圻），為東京（北圻）軍司令官Courcy將軍服務。

　　法國政府原先希望，以台灣軍的海軍步兵營兵員編成一個營，派往Madagascar（馬達加斯加），但這個計畫卻非要放棄不可，因為編制內的軍官很容易組織起來，但在兵員上，志願者及身體強健、在殖民地服務未滿15個月者，全部加起來也不過183人。這個營以後在西貢由一些在途中的排補充兵力，到達Tamatave後還有最後一次200人的補充。

　　預定送到西貢的連，以在殖民地服務15至22個月的壯兵編成，可以實額補足。預定派往Madagascar（馬達加斯加）的砲兵連情況也相同。

二、法軍：只留下回憶與墳墓

準備撤退

　　6月20日，各勤務、砲兵、工兵和剩餘的器材都已全部裝船完畢。傷兵則由運輸船Annamite載到西貢。這艘船還載有直接派到東京（北圻）的陸軍兵員1000人。

　　在同一天，我們法軍的艦隊司令還在Galissonniere艦會見中國的將領們，他們是從淡水走陸路到達基隆的。在一些安靜的兵士前面，他們走過我們的營舍，由外國人兵團及非洲兵團所屬的號兵，以吹奏「戰場曲」來歡迎他們。這些中國將領們對於和他們作戰，他們卻未能取得勝利的敵人，竟然只有那麼少的兵員而感到驚駭、訝異。中國將領坐在轎子裡由特別衛士簇擁前進，這些衛士都是高大強壯的中國人，穿著長長的紅色制服，身佩Hotchkiss式短槍，但短槍看起來好像沒有什麼保養。在他們後面，有一個30歲左右的西方人也坐著轎子，卻引起了我們兵士不愉快的感覺。這個歐洲人好像是一個在中國軍隊擔任砲兵指揮官的美國人。當他們一行人到達港口碼頭後，就搭上我們派來的小艇，我方招待的軍官有禮貌的請這位西方人和衛士們一起留在陸地上，在陸地上他當然會聽到一些兵士戲謔諷刺的話語。

　　兩方面的將官在會面時都很有禮貌。大家商討有關我們遠征軍撤退的一些細節，雙方面都同意，法國軍隊從6月21日清晨開始逐漸撤退，中國軍隊在我方撤退一小時後，陸續進駐各陣地。

從基隆撤退

6月21日清晨，距離基隆港最遠的月眉山守備兵開始撤退，緊接著南方堡壘、紅淡山頂竹堡、淡水砲台（獅球嶺）的部隊，再來是中央砲台（虎仔山）、Clement 砲台（火號山）的部隊撤退。留在 Ber 線（東方防線）上的守備部隊是最後撤退、登船的。

到了早上8點，所有部隊已全部登船，我們剛放棄的那些山頂陣地，已經插上了無數的中國旗幟。到了9點，杜奇尼上校在 Galisonniere 艦所發射的21響禮砲聲中，同時降下了代表法國的三色旗，杜奇尼上校是最後離開的一個人，這6個月以來，有一小群勇者在他的領導下証明了自己的勇氣及自我犧牲的精神。

這場戰事已經結束。到了下午2時，最後的手續也已經完成。Eclaireur 留在港灣內，Galissonniere、Atalante、Lutin、Tonkin 及 Annamite 等艦艇都已啟航，繞過 Image 角（萬人堆海岬），每個山頭都曾灑下勇敢法國戰士熱血的基隆，就要被留在東方了。

只留下回憶與墳墓

我們在這滿佈瘴癘之氣的地方，停留了將近一年，現在，只能留下過去的回憶。在 Galissonniere 砲台（大沙灣砲台）後面，在 A 點（無線電山頂）懸崖的庇護下，隱藏著法國人的墓地，在這告別基隆的時刻，看見這片墓地時，不免令人覺得感傷。被敵人殺死的、受傷後無法挽救的、因傳染病或疲勞而死去的軍官、士兵、水兵、外國人兵團或非洲兵團的士兵，所有為盡義務而犧牲的人，他們將單獨被留在這片離法國4000法里的遙遠土地上。

墓碑上最早的記載可追溯到1884年10月，到了1885年墓碑已經達到相當多的數目，可以構成一個小小的世界。有500具以上的屍骨整齊有序的埋葬在這個狹小的地方。關於他們遺骸的照料和墳墓的維持，都交給那無法和解敵人的雅量與包容了。他們留下來的，只有參與祖國命運之戰的光榮回憶。

圖 16-1 清法戰爭紀念園區中最早的墓碑

遠東艦隊解散

　　我們已經放棄台灣了，隨著澎湖島的撤退，遠東艦隊也即將要解散了。在 6 月底，我們每天都看到一艘船開走。最先開走的是 Estaing 和 Kerguelen 艦，朝法國駛去，跟在後面的是 Villars 和 Eclaireur，接著是載運砲兵隊和在馬公沒有用處的騾馬載到 Along（下龍灣）的運輸艦 Chateau Yguem。再來就是由將傷兵載運回法國的運輸艦 Annamite，還有要回國的 Duguay-Tiouin 和 Chateau-Renault，去和大西洋艦隊會合的 Magon 和 Fabert，向近東根據地歸隊的 Rigault-de-Genouilly。不久後 Atalante 艦去西貢解除武裝，Nielly 去印度洋的根據地會合，Clocheterie、Lutin、Comate 等艦艇則載運海軍步兵連駛向西貢。

　　如同基隆的撤退般，澎湖島的法國國旗也在 21 響禮砲聲中緩緩降下，在那邊也只留下我們的死者，讓人緬懷我們在澎湖的戰績。

◎ 馬偕見聞──賠款建尖塔教堂

1885年6月馬偕再度去基隆，上到法國軍艦，他們告訴馬偕，可以到任何地方，因為他們即將離開了。「我立刻划船到社寮島，正好趕上時間挽救了我們的財產，因為那時匪徒正聚眾想要開始搶奪教堂，我把英國國旗插在教堂上面，半個小時後我們就聽到喇叭的號聲，並有裝甲艦的騷動聲，而且歡呼之聲響徹雲霄，因為法國的水手們都因戰事終於結束而振奮，有一艘船的蒸汽開始慢慢冒起，然後一艘接著一艘，直到八艘都出去到海上排成一線。不過，有一艘仍停留著……我第二天上到這船去看，指揮官告訴我，他其實對這整個戰事感到厭惡。而總司令也是一樣。上岸後，我看到雞籠教堂只剩一堆垃圾外什麼都沒剩，而廟宇也都遭到搶劫，所有雕刻物都被弄得面目全非，許多建築物被摧毀，房子的屋頂被拆掉，整個雞籠變得荒廢杳無人音。漢人都跑到山上，等著法人如果離去時，他們好回到城裡荒廢了的家裡。」（馬偕博士原著，林晚生漢譯，2007，《福爾摩沙紀事－馬偕台灣回憶錄》：188）

法軍離去後，馬偕對被摧毀和搶劫的教堂損失，寫了一張申訴狀呈給中國軍隊的總司令劉銘傳，「他接到狀子，沒有多加辯說，或等候北京指示，就給了一萬墨西哥銀元作為賠款。」（馬偕博士原著，林晚生漢譯，2007，《福爾摩沙紀事－馬偕台灣回憶錄》：190）馬偕收到錢後考慮可以建24間小的，或12間中的，或6間大的教堂，後來，「決定要建6間後，我就開始繪製建築圖和作模型……我也僱人到附近的山坡和砂岩採石場去採石，及僱其他的人用他們的船去載運竹竿、木板以及石灰。工人和監工中從來沒有人曾見過像我們現在所計畫要建的這種建築……我們把新店、艋舺、錫口三間教會同時建造，十二個星期後，就建完了3間很壯觀的教堂。三間的塔高約七、八十呎，又有石造很結實的尖頂，看起來多麼壯觀啊！」（馬偕博士原著，林晚生漢譯，2007，《福爾摩沙紀事－馬偕台灣回憶錄》：190）

附錄

一、一場西方與東方的邊緣戰爭

（1）戰略與戰術
　　戰爭是一種政治工具

中國的孫子兵法對用兵的評價為：「上兵伐謀（以戰略計謀取勝），其次伐交（以外交手段取勝），其次伐兵（動用武力取勝），其下攻城。」

19世紀普魯士的軍事思想家克勞塞維茨（Carl von Clausewitz）在他的名作《戰爭論》（Vom Kriege）將戰爭提高到國家整體面向的層次思考：「戰爭只不過是政治以其他手段延伸」，簡單的說，就是戰爭其實是一種要達到某種國家目標的「政治工具」，就現實的考量，發動戰爭所要耗費的成本巨大，如果可以用外交、經濟⋯等成本較低的政治工具來達成，當然就不需要動用龐大的資源投入戰爭了。

當1884年《天津簡約》訂定後不久，法國對清朝展開的「報復性軍事行動」，以清軍撤兵太慢為藉口，法國的目的是想從清朝手中獲得更多經濟利益，逼迫清朝賠款或讓利罷了！但法國又不願耗費大量軍費成本，清朝也堅守底線，可放棄越南宗主權，但絕不賠款或讓利，因此，法國就以摧毀福州兵工廠、福建水師、取得擔保品基隆、向清越邊界攻擊推進等讓清廷痛苦的手段，逼迫清朝在談判桌上讓利，戰事就在軍事威赫與議和間不斷動態發展，打打談談，形成了一首令人目眩神迷、你來我往的戰爭和迴旋曲，當然這也摻入了帝國自身內部的湘淮鬥爭。

戰略和戰術

戰略指以戰爭達到某種目標或方向的軍事策略，在戰前由此策略規劃發展出作戰計畫，作為戰術的指導方針。

戰術簡單的說就是作戰攻防的技術，也就是達到戰略目標的戰鬥手段或方法。當戰略確定後，雙方各自盤算擁有的兵力、武器裝備和戰場的條件等，決定如何攻擊或防禦的軍事行動。

戰略是達成某一戰爭目的的策略，戰術則是執行、完成戰爭目的的手段或技術。

戰略在不同的國家體制和部門有不同的層級。國家層級的戰略常稱為大戰略，考慮的不只是軍事，還涵括政治、經濟、社會、文化、宗教等整合性目的的策略，軍事戰略經常只是協助達到國家整體發展目標的手段之一。

以法國佔領、殖民越南為例，每個階段都會因應法國政經狀態的不同，而調整對外的戰略方向和戰術運用；清朝在應付法軍侵略越南和台灣的過程中，也有不同階段的戰略和戰術想法。

我們當然無法得知清、法兩國當時的戰略和戰術內容，只能從過程及結果的部份記錄中去回溯、推敲當時兩國可能的戰略和戰術想法罷了。

孤拔與劉銘傳

清將劉銘傳在 1884 年 7 月奉命到基隆備戰，以淮軍將領身份投入湘軍主導的台灣北部防務，他並不情願；法將孤拔在 1884 年 9 月乘船實地探勘基隆港後，也不情願佔領基隆，卻被法國政府命令佔領基隆，然而孤拔使命必達，劉銘傳卻似另有盤算，在棄守基隆後，面對湘淮鬥爭的角力，清廷要求劉銘傳克復基隆，但劉銘傳都不為所動，堅持保存實力。

自此而後，孤拔與劉銘傳的認知和戰略，像兩條平行線般各走各的路，沒什麼交錯，當劉銘傳不斷設定法軍一定會攻台北，而將大軍駐防在汐止、五堵時，法國政府在同年 12 月已通知孤拔，法國決定要從基隆撤軍了。

孤拔被迫佔領基隆後，作戰兵力困在基隆，進退維谷，但孤拔最後還是說服了法國政府，基隆是個離北京太遠的無用擔保品。然而，法國傭兵援軍即將到達，孤拔還是想打一場勝仗後才光榮的離開；這時的劉銘傳仍然一口咬定，法軍一定會進攻台北府。兩人似乎在平行時空決斷戰略，基隆戰場仍然不斷擴大，最後還伸展到澎湖。

弔詭的是，當孤拔佔領了他期望中遠東艦隊的理想基地澎湖後，卻不幸病死澎湖；反觀被動而將大軍擺在戰線後方的劉銘傳，戰後升官發財兼鬥爭湘軍將領，在台灣推動近代化建設，之前的敗戰顯然對他毫無影響！

（2）清軍概況
從八旗綠營到湘淮軍戌守

　　清朝前期的兵制為八旗和綠營軍。八旗兵最早為滿人世襲，後來又建立蒙古八旗及漢軍八旗，清順治年間仿明朝舊制，同時吸收明朝舊部隊，編成全為漢人的綠營兵，分守各地。綠營因為以綠旗為標誌，以營為單位，而稱為「綠營」，兵員也是世襲制度。

　　八旗兵入關後逐漸腐化，到了乾隆、嘉慶年間鎮壓白蓮教起義事件時，綠營的腐敗也顯現出來，地方鄉勇和團練開始成為朝廷重要兵力；到了道光、咸豐、同治年間兩次鴉片戰爭及太平天國之亂時，綠營完全無法應付，地方性的湘、淮、楚軍就順勢而起，成為清朝各地戌守的主力。

從綠營班兵輪防到湘淮楚軍戌守台灣

　　台灣納入清朝版圖後，內亂不斷，俗稱「三年一小反，五年一大亂」，清廷害怕台灣要是有自己的軍隊，一旦反亂就很難善後，因而由閩（福建）、粵（廣東）各營抽調撥配班兵輪防，三年輪調一次，營數和兵員各時期並不相同。

　　台灣最早設總兵一員，副將一員，兵八千，分為水陸八營。每營各設游擊、守備、千總、把總等官（清聖祖實錄）台灣班兵最多時有1萬2千多人，到清法戰前1882年時，台灣總兵力只剩4500人。

　　清法戰前，1877年西班牙因其船舶在台遭劫，清朝未處理，揚言要攻台；1880年謠傳日本聯合俄國要攻台，閩浙總督何璟向清廷要錢建大沙灣砲台，福建陸路提督孫開華也兩度到台灣北部防守淡水、基隆；後來提督曹志忠也來台防守。

清廷軍機處發佈命令

　　清朝的最高掌權者是皇帝，當遇到入侵必須對外用兵時，軍情傳遞要經過內閣繁複的程序，常會延誤決策時機及洩露軍機。1729年（雍正7年）清朝對西北出兵征討時，為避免洩密，雍正帝就設了一個軍需房，後來改稱軍機處，設3至10名軍機大臣，通常為4至7名，成員由親王、大學士、尚書、侍郎、京堂等，由皇帝挑選，以原官兼職出任。而軍機處就像皇帝的祕書處，當各地的軍情戰況奏摺迅速到達，皇

帝看完後，會和軍機大臣開會討論，軍機大臣提供各種對應的建議後，由皇帝作出決策，再由軍機大臣將皇帝的旨意帶回軍機處，將皇帝的決策逐一書寫後，由皇帝看過後再發送到各地。

因此，由軍機處發出的詔書，是各地的戰略指導方向。

由於軍機處的大臣們是皇帝最信任的人，經常在皇帝身旁提供軍情意見，也密集接收、傳遞各種訊息，是最能影響皇帝決策的核心幕僚。

然而，若以1884年10月劉銘傳棄守基隆後，皇帝命令劉銘傳克復基隆，但命令完全無效，反倒是劉銘傳不斷向清廷喊缺錢、缺兵，要求調勁旅、要糧餉等。

清軍以營為基本單位

資深或有功者：記名提督或補用副將
提督：統領數營
管帶：統領一營
哨官：帶領10幾名兵勇
例如：
統領擢勝等營署福建陸路提督記名提督漳州鎮總兵孫開華
湘軍：擢勝右營、中營、後營；孫開華、龔占鼇、范惠意、李定明等
　　　恪靖營：王詩正、畢長和等（湘勇俗稱湖南勇）
楚軍：慶祥營；曹志忠、廖得勝、桂占彪、楊金龍等
淮軍：武毅營、銘中營；王貴揚、章高元、劉朝祜、聶士成等

火砲、槍枝和防禦工事

清軍海岸砲台的大砲，以大沙灣砲台5門17公分克魯伯砲最大，也最具威力，其它的滑膛砲沒有膛線，既射不準也射不遠；仙洞砲台曾有40磅大砲，應為線膛砲；月眉山戰役中出現58mm小型克魯伯山砲應有美籍教官教導，但仍不夠熟練，甚至發射沒有引信的砲彈。整體而言，清軍的火砲數量少，訓練不足，使用的效率較差。

清軍在紅淡山東邊配置火箭部隊，發射類似現在大型沖天炮，以不精確的大面積炸射效果干擾敵軍。

清軍有德國的毛瑟槍、美國製造的 Remington-Lee 式步槍和 Hotchkiss 式騎兵槍。美國供應很多槍枝給清軍。

法軍對清軍的壕溝、堡壘等，評價為具有現代的特徵，尤其對內堡的設置特別重視。

團練、軍裝和旗幟等

依據《法軍侵台始末》中清法對戰時，法軍經常看到清軍陣營中有各種顏色的旗幟。清軍的軍服、旗幟顏色及種類各有不同。

根據劉璈在1884年3月19日（光緒10年2月22日）的〈議辦全台團練章程由〉的內容：「……查團練不外富者出資，貧者出力……府、縣城內均設一團練總局，其向分東、西、南、北、中五團者各舉團總一人，酌併總局經理……勇分義勇、練勇、團勇……由團選練，由練選義也……」

義勇：長駐團局，逐日操練，每名月給口糧洋銀四元八角

練勇：按旬（10天）赴局操練一次，每次給銀二角，月共給銀六角

團勇：不歸捐者為團勇，除書生老弱孤寡外，凡家有壯丁，自備口糧，每月赴局點
　　　操一次（壯丁指16歲以上，40歲以下）

　　　軍裝要自己準備，義勇為號掛、練勇為號袂、團勇為號補。

台灣過去辦過的聯團鄉勇，軍械都沒有繳回，各勇自行攜帶槍砲刀矛，沒有的就由捐戶準備軍械，只有火藥應由團總另造鎗砲手名冊，要用多少，可到軍裝官局分配給予。

富紳能常駐局辦公任團總者，可抵練勇15名；團佐可抵練勇10名。

團練的衣旗分色，才容易分辨。旗幟顏色議定為城內邑中：黃色；東鄉：藍色；南鄉：紅色；西鄉：白色；北鄉：黑色。城內東段：黃心鑲藍邊；南段：鑲紅邊；西段：鑲白邊；北段：鑲黑邊；中段：全黃色。

旗幟方面，百長：用大尖角旗一面，直寫某縣某鄉局某隊某勇字樣；什長：用小尖旗一面，上寫某團局某隊第幾牌練勇字樣；各勇號補：刊印板，分刊義勇、練勇、團勇各大字居中，上格及兩旁空格宜照營式：分填某縣某鄉某哨某隊某姓名（各號補版都由總局印刷）。

（各勇號掛、號袂也各照旗色分別鑲製）

（3）法軍概況
遠東艦隊

　　法國在 1883 － 1886 年從本國或殖民地調集到越南的軍事行動，被稱為東京遠征。東京即法國對越南北圻的稱呼。

　　為了攻打、佔領台灣這個談判桌上的擔保品籌碼，1884 年 6 月 26 日法國將東京艦隊和遠東海軍支隊合併成遠東艦隊，遠東艦隊為清法戰爭中法軍對台灣、澎湖、中國沿海的作戰部隊，司令官為孤拔（Courbet）海軍中將；副司令官為李士卑斯（Lespes）海軍少將。

　　1884 年 10 月初法軍佔領基隆後，因應陸戰需求，調來台灣陸上總指揮杜奇尼（Duchesne）上校；傭兵非洲兵團及外國人兵團也在 1885 年 1 月相繼到達，為陸戰重要的支援兵力。

　　遠東艦隊的船艦有裝甲巡洋艦 5 艘、巡洋艦 14 艘、砲艇 5 艘、一級運輸艦 2 艘、情報艦 1 艘、運煤船 2 艘及拖船 2 艘。

法國內閣遙控戰事

　　法國的國家元首為總統，內閣領導人為總理（部長會議主席），總理施政要向國民議會負責，國民議會議員由各區人民選出，掌握審查軍事預算的權力。因此，民意也是支不支持法國在越南戰爭的重要力量。

　　因而，法國在越南的軍費預算都必須由國會通過，除了軍費投資對未來殖民及通商的成本效益考量外，戰爭的勝敗象徵的國家尊嚴或光榮感，對人民也會有一定程度的影響，連續打勝仗時，編列的軍費較易通過，如果不斷打敗仗，動支的軍費就可能被阻擋。如 1885 年 3 月法軍在越南北圻的戰事失利，不但影響到軍費被擋，甚至連總理茹費理都要下台負責。

　　遠東艦隊司令孤拔的上司是法國海軍部，部內有委員會議討論對越南和清朝的戰情，命令下達和敵情蒐集，主要靠電報傳遞。

　　從 1884 年 9 月 2 日孤拔親自進入基隆港探勘後，就密集和法國內閣展開不適合

佔領基隆的戰略溝通，但法國內閣最後仍命令他要佔領基隆。孤拔也執行了這項任務。也導致艦隊兵力困在基隆，且因傳染病折損嚴重。

火砲、排槍和防禦工事

法軍的裝甲巡洋艦配備 24 公分大砲，砲艇也配置 14 公分大砲，射程都可達幾千公尺，且很精準，因而，法軍在登陸戰或近岸作戰時，艦砲的掩護與攻擊具強大的威嚇及殺傷力。

法軍在陸上進攻時，依托地形掩蔽，兩隊交互前進，常以排槍對付敵軍的強力攻擊，因 18、19 世紀的槍枝準確度較差，士兵排成一排對目標敵人一起射擊，會增加準確度及殺傷力。

法軍陸戰的火砲有跟著攻擊部隊走山砲、野砲，及定點配置的旋迴機關砲等，有 80mm、65mm 山砲、野砲、4 公斤山砲、線膛山砲、12 公斤旋迴機關砲等。法國自 1779 年以後改為公制，口裝前膛砲級別以砲彈重量區分，法軍在基隆野戰時的火砲，砲彈重量主要為 4 公斤、12 公斤。 在基隆山嶺作戰，尤其在崎嶇的地形作戰，最辛苦的砲兵常發揮關鍵性的戰力。法軍在堡壘砲台還有 12 公斤口裝砲、線膛砲、迴旋機關砲等。

法軍的堡壘砲台常以佔領後的清軍堡壘砲台改造，主要是改變防禦方向後，要增建胸牆及前哨據點，在獅球嶺上沒有屏蔽的必要防守點，則以鋼板製的裝甲防舍面對清軍防線據點或重要步道的可能攻擊。在攻佔紅淡山後，立即以竹編的長方形網籠（gabion）裝滿土石，構築防禦胸牆。

（4）全台官民動員參與戰爭
台灣的海防佈局

台灣整體的海防思維，一直要到 19 世紀的鴉片戰爭後，1841 年（道光 21 年）台灣兵備道姚瑩才提出「臺灣十七口設防狀」。1874 年牡丹社事件後，清廷警覺到海防對台灣的重要性，沈葆禎、羅大春、丁日昌等官員相繼著手規劃台灣各重要港口的防務。

1877 年西班牙大使因 1863 年船隻在台灣船難遭劫，清廷未積極查辦，威脅要從

菲律賓以艦隊攻台。1879 年 3 月清朝與俄國因伊犁條約糾紛，1880 年 5 月謠傳日本聯合俄國要攻台，同年福建巡撫丁日昌派漳州鎮總兵孫開華率擢勝營 3 營渡海來台，駐滬尾、基隆兩地港口防守北路。軍機大臣也要求閩浙總督何璟及福建巡撫勒方錡佈防。何璟上奏請求籌辦海防，1881 年在基隆大沙灣建成新砲台。

清法戰前的海防佈局

1883 年（光緒 9 年）台灣兵備道劉璈提議將台灣分為五路，配五軍。法軍進入台灣戰場前後，劉璈陸續推動水陸團防，後來再提出全台漁團章程。

1884 年清法戰前，全台防軍共有 40 營，但因清朝早期府治在台南，向來有重南輕北的觀念，部署在台北的營兵只有署福建陸路提督孫開華的 3 營和曹志忠的 6 營，共 9 營；南部部署的兵力則多達 31 營。福建陸路提督蘇得勝、孫開華、章高元等都先後到台灣。這是清朝領台後，面對西方強權第一次海防的大挑戰。

基隆、淡水的佈防

台灣北部基隆、淡水在清法戰前的防務，劉璈於 1882 年（光緒 8 年）奉令調撥霆慶中、前兩營分別駐防基隆和艋舺，曹志忠提督統領三大營 1500 人分防台北。艋舺有舊營房，觀音山有新建營房。基隆也有擢勝右後兩營一圓一方舊營房兩座，都是瓦屋，先前遭強風吹襲破損，花了 387 元 1 角工料洋銀修理好了，可供霆慶中、前兩營駐紮。（劉璈，光緒 8 年 8 月 27 日，《巡臺退思錄 no.21-2》〈為詳請事〉，國立台灣大學，《台灣歷史數位圖書館》，檔名：〈ntu-0699193-0012600128.txt〉）

一圓一方兩營的位置，就在今日基隆文化中心、市政府及往台灣銀行延伸的範圍，這裡昔日為一凸出於田寮河與基隆港匯流處的陸地，有一小山丘，舊地名稱「哨船頭」，是清軍瞭望港口敵軍動向的內港據點，也是 1884 年 8 月 5 日法軍砲擊基隆海岸砲台時的曹志忠營，及法軍佔領後非洲兵團進駐的衙門營舍。

1883 年 12 月，劉璈依據稟報，認定滬尾、八里坌舊砲台經會勘後確定已不適用，可停止修造；而油車埔（淡水河口北岸）、鴨子尾（八里挖子尾）則要趕造完成。（劉璈，1883，《巡臺退思錄》 no.21〈復函飭調移山後勇營加招土勇并勸捐城工兼另勸林紳捐助防務由〉，國立台灣大學，《台灣歷史數位圖書館》，檔名：ntu-

0699182-0022400228.txt）

淡水昔日的油車埔現稱油車口，油車為榨油的機器，因昔日有一些榨油工廠而稱之。油車口在淡水河口北岸，和南岸的挖子尾南北對峙，清軍設砲台選位址時，在戰術上講究互為犄角，若敵艦從淡水河口進入，油車口砲台和挖子尾砲台射擊敵艦時就會互為犄角，形成夾擊之勢。這是清軍慣用的防禦戰術思維。

基隆港口的大沙灣砲台和仙洞砲台，面對從口門進入的敵艦，也是互為犄角，火砲可從東西兩側夾擊。

全台官民投入戰爭

1884 年 1 月傳聞法國要拿台灣當抵押品時，清廷立即下旨要求台灣鎮、道，督促台灣仕紳組織團練防衛。清法戰前，淡水營務處李彤恩叫來自大陸的張李成招募土勇，他召募來自三峽的 1000 名土勇到淡水，參與同年 10 月 8 日孫開華領導對抗法軍登陸淡水的戰役。

1884 年 10 月劉銘傳棄守基隆，法軍進佔基隆港市後，緊接著法艦封鎖台灣，大陸各地援台兵勇的運輸就成了大問題，因此清廷要求劉銘傳要設法在台灣招募土勇義團，以增加抗法兵力。這時，基隆街市東南邊最接近法軍佔領區的暖暖，有頭人周玉謙及團董武舉王廷理等人捐資募勇 300 人，在魴頂牛灶、馬鞍格及鳥嘴峰等最前線的據點防守法軍。劉銘傳要求再增募 300 人，並調撥洋槍，兼用一些土槍。11 月周玉謙就率土勇擊敗入侵的法軍。

先前台灣道劉璈要求彰化霧峰林家組織鄉勇，林朝棟、林文欽召募義勇兩營，這時林朝棟率領 500 名鄉勇前往基隆協助防禦法軍。劉銘傳派他去暖暖協助防守，後來林朝棟守月眉山後方的四腳亭，汐止蘇樹森率練勇守碇內；新竹紳士郎中林汝梅也捐兩個月的糧餉，募 200 名練勇防守新竹海岸。

還有紳士知府陳霞林等，劉銘傳都命令他們設局辦團練，再互相連絡，官民合作才能同心作戰。台北紳士三品卿銜林維源認捐洋錢 30 萬。

二、傳說、紀念與墳墓

（1）清法戰爭的傳說
〈基隆〉
土地公、觀世音菩薩保護人民

1884年10月初法軍以清朝的天主教民為先鋒，讓他們先進到基隆市區佔領和居住，後來因姦淫少女引發眾怒而被趕跑後，法軍進入市區武裝鎮壓。

當法軍推進到獅球嶺腳正在往上爬斜坡時，山腰上忽然出現一位留著長鬍鬚的老人，手中拿著一根枴杖，突然間這位老人舉起的枴杖變成了一把長槍，朝進攻的法軍射擊，造成法軍一些傷亡後，轉瞬間這個老人又消失無蹤。在地人相傳，這是獅球嶺土地公為了保護居民，出來對抗法軍的顯靈事蹟。

另外在佛祖嶺腳的老一輩居民傳說中，也有觀音菩薩顯靈，當法軍的砲彈飛過來時，為了避免在地居民被炸死炸傷，觀音佛祖就在空中張開衣袍接炸彈，讓法軍射來的砲彈都被接走，使佛祖嶺下的居民免於遭受法軍砲彈的轟炸。

同年11、12月暖暖鄉軍在鳥嘴、牛灶、馬鞍格一帶對抗法軍時，傳說魴頂山上也常出現土地公的身影，幫助鄉軍對抗法軍打勝仗。

這些傳說或許誇大荒誕，但對當時因戰事陷入無助、恐懼且又信仰虔誠的在地居民來說，卻是重要的精神鼓舞。

圖 2-1 獅球嶺後山的土地公　圖 2-2 佛祖嶺腳的慈雲寺　圖 2-3 魴頂山上的土地公

啉法蘭西水，食一點氣

清軍雖然和法軍打得很激烈，但是，基隆居民的生活還是要照常過。在1884年

10月法軍登陸後，到街市居民被清軍官員要求全部撤退的期間，和 1885 年 4 月以後居民重返基隆街市，到法軍 6 月 21 日撤離期間，有些法軍也常和在地居民購買或交換東西。當時，法軍常用他們喝的飲料——法蘭西水，和基隆居民交換食物或商品，也使基隆居民透過戰爭的洗禮，嚐到異文化的香甜滋味，對 100 多年前的清朝人而言，這也是海洋帶來的新體驗。

法蘭西水就是蘇打水，也就是俗稱的汽水，一打開瓶蓋就會冒出很多氣體，有特別的味覺感受。但是，好喝是好喝，畢竟這還是敵人的東西，要不要接受它呢？聰明的基隆人創造了一句俗諺，來解決這個矛盾的問題，就是：「啉法蘭西水，食一點氣」，雖然和敵人的生意照做，一面喝著有氣泡的香甜汽水很愉快；但一面又要提醒大家，我們還是要吃一點氣，也就是基隆人還是要有骨氣，不能隨便就被法國人的法蘭西水輕易收買。

暖暖：鄉軍抗法的故事

清法戰爭時，法軍佔有獅球嶺，越過紅淡山逼近暖暖時，暖暖地方領袖周印頭（「印」是他的單名，頭即鄉人稱他頭人而加的），眼見家園即將淪陷關頭，乃呼籲請地方居民共起禦侮，全堡壯丁紛紛響應其抗法保家號召，當時周氏為安定民心，便在暖暖安德宮媽祖廟前誓師，假托該廟保儀大夫之神，向民眾告以抵抗必勝家園無恙，因此士氣益形高昂，均自家中攜帶鐵械農具，配合當時堡中硝藥之土砲，先後在過港之鳥嘴、牛灶、馬鞍格（鳥嘴峰、魴頂及東側像馬鞍的山嶺），及暗淡林（紅淡山頂後方樹林）一帶山麓地區與來犯法軍肉搏奮戰，奈何因武器低劣，難擋法軍洋槍火力，經過七次浴血奮戰之後，從容退入暖暖城堡，據險死守。

鄉軍退回堡內之後，即在竹腳潭（現暖暖區公所邊）渡船頭（現暖江橋腳及現碇內鐵橋邊）設置據點守衛，並在現今金山寺，山後保壘石立寨（現遺跡猶存）藉以居高臨下監視法軍動態，當時法軍在溪水合窄隘處偷渡未遂，轉攻土地公潭下游，雙方發生慘烈之爭奪戰，法軍傷亡枕藉，而守軍也陣亡十餘名，除一部由親屬認領殮埋外，其中九名係來自閩南之「單身漢」由眾人隆重公葬，即所稱「九勇士」、「勇士公」，這時周印頭眼見敵燄高張，敵砲屢攻城垣，為避免無謂犧牲，遂將物資婦孺撤退至山寨內以策安全，並在後榮園拱橋邊城門設置砲位控制基隆河岸，使暖暖至七堵鶯歌通路不至中斷。

法軍遠道而來急求速戰，自知相持局面對其無利，遂在現市內仁愛區博愛館現地，聚木設廠趕製小型輕便船隻，以作渡河攻擊暖暖之用，消息傳來，周印頭聚眾告以利害，曉以保土衛家大義，堡民皆願死戰，遂令馬夫周文玉組織敢死隊乘黑夜翻山越嶺，通過叢叢荊棘，潛至造船廠縱火將已成未成之輕便船隻燒個精光，不僅燒掉了法軍渡河工具，也燒掉了法軍的士氣。（基隆市七堵、暖暖區志，P110）

圖 2-4 暖暖安德宮媽祖廟

暖暖若無周仔印，蘇廟頭殼配天津

1884年（光緒10年）法艦攻台灣，在基隆大沙灣登陸，由獅球嶺直迫暖暖，人心惶惶，正籌禦敵之策，適有汐止統領蘇廟乘轎率領大隊人馬赴瑞芳閒遊，斯時有將軍名目少爺者（因彼一目失明，故人稱之目少爺），腳登革屐，腰橫大刀，徒步赴陣地督兵，抵禦法軍，路經四腳亭，適蘇廟之轎由後疾馳而來，蘇之隨員高聲喝曰：「前者何人？快滾開，讓轎通過。」

目將軍回顧質之曰：「轎上何人？」

隨員答曰：「乃統領蘇廟也，汝未知耶？抑故意攔路？」

目將軍睹狀大怒，厲聲斥之曰：「何方蠢才，今大軍壓境，汝猶如此喪心病狂，余乃某某也。」

蘇廟聞之大驚失色，即下轎跪而求恕，目將軍不理，並欲就地將其處決，蘇廟計無所出，迅即遁入煤礦坑內，目將軍嚴守坑口，蘇之隨員惶恐萬狀，即往暖暖請求周印（字玉謙）為之說項，因周印抗法最力，深為政府信賴也。

迨周趕至，蘇廟始得倖免。

是以暖暖至今有「暖暖若無周仔印，蘇廟頭殼配天津」之歌謠。（王炳勳先生口述，基隆市志文物篇附錄，145）

〈淡水〉
淡水清法戰爭的地方記憶

有關淡水清法戰爭地方記憶的記錄，以1933年雷俊臣口述，柯設偕書寫的〈淡水清法戰爭概況〉（1993年，李欽賢譯）最有參考價值。

文中有一首當時淡水流行的歌謠：

「淡水出有孫軍門，就叫李鼓公來談論，議論港口真無穩，就叫紀清源買破船，滬尾 thun（屯）到八里坌，不驚法國鐵甲船。」

當1884年10月1日4艘法國軍艦聚集在淡水港口時，「當夜清兵急忙以興源、興慶兩隻老帆船利用晚間退潮時分，載滿石頭填塞港口…」

也就是填塞破船這件事由孫開華和李彤恩兩人商議決定，而10月1日法艦到淡水港口外下錨後，他們就立即執行以兩艘老帆船填塞港口的任務，阻擋法艦從淡水河口長驅直入。

10月1日法艦曾通知淡水僑民，將於10月2日上午10點攻擊淡水，但10月2日早上法艦還沒有攻擊淡水，孫開華就已經下令開砲轟擊法艦，且開砲前孫開華有祭砲詞：「臺灣若有福，此發中佛艦；若是臺灣不福，敵艦最先須打死我。」

法艦砲擊淡水時，只有兩發砲彈擊中民房，造成一人死亡：「一彈擊中一軒商店，衝倒木櫃，壓傷中年婦人的腳，生命無虞；一彈通過民屋之頂，擊破中樑墜落，傷及老婦人頭部，旋即身亡。」

到了10月8日法軍從沙崙海岸登陸時，「頃刻間，沙崙有人來報法軍已上陸，

孫開華立即下令吹箛組隊（中營、後營及孫開華的親兵共六、七百人），急赴拒敵。當其時，後營抒哨兵隊八十名最先應戰，死傷約七十人。可是孫開華督戰甚嚴，手裡執刀，若有人退縮，立即斬殺，清兵悉數未敢逃，在瓦店埤奮勇對壘交鋒。」

在〈淡水清法戰爭概況〉中描述戰況及戰後點滴：

「幸好提督龔占鰲氏，親率約五百名士兵，自背後包抄……猛烈射擊。其時法軍眼見益增的清兵，從前後夾攻而來，已料到難以勝利，遂四散奔逃。」

「孫開華氏在講和達成後，為武進士出身的哨官胡峻德及其他戰死兵士當起和尚，於福佑宮內舉行誦經超渡，親自為胡峻德及諸英靈祭拜，涕零如雨，且痛歎胡峻德愚忠。」

「此役中清兵約二千五百名，大部份奮勇交戰，唯少年幹過戲妲的張李成所轄一營士兵，全為三角湧人，約四百餘名，僅十七、八人出戰，其餘皆怕死躲在溝邊樹下。如張李成自身即使是營官，也戰戰兢兢，避在橋下，至法軍敗退始出。」

「何況士兵見法軍退陣，即刻搜索林投叢或森林裡逃亡的法軍，取其首級，或擊斃支那兵，奪取他們斬獲的首級，或者割切法軍胸膛，取其心臟，割其體肉，於海關附近用火培乾心臟，碾成粉下酒飲服，說是可治療心臟病。又將體肉煮之吃食，謂之比生番體肉格外合口。英國領事及統稅務司見了皆搖頭。」

「清廷光緒皇帝據聞此一捷報，不可思議的射入市街之砲彈悉數未爆，以及陸戰獲大勝利，認為全屬淡水神佛之庇佑。於是御筆親書，一賜福佑宮天上聖母「翌天昭佑」，一賜龍山寺觀音佛祖「慈航普渡」，一賜艋舺清水巖清水祖師「功資拯濟」。是故時人威信見及神將神兵保護市街，以致法艦砲彈全數射擊街外，此為被誤會非支那與之功的理由。」

淡水：神佛保祐擋法軍砲彈

位於淡水老街的福佑宮供奉媽祖，是淡水的媽祖宮，據傳在雍正年間已建成，有一對聯的落款時間則在乾隆 37 年；有記載的創建年是 1796 年（嘉慶元年）。由這些歷史可知，福佑宮的媽祖是淡水這個以海港貿易與漁業為生居民的守護神。福佑宮雖是道教宮廟，但在清朝後期卻有和尚駐在宮中，甚至當時指引船舶出入港口方向的淡水燈塔「望高樓」，也由福佑宮派和尚前去點燈。

在 1884 年 10 月 2 日法軍艦砲轟擊淡水砲台時，傳說福佑宮的媽祖要求宮內的

和尚保護在地居民，和尚們於是在福佑宮排成一列，朝天空為附近的住宅及居民擋炸彈，因此老街附近的房屋都沒有被法軍的炸彈炸到。

淡水在清法戰爭時，並沒有清水巖祖師廟，據說當時淡水的泉州人向艋舺的清水巖祖師廟商借祖師神像助陣，據說1884年10月8日法軍從沙崙登陸後，無法突破清軍中崙山丘的防線，撤退時又遭到清軍從左右翼夾擊，傷亡慘重，都是因為清水祖師顯靈發威，將法軍射過來的炸彈掃掉；另一種說法是當時清水祖師突然落鼻，使附近的居民爭相走告，趕快衝出該地而沒被法軍的炸彈炸到。

淡水的龍山寺建於咸豐年間，由泉州晉江安海的龍山寺分靈而來，為泉州三邑（晉江、惠安、南安）移民供奉的觀音佛祖。據傳在清法戰爭法國軍艦砲擊淡水時，觀世音菩薩為了保護居民，施法力顯靈，將法軍射來的砲彈掃出街區外，使居民都沒有受到砲彈的傷害。

建於1853年（咸豐3年）在油車口的蘇府王爺廟，當時位於淡水市街外的郊區，同時也是清法淡水之役的戰場，據說法軍登陸戰受挫準備撤退，清軍打算以包夾戰截斷法軍的後路時，有人說蘇府王爺顯靈助戰，也有人說蘇府王爺請天兵天將助戰，使清兵在肉搏戰中斬殺法兵人頭。

圖 2-5 淡水媽祖廟福佑宮　　　　　圖 2-6 淡水油車口蘇府王爺廟

〈澎湖〉
城隍神救命

澎湖位於台灣海峽中間偏東，自古即為海盜及往來政權的兵家必爭之地，戰略地位重要。清朝領有澎湖後，就展開對澎湖群島的防禦佈署。《澎湖廳志》中記載：「而自西拱峙者，以西嶼為外埠，金龜頭為右臂。由東南防衛者，以風櫃尾為左衛，

大小案山為下臂,鎖住港門,中有四角仔嶼,為港門羅星,塞住水口。」(林豪,《澎湖廳志》,1893:13)

澎湖的武官廳署在媽宮城,文官廳署則在文澳,而這兩個地方都有守護官民的城隍廟。《澎湖紀略》中有:「凡守土官入境,必先祭城隍而後履任。」清朝文澳的文官官署,從 1684 年延續到 1889 年,乾隆年間通判胡建偉擴建大堂等建物 30 多間,外圍柵欄,前有照牆;光緒年間通判洪其誥、李嘉棠再修,1889 年遷至媽宮,改為武營,置放器械雜物。當時文官官署的位置,根據地名專家們據史料的推測,應在城隍廟西邊至祖師廟之間。(臺灣地名辭,書卷六:澎湖縣:91)而這個位置,也應是法軍於 3 月 31 日趕走逃往白沙島清軍後的集合地點 AMO(文澳)。

依據《澎湖廳志》的記載,1885 年 3 月 29 日(農曆 2 月 13 日),法軍進犯澎湖,3 月 31 日媽宮百姓扶老攜幼,往北邊頂山(大城山)逃跑時,大家都呼喊著城隍神保佑。當時法軍的砲彈像下雨一般射來,但一顆顆落到地面就立即停止,沒有一顆砲彈爆裂傷到人,真是非常奇異。等到法軍退出澎湖後,廳長程邦基根據當時居民說的實情向朝廷上奏說明為城隍神加封(林豪,《澎湖廳》前書:383)。因居民認為城隍爺非常靈感,且能感應居民的危急而顯靈幫助,因此封為「靈應侯」。皇帝也賜頒「功存捍衛」匾額給文澳城隍廟,至今仍高懸。

圖 2-7 澎湖城隍廟

（2）歌謠、詩文、匾額紀念

清法戰爭至今已 140 年，只打過一場半天勝仗的淡水，年年紀念，打了 10 個多月戰爭的基隆和打了近 4 個月的澎湖，卻靜默的令人窒息。

台北府城流傳的歌謠

清法戰爭以後，台北府城流傳著一首歌謠：

「基隆嶺頂做煙墩，滬尾港口墘破船，番仔相刣阮不驚，著刣番頭來賞銀。」（鄭天凱，《攻台圖錄》，1996，64）為這場戰爭作寫實的紀念。

〈基隆〉
對劉銘傳棄守基隆的批判詩文
戰基隆

李光漢在「後海彊」詩文中，有諷刺劉銘傳於 1884 年 10 月 2 日棄守基隆，不顧曹志忠、章高元、梁純夫等部將集體反對，堅持將部隊撤退到台北，使基隆淪陷的悲慘命運。

「基隆一粟耳，浮在海之角；貔貅二十萬，大帥閒帷幄。

蓐夜曳兵行，鐵城突犖确；可鄰小吏愚，哭民雙目瞀。」

黃贊鈞詩

「虜騎蹂雞籠，淮軍荷戈倒，岌岌獅球嶺，士兵死護堡，

如何夜持節，密陳竹城道，機警攀榰民，賴有艋父老。」

（陳君玉等，台北市志，台北文獻會，民國五十一年，卷十雜錄文徵篇，第一章詩：5）

周枝萬憶抗法先烈周玉謙詩

暖暖詩人周枝萬曾作一首詩紀念先烈周玉謙，同時也把當時的戰地、戰事及民族精神放在詩中。

「靜裏無端感昔時，玉謙義舉抗紅夷；
慨然兵餉供三月，倏爾鄉軍萃一枝。
牛灶礮轟人振臂，雞籠血戰敵陳屍；
法人貪戾餘荒塚，蓬島千秋樹漢旗。」
（暖暖安德宮前碑記）

另一個版本為：
「保衛枌榆總不辭，揭竿義舉抗紅夷；
慨然兵餉供三月，倏爾鄉軍萃一枝。
鳥嘴礮轟民振臂，馬鞍血濺敵陳屍；
法人貪戾餘荒塚，蓬島千秋樹漢旗。」
（基隆市文化中心，《鷹山、龍水、古戰場》：116，2003）

詩中的「牛灶」、「鳥嘴」，分別在石硬港（南榮河）上游的東、西兩側，牛灶在寶明寺南邊的魴頂，鳥嘴峰（法軍因其山形似牙齒而命名為齒形高地）在三坑西南邊、竹子嶺北邊，都是暖暖民兵與法軍直接對峙的前方防線，馬鞍推測是獅球嶺東峰，有法軍的裝甲防舍和暖暖民兵據守的鳥嘴峰相距約幾百公尺；雞籠則泛指法軍駐防的北邊山嶺和街市，從牛灶或鳥嘴發砲都能直擊馬鞍或雞籠。（另外在魴頂以東的連峰山嶺，也被稱為「馬鞍格」，就是看起來一格格很像馬鞍，最東邊連峰尾為鳥嘴山東峰。）

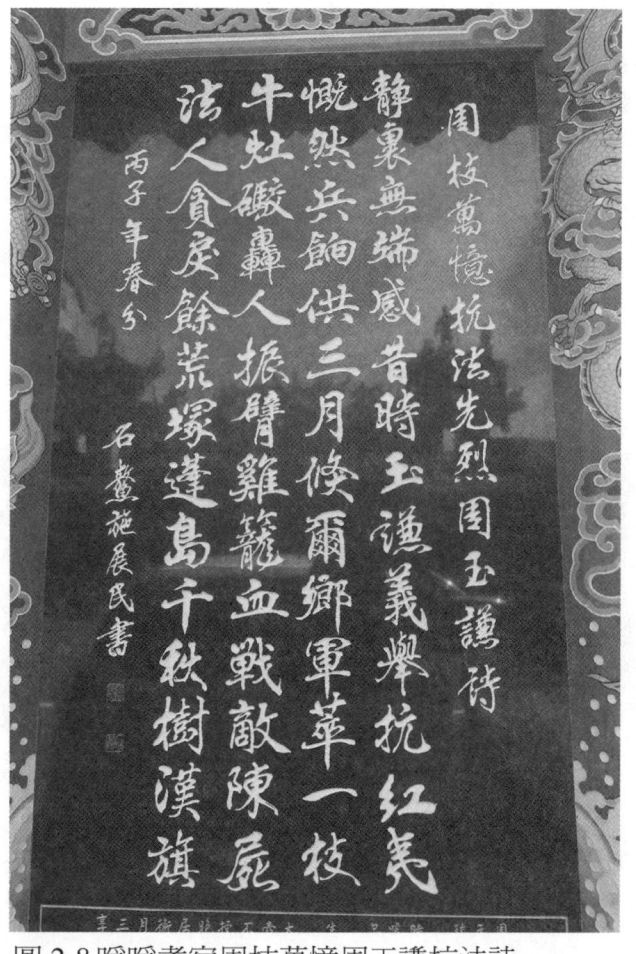

圖 2-8 暖暖耆宿周枝萬憶周玉謙抗法詩

〈淡水〉

淡水寺廟的牌匾

清法戰後，為表彰媽祖保護人民的功勳，巡撫劉銘傳於1886年要求光緒帝賜匾，頒「翌天昭佑」匾額給淡水媽祖廟福佑宮；頒給淡水龍山寺「慈航普度」匾額；同時賜艋舺清水巖祖師廟「功資拯濟」匾額。

淡水的清水巖祖師廟在日治時期1924年才建成，但石柱對聯一邊仍記載著「師勳建沙崙當時制敵顯神通」，見證清水祖師100多年前助戰的功勳。

清法戰後，記名提督章高元在戰後向龍山寺獻中庭，以安山岩打造；同時獻「威靈赫濯」匾額給位在油車口的蘇府王爺廟，後來駐滬尾砲台的守軍也定期前來這裡祭拜。

圖2-9 淡水福佑宮的翌天昭佑 　　圖2-10 淡水龍山寺的慈航普度

圖2-11 油車口蘇府王爺廟的威靈赫濯 　　圖2-12 台北艋舺清水祖師廟的功資拯濟

解說牌、公共藝術及砲台公園

近年因為淡海新市鎮的開發，使淡水的清法戰爭遺跡破壞得很嚴重。然而，淡水人一點都沒有忘記這場戰爭，反而以豐富的歷史研究、文化及藝術創作，不斷探討

這場溥爭的意義。

雖然只打過一場勝仗，卻年年以各種形式紀念這場戰爭，從文化資產調查研究、戲劇、舞蹈、研討會……到解說牌、公共藝術等，將這場戰爭的歷史、文化、藝術價值不斷延伸，且對應到和平的可貴。淡水人以許多現場的解說牌、公共藝術和相關的紀念活動喚起這段光榮的歷史記憶。

在淡水海巡署附近的白砲台遺址、在天生國小後方俗稱剖人坑的瓦店埔，在昔日中崙圳旁的砲台公園，在法軍登陸點沙崙的輕軌車站……，處處都有為這場戰爭歷史留下的現代刻痕，讓這段特殊的歷史和地景融和，展現新的時代價值。

圖 2-13 淡水沙崙的清法戰爭解說牌

圖 2-14 瓦店埔遺址的標示

圖 2-15 淡水輕軌沙崙站旁的公共藝術

圖 2-16 淡水輕軌站的法軍進攻照片

圖 2-17 中崙圳旁的滬尾砲台公園

（3）墳墓和紀念碑
〈基隆〉
法國公墓（清法戰爭紀念園區）

法軍從基隆撤退之前，在大沙灣砲台西側築了一座墓園，只留下回憶與墳墓。回憶留在撤離法軍每個人的腦海中，帶不走的卻是幾百具遺骸，長眠在大沙灣海濱。

法軍為什麼會選擇大沙灣砲台旁邊作為墓地？筆者個人推測，一方面和湘軍提督孫開華於1881年在東南側建的墓園有關，一方面和接近二、三沙灣法軍在基隆的大本營有關。

當眾多為法國賣命的官兵埋骨異鄉後，以文明自詡的法國政府當然不遠千里也要照顧這些戰死、病死的官兵墓園。這座跨越了清、日、中華民國政府的墓園，墓園中的墓碑分別在1885、1909、1928、1954年出現，這是座充滿歷史脈絡與權力紋理的墓園。

清朝時期的法國公墓

清朝時法國委請基隆海關的英籍僱員就近管理，也曾應英籍僱員要求的維修費用，撥款54法朗，法國公使巴德諾要求北洋大臣李鴻章命令地方官員要保護法國公墓，嚴禁官兵進入，但卻沒有賦予管理權。

當時墓地緊臨海濱沙灘，插著一根根十字架與墓碑，長期受潮水和海浪侵蝕，常有骸骨外露。

圖2-18 清法戰後留存至今的墓碑

日治時期的法國公墓

日本殖民台灣後,正值清廷割讓遼東半島,俄德法三國介入干涉還遼之際,原本交好的法國和日本,因而產生了外交衝突,剛好日本殖民的台灣基隆、澎湖,有法軍佔有的法國公墓,日本可利用此墓地整修維護機會,修補外交關係。

日本於 1895 年 9 月即完成基隆法國公墓的調查,由法國駐日公使與日本外務省協商公墓的維護管理事宜,經簽訂協議書後於 1897 年開始整修,每 5 年重新訂約,在 1907 年的第 3 次訂約前,日方以大沙灣墓地長年受海水侵蝕,為了永久保存,可在現址選擇一個適當地點建一座納骨堂,將遺骸集中,遷移墓碑,蓋圍牆、種樹木使墓園庭園化及蓋一管理人小屋等,費用由法方負責。原墓地由當地街庄長看守,現由基隆廳指派警官和保甲看守,不准閒雜人及牛隻進入。

由於整建費用龐大,法國大使館於 1908 年才回復,要求用水泥固定墓穴,上面蓋大石板,再豎立長方形或稜形尖碑,不需要納骨堂與小屋等。同年 4 月台灣總督府土木局重新估價,日法於 1908 年第 3 次簽約,1909 年 10 月法國公墓的紀念碑建成。紀念碑的背面為:

1910 年 5 月法國公墓建成,法國太平洋艦隊司令搭乘旗艦到基隆港,為公墓舉行落成式。

「佛國陸海軍人戰死者紀念碑
　西曆一千八百八十四年
　及五年佛清之役葬
　佛清將卒戰死者於此
　本年重修建立紀念碑
　以傳後世
　西曆一千九百九年立」

1910 年法國公墓修建完成後,日人也將旁邊的沙灘命名為「孤拔海濱」成為基隆重要的海水浴場名勝,法國公墓也變成了紀念戰爭的名勝。

1914 年日本要求法國公墓協議由台灣總督府與法國在台領事館協商,但法國在台並無領事館,而委由英國駐淡水領事館與日方交涉。當時因第一次世界大戰爆發,

使法國無暇處理。

直到 1928 年 12 月法國極東艦隊司令與法國駐日大使才一同乘旗艦到基隆，同月 30 日與台灣總督川村竹治共同舉行盛大的法國公墓移管式。公墓西北邊的一座紀念碑可能為此時所建。法國公墓也被列為第二回國指定史蹟及天然紀念物。

1930 年代日本成為軸心國，法國則為同盟國，兩國戰略方向大不同，第二次世界大戰爆發，1939 年 9 月英法對德宣戰，但 1940 年 6 月法國向德國投降，1944 年盟軍反攻收復巴黎，1945 年日本投降。基隆法國公墓的主導權再次轉移。

圖 2-19 日人於 1909 年建的紀念碑　　　　圖 2-20 日人 1928 年建的紀念碑

中華民國時期的法國公墓

中華民國政府接收及後來撤退到台灣初期，法國公墓狀況依舊，直到 1953 年澎湖因馬公中學擴建校地，要索回孤拔中將墓所時，協商後，1954 年 3 月 26 日法國派遣通訊艦皮莫丹號到達澎湖，載運孤拔中將墓所的衣冠遺物及事務長、副官的遺骸等，到基隆法國公墓立碑重葬。由法國負責所有墓園整修。其中一塊中、法文對照的碑文，中文碑文為：

「基隆法國公墓內葬有 1884 年至 1885 年間為國殉難之法國陸海軍官兵共七百人，為中國官民妥為保護。該公墓於 1953 年至 1954 年之間，承中國政府之協助經法國政府重于整修，1885 年死於馬公及葬於該地之海軍事務長戴爾，及海軍陸戰隊中尉若漢德之遺骸於 1954 年 3 月 27 日由法國軍艦遷葬於此。由花蓮教區費聲遠主教主持葬儀，並由法海軍一小隊向中法兩國紀念碑致敬禮。中國軍政當局，法國大使館代辦與全體館員、法軍艦長與官兵、法國僑民以及法國之友多人均在場。」

圖 2-21 1954 年從澎湖遷來的墓　　　　　圖 2-22 1954 年中法文的碑

　　法國公墓從日治時期至中華民國政府時期都是國有地，1953、1954 年法國政府要向中華民國政府永久承租基隆、澎湖的法國公墓，但被拒絕。經雙方多次協商後，訂出一個租賃辦法，以 9 年為一期，租金為象徵性的每年 1 元，1954 年 9 月經法國大使同意後實施。然而，1958 年法國與中華人民共和國建交，中華民國隨即收回基隆、澎湖法國公墓的地權。

　　1990 年代是台灣文化資產意識逐漸萌芽的時候，但仍有無知的權力者唯利是圖。1997 年 8 月 21 日由立委、基隆市政府禮俗文獻課、外交部歐洲司司長及法國在台協會代理主席等人視察法國公墓，有人想改變法國公墓為民眾休閒活動公園，由於法國在台協會並不具官方身份，因此，協商時較為退讓。過沒幾天中央研究院人文社會科學研究所研究員施俊吉投書中國時報，反對掘骨遷葬法國公墓而改建民眾休閒活動公園，外交部歐洲司將剪報轉給基隆市政府，同年 9 月 2 日基隆市長林水木召集府內各局、中正區及在地里長等開會，商討法國公墓接管開放事宜。

　　1997 年 10 月法國公墓由基隆市中正區公所提報古蹟調查，同年 11 月基隆市政府依都市計畫法申請土地變更，將原法國公墓所在的住宅用地變更為墳墓用地，同時提列古蹟，但並未通過。1998 年以原案提交中央、省級、市級都市計畫委員會審議後才通過。同年 1 月依文資法指定更名為清法戰爭遺址的法國公墓為市定古蹟，法國公墓至此才在中華民國體制中有了一個名份。

　　1998 年海洋台灣文教基金會和法國在台協會交涉，在法國公墓辦了一場紀念法軍亡靈的祭拜追思會，請道士、修女來唸經祈福，也邀請立委、民代、在地里長和文史工作者參與。

　　這期間有中央級民代想要那塊地，就對法國在台協會說，這些墓碑數位化處理

就可以了，土地要還給我們蓋房子。事情被揭發後，引起歷史學者戴寶村和李筱峰等不滿，在媒體撰文批評，這件事也一度引起法國在台協會的誤解與不滿。

經過協商，應在地里長、民代及文史工作者的要求，法國在台協會同意法國公墓開放給民眾入內參觀。

自此而後，每年農曆7月4日正砂里辦公室及正砂社區發展協會，都會準備供品，邀請法國在台協會的代表出席，基隆市的首長、民意代表都會出席參與祭拜儀式，法國在台協會的法國人也會在國曆11月11日那天前來祭拜。

圖 2-23 2013年8月正砂里辦大沙灣文化祭後祭祀法國公墓

法國公墓埋了多少人？

法國公墓到底埋了多少人？這是個謎一般的問題。

依據E.Garnot（《法軍侵臺始末》作者）的說法，1884年10月1日法軍第二次登陸戰中的陣亡者首次埋在這裡，一直到1885年6月21日撤離前，埋葬約500具以上的屍體；日人於1895年7－9月首次對基隆法國公墓作調查，發現法國公墓有石塊圍牆圍起，佔地400多坪，據本地人說原有墓碑2、3百支，但在乙未年日軍從鹽寮登陸攻佔基隆前，圍牆與墓碑已被義勇軍破壞，只剩4個墓碑而已。因此，曾記名的亡魂至少有2、3百人；依據1954年3月的墓碑文字，此處約葬有700人。

法軍從1884年10月1日至1885年6月21日之間，戰死、病死的法軍有海軍陸戰隊、非洲兵團及外國人兵團的傭兵，還有越南的苦力，甚至最早的天主教民，病死的和在基隆港區周邊戰死的應該都埋在這裡，但月眉山、紅淡山之役有些戰死的法

軍官兵可能都埋在那兩座山上，《法軍侵臺始末》圖二十三紅淡山中有標示戰死法軍的墳墓。因此，仍有一些法軍屍骨埋葬在月眉山、紅淡山中。

整體來看，法國後來推估的 700 人似較為可信。

歷經清、日、中華民國，從 1928 年日本將法國公墓列為第二回國指定史蹟及天然紀念物，還好，70 年後的 1998 年我們也將法國公墓列為市定古蹟，而沒有在此地蓋房子，總算沒有朝文明的路倒退走！

清國人之墓

日本殖民台灣後，於 1900 年代日人進行築港與市區改正計畫，東岸道路由市區築到大沙灣，路開到中正路與東海街交叉口附近時，地方人士發現，因築路挖路基挖出許多骨骸，使附近到處散佈枯骨，當時由地方頭人社寮庄保正池清祥等人出資，蒐集所有枯骨後在法國公墓西南側靠山壁處合葬，並立「清國人之墓」石碑，背面刻有「勳在邦家」四字。

這裡東側原有一座湘軍提督孫開華築的墓園，孫開華在 1879 年被調到台灣戌守淡水、基隆，也帶兵到東部討伐原住民，戰死、病死的人有 1086 人，分別在基隆大勝元（大沙灣）、火號（仙洞庄）及石灰窯（哨船頭）三個地方，共有 1086 個墳墓，整修墓碑及墓園圍牆，並立「嚴禁縱放六畜毀傷故勇墳墓碑」（國立台灣大學台灣歷史數位圖書館，檔名：ntu-2020554-0028000281.txt）。推測大沙灣約有 300 多個清兵墳墓。

而在 1884 年 8 月 5 日法軍砲擊基隆海岸砲台時，大沙灣砲台砲座、彈藥庫等都被強力轟炸，陣亡的清軍可能也就地掩埋在墓園或旁邊，由此推測，清國人之墓中的骨骸，可能包含原墓園及清法首戰被炸死清軍的骨骸。

開路後立墓碑的時代，已是日本統治時期，而死者都是清朝的人，因此，改朝換代後稱其為「清國人」，但背後仍要讚揚這些犧牲者保護邦國的精神。

1945 年中華民國接收台灣，1949 年國民政府撤退到台灣，以動員勘亂時期臨時條款厲行高壓統治，然而，當時基隆市長謝貫一竟將「清國人之墓」及附近土地賣給他的同鄉好友蓋房子，「清國人之墓」墓碑遭拔除棄置。

民族英雄墓

　　謝貫一拔掉「清國人之墓」後，於1957年由基隆市政府在對面中正路與東海街交叉口旁空地建「民族英雄墓」，以民族主義正統紀念先烈，1958年1月基隆市政府奉當時的總統蔣介石頒下手題的「民族英雄墓」墓文一幅，墓碑兩旁有當時副總統陳誠及行政院長俞鴻鈞所題的「光昭日月」及「氣壯山河」碑文。墓碑後有當時基隆市長謝貫一所題的「民族英雄墓記」。

　　這是在威權時代高舉民族主義大旗宣示正統的象徵性墓碑。當時，埋在此處的枯骨也早已移到南榮公墓了。

　　在政權輪替頻仍的台灣，墓碑是一塊不會發亮的政治反光板。見證歷史的「清國人之墓」，樸實而卑微的躲在角落，卻仍被拆除，「民族英雄墓」則堂皇的宣誓主權正統。

圖 2-24 清國人之墓

　　當2010年代基隆港東岸聯外道路開築後，民族英雄墓被移到東北邊，隔東海街與太平輪遇難旅客紀念碑、法國公墓毗鄰。日治時期原本在基隆火車站前面的台灣第一任總督樺山資紀銅像，政權輪替後退位，其基座在1962年由當時的總統蔣中正以「以民族英雄」之姿，騎馬登基，步上基隆港口的風雲舞台。物換星移，一甲子後兩位總督、總統相繼走下歷史舞台後，歷經時間淘洗後仍然堅實的基座，被移到這裡，褪去民族主義的厚重外衣，換上民主多元、包容尊重的時代色彩，與周邊的紀念碑、墓碑形成為意外的歷史邂逅。

圖 2-25 民族英雄墓

仙洞的中法戰役陣亡戰士紀念碑及慈恩宮

在仙洞太白街西側為火號山往東北緩降的山坡，在幾間日治時期的防空洞上方山坡，有一些民宅散居，此處早期常發現骨骸散佈，在地居民晚上常感到不太安寧，陰氣很重，因此，在陳正雄當市長時在地里長就要求解決問題，後來辦了一次祭拜儀式，請道士誦經，聽在地里長說祭拜時很陰，通常要去參加葬禮為了避邪，都要在口袋中放著三片榕仔（榕樹）葉來避邪，他們要將好幾條連葉的榕樹枝拖來避邪才夠用。祭拜儀式後，在山坡上立「中法戰役陣亡戰士紀念碑」，沒有題時間，落款只有市長陳正雄。

碑下面有一奉祀劉銘傳的「慈恩宮」小廟，在地人稱為「將軍廟」，也有人稱「清國公」，因為廟中的「清國人之墓」碑和 1950 年代東岸拆下來的碑非常類似。

當東岸的「清國人之墓」變身「民族英雄墓」，棄守基隆的劉銘傳也被塑造成清法之戰的民族英雄，強化民族正統的神話。可笑的是，「清國人之墓」這碑，已悄悄飛越基隆港，跑西岸到仙洞後方的「中法戰役陣亡戰士紀念碑」下方的小小慈恩宮內，使劉銘傳必須伴著這些清法之戰犧牲的清國公……。

圖 2-26 基隆仙洞的中法戰爭陣亡者紀念碑　圖 2-27 慈恩宮內有清國人之墓碑

九勇士祠

　　1884年法軍於10月2日至5日佔領基隆港以後，在港邊第一線山丘建立防禦線，南邊為獅球嶺防線；暖暖街頭人周印組織鄉軍對抗法軍，在石硬港（南榮河）谷地西側鳥嘴峰、東側寶明寺及魴頂防禦法軍，11月間和法軍發生幾次戰鬥，1885年3月法軍攻陷月眉山，再攻下紅淡山後，暖暖鄉軍擋不住法軍火力，才退到基隆河南岸據險以守。戰役中暖暖鄉軍犧牲者有9人是羅漢腳（單身漢），屍骨合葬後，附近居民立一小祠祭祠，稱為九勇士。

〈淡水〉
大莊萬善堂的湖南勇墓碑

　　大莊萬善堂位於淡水新民街一段，在萬善堂的角落，有兩塊立於光緒15年（1889年）和光緒19年（1893年）的湖南勇湘軍墓碑，明顯是清法戰後戍守淡水滬尾砲台的湘軍，病故後立的碑，和基隆二沙灣砲台一些准軍的墓碑類同，都是病故後立的碑。據傳這兩塊碑是建淡水高爾夫球場時，被棄置在球場外，後來被人發現，連同附近的20幾具無名骨骸一起收容在大莊萬善堂內安置。法軍在1884年10月8日發動淡水登陸戰，中崙圳是雙方的駁火線，清軍在東邊今砲台公園至當時的新砲台（淡水高爾夫球場門口附近）間，是死傷最嚴重的地區，因此，這些收容的無名遺骸可能大多為當年法軍登陸戰陣亡的清兵。

圖 2-28 淡水大莊萬善堂內有清法戰後的湖南勇墓碑

淡水忠烈祠

有 1884 年 10 月 8 日率領清軍及鄉勇打敗法軍的孫開華牌位。

〈澎湖〉
法國公墓

　　法軍於 1885 年 3 月 29 日傍晚登陸蒔裡海岸，3 月 31 日佔領馬公後，戰死的官兵不多，但病死的很多，包括遠東艦隊指揮孤拔中將和他的副官和事務官等，也使澎湖出現兩處法國公墓。

　　清法戰後留在澎湖的法國公墓，歷經清朝、日本及中華民國三個政府的統治，法國對其海外軍人墓地的維護方式也有所不同。剛結束戰爭後，曾要求清廷官員保護法國公墓，後來更以外交照會要求清朝保護，但沒有委託清朝地方官員管理維護，卻以派軍艦的方式到澎湖維護；日治時期因法日交好，雙方協調出以法國撥款請日方修繕管理的方式保護，法方費用不足，日方還主動編費用管理。1914 年日本曾提議將孤拔中將墓所與法國兵士墓所合併，費用由日方負擔。

　　後來，因法方無法定期補助，協商後管理權交給台灣總督府，並於 1928 年將法國公墓列為第二回國指定史蹟及天然紀念物。管理維護費用就由日方負責。

　　1953 年因拆除孤拔墓所事件時，法國政府要求永久承租澎湖和基隆的法國公墓被拒，歷經一年的協商後，於 1954 年訂了一個辦法，以 9 年為一期，以象徵性的一元租給法國，然而，在 9 年租約到期前的 1964 年 1 月，法國和中華民國斷交，與中華人民共和國建交。政府於是收回基隆、澎湖法國公墓及紀念碑的地權。

孤拔中將紀念碑

孤拔中將墓原來是孤拔的衣冠塚。孤拔於 1885 年 6 月 11 日因病過逝後，遺體由八野艦運回法國，澎湖的法軍將其衣冠和部份遺物葬在當地的墓地，也就是俗稱的鬼仔山，以圍牆圍起一座墓園。

孤拔中將墓園位置原本在媽宮城拱辰門外，就在中正國小西邊牆外，在地人俗稱「法國墓」，日治時期稱為「孤拔中將墓所」；中華民國接管台灣後，中法雙方並未商討法國公墓事宜，直到 1953 年馬公中學要擴建校地，徵求法國政府同意以紀念碑方式替代後拆除墓園，在民族路與民生路交叉口現址建孤拔紀念碑，孤拔衣冠塚內的衣物等，1954 年由法國通訊艦載往基隆法國公墓合葬，後來又遷移回法國。

法國士兵墓園

法國士兵公墓位在風櫃尾的山丘上，本地人稱為萬人塚，日治時期稱佛國兵士墓所，也有人稱為死番仔城。為法軍 1885 年 3 月 29 日進入澎湖至 7 月 22 日離開之間，戰死和病死的兵士合葬處。

依據〈澎湖法國將士墓考〉文中引用的臺南海關記載：「1890 年 11 月，法國軍艦 Inconstant 號抵達媽宮，在該地建立一石碑，以紀念 1885 年陣亡於澎湖的法國海軍」（P.H.S.Montgomery、謙祥譯，〈1882～1891 年臺灣臺南海關報告書〉，收於臺灣銀行經濟研究室主編，《臺灣經濟史六集》（臺北：臺灣銀行，1957 年），頁 111）可知，風櫃尾的墓碑應建於清法戰後的 1890 年。

圖 2-29 風櫃尾蛇頭山法軍殉難者紀念碑　　圖 2-30 孤拔中將墓拆除後建的紀念碑

1964年1月中華民國與法國斷交後，法國派軍艦到澎湖，將風櫃尾法國兵士墓園內的骨骸和遺物等用軍艦運回法國。現在只剩下一座紀念碑。

三、清法戰後的名人

（1）劉永福

劉永福在1837年出生於廣西欽州，20歲加入反清組織三合會，後來轉投入天地會，1865年在吳亞終手下任左翼大帥，率領200餘人，以黑底北斗七星為旗號，是為黑旗軍的前身。

後來廣西提督馮子材率軍討伐天地會，吳亞終、劉永福率眾逃入越南，1868年佔領興化省保勝附近，打敗、整併附近的山賊，後經越南阮朝嗣德帝同意後，在保勝屯田立寨。

吳亞終後來反叛阮朝，攻打高平、北寧等地，阮朝出兵征討，1871年吳亞終在北寧戰死，潰散的餘眾分成三隊，劉永福的黑旗軍在保勝；黃崇英的黃旗軍在宣光省河楊；梁文利、盤文二的白旗軍在宣光省陸安州。

後來黑旗軍打敗、兼併白旗軍，而黑旗軍與黃旗軍又不合，互相攻打，嗣德帝命段壽出兵前往鎮壓，卻在對戰中被殺，阮朝再派黃繼炎前去鎮壓，1871年他勸劉永福投降阮朝，條件是可留在保勝，和阮朝一起對抗河楊的黃旗軍。

劉永福三敗法軍

1873年10月法商因在往返北圻和雲南的紅河航行貿易時，引起法越衝突，法軍由海軍上尉安鄴率領攻佔河內，越南黃繼炎在山西奉命抵禦，同時請劉永福率黑旗軍幫忙對抗法軍，黑旗軍在紙橋擊敗法軍，擊殺安鄴上尉。這是劉永福第一次擊敗法軍。

戰敗的法國在1874年卻以外交手段，和越南簽訂第二次《西貢條約》。但紅河流域上游仍被黑旗軍控制，法國仍無法自由通商。

1882年法國以保護商人為名，派李威利上校遠征北圻，越南阮朝向清朝求援，

清廷派唐景崧率軍進入越南,與劉永福合作攻打法軍,劉永福率軍進入河內,設伏擊斃李威利上校。這是黑旗軍第二次打敗法軍。

1885 年 3 月清朝老將馮子材在鎮南開大勝法軍後,黑旗軍與清軍聯手攻下諒山、興化、臨兆等城。這是劉永福第三次打敗法軍。

清朝和法國訂定《中法新約》讓出越南宗主權後,劉永福只好率黑旗軍退回廣東,任南澳鎮總兵。

台灣民主國第二任大總統

1894 年甲午戰爭爆發後,劉永福被調到台灣協防,鎮守台南;台灣巡撫唐景崧鎮守台北。清朝甲午戰敗後簽訂《馬關條約》,割讓台灣,台灣民眾擁立唐景崧為台灣民主國大總統。

1895 年 6 月日本近衛師團從東北角鹽寮登陸,強行接收台灣,這時台灣民主國只建立 7 天,唐景崧看大勢不妙,乘德國籍輪船逃回廈門。劉永福聽到消息後,自立為大總統,以台南天后宮作為總統府,設立議會、發行鈔票,同時籌備軍糧,要對抗日軍,但清朝封鎖台灣海峽,斷絕所有對台灣的支援。同年 10 月日軍推進到台南府城,劉永福率黑旗軍對抗戰敗,求和被拒,只得率隨從搭英國籍商船回到廈門,但英國商船在進入廈門港口前被日本海軍巡洋艦攔下檢查,發現劉永福要求帶走,但被英國船長以不合國際公法拒絕交人,英國駐日公使還對日本提出抗議,迫使日本軍艦放行。

劉永福後來在廣東碣石鎮任總兵,1911 年辛亥革命爆發,劉永福被推舉為廣東民團總長,後因年紀已 74 歲,回鄉休養。1915 年日本逼迫袁世凱簽訂《二十一條》不平等條約,已 78 歲的劉永福聽到消息後要求重上戰場被拒。1917 年病逝家中。

(2)林朝棟

林朝棟為台中霧峰林家遷台第六代,1851 年(咸豐元年)出生於彰化縣(今台中市、彰化縣、南投縣)阿罩霧莊。

霧峰林家為在台灣靠土地生產或外貿生意的各大家族中,唯一靠武力及軍事才幹發展出助官府的民間力量,以對抗外患、平定民變及招撫原住民等,在過程中開發土地,取得樟腦專賣權等,累積財富而成為台灣大家族中的一個特例。

以武力崛起的霧峰林家

霧峰林家的崛起，始自林朝棟的父親林文察，因為他的父親林定邦在 1850 年被同莊林媽盛的手下殺害，林文察為父報仇後，被林媽盛家族告到彰化縣官府，但並未審理，當時清廷遇到太平天國起事，福建的小刀會趁勢作亂，1853 年攻廈門不成，1854 年轉攻台灣雞籠，清朝官府徵召林文察對抗，林文察率鄉勇擊敗小刀會後，號召更多壯丁加入鄉勇。

清咸豐年間台灣各地械鬥頻傳，清朝政府再請林文察幫忙平定許多械鬥事件，他因戰功被清朝官府升為參將。

當太平天國亂事襲捲各地後，林文察於 1858 － 1863 年被徵調到福建、浙江打太平天國，戰蹟輝煌。1863 年官府鎮壓民變引發戴潮春事件，且導致米價大漲，加上控告林文察的同莊後厝林媽盛家族和草屯爭水源的洪家等介入，使事態擴大，林文察被調回台灣，到嘉義征討、平定戴潮春事件。事後林文察家族土地與財富大增，同時取得樟腦專賣權。

但 1864 年林文察再被徵召到福建打太平天國時，卻戰死沙場。1870 年其弟林文明被殺，兒子林朝棟告官多年但沒有結果，使林家陷入低潮期。

1882 年福建巡府岑毓英來台巡察，決定在東大墩（台中）建新府城，並在大甲溪建橋和堤防，於是召集地方士紳捐款，林朝棟捐助建橋材料及帶領幾百名壯丁協助橋樑施工並很快建成，使岑毓英印象深刻而推薦給 1884 年到台灣督戰的劉銘傳。

林朝棟被徵召打清法戰爭

1884 年 7 月 16 日劉銘傳到基隆備戰清法戰事，同年 10 月 1 日法軍展開仙洞登陸戰，次日凌晨劉銘傳率部隊撤退到台北，棄守基隆後，法軍順利進佔基隆東、南、西岸環港山嶺及街市。同年 11 月 2 日清將曹志忠反攻獅球嶺失敗後，劉銘傳命駐防台南府城的台灣兵備道劉璈，徵召彰化紳士郎中林朝棟北上抗法。林朝棟帶領 500 名鄉勇和自備兩個月的糧餉，北上協助清軍作戰，向官府領取武器彈藥後，授命駐防暖暖，後移駐四腳亭、大水窟一帶。

1885 年法國非洲兵團援軍抵達基隆後，1 月 8 日晚間發動攻擊，1 月 9 日法軍偵察四腳亭，林朝棟都持續監控法軍，1 月 10 日清晨林朝棟命令營官蘇樹森、團練王

廷理嚴守各法軍可能進攻的路口，中午過後，法軍果然發動突襲，法軍非洲兵團一隊500餘人穿紅衣的凶猛法兵，分兩隊攻擊四腳亭大牛埔及大水窟，被預先埋伏的林朝棟鄉勇擊退，戰後林朝棟受到清廷封賞。

　　1月25日法軍出動1千多人攻月眉山和暖暖，林朝棟與桂占彪在中途截擊法軍。營官張仁貴帶領200多名鄉勇與法軍對戰一天後，在山下竹林被包圍，次日清晨林朝棟趕來救援，後來曹志忠的營官廖得勝、葉友勝也帶楚勇前來夾攻，張仁貴才突圍出來。同日攻擊大水窟的法軍，也被林朝棟擊退。1月31日曹志忠和林朝棟利用月眉山前法軍堡壘還沒築成時，商討攻擊對策，晚上就去偷襲法軍堡壘。

　　同年3月5日法軍發動第二次月眉山攻擊戰，林朝棟守在四腳亭，法軍發砲猛轟，3月7日法軍從月眉山長牆下來，林朝棟和劉朝祐合力抵抗法軍，救出蘇樹森帶領的鄉勇後，3支部隊都從法軍的包夾中突圍而出，退守基隆河南岸四腳亭和碇內，此次戰役是清法對戰以來最慘烈的一戰，林朝棟、劉朝祐的部隊死傷最多。退守基隆河南岸後林朝棟的兩營部隊，駐紮基隆河南岸小坑前的草濫尖（拔西猴山）山頂，直到同年6月21日法軍撤出基隆。戰後林朝棟被敘獎為道員儘先補用。

林朝棟辦理隘務及樟腦管理權

　　清法戰後，台灣的30幾營鄉勇都被裁撤，只留下林朝棟與張李成的兩營鄉勇，併入清軍。1885年7月林朝棟鎮守新竹與後龍兩海口，期間因苗栗罩蘭莊（卓蘭）發生原住民出草事件，林朝棟就將此事報告劉銘傳，劉銘傳命令林朝棟進行撫番，到了11月原住民圍攻罩蘭莊，林朝棟派兵保護後，再親自督戰，後與柳泰和共同撫平附近的原住民族社。同年12月大湖遭原住民攻擊，林朝棟又率軍招撫附近7社。1886年劉銘傳上奏敘獎，林朝棟從四品官升為三品官。

　　1886年7月林朝棟奉命辦理隘務，但同月原住民族社再攻罩蘭莊，同年10月劉銘傳到前線督軍被伏擊，後來林朝棟與章高元合力圍攻，才讓附近7社原住民投降。同年12月林朝棟因撫番有功獲賞二品頂戴。劉銘傳開辦撫墾總局後，林朝棟被任命管理大湖及東勢兩地撫墾局事務，此後負責台灣中北部開墾與撫番工作，一直持續到甲午戰後。

　　林朝棟在台灣建省後受劉銘傳重用，在招撫原住民後開墾土地，及掌管樟腦專賣權，使霧峰林家的土地開發和外銷產業持續發展，累積雄厚的家族財力。

平定施九緞事件

劉銘傳實施土地清丈，要找出已開發而未申報的隱藏土地。1888年彰化縣官府因土地丈量處理不當，民眾集結包圍官府示威，爆發以施九緞為首的民變，劉銘傳命令林朝棟率軍支援，同年11月林朝棟率新招募的1800名棟軍到彰化縣城平定亂事。事後林朝棟建議劉銘傳，只追究帶頭者的責任，解散其他群眾，劉銘傳接受建議，使彰化二十四莊民都很感謝林朝棟。清廷敘獎賞黃馬掛；使林朝棟成為唯一以道員受賞黃馬掛。

甲午戰後離台

1894年甲午戰爭期間，林朝棟奉台灣巡撫邵友濂之命，率4營守基隆獅球嶺，後又增援兩營，但當唐景崧接任巡撫後，將他調回台中，以廣勇替代。1895年4月17日清朝與日本簽訂馬關條約，5月24日台灣各地士紳支持成立台灣民主國抗日，唐景崧任總統，而林朝棟在同年4月即把家人送到廈門避難，自己再回台灣抗日，但同年5月30日日軍在澳底鹽寮登陸後，一路由北往南推進，林朝棟看大勢已去，只能搭船前往廈門。

1897年林朝棟兩度奉旨到北京見光緒帝，後在南洋大臣劉坤一管下任職，1999年劉坤一回北京，林朝棟與江蘇巡撫不合，因而辭官回廈門經營樟腦生意，1902年轉往上海居住，1904年6月過逝。

（3）東鄉平八郎
小砲船船長成為日本聯合艦隊總司令

據日本東亞同文會《對支回顧錄》的記載，清法戰爭時東鄉平八郎為日本小砲船天城號船長，他在1884年8月29日從上海到馬尾觀看清法馬江海戰，9月1日登陸馬尾，訪談攻防實況，又隨著法艦到香港，10月5日隨法艦到淡水外海，7日到基隆，訪談法軍工兵上尉霞飛（後來任法軍第一次世界大戰陸軍總司令）。再到淡水、廈門、南日、馬祖觀戰。當時任日本艦隊參謀長的伊東祐亨也曾到福州觀戰，看到孤拔以偷襲戰術擊敗清朝南洋艦隊。

1894年甲午戰爭爆發，東鄉平八郎和伊東祐亨聯手在黃海打敗清朝北洋艦隊。

當時，東鄉平八郎任浪速號艦長。

　　1905年東鄉平八郎在日俄戰爭時出任日本聯合艦隊總司令，擊敗俄國的波羅的海艦隊，升任大將，後來又出任軍令部長、東宮學問所總裁等，成為海軍派元老。（陳政三，《泡茶走西仔反——清法戰爭台灣外記》，2007：212）

　　東鄉平八郎從天城號小砲船船長時，就透過觀察法國船艦在真實海戰中的各種戰術，且用心訪談學習各種作戰戰略、戰術，在日本邁向海上強權的過程中，一步步爬上高峰，才得以在日俄戰爭時成為日本聯合艦隊總司令。

（4）霞飛（Joffre）

　　法軍工兵上尉霞飛變身第一次世界大戰陸軍總司令

　　清法戰爭時，法軍於1884年10月2日攻佔基隆後，法軍工兵上尉霞飛（Joffre）就擔負基隆港東、南、西岸防禦工事構築和配置的指揮工作。任務完成後離開基隆，幾個月後，1885年2月底搭乘法國Messageries maritimes輪船公司定期開出的郵船，再度來到基隆。他此行的目的在指揮新的防禦設施構築，這工事是要補充Poyen-Belisle中校所擬定計畫中的重要防禦設施，也就是八堵砲台。

　　因為八堵（Bertin）新砲台被建在可以監控基隆河的山稜線突出處上方，外國人中隊在構築這座砲台時，如漏斗般的圓形小丘，只有一道狹窄山稜，必須徹底改造。敵人曾多次攻擊這砲台，情勢危險，但在霞飛（Joffre）工兵上尉熱心和熟練的指導下，新砲台幾天內就構築完成了。

　　霞飛後來回到法國，因表現傑出不斷升官，在第一次世界大戰時擔任法國陸軍總司令。

（5）J.Viaud
世界名著《冰島漁夫》的作者

　　1884年9月2日法國遠東艦隊指揮官孤拔中將，搭乘法國裝甲巡洋艦Triomphante（凱旋號）到基隆港視察時，船上有一名海軍上尉J.Viaud，在清法戰後1886年，以筆名Perre Loti出版一本海洋文學創作書籍《冰島漁夫》，此書後來

成為世界文學名著，他也成為法國近代的大小說家之一，著作以「冰島漁夫」、「菊子夫人」等最為知名。

1885年6月孤拔在澎湖因傳染病過逝後，他為孤拔上將寫了一篇動人的掉念文：

他在我們眼中，實在是榮譽、勇武、犧牲、祖國等一切古老而崇高語詞的象徵。可是，自認為夠資格為他寫輓詞的作者，必須盡力讓這些古代偉大的詞句恢復活力才行。因為，現在的人們習慣套用這類詞句在任何人身上，用在不曾在任何地方冒過生命危險的人們身上，而導致這些詞句變得如此平庸。因而，當這些語語用在孤拔上將身上時，已經不再有崇高的意義了⋯⋯

而且，這位上將有著既嚴肅又受人愛戴的特質。無論如何，他對待別人和對待自己一樣，總是冷酷又執著的首長，除了那些死去的人們以外，他從來不讓別人看到他溫柔的同情心和眼淚。

他一方面絕不容許別人挑戰他的命令，一方面卻又很有禮貌，他以簡單且無法抗拒的方法發佈命令：

『您了解我的意思嗎？朋友，⋯⋯去吧！』在說話的同時，加上一個招呼，一次握手——於是部屬就去了——他們無論什麼地方都去，就算只率領少數兵士，他們都懷抱著信心而去，因為計畫是由他擬定的，之後他們成功回來，即使是可怕、困難且危險的事。

在這裡作戰的幾千人，每個人都把自己的生命交給這位首長，認為在他需要的時候，奉獻生命是很自然的事⋯⋯

啊！這個臺灣島！誰敢述說人們在那裡作過的英勇事蹟呢？誰敢記錄在漫長戰役中殉難者的姓名錄呢？他們死在各種痛苦、暴風雨、寒冷、曙熱、貧乏、赤痢、熱病中。然而，這些人卻沒有怨言。在敵人槍彈威脅下做過一些可怕的苦役後，他們筋疲力竭地回來，他們可憐的衣服，已被基隆永遠下個不停的雨水浸透了，而他，基於事實的需要，卻命令他們再度出發。於是，他們就挺身服從他而開步走，隨後他們倒下了（而且是為著一種沒有收穫的動機）。反觀正在從事一些小小的選舉糾紛和家庭瑣事的法國，幾乎不曾將眼光轉移過來，看看他們如何死去。在那些憂傷的時刻（經常有這樣的時刻），在勝負難料的戰事中，只要大家看到他出現，他，上將，或只是他的旗號出現在遠方，人們就會說：『啊！他來啦，我們只要有他就行了，既然他來

了，這事一定會有好結果的！』的確，這事是一直都有好結果的。擁有深藏不露雄才大略的他，使事件一直按照他個人預期的計畫，在準確執行後達成的。

午前9時，遠東艦隊所有戰艦放下了各式各樣的小艇，載著艦長和幕僚人員到Bayard艦參加私人彌撒。來的人絕不像普通的弔喪者，也看不到裝模作樣的臉孔、耳邊聽不到交談聲，沒有隨意發出的任何聲響。各艦的軍官們在這裡暫時交會，有些老同學很久不見，但也只是揮揮手而已，並未交談，幾乎什麼也沒說。

在軍官後面，水兵們悄無聲息的陸續到來，他們茫然的神情像失落了什麼。

在深沉的靜寂中，彌撒是低聲進行的。做完彌撒後，大家就從祭壇後面繞行一周，向司令官致敬。他們都哭泣著，這裡既沒有排場，也沒有音樂，只有一些垂頭喪氣、沉默的人們走過……

和參加彌撒的人很接近的Bayard艦大砲，開始以低沉的吼聲致最後的敬禮，隨後，Lespes（李士卑斯）少將以簡單的話語，向我們逝去的首長道別！

他以痛苦、顫抖的語調和想哭泣的神情，說這些道別的話語，使聽的人都淚眼盈眶。那些盡力挺身想保持一副無所謂的臉孔，也彎下身來並且哭泣著……

而在這次告別以後，現在只剩下軍隊的行列了，這是真正的結束了，大家都離開，分散到各小艇內，帆架都再扶正，旗幟都再昇起。一切都回到原有的秩序，恢復平常的狀態，連太陽也再度出現了。這是喪禮的結束，似也是遺忘的開始。

我從來沒看過水兵們拿著武器流淚，而他們卻靜靜的哭泣著，所有參加儀隊的水兵。

這是一間小小的、非常樸素的禮拜堂，這小小的黑色罩布也是非常樸素的。當這位上將的遺體運回法國時，毫無疑問，人們將會舉辦一場比這裡、比這個暫時停放的海灣還輝煌萬倍的葬禮。

可是，人們能為他做什麼？人們能為他付出什麼？比這些眼淚更美的東西呢？…… Julien Viaud（Pierre Loti）」

（E.Garnot 著，黎烈文譯，1960，《法軍侵台始末》：120、121，第9章註15）

四、閱讀本書的技巧

1. 《L'expédition française de Formose, 1884-1885》(《法軍侵臺始末》)書中文字看起來很像從戰鬥報告及其他參考書籍，擷取文字拼湊而成。所以必須先稍微了解一些背景才容易閱讀：
   (1) Garnot 是 1885 年 1 月來到臺灣參戰至結束的非洲營軍官。並非全程參與征戰。
   (2) Garnot 的官階是中尉排長。屬於中階軍官，所以對低階的作戰行動日常生活描述比較多。高階的參謀規劃比較少。
   (3) 此書在 1894 年出版，該年發生甲午戰爭，隔年割讓臺灣。書中詳細的戰鬥紀錄及地圖，不知是巧合或是別有用意。
   (4) 書中主詞及地名在每段重複出現，行進方向，上下左右、東西南北。看了令人頭昏。因為 Garnot 的敘事邏輯分為計劃、過程、讚揚三段。所以在閱讀時一定要對照地圖才能看懂。
2. 一般地圖都會以箭頭標示北方，若無標示則默認圖上方為北。
3. 地圖都有比例及投影變形的問題，辨認技巧是以每個山頭、河灣作為基準判斷附近的相對位置。
4. 《法軍侵臺始末》的辭句幾乎都是來自日文翻譯本《佛軍台灣遠征史》，好處是讀起來能強烈地感受到法國殖民主義及日本軍國主義的氛圍。為了希望讀者能更深入的體會及仔細的閱讀，所以將錯字修正後還是盡量維持原意，有些現今眼光看起來不協調的古早詞語也將它保留。例如排槍(齊射)、排砲(齊射)、砲眼(射口)。
5. 劉銘傳在尹隆河戰役偷跑被圍攻，被湘軍解救脫困，在李鴻章庇護下辭官回家，不能繼續待在軍隊。而伍長偷襲竹堡拔旗的事件，其實就是尹隆河戰役的翻版，被判關 2 個月禁閉，是很重的刑罰，因為接下的戰役都要秘密行動搶得先機，不容許偷跑，所以直接關到戰爭結束。
6. 孫開華在尹隆河戰役應該有參與解救銘軍的行動，早就看清劉銘傳的把戲，所以滬尾的勝仗不是偶然。
7. 在看《劉壯肅公奏議保臺略》時，要以立即有效的態度來檢視，例如若明天就開戰，這計畫有用嗎？或是劉銘傳的 B 計畫永遠都是三十六計的最後一計？
8. 在臺灣的劉銘傳不能用武將來檢視，因為他是空降的行政文官。最珍惜的是政治生命。
9. 以「假中求真」的態度審視每一句。古今相通的道理是當權者只留下對自己有利的文字，非當權者都會用反諷或隱喻的文字表達，報紙則是誇大但不全是假消息。不同的資訊會有解讀的偏差。

10. 臺灣歷史博物館的《1884-1885 年法國人遠征福爾摩沙》地圖手繪稿中，澎湖島地圖在媽宮城外的標示文字與法國國家數位圖書館中的《L'expédition française de Formose, 1884-1885》印刷本不同。對照文字的判斷是以手繪稿為正確。印刷本的字體剛好是相反。
11. 國立公共資訊圖書館、臺灣歷史博物館、法國國家數位圖書館分別有日文版、法文手稿、法文印刷版的數位掃描資訊，可以線上閱讀。
12. 臺灣大學數位人文研究中心的台灣歷史數位圖書館，以及中央研究院臺灣史研究所的臺灣文獻全文資料庫，都有清代文獻可以線上查閱。
13. 法文原文對西風的描述是獵兵的自稱，而獵兵負責偵查、偷襲等特殊又艱難的任務，看起來法國是把最不受教又有能力的士兵分類。
14. 越南的煤礦分布在整個北圻，產量比臺灣還多，對法國而言勢在必得。臺灣的煤礦只是政治角力的幌子而已。而且毀掉設備後，還可以依照自己想法再蓋新的。
15. 1883 年的上海金融風暴，其實湘淮鬥爭也有參與在內，因為可以斷絕湘軍的金援。
16. 基隆外是東海不是太平洋。
17. 基隆的地形因板塊擠壓，呈皺褶與單面山狀。一定要來到現場才能感受到易守難攻的氣勢。
18. 基隆年均降雨 200 日，主要是從 10 月東北季風颳起，到隔年 5 月梅雨季節結束。

五、清法軍地名比對
（1）基隆（1884年8月－1885年6月）

位置	清軍或在地地名	法軍
基隆港東岸	社寮島	I. Palm：棕櫚島
	社寮砲台（未完成）	
	桶盤嶼	I. Bush 島
	大沙灣砲台	Fort Galissonniere
	二沙灣砲台	Fort Villars
	曹志忠營；正營、中營	衙門營舍(Yamen)
	昭忠祠（孫開華建）	大廟（在衙門營舍內）
	二重橋（即今田寮河上的義重橋）	
東方防線 東岸第一線高地	小基隆山頂陣地（今無線電山頂南邊）	Fort Point A：A點砲台 Fort Bayard：八野砲台
	今大佛禪院附近	Fort Gradio
	今主普壇附近	Fort Ber
基隆港西岸	萬人堆鼻	Pointe Image
	岸麟墩砲台（未完成）	Fort Chinois
	仙洞鼻砲台	Fort Lutin
	仙洞	
西方防線	口外西山（在地：火號山）	Clement 山
	仙洞砲台	Fort Clement
	虎仔山（在地）	Fort Central：中央砲台
	蚵殼港山（在地：石皮瀨）	Fort Thirion
基隆港南岸	大基隆街	Cirque：圓形劇場
	大營（推測在獅球嶺北邊山麓）	
	板橋林家大宅（在今仁愛市場）	Cramoisy（防禦哨）
南方防線 南岸第一線高地	紗帽嶺（今獅球嶺東砲台山嶺）	Nid D' Aigle：鷹巢 Blockhaus：裝甲防舍
	獅球嶺、獅頭嶺（砲台）（今獅球嶺砲台西南邊）	Fort Tamsui 淡水砲台
	今平安宮前清朝涼亭東南側山稜	Nord-Ouest Blockhaus（西北邊裝甲防舍）
	九芎山（今三角洲嶺山）	
	九芎坑、九弓坑（三角洲嶺山東側谷地）	
紅淡山附近（包括南榮路東側山嶺）	石梯嶺上的清軍堡壘（今紅淡山三角點或西邊鐵塔山頭）	Fort Bamboo：竹堡
	寶明寺後方山頭	Fortin de l' Aiguille：

		針形小堡
	枕頭山（為紅淡山朝東北小支脈，在仁一路 37 巷底）	
	鳥嘴舉峰 （今鳥嘴峰東峰，鳥嘴平舉）	南方堡壘支堡及東側延伸山峰
	暗淡林、紅淡林 （扶輪社觀景塔後方樹林）	Cirquem(圓形劇場高地)
	靈泉禪寺西邊	（清軍的）壕溝營舍
大水窟	大水窟 （今月眉路靈泉禪寺附近山谷）	
	新煤廠（在月眉路南邊附近）	
	大牛埔（月眉路南邊，基隆河凸岸河階北岸四腳亭西邊今大坑埔或坑內）	
月眉山附近	月眉山	Fort La Table：桌形高地
		Y 形支脈（月眉山北邊稜脈）
		Les Postes Avances 前進根據地
	圓窗嶺	
	戲台山（今五坑山）	TABLE DE LEST 東邊的桌形高地
	深澳坑溪谷地	Vallee de Petao 八斗谷地
	竹篙山（今四腳亭砲台高砲座）	清軍堡壘 193(9 號圖)
	龍潭堵（瑞芳西北邊）	
暖暖	暖暖	Loan Loan
四腳亭	四腳亭	
獅球嶺南方	（今三角洲嶺山清軍八堵砲台）	Fort Bertin：八堵砲台 （由 Bertin 上尉開始構築）
八斗子	八斗官煤（清國井）	
	八斗（今八斗子）	Petao

防線	清軍或在地地名	法軍
法軍基隆河北岸第一防線	月眉山（懸崖山頂如月眉）	Fort La Table （桌形高地砲台）
	馬鞍格（鳥嘴峰東峰，形如 2 座馬鞍連峰）	Fortin Annexe （南方堡壘東方支堡）
	牛灶（魴頂嶺上最高處）	Fort Du sud（南方堡壘）
	三角洲嶺山上（八堵）砲台	Fort Bertin（八堵砲台）

法軍基隆河北岸第二線	紅淡山三角點及西側山頭堡壘	Fort Bamboo（竹堡）
	扶輪社觀景台西側山頭(寶明寺背後的山)	Fortin de l'Aiguille（針形小堡）
	在今獅球嶺砲台西南邊面向八堵的小丘（昔日蔣介石銅像處）	Fort Tamsui 淡水砲台及其附屬防禦工事
	今小基隆山頂、大佛禪院、主普壇附近防禦線	東方防禦線：Fort Point A、Fort Gardio、Fort Ber
	板橋林家大宅	Cramoisy 廟
	今火號山、虎仔山、石皮瀨高地連成的防禦線	西方防禦線：Fort Clement、Fort Central、Fort Thirion
基隆河南岸鄉軍防線	暖暖街後河（暖暖溪，在暖暖街西、南側）	
	竹腳潭（暖暖區公所旁）	
	渡船頭（暖江橋下）	
	土地公潭	
	金山寺山後（暖壽山）	
基隆河南岸清軍防線	小坑（七堵山東南邊，拔西猴山東北邊坑谷）	
	草蘭尖山頂（拔西猴山山頂）	
	六堵（六堵山）	
	五堵（五堵南山）	
基隆河西北岸清軍防線	港孜（推測在大武崙溪與石厝坑溪注入基隆河口之間的河岸（龍鳳山東側），與法軍 Bertin 砲台隔溪谷對峙）	
	趙水坑（石厝坑）	
	火炭坑（瑪陵坑溪港口北邊）	
	馬陵坑（瑪陵坑）	

（引自：陳世一，2022，《重現清法戰爭時期基隆清法軍地名與戰場空間形勢》：30；2022淡水學國際學術研討會：產業與社會）

（2）淡水－1884年10月

現在地名或位置	清軍及在地流傳地名	法軍地名
淡水	滬尾（石滬的尾巴）	TAMSUI（淡水）
推測在今紅毛城樓頂的淡水海關砲台	紅砲台（法來格語）	
在淡水高爾夫球場內（已消失）	內城岸（由淡水士紳吳輔卿等人捐資招募許多居民興建，為上方公尺，下方4公尺、詞.5公尺的土堤防線，還在前坡種林投防禦	
在公司田旁旁和沙崙海水浴場附近，只殘存小段	外城岸	
油車口（油車為榨油機器）	油車	
推測在今淡水海巡署附近	油車口小砲台	Fort Blanc（白砲台）
昔日的淡水燈塔（在今沙崙漁人碼頭附近）	望高樓（基座由石塊砌成，功能為指引港口方向，避免船隻夜間誤入假港）	港口燈塔
推測水雷營在忠烈祠山下今軍營附近	水雷營	水雷營
推測點火哨在油車口砲台後方（淡水海巡署附近）	點火哨	點火哨
滬尾舊砲台（淡水高爾夫球場大門附近，已消失）	滬尾砲台或北砲台（45公尺，從沙崙往東逐漸高升的山崙）	NEUF（新砲台）
昔日的沙崙海水浴場及後方沙丘	沙崙（有沙丘高低起伏之地）	登陸沙灘及後方沙丘
中崙圳附近海岸林		密林
公司田溪入海口	假港（昔日因出海口廣大有如港口而稱為假港，現為淡海新市鎮的小溪流）	左翼

| 天生國小後方大水溝 | 瓦店埤、刣人坑
原為埤塘濕地（埋伏油車口清軍截擊肉搏撤退法軍處） | 右翼撤退時被截擊處 |

資料來源：
(1) E.Garnot 著，黎烈文譯，1960，《法軍侵台始末》
(2) 劉銘傳，1997，《劉壯肅公奏議》卷三〈保臺略〉，臺銀經濟研究室
(3) 清法戰爭滬尾之役戰爭遺跡| 開放淡水| Fandom
    https://tamsui.wikia.org › wiki ›
(4) 滬尾、西仔反、古戰場巡禮：重返清法戰爭古戰場@ Blue JOE Photo Diary：
    https://blog.xuite.net › blue.joe › joe

（3）澎湖（1885年3月－7月）

現在地名或位置	清軍地名	法軍地名
西嶼	西嶼	漁翁島
西嶼西台		漁翁島砲台
西嶼燈塔		Litsitah 岬燈塔
澎湖灣北邊		Tatsang(大倉)
澎湖灣東南邊		Tampi(潭邊)
馬公港	媽宮港	馬公灣
今金龜頭砲台南邊 (青年活動中心)	新城砲台	A 砲台 (北砲台之1)
觀音亭西側山丘	金龜頭砲台	B 砲台(穹窖砲台北砲台之2)
第一賓館	觀音亭東西側小丘砲座	C 砲台(北砲台之3)
北辰市場、土城附近	保護馬公的側防砲台 (在馬公街市東北)	D 砲台
拱北山	大城山	
蛇頭山 （高20公尺）	蛇山	南砲台或荷蘭砲台 (Fort de Sud ou Ft Dutch)
四角嶼 （高12公尺）	四角山砲台	四角嶼砲台(I. Plate)
測天島 （案山半島前小島，原漲潮時分離，退潮連接）	小案山砲台	測天島砲台(I. Observatoire)
蒔裡海岸	蒔裡澳	圓頂灣(Baie du Dome)
紗帽山 （45公尺）		圓頂丘(Sommet Dome)
雞籠嶼		圓頂嶼(l. Dome)

山水村東邊	山水村防線東南邊	X村
鎖港村	清軍山水防線東北邊	Y村
鐵線尾村		Kisamboue村
雙頭掛	雙頭跨	Siou-Koui-Kang村
澎湖童樂園	大城北	Tao-Xa-Pa的石造小堡
西文里文澳（文澳城隍廟附近）		Amo村
朝陽里武聖廟附近	紅毛城（媽宮和文澳間的北邊）	
拱北山（高56公尺）	大城山、頂山	
推測在隘門附近	開邊	
推測在媽宮城北邊（兵勇訓練場）	較場(校場)	
烏崁村	烏坎	
湖西、溪西	湖西鄉西溪村	
白沙島	白沙鄉赤崁村(北山赤崁)	
中墩	原為澎湖本島與白沙島間的小島，現已連接，名為中屯	
北邊小島	員貝嶼(灣貝)	灣貝

資料來源：
（1）E.Garnot著，黎烈文譯，1960，《法軍侵台始末》
（2）〈欽差大臣督辦福建軍務左宗棠等奏摺〉，國立台灣大學，台灣歷史數位圖書館，檔名:ntu-1816856-0050200505.txt
（3）〈幫辦福建軍務楊岳斌等奏摺〉，國立台灣大學，台灣歷史數位圖書館，檔名:ntu-1816856-0051900521.txt
（4）澎湖縣馬公市各里沿革列表 - 维基百科
　　https://zh.m.wikipedia.org › zh-tw › 澎湖縣馬公市各里...
（5）林豪，1963，《澎湖廳志》，臺灣銀行經濟研究室，臺灣文獻叢刊第164種
（6）國立台灣歷史博物館，《1884-1885年法國人遠征福爾摩沙》，地圖手繪稿
（7）Julie C oudere，ed著，季茉莉譯註，2013，《北圻回憶錄：清法戰爭與福爾摩沙》：367，國立台灣歷史博物館

六、清法戰爭年表

1858年　法國和西班牙藉口兩國傳教士被殺，出兵越南。
1859年　因東京有許多基督徒，法國怕出兵會引起暴動而轉向交趾支那（南圻）
1860年　法軍佔領交趾支那（南圻）嘉定、邊和、定祥、永隆4省。
1862年　法國和越南訂定第一次《西貢條約》，割讓南圻3省及崑崙島，賠款、開放通商口岸及可自由傳教等。
1863年　法國成為柬埔寨保護國。
1867年　法國侵佔安江、河仙及永隆3省。
1870年　普法戰爭法國戰敗，經濟困頓，必須在亞洲開發新財源。
1873年　法人走私食鹽與越南北圻官員發生衝突，法國派安鄴攻打東京，法軍佔領河內、寧平、南定、海陽4省，越南請劉永福協助打敗法軍，收復失土。
1874年　法國雖然戰敗卻以外交手段和越南簽訂第二次《西貢條約》22款，法國承認越南的獨立主權、法國總統贈送越南軍艦、大砲、槍枝、同意外國傳教士傳教、開放港口通商等，法軍撤出東京。
　　　　日本藉口琉球人海難被台灣民殺害，出兵台灣南部。
1875年　英國以「馬嘉理案」逼迫清朝簽訂〈中英煙台條約〉，開始進入雲南、西藏、青海、甘肅等地。
　　　　清朝大議海防時期，引發塞防和海防爭議，又風聞英俄將聯合入侵雲南和新疆，使清朝要同時防禦西北和西南入侵勢力。
　　　　光緒帝決議以塞防為主（防俄國入侵），海防為輔（防日本入侵），海防政策以南北兩洋水師分防，分別以兩江總督和直隸總督兼任。
　　　　6月日本併吞琉球。
1878年　廣西潯州副將李揚才入北圻作亂，越南請求清廷派兵協助北圻勸亂。
1879年　越南仍向清朝進貢。
　　　　法國入侵北圻。
1880年　法國新任總理熱衷殖民政策，命其駐中國公使告知清廷，不承認清朝對越南的宗主國關係，又得到德國同意佔領越南，於是籌備出兵。
　　　　越南派使節向清朝求援，以抵抗法國入侵。
1881年　法國商人到雲南通商受到山賊阻撓，法軍進入東京保護商旅活動。
　　　　清廷派人入越偵察，防堵法軍勢力進入廣西、雲南。
　　　　9月駐法公使曾紀澤對法外交部抗議「甲戌西貢條約」，重申清朝對越南的宗主權，提議清法協商解決問題。
　　　　法國和中國展開越南問題談判，因為清廷內部對戰和並無一致看法，李鴻章主張對法退讓。
1882年　2月法國藉口保護商旅派李維業上校攻下河內，河內總督自殺，法國立傀儡政權管理河內，嗣德帝要求李維業交還河內被拒，李維業還要求阮朝接接受法國保護，嗣德帝一面請黑旗軍幫助，一面命令戶部尚書向清朝求援5月19日法軍與黑旗軍在紙橋交戰，黑旗軍獲勝，清軍也進入北圻，與法不斷與法軍發生衝突。

1883 年

1 月　越南問題李鴻章與法國駐華公使寶海達成 3 點初步草約：
　　（1）清朝自越南撤兵，法國聲明沒有侵佔土地，也沒有損害越南主權。
　　（2）法國得自紅河通航貿易，中國在保勝立關。
　　（3）中法在雲南、廣西與江河間之地劃界，北界由中國管轄，南界由法國巡查保護，共同抵拒外力侵入北圻。
　　但此約清朝方面不滿，法國也因此約有違「甲戌條約」而召回寶海，改派巴德諾為駐華全權公使，未到任前以駐北京代表謝滿綠繼續談判。

2 月　法國總理茹費禮主導的新內閣成立，不承認李鴻章和寶海簽訂的草約。
　　法國援軍到東京。

3 月　法國國會通過增援北圻 500 萬法郎議案。
　　法軍攻佔南定，與劉永福黑旗軍交戰，5 月在懷德府紙橋總指揮李維業陣亡，法國再增兵東京，法軍開始侵擾閩粵沿岸，越南要求清廷出兵保護，清廷命令部尚書彭玉麟到廣東和廣西佈防。
　　法國政府決定攻打順化府以扭轉戰局。

6 月　法國組東京遠征隊，任命波滑（Bouet）、孤拔（Courbet）為陸、海軍指揮官準備攻佔順化府（中圻）。
　　波滑招誘黃旗軍對抗黑旗軍，也在河內、南定擊退阮朝駙馬黃繼炎率領的越軍。

8 月　法國要求越南阮朝割讓東京（北圻）成為法國保護地。
　　法將孤拔 18 日起率軍攻佔順化。
　　25 日法越在越南首都順化訂第一次《順化條約》27 款，承認法國為越南保護國。

9 月　波滑從懷府和丹鳳攻擊帶江黑旗軍防線失敗。

10 月　孤拔取代波滑成為東京遠征軍的總司令。

11 月　法軍佔領寧平、興安及廣安 3 省，控制了紅河進入北部灣的航道。

12 月　法將孤拔率 6000 名官兵在山西（Son-Tay）攻擊駐防廣西的清軍及黑旗軍獲勝，摧毀北圻防線，同時和清軍產生衝突。
　　法國派一旅團支援東京，同時以米勒中將代替孤拔成為東京征軍的總司令。

1884 年

1 月 12 日　左宗棠從兩江總督離任，入軍機處
1 月 20 日　曾國荃接任兩江總督
2 月　孤拔成為東京艦隊統帥（越南河內東邊海域為東京灣）
　　法國勸退清軍無效後，米樂中將率法軍 16000 人進攻北寧徐延旭率領的廣西軍 40 營清軍
3 月　法軍攻入北寧，清軍敗退到諒山，黑旗軍退到太原，後來失去太原和興化，法軍佔領東京（北圻）。
3 月 21 日　英國勳爵說法國會向清朝要求賠款，如果中國拒付，法國將會佔領海南、廈門及台灣。
4 月　黑旗軍沿紅河谷往西退，黃繼炎率領的越軍往南退，法軍持續追擊

	清法軍在中越邊界引起軍士間的衝突，清軍 11 次突襲法軍，引爆清法交戰。
4月13日	法國巡洋艦 Volta 號進入基隆港藉口查岸要求購煤，並派水手上岸勘查地形，要看砲台被阻。
	東京（北圻）戰敗後清廷將恭親王奕訢（總理衙門領班大臣及首席軍機大臣）免職，改由禮親王世鐸及慶親王奕劻接任。
	繼而派直隸總督李鴻章與法國代表議和。
5月8日	主戰最力的張佩綸任船政大臣。
5月11日	清朝代表李鴻章與法國海軍艦長福祿諾簽定《天津簡約》（李福簡約）。
	巴德諾要求限期撤軍（諒山 6月6日；保勝 7月1日），李鴻章答儘速撤軍。
	5月下旬法國總理茹費禮指責李鴻章違反《李福簡約》和議條款，要求所有清軍 7日內從越南撤軍且賠償軍費 1億 5千萬法郎（約 2500 萬兩白銀）清廷答應撤軍，但不願賠款。
6月	
	法軍強行佔領越南諒山清軍陣地。
	清廷以巡撫任命劉銘傳督辦台灣軍務。
6月6日	法國與越南簽訂第二次《順化條約》」，越南成為法國保護國，不承認清朝為越南宗主國，法國是越南對外關係的代表，將越南分成南圻、中圻及北圻，用不同體制治理，並將清朝頒賜越南國王的金印熔毀。
6月23日	清軍在北黎（Bac-Le）攻擊法軍法軍杜堅尼上校率軍到北黎，要求清軍 3日內撤出諒山，駐守的廣州提督王德榜以未奉命撤離而引發衝突，法軍 28 人陣亡，46 人受傷法方稱「北黎事件」；清方稱「觀音橋事件」。
6月26日	法國將東京艦隊（北圻海岸支隊，孤拔為指揮官）和遠東海軍支（中華暨日本海支隊，李士卑斯任指揮官）合併成遠東艦隊，由孤拔中將任指揮官，法軍在興化、宣光、諒江府及太原建立軍事根據地，在紅河沿岸普設哨站，法軍控制東京紅河三角洲附近除諒光和中越邊境外的大部份地區。
7月6日	劉銘傳到天津。
7月7日	光緒皇帝下詔收編黑旗軍劉永福，以提督記名簡放。
7月12日	法國對清廷下達最後通牒，要求清軍退出北圻，賠償金增為 2億 5千萬法郎（約 3800 萬兩白銀）。
7月16日	劉銘傳搭海晏輪抵基隆下旬清廷派兩江總督曾國荃到上海與巴德諾談判，但沒有結果。
8月2日	雙方談判破裂，遠東艦隊司令孤拔命令副司令李士卑斯準備攻基隆佔煤礦。
8月5日	法艦砲擊基隆摧毀海岸砲台。
8月12日	清朝總理各國衙門先發制人對法國代表說：對基隆港被砲擊，沒什麼

	事可引起這樣的意外。
8月16日	J.Ferry內閣舉行對清朝軍事行動的信任投票，下院信任內閣要使清廷重視天津條約的決心。
8月19日	法使巴德諾向清廷下最後通牒，索賠8000萬法郎，限48小時回復。
8月20日	清廷總理各國衙門指示李鴻章電告南洋大臣曾國荃及閩省、台灣備戰。
8月21日	法國駐中國公使謝滿綠下旗出京。
8月23-29日	法艦炸毀福州造船廠、福建水師及閩江口海岸砲台。
8月26日	清廷下詔書對法宣戰，但總理各國衙門卻未照會各國代表。
8月30日	中國海艦隊和東京艦隊正式合併成遠東艦隊，由孤拔指揮。
9月6日	孤拔建議政府攻擊中國北方。
9月7日	清廷授軍機大臣左宗棠為欽差大臣，督辦福建、台灣軍務。
9月15日	楊昌濬接任閩總督。
9月17日	孤拔致電巴黎海軍部長建議不要佔領基隆。
9月18日	法國政府命令孤拔佔領基隆為起點，再攻清朝北方
9月19日	台灣道劉璈公佈「全台漁團章程」，以對應法軍的搜查或有人私通法軍。
9月21日	美國公使楊約翰（John Young）告知清朝各國總理衙門，法國公使巴德諾要求清廷賠償，或在雲南建鐵路通商，或將基隆煤礦交由法國經營，才能解決。
9月27日	李鴻章請美使楊約翰轉告法方，清朝不接受法方償款、建鐵路或管煤礦等等要求。法國政府命令孤拔攻打基隆。
10月1日	法軍由孤拔率領先取社寮島，再攻仙洞。
10月2日	副將李士卑斯率法艦砲轟滬尾，炸毀北砲台（新砲台）。
10月4日	清廷命岑毓英、潘鼎新進攻越南北寧、太原，以牽制攻台法軍。
10月5日	日本小砲船天城號（船長東鄉平八郎）在淡水外海觀戰。
10月8日	法軍登陸淡水作戰失敗。
10月10日	楊岳斌幫辦福建軍務。
10月15日	一艘法艦第一次出現在安平外海。
10月17日	法砲艦Lutin號出現在打狗外海，打狗守軍兩度沉船封港都失敗。
10月20日	清廷准劉銘傳籌辦台灣－福建海線及台北－基隆電線，由林維源捐餉。
10月23日	法艦開始在海上封鎖台灣近岸。
10月24日	清廷命李鴻章、曾國荃迅速撥船艦支援台防。 左宗棠致電清廷，募兵緩不濟急，建議在台募生熟番萬人防禦。
10月25日	旗後砲台向法艦Lutin號發射5砲，但法艦未反擊。
10月29日	劉銘傳獲補授福建巡撫，仍駐紮台灣。
10月30日	法國政府將增兵1000人到基隆。 法艦扣留安平海關小砲船飛虎號，安平燈塔熄燈關閉。
11月21日	法國政府電告孤拔；將派1000人外籍兵團援軍赴基隆。
11月22日	法艦擴大封鎖台灣沿岸75浬（不含花東）。

11月25日	海關決定關閉所有台灣沿岸燈塔,以防法艦擄船。
11月26日	英國正式承認清法交戰,禁止法艦在香港和新加坡加煤、補給軍火等。
12月1日	鵝鑾鼻燈塔關閉(掩護繞到卑南的清朝運兵船)。
12月13日	清廷准劉銘傳奏在台富紳可捐資買官。
12月14日	欽差大臣左宗棠到福州督軍,後對李彤恩提出棄守基隆彈劾摺。
12月15日	杜奇尼上校(馬達加斯加及東京之役英雄)抵基隆成為陸戰司令。
12月22日	孫開華被任命幫辦台灣軍務。
12月23日	法軍取消南部封鎖,只封鎖淡水、基隆沿海。
12月29日	威利輪載運銘軍600人在卑南登陸。
12月30日	原援台法軍4000人被越南截留,孤拔親赴越南調兵。

1885年

1月6日	清朝總稅務司赫德電令駐英代表金登干到巴黎協商安平關被捕緝私船飛虎號歸還事宜及探查與法國議和可能性。 法軍亞非利加大隊917人援軍抵達基隆。
1月7日	法軍宣布封鎖範圍延伸到台東卑南一帶。
1月12日	清廷命左宗棠、張之洞找船運兵援台,令殘存南洋艦隊5兵船赴閩牽制。
1月18日	吳安康率南洋艦隊5兵船赴閩支援牽制。
1月20日	法軍外國人大隊抵基隆。
1月26-28日	法軍攻擊月眉山不成,在山前建立前進根據地與清軍對峙。
1月28日	法國政府電告孤拔同意,並命先佔澎湖,以緩和撤軍的不良後遺症。 淮軍副將聶士成率850人從卑南上岸。
2月1日	清廷命令支援台灣的南洋水師5艦以煤炭用盡為由退回浙江石浦海上。
2月7日	拔率領7艘法艦從馬祖北上準備殲滅南洋水師5艦。
2月13日	法軍由統帥波裏也(Briere)指揮率2個旅團約1萬餘人進攻諒山,廣西巡撫不戰而退,法軍佔領諒山。
2月15-16日	石浦海戰法軍派魚雷艇以魚雷攻擊南洋水師澄慶、馭遠2艦,其餘3艦退回甬江上游鎮海躲避。
2月20日	法國政府許可孤拔在適當時機佔領澎湖。
2月21日	孤拔電告法國海軍部長,組一支游擊艦隊追擊捕捉清國船艦或運米船,等3月下旬回來後攻佔澎湖,再從基隆撤退。
2月23日	法軍進攻文淵州,清守將楊玉科戰死,法軍乘勝佔領鎮南關。
2月26日	法軍實施米穀禁運,以游擊戰艦攔阻上海米穀運往清朝北方。 清廷任命老將廣西提督馮子材幫辦廣西軍務。
3月1日	清廷李鴻章以越南諒山之役戰勝,趁機向法國提出條約內容。 法艦攻擊浙江鎮海不成。
3月4日	英國反制法國米穀禁運,宣告法軍不准查扣運往中國北方的米穀

3月5日	法軍攻佔月眉山。
3月7日	法軍佔領紅淡山。 楊岳斌率部隊抵達卑南。
3月15日	法軍調整3道新防線（八堵、南方及桌形高地砲台；獅球嶺、針形小堡和竹堡；西方防禦工事、奠濟宮及東方防禦工事）。
3月18日	孤拔決定先佔領澎湖，再從基隆撤退。 孤拔邀台灣道劉璈在安平外海八野艦會面。
3月21日	英國向法國抗議米穀禁運，並宣示將以武力護航。
3月23日	法軍第2旅2,500餘人從諒山出發，大舉攻入鎮南關，馮子材指揮黑旗軍和恪靖定邊營作戰，法將尼格里率法軍以少擊多攻擊清軍的防禦陣地失敗。 尼格里指揮官受重傷，被迫退出諒山，向Chu(楚)地撤退。 波裏也的軍隊也在紅河被優勢的敵軍攻擊，要求即時增援。
3月26日	清軍攻下文淵城。
3月30日	法國議會以306票對149票的絕對多數否決向法軍提供戰爭軍費，法國茹費理總理引咎辭職。
3月29-31日	法軍登陸作戰佔領澎湖。
3月31日	清軍攻下越南北圻屯梅、觀音橋。
4月2日	清軍攻下北圻谷松，馮子材率3萬餘清軍準備攻入河內。
4月3日	孤拔派1450人及山砲到河內；1180人海軍部隊及各砲隊從基隆撤到澎湖。
4月4日	法國外交部政務處長全權公使畢樂及中國海關總稅務司署委員兼駐外祕書金登干在巴黎談判簽訂和平草約3條。
4月6日	法軍諒山戰敗撤退；法國茹費理內閣總辭，由布理松內閣接任清廷批准清法和議草約3條。
4月7日	巴黎急電孤拔暫緩從基隆撤退。 清廷下令：台灣15日停戰；廣東15日停戰，25日撤軍；滇軍25日停戰，5月5日撤軍。
4月13日	清朝皇帝批准天津條約，命中國軍隊從東京（北圻）撤退。
4月14日	孤拔奉命停止一切戰爭行為，解除台灣南部封鎖。 清廷下令台灣停戰、廣東停戰。
4月15日	清軍、法軍各戰區都停戰。 解除台灣北部封鎖。
5月13日	李鴻章和法使巴德諾在天津開始談判和約內容。
6月3日	法軍在澎湖馬公釋放促成和議的安平海關緝私船飛虎號。
6月9日	清使李鴻章與法使巴德諾在天津締結「越南條約」。
6月11日	孤拔病逝澎湖八野艦。
6月15日	法軍釋放扣押的威利輪、平安輪。

6月16日	法軍提督李士卑斯赴基隆辦理撤退交接。
6月20日	記名提督蘇得勝到基隆與法將李士卑斯辦理交接、交換戰俘。
6月21日	法軍全部撤退離開基隆。
6月23日	法軍八野艦載運孤拔遺體返法（8月25日到）。
6月25日	劉永福從北越撤入雲南。
7月8日	劉銘傳上「嚴劾劉璈」摺，內舉4大罪、5小罪及19劣蹟。
7月22日	法軍從澎湖開始撤離。
7月24日	台灣道劉璈革職判斬監侯，後被流放黑龍江（1889年病逝）。
7月25日	法軍完全退出台灣及澎湖。
7月29日	劉銘傳上「條陳台澎善後事宜摺」。 法國遠東艦隊解散。
10月12日	清廷下令台灣建省，任命福建巡撫劉銘傳為台灣巡撫，閩浙總督楊昌濬兼任福建巡撫，但劉銘傳以台灣還沒有作好辦防、練兵、清賦、撫番，無法財務自主，建請清廷暫緩設省（准系劉銘傳怕被掣肘，要和湘系楊昌濬協商閩台分治事宜）。
10月28日	清法互換〈越南條約〉。
12月22日	劉銘傳上奏彈劾孫開華（經閩浙總督楊昌濬力保內調）。

1886年
1月16日	在台北增設台灣布政使。
1月19日	福建台灣巡撫抵台上任。
4月	孫開華離台調至泉州任提督。

1887年
9月	閩台分治，台灣正式建省，名為福建台灣省。

本書各章史料來源說明
主要史料改寫內容
　　本書的主要內容由下列文本改寫而來，並且以清法戰爭雙方描述每個戰役的時間對照排序，以期比對雙方對戰役、場景及對戰結果的說法。
（1）《法軍侵臺始末》（E.Garnot著，黎烈文譯，1960，臺銀經濟研究室編印）
（2）《劉壯肅公奏議》〈卷三保臺略〉（劉銘傳著，1997，臺銀經濟研究室編輯，臺灣省文獻委員會出版）

相關史料改寫或引用插入

第二章・清法備戰
（1）鮑郎樂暗助基隆清軍
　　　〈十月二十六日，軍機處交出，劉銘傳抄片稱。再上年法船窺犯滬尾，李彤恩始議填塞海口，各洋商以秋茶上市，恫喝阻撓，經淡水....〉
出處：中法越南交涉檔 (v.5)
資料來源：國立台灣大學，《台灣歷史數位圖書館》，檔名：〈ntu-0804129-0329103292-0001893.txt〉

第三章・法艦第一次攻擊基隆
（1）馬偕見聞——看到法艦被擊破的三個大洞
　　　資料來源：(馬偕博士著，林晚生漢譯；2007，《福爾摩沙紀事---馬偕台灣回憶錄》：181)

第五章・法軍基隆第二次仙洞登陸戰
　　另外，在劉銘傳棄守基隆的相關檔案則有3篇改寫文，以了解劉銘傳從基隆撤退到台北府城過程的各方看法。
（1）基隆通判梁純夫對劉銘傳棄守基隆的說法
　　　〈謹錄基隆通判梁純夫上臺灣道稟，呈請御覽。〉
出處：清季外交史料 (v.2)
資料來源：國立台灣大學，《台灣歷史數位圖書館》，檔名：〈ntu-0863577-0039200393-a001.txt〉
（2）淡水新關稅務司法來格呈，總稅務司憲
　　　〈九月十三日，總稅務司赫德面遞節略稱。照錄節略。淡水新關稅務司法來格呈，總稅務司憲前於十月十五日，即中國八月二十七日〉
出處：中法越南交涉檔 (v.4)
資料來源：國立台灣大學，《台灣歷史數位圖書館》，檔名：〈ntu-0804128-0225602263-0001213.txt〉
（3）劉璈對劉銘傳棄守基隆的說法
　　　〈基隆失守大隊拔回臺北府城緣由〉
出處：台灣道劉璈：《巡臺退思錄》

資料來源：國立台灣大學，《台灣歷史數位圖書館》，檔名:〈ntu-0699182-0028400285.txt〉

第六章・法軍進攻淡水登陸戰失敗

　　法軍轟炸淡水及登陸戰有淡水新關稅務司看到尾的戰況，馬偕對戰況的見聞，還有雷俊臣口述法軍陸陸淡水的鮮活在地記憶，另有1885年12月2日軍機處交出劉銘傳抄片，對淡水關法來格及基隆關鮑郎樂助清抗法的簡短說法。

（1）法軍準備炮擊淡水
　　〈九月十三日，總稅務司赫德面遞節略稱。照錄節略。淡水新關稅務司法來格呈，總稅務司憲前於十月十五日，即中國八月二十七日〉
　　出處：中法越南交涉檔(v.4)
　　資料來源：國立台灣大學《台灣歷史數位圖書館》：ntu-0804128-0225602263-0001213.txt

（2）馬偕見聞——法艦炮轟淡水
　　資料來源：馬偕博士原著，林晚生漢譯；2007，《福爾摩沙紀事》馬偕台灣回憶錄：185

（3）法軍登陸戰
　　〈九月十三日，總稅務司赫德面遞節略稱。照錄節略。淡水新關稅務司法來格呈，總稅務司憲前於十月十五日，即中國八月二十七日〉
出處：中法越南交涉檔(v.4)
資料來源：國立台灣大學《台灣歷史數位圖書館》：ntu-0804128-0225602263-0001213.txt

（4）在地記憶：〈淡水清法戰爭概況〉筆記摘錄
　　出處：柯設偕（馬偕孫子）整理其恩師雷俊臣口述的清法戰爭歷史，於1933年（昭和8年）寫下〈淡水清法戰爭概況〉一文。1992年淡水基督長老教會執事蘇文魁在整理柯設偕遺物時發現此筆記，為淡水留下重要的清法戰爭在地記憶史料。1993年李欽賢翻譯此文。
　　資料來源：〈金色淡水〉第七期第七、第八版〈淡水清法戰況〉

（5）淡水歌謠
　　資料來源：張建隆：臺灣風物六五卷四期〈從地方記憶看清法戰爭滬尾之役〉：61、62

（6）淡水新關稅務司法來格對戰事的觀察
　　〈九月十三日，總稅務司赫德面遞節略稱。照錄節略。淡水新關稅務司法來格呈，總稅務司憲前於十月十五日，即中國八月二十七日...〉
　　出處：中法越南交涉檔(v.4)
　　資料來源：國立台灣大學，《台灣歷史數位圖書館》，檔名:〈ntu-0804128-0225602263-0001213.txt〉

（7）法來格助清軍防守抗法
　　〈十月二十六日，軍機處交出，劉銘傳抄片稱。再上年法船窺犯滬尾，李彤恩始議填塞海口，各洋商以秋茶上市，恫喝阻撓，經淡水...〉
　　出處：中法越南交涉檔(v.5)
　　來源：國立台灣大學，《台灣歷史數位圖書館》，檔名:〈ntu-0804129-

0329103292-0001893.txt〉

第十四章 法軍攻打澎湖

　　法軍攻澎湖的相關史料沒有在劉銘傳的《卷三保臺略》中，但有澎湖副將周善初、通判鄭膺杰對此戰的說法；另有楊岳斌派出探員到澎湖調查後的回報記錄，對法軍攻澎湖的戰況描述有明顯不同。由下列兩篇改寫，大家可參考比較。

（1）清軍：法軍攻擊馬公各砲台
　　　〈欽差大臣督辦福建軍務左宗棠等奏摺〉
　　　出處：中法戰爭 v.6
　　　資料來源：國立台灣大學，《台灣歷史數位圖書館》，檔名:ntu-1816856-
　　　　　0050200505.txt
（2）說法2：幫辦福建軍務楊岳斌的探員回報
　　　〈幫辦福建軍務楊岳斌等奏摺〉
　　　出處：中法戰爭 v.6
　　　資料來源：國立台灣大學，《台灣歷史數位圖書館》，檔名:ntu-1816856-
　　　　　0051900521.txt
（3）清軍：抵抗法軍入侵失敗
　　　〈欽差大臣督辦福建軍務左宗棠等奏摺〉
　　　出處：中法戰爭 v.6
　　　資料來源：國立台灣大學，《台灣歷史數位圖書館》，檔名:ntu-1816856-
　　　　　0050200505.txt
（4）說法2：幫辦福建軍務楊岳斌的探員回報
　　　〈幫辦福建軍務楊岳斌等奏摺〉
　　　出處：中法戰爭 v.6
　　　資料來源：國立台灣大學，《台灣歷史數位圖書館》，檔名:ntu-1816856-
　　　　　0051900521.txt
（5）清軍：戰敗責任檢討
　　　〈欽差大臣督辦福建軍務左宗棠等奏摺〉
　　　出處：中法戰爭 v.6
　　　資料來源：國立台灣大學，《台灣歷史數位圖書館》，檔名:ntu-1816856-
　　　　　0050200505.txt
（6）楊岳斌：追究敗戰失守之責
　　　〈幫辦福建軍務楊岳斌等奏摺〉
出處：中法戰爭 v.6
資料來源：國立台灣大學，《台灣歷史數位圖書館》，檔名:ntu-1816856-
　　　0051900521.txt

第十六章 法軍從台灣撤退

（1）馬偕見聞——賠款建尖塔教堂
　　　資料來源：馬偕博士原著，林晚生漢譯；2007，《福爾摩沙紀事--馬偕台灣回憶錄》：188、190

圖片來源
（1）地圖
《佛國臺灣遠征史》附圖
Copyright © 國立公共資訊圖書館數位典藏服務網. All Rights Reserved
NO4、NO6、NO9、NO10：圖 3-4、6-1、10-1、14-1
《北圻回憶錄》125 頁：圖 4-1
（2）書圖
《法軍侵臺始末》
第一章 2、3、6、8、9 頁
圖一、二、三、四、五：圖 1-2、1-5、1-6、1-1、1-4
第二章 14、17 頁
圖六、七：圖 3-7、3-8
第三章 23、27 頁
圖八、九：圖 5-1、3-1
第四章 34、35、36 頁
圖十、十一、十二：圖 7-5、3-11、7-7
第五章 45、46、51 頁
圖十三、十四、十五：圖 8-5、7-6、7-11
第六章 57、59、60、65、69、71 頁
圖十六、十七、十八、十九、二十、二十一：圖 9-2、9-6、7-10、10-10、12-1、12-13
第七章 84、86、89、92、93 頁
圖二十二、二十三、二十四、二十五、二十七：圖 12-8、13-1、13-6、13-8、13-12
第九章 111、117、118 頁
圖二十八、二十九、三十：圖 15-1、15-3、15-2
第十章 133 頁
圖三十一：圖 3-6
《北圻回憶錄》
135 頁：圖 9-1
《風中之葉》
96 頁：圖 3-2
（3）示意圖
示意圖繪圖：羅朝英
導讀：越南北、中、南圻示意圖
本文：圖 3-5、3-10、5-3、6-5、7-1、8-1、8-9、9-3、10-3、12-7、12-21、13-15、14-11
（4）照片
拍攝：陳世一
（5）封面、封底圖片
《法軍侵臺始末》

封面‧69 頁圖二十
封底：27 頁圖九、46 頁圖十四、123 頁圖三十一

參考書目

E.Garnot 著，黎烈文譯，《法軍侵臺始末》，台灣銀行經濟研究室編印，1960。
Jean L.，鄭順德譯，《孤拔元帥的小水手》，中央研究院臺灣史研究所，2004。
Julie C ouderc,êd 著，季茱莉譯註，《北圻回憶錄：清法戰爭與福爾摩沙》，國立臺灣歷史博物館，2013。
劉銘傳，《劉壯肅公奏議》，臺銀經濟研究室，台灣省文獻委員會，1997。
雷俊臣口述，柯設偕日文記錄整理，李欽賢譯，〈淡水清法戰爭概況〉《金色淡水》7 期 7、8 版，1993。
張建隆，《臺灣風物》六五卷第四期〈從地方記憶看清法戰爭滬尾之役〉：61、62），2015。
張建隆，〈八月二十西仔反〉，《金色淡水》20 期，1994。
馬偕原著，林晚生漢譯；《福爾摩沙紀事--馬偕台灣回憶錄》，前衛出版社，2007。
台灣銀行經濟研究室，《法軍侵臺檔》（上）、（下）、（補）台灣省文獻委員會，1997。
劉銘傳，《劉銘傳文集》，合肥市：黃山書社，1997。
劉　璈，《巡臺退思錄》，台灣文獻叢刊第二十一種，台灣銀行經濟研究室。
王彥威輯編，《清季外交史料(v.2)》，台北市：文海，1958。
中央研究院近代史研究所，《中法越南交涉檔(v.4)》，中央研究院近代史研究所，影印本，1962。
胡建偉，《澎湖紀略》，台灣文獻叢刊第一〇九種，台銀經濟研究室 1771，1961。
林豪，《澎湖廳志》，台灣文獻叢刊第一六四種，台銀經濟研究室，1963。
杜榛，《澎湖臺灣紀略》，台灣文獻叢刊第一〇四種，台銀經濟研究室。
蔣鏞，《澎湖續編》，成文出版社。
板倉貞男，《佛軍台灣遠征史，一八八四年，一八八五年》附圖，臺北：臺灣時報發行所，1932。
石岱（Stêphane Ferrero）著，帥仕婷‧石岱譯著，當 Jeani 遇上福爾摩沙，玉山社，2003。
約翰‧陶德（John Dodd）原著，陳政三譯註，泡茶走西仔反——清法戰爭台灣外記，台灣書店，2007。
白尚德著，鄭順德譯，十九世紀歐洲人在台灣，南天書局有限公司，1999。
許文堂，〈清法戰爭中淡水、基隆之役的文學、史實與集體記憶〉，《臺灣史研究》第十三卷第一期頁 1-50，中央研究院臺灣史研究所，2006。
郭金龍、呂文雄、蔡丁進、張新芳、曾文明、謝宗達、陳萬允、王慧筠，《臺灣地名辭書卷六：澎湖縣》，國史館臺灣文獻館，2002。
七堵區公所、暖暖區公所，《七堵、暖暖區誌》，基隆市政府，1995。

久恩工程顧問有限公司，《基隆市定古蹟清法戰爭遺址調查研究與修復計畫》，基隆市政府民政局，2001。
臺灣省文獻委員會口述歷史專案小組，《基隆市鄉土史料－基隆市耆老口述歷史座談會紀錄》，台灣省文獻委員會，1992。
孫開華，〈孫庚掌軍門致彭紀南軍門書〉，《述報法軍侵臺殘輯》，台灣文獻叢刊第 253 種，臺灣銀行經濟研究室。
羅大春，《臺灣海防並開山日記》，臺灣文獻叢刊第 308 種，台灣銀行經濟研究室。
鄭天凱，《攻台圖錄》，遠流出版公司，1995。
許雪姬，〈抗法名將孫開華事蹟考〉，《臺灣文獻》36 卷 3 期 239－256 頁，1985。
吳浼生，〈滬尾守備阿火旦〉，《臺灣風物》17 卷 1 期，79 頁，1967。
葉振輝，〈西仔反淡水之役〉，《淡水學術研討會：過去‧現在‧未來論文集》，135－165 頁，臺北：國史館，1999。
周宗賢，《淡水－輝煌的歲月》，臺灣商務印書館：46－48），2007。
淡水扶輪社、滬尾文史工作室，《淡水人文旅遊手冊》，滬尾文史工作室，1993。
滬尾文史工作室，《淡水文化資源提引》（以淡水為台北縣文化示範鎮之評估報告），台北縣淡水鎮公所，1994。
蘭伯特，《風中之葉》，經典雜誌，2002。
藍永蔚、黃樸民、劉慶、鍾少異，一看就通的《中國軍事史》，好讀出版公司，2008。
武光誠著，蕭自強譯，《從戰爭看歷史》，世茂出版公司，2004。
ガルノ□原著，板倉貞男譯，《佛軍臺灣遠征史》，臺灣時報發行所，1932。
伊能嘉矩，1902，《臺灣志》，文學社
竹村公太郎著，劉和佳、曾新福譯，《藏在地形裡的日本史：從地理解開日本史的謎團》，遠足文化，2018。
克勞塞維茨(Carl von Clausewitz)著，楊南芳等譯，《戰爭論》，左岸文化，2012。
吳思，《潛規則：中國歷史上的進退遊戲》，究竟，2002。
吳思，《血酬定律：中国历史中的生存游戏》，語文，2009。
岑毓英，《岑襄勤公奏稿》，成文，1969。
李宗吾，《厚黑學》，傳文文化，1994。
李秉樺，《淡水通商委員李彤恩與滬尾戰役》，致出版，2023。
李開元，《秦始皇的秘密：李开元教授历史推理讲座》，中華書局，2009。
李德哈特(B. H. Liddell-Hart)著，鈕先鍾譯，《戰略論：間接路線》，麥田出版社，1996。
李寶嘉，《官場現形記》，智揚出版社，1991。
杜宏春輯箋，《刘铭传文献汇笺》，黃山出版社，2020。
杜特(John Dodd)原著，歐尼基(Niki J. P. Alsford)編著，王若萱、李鎧揚、魏逸瑩、黃覲任 譯，《寶順洋行：杜特在淡水的見證》，南天書局，2022。
沃德羅普(M. Mitchell Waldrop)著，齊若蘭譯，《複雜：走在秩序與混沌邊緣》，天下文化，1996。

唐景崧，《請纓日記》，文海，1967。
高陽，《翁同龢傳》，遠景，1993。
高陽，《李鴻章》，遠景，1996。
張建隆、蘇文魁，《你不知道的淡水史》，新北市私立淡江高級中學，2018。
梁啟超，《李鴻章傳》，立緒文化出版，2004。
黃振南，《中法战争诸役考》，广西师范大学出版社，1998。
趙焰，《曾國藩》，中華書局，2011。
魏源撰，陈华等点校注释，《海国图志》，岳麓书社，1998。
羅伯特‧庫森(RobertKurson)著，張慧譯，《深海探秘》，遼寧教育出版社，2005。

網路資源
國立台灣大學，《台灣歷史數位圖書館》
（1）〈謹錄基隆通判梁純夫上臺灣道稟，呈請御覽。〉
檔名:〈ntu-0863577-0039200393-a001.txt〉
（2）〈九月十三日，總稅務司赫德面遞節略稱。照錄節略。淡水新關稅務司法來格呈，總稅務司憲前於十月十五日，即中國八月二十七日〉
檔名:〈ntu-0804128-0225602263-0001213.txt〉
（3）〈基隆失守大隊拔回臺北府城緣由〉
檔名：ntu-0699182-0028400285.txt
（4）〈九月十三日，總稅務司赫德面遞節略稱。照錄節略。淡水新關稅務司法來格呈，總稅務司憲前於十月十五日，即中國八月二十七日〉
檔名:ntu-0804128-0225602263-0001213.txt
（5）〈1885年〈十月二十六日，軍機處交出，劉銘傳抄片稱。〉
檔名:〈ntu-0804129-0329103292-0001893.txt〉
（6）〈欽差大臣督辦福建軍務左宗棠等奏摺〉
檔名:ntu-1816856-0050200505.txt
（7）〈幫辦福建軍務楊岳斌等奏摺〉
檔名:ntu-1816856-0051900521.txt
（8）要求克復基隆相關檔案
二月二十二日欽差大臣左宗棠文稱
檔名:ntu-0804129-0278602786-0001557.txt
為微臣謹遵電寄諭旨迅赴臺北會勸恭摺仰祈聖鑒事
檔名:ntu-0862939-0003600037.txt
旨克復基隆着各省疆臣曉諭降...
檔名:ntu-0863577-0034100341-0000005.txt
旨寄劉銘傳克復基隆優獎將士電。
檔名:ntu-0863577-0034200343.txt
鴻臚寺卿鄧承修奏疆臣阻兵臺防危急，請派重臣速往調度摺附稟二件。...:
檔名:ntu-0863577-0039100392.txt

粵督張之洞致樞垣吳鴻源渡澎募勇，擬為力籌餉械電。...
檔名:ntu-0863577-0040300403-0000004.txt
請密派重臣渡臺調度摺
檔名:ntu-1043603-0009100093.txt
鴻臚寺卿鄧承脩奏摺
檔名:ntu-1816856-0019000191.txt
兩廣總督張之洞電
檔名:ntu-1816856-0020500205.txt
奉旨據左宗棠等電稱，楊岳斌廿一由卑南登陸等語。
檔名:ntu-1816856-0033800339.txt
諭軍機大臣等電寄楊昌濬據李鴻章轉電張之洞電稱：法在基隆修拉炮車路臺...
檔名:ntu-1865448-0110501105-0000004.txt
諭軍機大臣等電寄張之洞等據兩電均悉。...
檔名:ntu-1865448-0110601106-0000001.txt
諭軍機大臣等電寄劉銘傳等據左宗棠等電稱楊岳斌廿一由卑南登岸等語。…
檔名:ntu-1865448-0112601126-0000002.txt
台灣道劉璈彙錄光緒十年臺北文武各員函稟
檔名:ntu-1816855-0056700569.txt
為風聞疆臣因病阻兵臺防危急請旨密派重臣速往調度以固軍心而維大局事
檔名:ntu-2092609-0184101854.txt
（9）1884－1885年赫德（中國海關總稅務司）和金登干（中國駐倫敦辦事處主任）之間致力清法和議的相關電報
檔名:〈imh-0105927-0054000541-0001204.txt〉
檔名:〈imh-0105927-0059900601-0001235.txt〉
檔名:〈imh-0105927-0063500639-0001252.txt〉
檔名:〈imh-0105927-0063500639-0001252.txt〉）
檔名:〈imh-0105927-0063500639-0001252.txt〉
檔名:〈imh-0105928-0003600040-0001295.txt〉）
檔名:imh-0105927-0049600497-0001182.txt
檔名:〈imh-0105927-0049600497-0001182.txt〉
檔名:imh-0105927-0054000541-0001204.txt
檔名:〈imh-0105927-0054000541-0001204.txt〉
檔名:imh-0105927-0059900601-0001235.txt
檔名:〈imh-0105927-0059900601-0001235.txt〉
檔名:imh-0105927-0061200615-0001241.txt
檔名:〈imh-0105927-0061200615-0001241.txt〉
檔名:〈imh-0105927-0063500639-0001252.txt〉
檔名:〈imh-0105927-0063500639-0001252.txt〉
檔名:〈imh-0105928-0003600040-0001295.txt〉
檔名:〈imh-0105928-0003600040-0001295.txt〉
檔名:imh-0105928-0007700097-0001306-a001.txt

檔名:〈ntu-0906008-0018500217.txt〉
檔名:〈imh-0105927-0061200615-0001241.txt〉
（10）檔名：ntu-2020554-0028000281.txt
梁純夫,〈謹錄基隆通判梁純夫上臺灣道稟,呈請御覽〉,光緒 10 年 10 月 18 日,國立台灣大學,《台灣歷史數位圖書館》,檔名:〈ntu-0863577-0039200393-a001.txt〉
劉　璈,〈基隆失守大隊拔回臺北府城緣由〉,光緒 10 年 8 月 21 日,國立台灣大學,《台灣歷史數位圖書館》,檔名:〈ntu-0699182-0028400285.txt〉
法來格,〈淡水新關稅務司法來格呈,總稅務司憲〉,光緒 10 年 9 月 13 日,國立台灣大學,《台灣歷史數位圖書館》,檔名:〈ntu-0804128-0225602263-0001213.txt〉
左宗棠等,〈欽差大臣督辦福建軍務左宗棠等奏摺〉,光緒 11 年 5 月 24 日,（出處:中法戰爭 v.6）,國立台灣大學,《台灣歷史數位圖書館》,檔名：ntu-1816856-0050200505.txt〉
楊岳斌等,〈幫辦福建軍務楊岳斌等奏摺〉,光緒 11 年 6 月 17 日,（出處:中法戰爭 v.6）,國立台灣大學,《台灣歷史數位圖書館》,檔名:〈ntu-1816856-0051900521.txt〉
〈為恭摺澎湖法兵退去日期並查明失守情形所有在事文斌請旨分別處分恭摺具陳仰祈聖鑒事〉檔名:ntu-2092610-0221402218.txt

維基百科

https://zh.wikipedia.org › zh-tw › 東京遠征
https://zh.wikipedia.org › zh-tw › 法国军事史
https://zh.wikipedia.org › zh-tw › 法国外籍兵团
https://zh.wikipedia.org › zh-tw › 新帝国主义
https://zh.wikipedia.org › wiki › 斬首
https://zh.wikipedia.org › zh-tw › 軍事戰略
https://zh.wikipedia.org › zh-tw › 南洋水師
https://zh.wikipedia.org › zh-tw › 軍機處
https://zh.wikipedia.org › zh-tw › 左宗棠
https://zh.wikipedia.org › zh-tw › 李鴻章
https://zh.wikipedia.org › zh-tw › 劉銘傳
https://zh.wikipedia.org › zh-tw › 湘军
https://zh.wikipedia.org › zh-tw › 淮軍
https://zh.wikipedia.org › zh-tw › 楚勇
https://zh.wikipedia.org › zh-tw › 林朝棟
https://zh.wikipedia.org › zh-tw › 林文察
https://zh.wikipedia.org › zh-tw › 刘永福
https://zh.wikipedia.org › zh-tw 〉黑旗軍
https://zh.wikipedia.org › zh-tw › 鎮南關之役
https://zh.wikipedia.org › zh-tw › 石浦海戰

https://zh.wikipedia.org › zh-tw › 淡水之役
https://zh.wikipedia.org › zh-tw › 点石斋画报
https://zh.m.wikipedia.org › zh-tw › 澎湖縣馬公市各里...
https://zh.wikipedia.org/

其他：
國立公共資訊圖書館數位典藏 https://www.nlpi.edu.tw/
國立臺灣大學圖書館 https://www.lib.ntu.edu.tw/
國立臺灣大學台灣歷史數位圖書館 https://thdl.ntu.edu.tw/index.html
臺灣歷史博物館數位典藏 https://collections.nmth.gov.tw/index.aspx
法國國家數位圖書館 https://gallica.bnf.fr/accueil/fr/content/accueil-fr?mode=desktop
美國里德大學數位典藏 https://rdc.reed.edu/c/formosa/home/
中央研究院臺灣史研究所數位化研究資源 https://archives.ith.sinica.edu.tw/
中央研究院近代史研究所數位化研究資源 http://www.mh.sinica.edu.tw/
澎湖知識服務平台 https://penghu.info/
淡水維基館 http://tamsui.dils.tku.edu.tw/wiki/index.php/%E9%A6%96%E9%A0%81
新北市淡水古蹟博物館 https://www.tshs.ntpc.gov.tw/
澎湖縣文化局 澎湖法國將士墓考 https://www.phhcc.gov.tw/
澎湖生活博物館 https://www.phlm.nat.gov.tw
中央研究院人社中心 台灣百年歷史地圖 https://gissrv4.sinica.edu.tw/gis/twhgis/
Google 地圖 https://www.google.com.tw/maps/
Google 地球 https://www.google.com/intl/zh-TW/earth/about/
魯地圖 https://rudy.basecamp.tw/taiwan_topo.html
GPS 導航軟體 App
綠野遊蹤
山林日誌

國家圖書館出版品預行編目(CIP)資料

```
重現清法戰爭台灣戰場：基隆、淡水、澎湖清法
軍
戰事記錄比對/陳世一，張蔭昌改寫.編著. -- 初
版. --[基隆市]：陳世一，2024.09
    面 ； 公分
ISBN 978-626-01-3018-3(平裝)

1.CST:中法戰爭 2.CST:清代 3.CST:臺灣史

733.2778                                  113010239
```

重現清法戰爭台灣戰場
基隆、淡水、澎湖
清法軍戰事記錄比對

改寫、編著：陳世一、張蔭昌
主要原著譯：E.Garnot 著，黎烈文譯
　　　　　　劉銘傳等
出　　版：陳世一
電子信箱：ms20010117@yahoo.com.tw
電　　話：(02)24634392
繪　　圖：羅朝英
封面設計：許文雄
編輯排版：許文雄
代理經銷：前衛出版社
地　　址：台北市中山區農安街153號4樓之3
電　　話：(02)25865708
印　　刷：煜量企業有限公司
住　　址：台北市萬大路414號3樓
電　　話：23092041、23092243、23074974
定　　價：新臺幣480元
出版日期：2024年9月 初版

著作權所有・翻印必究